国家出版基金项目
NATIONAL PUBLICATION FOUNDATION

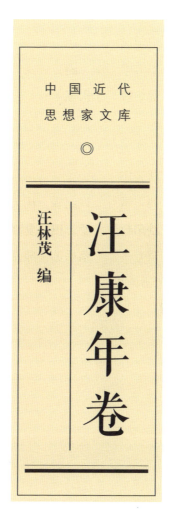

中国近代
思想家文库

◎

汪林茂 编

汪康年卷

中国人民大学出版社
·北京·

总　序

对于近代的理解，虽不见得所有人都是一致的，但总的说来，对于近代这个词所涵的基本意义，人们还是有共识的。一个国家、一个民族走入近代，就意味着以工业化为主导的经济取代了以地主经济、领主经济或自然经济为主导的中世纪的经济形态，也还意味着，它不再是孤立的或是封闭与半封闭的，而是以某种形式加入到世界总的发展进程。尤其重要的是，它以某种形式的民主制度取代君主专制或其他不同形式的专制制度。中国是个幅员广大、人口众多、历史悠久的多民族国家，由于长期历史发展是自成一体的，与外界的交往比较有限，其生产方式的代谢迟缓了一些。如果说，世界的近代是从 17 世纪开始的，那么中国的近代则是从 19 世纪中期才开始的。现在国内学界比较一致的认识，是把 1840 年到 1949 年视为中国的近代。

中国的近代起始的标志是 1840 年的鸦片战争。原来相对封闭的国门被拥有近代种种优势的英帝国以军舰、大炮再加上种种卑鄙的欺诈打开了。从此，中国不情愿地加入到世界秩序中，沦为半殖民地。原来独立的大一统的中央集权的君主专制国家，如今独立已经极大地被限制，大一统也逐渐残缺不全，中央集权因列强的侵夺也不完全名实相符了。后来因太平天国运动，地方军政势力崛起，形成内轻外重的形势，也使中央集权被弱化。经历第二次鸦片战争、中法战争、甲午战争、八国联军入侵的战争以及辛亥革命后的多次内外战争，直至日本全面侵略中国的战争，致使中国的经济、政治、教育、文化，都无法顺利走上近代发展的轨道。古今之间，新旧之间，中外之间，混杂、矛盾、冲突。总之，鸦片战争后的中国，既未能成为近代国家，更不能维持原有的统治秩序。而外患内忧咄咄逼人，人们都有某种程度"国将不国"的忧虑。

"天下兴亡，匹夫有责"，读书明理的士大夫，或今所谓知识分子，尤为敏感，在空前的危机与挑战面前，皆思有所献替。于是发生种种救亡图存的思想与主张。有的从所能见及的西方国家发展的经验中借鉴某些东西，形成自己的改革方案；有的从历史回忆中拾取某些智慧，形成某种民族复兴的设想；有的则力图把西方的和中国所固有的一些东西加以调和或结合，形成某种救亡图强的主张。这些方案、设想、主张，从世界上"最先进的"，到"最落后的"，几乎样样都有。就提出这些方案、设想、主张者的初衷而言，绝大多数都含着几分救国的意愿。其先进与落后，是否可行，能否成功，尽可充分讨论，但可不必过为诛心之论。显而易见，既然救国的问题最为紧迫，人们所心营目注者自然是种种与救国的方案直接相关的思想学说，而作为产生这些学说的更基础性的理论，及其他各种知识、思想，则关注者少。

围绕着救国、强国的大议题，知识精英们参考世界上种种思想学说，加以研究、选择，认为其中比较适用的思想学说，拿来向国人宣传，并赢得一部分人的认可。于是互相推引，互相激励，更加发挥，演而成潮。在近代中国，曾经得到比较广泛的传播的思想学说，或者够得上思潮的，主要有以下几种：

（一）进化论。近代西方思想较早被引介到中国，而又发生绝大影响的，要属进化论。中国人逐渐相信，进化是宇宙之铁则，不进化就必遭淘汰。以此思想警醒国人，颇曾有助于振作民族精神。但随后不久，社会达尔文主义伴随而来，不免发生一些负面的影响。人们对进化的了解，也存在某些片面性，有时把进化理解为一条简单的直线。辩证法思想帮助人们形成内容更丰富和更加符合实际的发展观念，减少或避免片面性的进化观念的某些负面影响。

（二）民族主义。中国古代的民族主义思想，其核心是"非我族类，其心必异"，所以最重"华夷之辨"。鸦片战争前后一段时期，中国人的民族思想，大体仍是如此。后来渐渐认识到"今之夷狄，非古之夷狄"，"西人治国有法度，不得以古旧之夷狄视之"。但当时中国正遭受西方列强的侵略和掠夺，追求民族独立是民族主义之第一义。20世纪初，中国知识精英开始有了"中华民族"的概念。于是，渐渐形成以建立近代民族国家为核心的近代民族主义。结束清朝君主专制，创立中华民国，是这一思想的初步实现。第一次世界大战爆发，中国加入"协约国"，第一次以主动的姿态参与世界事务，接着俄国十月革命爆发，这两件事对近代中国的发展历程造成绝大影响。同时也将中国人的民族主义提升到一个新的层次，即与国际主义（或世界主义）发生紧密联系。也可以说，中国人更加自觉地用世界的眼光来观察中国的问题。新生的中国共产党和改组后的国民党都是如此。民族主义成为中国的知识精英用来应对近代中国所面临的种种危机和种种挑战的一个重要的思想武器。

（三）社会主义。社会主义作为一种模糊的理想是早在古代就有的，而且不论东方和西方都曾有过。但作为近代思潮，它是于19世纪在批判近代资本主义的基础上产生的。起初仍带有空想的性质，直到马克思和恩格斯才创立起科学社会主义。20世纪初期，社会主义开始传入中国。当时的传播者不太了解科学社会主义与以往的社会主义学说的本质区别。有一部分人，明显地受到无政府主义的强烈影响，更远离科学社会主义。直到五四新文化运动兴起之后，中国人始较严格地引介、宣传科学社会主义。但有一段时间，无政府主义仍是一股很大的思想潮流。中国共产党的成立，从思想上说，是战胜无政府主义的结果。中国共产党把在中国实现社会主义乃至共产主义作为自己的奋斗目标。此后，社会主义者，多次同各种非科学社会主义思想的信仰者进行论争并不断克服种种非科学社会主义思想的影响。

（四）自由主义。自由主义也是从清末就被介绍到中国来，只是信从者一直寥寥。直到五四新文化运动兴起，具有欧美教育背景的知识精英的数量渐渐多起来，自由主义始渐渐形成一股思想潮流。自由主义强调个性解放、意志自由和自己承担责任，在政治上反对一切专制主义。在中国的社会条件下，自由主义缺乏社会基础。在政治激烈动荡的时候，自由主义者很难凝聚成一股有组织的力量；在稍稍平和的时候，他们往往更多沉浸在自己的专业中。所以，在中国近代史上，自由主义不曾有，也不可能有大的作为。

（五）激进主义与保守主义。处于转型期的社会，旧的东西尚未完全退出舞台，新的东西也还未能巩固地树立起来，新旧冲突往往要持续很长的时间，有时甚至达到很激烈的程度。凡助推新东西成长的，人们便视为进步的；凡帮助旧东西排斥新东西的，人们便视为保守的。其实，与保守主义对应的，应是进步主义；与顽固主义相对的则应是激进主义。不过在通常话语环境中人们不太严格加以区分。中国历史悠久，特别是君主专制制度持续两千余年，旧东西积累异常丰富，社会转型极其不易。而世界的发展却进步甚速。中国的一部分精英分子往往特别急切地想改造中国社会，总想找出最厉害的手段，选一条最捷近的路，以最快的速度实现全盘改造。这类思想、主张及其采取的行动，皆属激进主义。在中共党史上，它表现为"左"倾或极左的机会主义。从极端的激进主义到极端的顽固主义，中间有着各种程度的进步与保守的流派。社会的稳定，或社会和平改革的成功，都依赖有一个实力雄厚的中间力量。但因种种原因，中国社会的中间力量一直未能成长到足够的程度。进步主义与保守主义，以及激进主义与顽固主义，不断进行斗争，而实际所获进步不大。

（六）革命与和平改革。中国近代史上，革命运动与和平改革运动交替进行，有时又是平行发展。两者的宗旨都是为改变原有的君主专制制度而代之以某种形式的近代民主制度。有很长一个时期，有两种错误的观念，一是把革命理解为仅仅是指以暴力取得政权的行动，二是与此相关联，把暴力革命与和平改革对立起来，认为革命是推动历史进步的，而改革是维护旧有统治秩序的。这两种论调既无理论根据，也不合历史实际。凡是有助于改变君主专制制度的探索，无论暴力的或和平的改革都是应予肯定的。

中国近代揭幕之时，西方列强正在疯狂地侵略与掠夺殖民地和半殖民地，中国是它们互相争夺的最后一块、也是最大的资源地。而这时的中国，沿袭了两千年的君主专制制度已到了奄奄一息的末日，统治当局腐朽无能，对外不足以御侮，对内不足以言治，其统治的合法性和统治的能力均招致怀疑。革命运动与改革的呼声，以及自发的民变接连不断。国家、民族的命运真的到了千钧一发之际，危机极端紧迫。先觉分子救国之心切，每遇稍具新意义的思想学说便急不可待地学习引介。于是西方思想学说纷纷涌进中国，各阶层、各领域，凡能读书读报者，受其影响，各依其家庭、职业、教育之不同背景而选择自以为不错的一种，接受之，信仰之，传播之。于是西方几百年里相继风行的思想学说，在短时期内纷纷涌进中国。在清末最后的十几年里是这样，五四时期在较高的水准上重复出现这种情况。

这种情况直接造成两个重要的历史现象：一个是中国社会的实际代谢过程（亦即社会转型过程）相对迟缓，而思想的代谢过程却来得格外神速。另一个是在西方原是差不多三百年的历史中渐次出现的各种思想学说，集中在几年或十几年的时间里狂泻而来，人们不及深入研究、审慎抉择，便匆忙引介、传播，引介者、传播者、听闻者，都难免有些消化不良。其实，这种情况在清末，在五四时期，都已有人觉察。我们现在指出这些问题并非苛求前人，而是要引为教训。

同时我们也看到，中国近代思想无比的多样性与复杂性呈现出绚丽多彩的姿态，各种思想持续不断地展开论争，这又构成中国近代思想史的一个突出特点。有些论争为我们留下了非常丰富的思想资料，如兴洋务与反洋务之争，变法与反变法之争，革命与改良之争，共和与立宪之争，东西文化之争，文言与白话之争，新旧伦理之争，科学与人生观之争，中国社会性质的论争，社会史的论争，人权与约法之争，全盘西化与本位文化之争，民主与独裁之争，等等。这些争论都不同程度地关联着一直影响甚至困扰着中国人的几个核心问题，即所谓中西问题、古今问题与心物关系问题。

中国近代思想的光谱虽比较齐全，但各种思想的存在状态及其影响力是很不平衡的。有些思想信从者多，言论著作亦多，且略成系统；有些可能只有很少的人做过介绍或略加研究；有的还可能因种种原因，只存在私人载记中，当时未及面世。然这些思想，其中有很多并不因时间久远而失去其价值。因为就总的情况说，我们还没有完成社会的近代转型，所以先贤们对某些问题的思考，在今天对我们仍有参考借鉴的价值。我们编辑这套《中国近代思想家文库》，希望尽可能全面地、系统地整理出近代中国思想家的思想成果，一则借以保存这份珍贵遗产，再则为研究思想史提供方便，三则为有心于中国思想文化建设者提供参考借鉴的便利。

考虑到中国近代思想的上述诸特点，我们编辑本《文库》时，对于思想家不取太严格的界定，凡在某一学科、某一领域，有其独立思考、提出特别见解和主张者，都尽量收入。虽然其中有些主张与表述有时代和个人的局限，但为反映近代思想发展的轨迹，以供今人参考，我们亦保留其原貌。所以本《文库》实为"中国近代思想集成"。

本《文库》入选的思想家，主要是活跃在 1840 年至 1949 年之间的思想人物。但中共领袖人物，因有较为丰富的研究著述，本《文库》则未收入。

编辑如此规模的《文库》，对象范围的确定，材料的搜集，版本的比勘，体例的斟酌，在在皆非易事。限于我们的水平，容有瑕隙，敬请方家指正。

《中国近代思想家文库》编纂委员会

目　录

变法篇（下）

报人篇

外务篇

铁路篇

议政篇

论世篇

导　言

　　当代学者之所以熟悉汪康年，或者说汪康年之所以会成为当代学者研究的一个中心人物，起初在很大程度上是因了一部《汪康年师友书札》。的确，这部书札很能说明汪康年的历史地位——思想并不那么前沿，政治上也不是居于一线，也没有做出什么惊天动地大事的汪康年，却凭借他的报人职业和出色的社会活动能力，把那些在思想上或政治上都比自己高大的（当然也有比自己稍矮小的）人物都结纳于自己的周围，形成了一个历史人物群体的网络，也使自己成为居于晚清思想和政治漩涡中心的一颗明星。因而汪康年的著作本身尽管思想闪光点并不多，但这些平实而勤勉记录的著作，却是他当年伴随变动不居的思想、政治潮流，及时而勤勉地对思想界和政治界的变动加以记录或评点、广泛地与思想界和政治界各种人物进行交流与摩擦的忠实记录。因而汪康年也就成为当代学人了解或研究那个时代思想、政治、文化的一个难以绕过不顾的历史人物。

　　汪康年，初名灏年，字梁卿；后改名康年，字穰卿，中年自号毅伯、毅白、初官、醒醉生，晚年号恢伯。这一连串不同时代所取的名、字、号，决不是没有意义的。

　　杭州汪氏是从徽州移居来的经商致富的大家族，但自汪康年祖父一代开始，家境就每况愈下。到 1860 年 1 月 25 日汪康年出生时，其父亲基本上没有从上一代那里继承到什么家产，只能依靠八品微职微薄且时断时续的俸禄，艰难地维持全家的生计。而且生逢乱世，幼年的汪康年不得不随父在浙、赣、粤间奔波，一面在其父亲的督导下读书。因此在这个时期，汪康年及其家人最期望的是"丰年穰穰"、"降福穰穰"，摆脱贫困的家境。

　　1882 年，汪康年父亲病逝，作为长子的他不得不早早挑起养家的重担，先后在杭州任书局分校、王文韶姐姐家坐馆，同时继续学业。他的勤奋学习，换来命运的转机：继 1886 年入钱塘县学后，1889 年考取八旗官学教习，同年秋中举人，1892 年成进士。1890 年，他应湖广总督张之洞之招，到武昌为其孙子教读。继而又充任两湖书院的史学斋分教，在湖北志局参与省志的编校工作。1893 年湖北自强学堂正式成立，受张之洞之命任编辑，翻译西学书籍。在湖北的六年时间里，汪康年不仅得以拜在权臣张之洞的门下而得到帮扶，并积累了人脉，积累了政治经验，也积累了西学素养，奠定了他日后办报论政、开展政治和社会活动的基础。也正是从这一时期开始，汪康年对国家的内忧外患状况越来越担忧，对国家和民族的前途越来越关心。

1895 年中国对日战败，是中国近代历史上的分界线，也是汪康年人生道路的一个转折点。1895 年后，汪康年离开湖北到上海，列名上海强学会，参与创办《时务报》，积极从事变法活动，开始了报人、政论活动家、政治改革鼓吹者的人生历程。他也为自己人生道路的这一转折点树了一个标志——为自己取新号"毅伯"、"醒醉生"。确实，这个时代的国家、民族，亟需汪康年这一代人走出蒙昧，坚毅救国；志在爱国、强国的汪康年也决然为变法救国而做启蒙宣传，而坚毅前行。

在这以后的十多年时间里，汪康年也的确在为实现他的政治改革追求而坚毅行进。在戊戌维新时期，他主持《时务报》，并且亲自操笔撰文，为变法运动的开展而鼓吹呐喊，也积极参加各项改革活动，如参与发起组织学会、创办新学堂、译印西学书籍等。戊戌变法被镇压，但他没有改变通过改革以救国的努力方向，一面通过他所主持的《中外日报》等报刊继续鼓吹变法，一面参加了组织自立会和中国议会的活动，力图通过争取东南各省督抚的支持，建立君主立宪制的联邦国家。至自立会和中国议会也被镇压，汪康年仍然寄望于清政府的自改革，因而一面极力劝告国人不要躁进而要耐心等待，一面继续推动政府实行真正的改革。但结果却是越来越令汪康年失望、担忧、丧气：一面是国民的"躁进"而失去耐心，一面是政府的拖沓欺骗。就是在这个背景下，汪康年改号"恢伯"。

无论这是恢复的"恢"还是谐音的"灰"，我们从中体味出的是一种消极、保守的意味——当然，这更是后人根据事实所做的一种推断。1907 年以后，汪康年逐渐丧失了此前曾有过的一点积极进取、冲破旧秩序的勇气和力量，更多的是一种坚守旧秩序的暮气，以及面对社会潮流涌进的张皇。他不仅斥责革命是"祸患"，一些要求缩短立宪预备期的立宪派也被他指责为"喧哗之徒"，责备废约保路爱国运动是不顾"大局"，指斥那些批评清政府的报刊是"侮慢"、"轻蔑"、"言论之过其界限"，甚至清政府进行的法制改革也被他责难为太激进。1911 年 10 月 10 日武昌起义爆发，且迅速向全国各省蔓延，旧王朝、旧秩序即将垮塌，忧心如焚的汪康年撑持病体为朝廷最后一次尽忠，提出了"以收拾人心为第一要务"的建言，但已无济于事。11 月 3 日汪康年逝世。三个多月后，汪康年真诚维护的清王朝宣告退位。

汪康年在他的 52 年生涯中，16 年办报，创办并主持的报刊有 6 家，期间还为这些报刊撰写了大量的论说之文；又善于交友，多以书信与友朋讨论国家局势和政治，交流信息和情感，或向当政者建言献策。汪康年病逝后，其弟汪诒年辑录了他发表于报刊上的部分文章，以及所留下的文稿、书信底稿等，先后编辑成《汪穰卿遗著》（八卷，1920 年铅印）、《汪穰卿先生遗文》（上、中、下三卷，附《汪穰卿先生传记》七卷，民国间铅印）、《汪穰卿笔记》（八卷，1926 年版）三种。可以确信，《遗著》、《遗文》所收录的只是汪康年作品的一个部分。本书编者以《遗著》、《遗文》为底本，翻阅了汪康年创办和主持的报刊①，也调查了已知的汪康年存世的书信等作品，拾遗补缺，共得 420 余篇。按照汪康年论著的内容，本书分为六个部分（七篇）：

第一部分"变法篇"，是汪康年阐发其政治改革思想的文章。通过政治改革来救国、强国，是汪康年自甲午以后坚持不变的追求。但这十多年的政治改革追求是一个总过程，在这个过程中，汪康年的变法思想实际上还是有具体变化的。

汪康年明确提出政治改革思想是在甲午以后，本书的"变法篇（上）"所收录的就是这一时期汪康年的文章。最能够代表他在这一时期思想锋芒的，是 1896 年 9 月《时务报》第四册上的《中国自强策》（上、中、下），其中大胆提出了以兴民权、设议院为纲，以改革政府机构，遍设学堂、报馆、巡捕（警察），以及招商以平道路、浚江河、开

----

①　汪诒年在《汪穰卿遗著》卷首目录后做说明："《中外日报》中先兄所为论说颇多，于时事尤有关系，然曩昔报章通例，率不署撰著人姓字，故何篇为先兄所撰，颇未能确知，不得不谨从盖缺。《京报》之论说亦不署名，幸溧阳汪君仲卓始终其事，于论说之著作人尚能一一识别，故据以缀辑。汪君之厚谊不敢忘也。《刍言报》文字皆先兄一人所撰，无他人之作厕入其间，几于悉数编入，是以卷帙独多。"故《遗著》、《遗文》中收录的汪康年文章，以辑自《刍言报》的居多，其次是《时务报》和《京报》，经营时间最长的《中外日报》反而缺失。

铁轨、通电报、制钞币、立银行、正税则等改革措施为内容的变法自强策，认为"如此行之十年，国以富，兵以强"；以及在第九册发表的《论中国参用民权之利益》，主张"复民权、崇公理"，以"与西人相角"。三年期间，汪康年在《时务报》上发表了十余篇对改革运动及与当时局势"皆极有关系"、"对于朝野上下苦口危言，日以救亡图存之策相劝告"（汪诒年评语）的文章，起了很大的变法宣传作用。从这些文章看，戊戌时期汪康年的改革思想颇有魄力，颇有雄心大志。

"变法篇（下）"所收录的则是1900年以后汪康年在自己创办并主持的报刊上发表的文章以及书信。在这一时期汪康年所要求的仍然是变法——政治改革，但与戊戌时期相比，已有很大的不同：

一是在戊戌时期，汪康年虽然也是寄希望于统治者的自改革，但戊戌时期更多的是敦促，是要求，而1900年以后更多的是强调依赖和等待——从策划自立会试图依赖地方督抚的支持，建立君主立宪制的联邦国家；到提出《整理政法纲要》，试图依赖日本与其他西方国家支持光绪执掌政权，而后"将国家之事重行整顿"；到清政府宣布预备立宪，一味要求"薄海臣民"以"实事求是之心"静静等待，反对"喧哗躁进"，主张"不应冀其进行之过骤"。

二是提出变法主张更为具体。在戊戌时期，汪康年变法主张的表达，更侧重于理论阐述，更多的是像《中国自强策》、《论中国参用民权之利益》这样的宏篇高论；1900年以后，汪康年的变法主张更侧重于一些具体的改革举措，更多的是如《整理政法纲要》一样的建言改官制、清户口、厘正赋税、整饬财政、兴利源、兴教化、通达道路、改正刑狱、讲求外交之法；像《上政府说帖》一样建议扶助华人自行传教、处置赫德、处置盛氏、整饬税务、铸金币、招华商办理国内商务、招求海外人才、慎用外人、慎重商约、用人宜慎等等的变法方案。在报纸上发表的，多是围绕发辫该不该剪，服色应不应当更易，刑律应当怎么改，军国民教育可不可实行，以及臣民应如何配合改革等等之类规范变法行动的说教。

第二部分"报人篇"。作为近代中国较早的民间报人之一，汪康年创办或主持的报刊先后有六家。在这个过程中，汪康年始终是以报人作为自己唯一的职业身份。所以，他既不同于传统的"文人论政"，而是以大众传媒为讨论和评说政治的论坛。同时也不同于康有为、梁启超这样的政治家报人，始终是以民间报人的立场，坚持独立办报，不屈从于外国势力和满清政府的压制。他也不仅仅是利用报刊作为实现自己政治目标的途径，他对如何办报有自己的思想——新闻思想。也就是说，汪康年是在一定的思想观点的指导下办报的。这部分所收录的50余篇文章，正体现了汪康年的新闻思想。

汪康年对报刊地位和作用有自己的认识。他在《论设立〈时务日报〉宗旨》中说，报刊的重要性首先是"能通消息，联气类，宣上德，达下情，内之情形暴之外，外之情形告之内。在事者得诉艰苦于人，僻处之士，不出户庭而知全球之事。"公开、迅速和普及的特点，沟通信息、传播新闻的作用，也就是我们今天所说的大众传播媒介的功能。同时，报刊可以发挥动员全国之人起来救国的作用。在中国面临严重民族危机的历史背景下，"欲作民气，振民心，定民志，必在于崇清议。清议于何宣之？必宣之报。是则报也者，固振聩发聋之要品也"。他还在《京报》上专刊《论报章之监督》一文，指出报刊还有一个应负的社会责任，即监督政府。汪康年认为："报章者，所以监督政府，而谋社会之公益者也。故于政府之得失，社会之利害，或誉扬而赞成之，或防维而纠正之，报章之职分宜然也"。并且也使官与民上下沟通："使官之所为，民无不知之。民有所苦，官无不知之。"即上情下传，下情上达。

政治的良性发展、社会各群体之间的互相沟通都离不开报刊，所以他主张政府应当放开对报刊的限制。他在《论粤督限制报馆》、《论报馆挂洋牌之不可》、《论朝廷宜激厉国民多设报馆于京师》、《〈通报〉停闭感言》等文中，批评政府的舆论压制政策，指出同治以来，中国人办的报刊虽不少，但"于时事多未敢深论，论之或辄致夬咎"，原因在于政府不能容纳批评意见，这实际上是政府"自欲斩刈新机，歼划国脉"。因为这不仅是政府"自示畏缩，且适表明政府必无容直言、奖气节之美德"，而且必将导致官与民离，民"则永与政府相抗相隔……上下新旧满汉之间，相离亦益愈甚"。他一再呼吁政府给予报刊自由发言之权利，以"力纠政府之过失"，也以"监督社会"。他多次上书当道，要求尽快制订报律，使民间开设报馆合法化，从法律上保障民间报馆的生存权利，也以法律规范报刊的行为，以为中国报刊争取一个较好的生存和发展的环境。

汪康年更为重视的是报刊自身的建设。他在《论报章记事关系个人及社会之分别》等文中，认为办报者及报刊要有"报识"和"报德"。所谓"报识"，主要是指报人的新闻敏感，能及时反映民众呼声、时代潮流、社会和政治动向，否则就是丢掉了"报识"。但他更强调"报德"，认为报德是报刊的生存基础，因为报刊的一大使命是监督政府、监督社会，这就更要报人自身讲求道德。而且报刊是"代表舆论之机关也。既为舆论之代表，则其一言一语，皆将为社会所信仰。夫以社会所信仰，而不自保其名誉，自尊其资格，自重其价值，而信笔书之，率意言之，人将不信仰我"。所以他经常强调报刊的报道或评论"必有根据"，不应该捏造或夸大事实，"以骇人听闻、并不确实之消息布散于社会"；（《针报》（十三））同时也要敢于说真话，例如对于政府及官员的"失德"之事，"报章万不能不为纠正"（《论报章记事关系个人及社会之分别》），更要公正不偏，切不可"挟偏私"，决不可"以讦发人过恶，指摘人瑕疵为天职"，而应当从是否"有碍大局，或妨于社会"着眼。立论应出于公心，至少不应有偏见。即使有党见，"其措词亦应有一定之规则，而事实尤须有着落"，否则，"此报乃成为一文不值之报"（《敬告》（二四））。

值得注意的是，汪康年对报刊地位及职责的定位，侧重点是有变化的。从他对当时报刊的评论中可以看出，1900 年以前，汪康年更强调报刊对政府的新闻监督，以及报刊的言论自由；而在此以后，他从原来的立场后退了。他在此期间发表的至少二十余篇《针报》、《规报》、《说报》一类文章，重点不再强调报纸要监督政府，更多的是要求报刊"谨言慎行"，对当时报纸揭露或批评清政府的黑暗腐败、昏庸无能，或是指为"捏造"、"随意诬诋"，或是斥为"侮慢"、"轻蔑"，或者指责为"弛漫放纵"、"言论之过其界限"。

但不管怎么说，汪康年对中国近代报刊建设方面是做出了杰出贡献的，他是中国近代新闻事业的开拓者之一。

第三部分是"外务篇"。外交，在近代中国是一件大事，汪康年作为一位爱国的报人，必然地会借助报刊，表达自己对中外关系、对国家各项主权的得失、对国家面临外部形势的关注，并且在如何应对外来危机方面向政府提建议，向社会发警言。

从这部分收录的七十余篇文章可以看到，甲午以后的十多年时间里，几乎每次中外交涉重要事件，汪康年都会通过报刊发表自己的看法，或通过书信向当局提建议——1897 年德国强占胶州湾，汪康年在谴责德国的强横无理的同时，更呼吁"当国之人，茹痛如此，其必尽改旧辙，聿新百度"。1901 年发生了俄国欲霸占我国东北的事件，汪康年发起抗俄集会，并上书当局，要求与俄力争。葡萄牙欲借澳门划界谈判之机，以威胁要挟手段扩张领地，汪康年写信给清政府，主张对葡人的意外要挟，"仍应坚持不许，万一不允，宁与失和"。日俄战争后日本在中国东北等地渗透扩张，汪康年始终保持警惕，并常在报纸上发文予以揭露，并向政府发出警告。还要看到，汪康年在这一时期的《中外日报》《京报》等报刊发表的言论中，内容最多的是揭示中国所面临的外来威胁，以及催促政府采取有效的应对措施，号召国人奋起救国。如《京报》上刊登的《书越南人巢南子海外血书后》《论高丽告中国》《再论高丽告中国》《三论高丽告中国》等文，以越南、高丽亡国的事实，指出："今日之世界，强权世界也……吾中国当今之时，处今之世，犹沉酣于睡梦中乎?"其《论偷安为贫弱之原因》《日法协约之深意警告政府》等文，则向政府发出警言："各国皆以保全东亚和平为主义，盖其目的在平和瓜分"，切不可"淡漠视之"。批评清政府"束缚其己国之人民，受无数强大国人民之奴视，竭尽其己国人民之膏血，以供无数强大国政府之牺牲"。也向民众发出了团结救亡的呼吁，劝告清政府尽快"施行改革"以强国。

　　但汪康年关于外交方面的思想主张是随着形势的变化而变化的。至于变化的动因，汪康年在1911年的《敬告》一文中是这样说的：中国外交"将由敷衍对付时代，而入于卤莽灭裂时代"。所谓"敷衍对付"，即办外交者"无识见，无方法，见事办事，而于当时之利害，则尚知之也"，这就需要舆论从旁推进；而"卤莽灭裂"则是这样一种情况："自近年以来，排外之说日甚，而举全国社会，皆不研求方法，而惟以极端强硬为可贵，于是已失之权利，日谋收回，藉故要求之事，概以拒绝为贵，社会中几几以此为外交官之殿最，而利害不问也。此等大病，无人起而大声疾呼以救正之……万一于不宜强硬之事，而忽为强硬之态度，则陷吾国于悲境矣。"

　　当民众反侵略斗争真的兴起并高涨时，汪康年却又忧心忡忡了，担当起了"疾呼以救正之"的角色。在外交方针上，他提出应以"审慎为之体，争执为之用"。认为"处弱国而言外交，不能不出于对付，势也，无可讳言者也。若羞此而鲁莽焉、横裂焉，则大祸立至，可必矣"。所以面对20世纪初年中国各界民众要求收回各项主权（如租界、海关、邮政、航路等主权、废除领事裁判权、自争界务等）的斗争轰轰烈烈开展时，汪康年即在报纸上发表了《论租界与领事裁判权》《说外交》、

《评外交》、《外交感言》、《醒呓》、《诘问》等文章，或是辩解称中国的关税、邮政等主权并没有被外国人夺占，"惟初通商时，无人能经理，因托外人为之"。或是反对民间对交涉之事妄加干涉，认为遇有关涉外人之事，"必须由国家所命之外交官与外人交涉，若贸贸然由一人或一小部径与外人交涉，必无此体式，不特为外人笑而已，且使外人知我无尊重国权之心"。甚至主张对那些虽"己之为直，人之为曲"的交涉事件，与其动辄抗争，"无宁含糊过去"。这与1897年汪康年在《论胶州被占事》中表达的"惟新创之后，正宜竭力自张，以示不测。且民惟无用，用则上下张奋，九败犹冀一胜；不用则气日馁，心日弛，必日割以至于亡。是则必战之故，一言可决"的坚决抵抗态度，形成了鲜明的对比。

第四部分是"铁路篇"。铁路在20世纪初已不仅仅是经济领域的事，更是一个搅起冲天大潮的政治问题。它引起了各阶层中国人的关注并置身其中，汪康年也不例外。

从这一部分所收录的最前面的《致吴佩葱先生书》和《呈商部文》看，汪康年并不赞成与外国人合办铁路。事实上，当浙江铁路问题刚被提上议事日程时，汪康年曾经是自办浙路的赞成者、浙路公司的发起人之一。1905年，汪康年作为京官四代表之一，与在沪的浙江士绅一起策划并成立了浙路公司。但由于此后的事态变化，一方面是汪康年的堂兄汪大燮成为浙江保路废约风潮的对立面，另一方面是（和汪康年外交方面的主张一样）是，面对汹涌激昂的群众性保路废约风潮，他认为有必要"疾呼以救正之"，所以这部分的三十余篇文章，从《醒呓》、《儆告》、《悲言》、《诘问》、《纠谬》、《宜知》、《记怪》、《砭论》、《痛言》等等之类的题目便可以看出，大部分是对保路废约运动的批评。这些批评多集中于这三个方面：

一是宣扬借款筑路无害。汪康年认为拒借洋款毫无道理，所谓借款路亡、路亡国亡之说更是危言耸听。认为借款筑路不比开矿、办实业，是无害有益的，关键在于如何使用款项，"假使吾国善自为谋，绸缪谨慎，虽借款无害也。若夫上下相猜，政法错乱，虽路矿尺寸不假手外人，而一旦祸发，则一切将全入外人之手"。而且借款筑路，若干年后铁路完全归我，因而"无害"，"何所为路亡国亡者？"

二是为清政府"铁路干路收为国有"决策辩护。他认为，"铁路之干路收为国有，质言之，则是将各省民办铁路之局面，全行改变，而另易一种办法也"，并无不可。原因在于各省商办铁路多办理不善，所以他说："干路国有及借款造路之说，余未以为非也。盖统观各省于路事，无不争竞延缓，各为其私，非改为国有，则此交通最要之事，何日能成？"

三是攻击各地的保路运动。面对清末许多省相继发生的群众性的废约保路爱国运动，汪康年发表了一连串的文章，指责各地的保路运动是"抗拒"、"挟制"国家，"百计以求动摇大局"，是"败坏大局之举动"。他从维护旧有秩序的角度，对民众的抗争行动做了批评，认为："夫民以不平之故，而出于上下相争，则必有争之之道焉。盖所以争者，为其事之失权利于外人也。倘以逾越界限之故，而公私丧失，乃大逾于所争，则亦无情理之甚矣！"此风潮如若继续蔓延，"则直与作乱无异，而影响所及，将全国入于危险之域，而吾国立陷于至悲极惨之境"。至1911年，保路运动在四川"竟酿成罢市，驯致暴动，汹汹之势，未知所止"的局面，汪康年对参加运动的民众和清政府方面做了各打三十板的批评，一面指责参加运动之民众"迹近暴乱"："夫川省以争路而罢课、罢市，顶奉先帝牌位，偶有不纳租税之言，论者已谓其迹近要挟，在川人已宜一雪此言，岂可集合各省之议员辞职，而显示要挟之迹者哉！""此等情态逐渐加甚，则大乱成矣。"另一面也责备清政府处事无能："此事政府不于事前妥密筹备，而猝然发令，以致群情惊疑。及反对之形已成，而不谋晓谕解散之法，而惟以简单强制数语，而欲使川省乱机即由此而化为乌有，是犹南辕而北辙。"同时向政府献计："惟有不动声色，速派川省所最信服之大员，驰往慰抚，将朝廷不得已之故剀切详告，商一妥善办法，是为正理。"可见，秩序，是汪康年考虑铁路问题的出发点。

第五部分是"议政篇"。汪康年作为一位著名报人，一生办报没有离开政治。当年为了政治改革而参与创办《时务报》，到创办《京报》、《刍言报》时，更明确了自己的独立报人的角色，也更明确了自己的职责，即办报的一个最重要的目的，是为了监督政府，评议政治。这部分收录的八十余篇文章，除了一两篇书信和未刊稿外，基本上都是发表于《京报》、《刍言报》上的。

稍加浏览，可以发现，这一部分文章中有呼吁确立立宪政治之方向的《论政界趋势之所定》、《公私辩》、《论暗杀之误国》、《醒呓》、《质疑》等；有评论资政院及各省谘议局活动的《敬问》、《发微》、《献议》、

《敬问》等；有论述中国政治形势的《论西报之言警告政府与国民》、《论偷安为贫弱之原因》、《敬告政府》、《论政府近日政策》等；但数量更多的是对政府政策的批评，对不职贪渎官员的揭露和抨击。其中有对朝廷用人行政的批评，如《敬告》（二五）一文指责"国家政纲不肃，罪人轻纵，则其国未有能振兴者。""朝廷之优容贪蠹，奖劝罪恶"，已非常严重。例如《杂说》（二十）就揭露清廷近年来"忽公许被参人员自诉冤抑"，致使"著名贪猾之流，复得脱颖而出，徒开邀倖之门"。《杂说》（十四）揭露清廷在委任官员方面随意而马虎，竟然委任两个完全是外行且颟顸庸碌无能的纨绔子弟掌管大清银行、交通银行。所以他在《说官》一文中，指朝廷的所谓法律是"官样文章而已"，所谓命令是"打官话而已"。财政从中央到地方都很混乱。《敬问》（八）揭露，清政府一方面下令京师和地方都要精简官员，另一方面却要以"捐款"的名义出卖官职，增加财政收入。地方上也各显神通，或"自营实业，以津贴行政"，即官办实业来筹集行政费用（《敬告》（二二）），或擅借洋款来解决行政经费（《为新疆拟借洋款办实业以为行政经费事》、《敬问东三省借外债四千万之理由》），或强令全省官员捐数月俸廉以充公用（《质疑》（七））。一些文章还揭露了各地方官员的胡乱行政，如《醒吃》（五）一文指责"顽不知人事"的北京警察厅颁布条款，强行规定剃发匠每人须预备长衣两套，而实际上这些人连饭都吃不饱。《杂说》（二九）揭露了官员的颟顸，如贵州的武弁殴打学生，而官府反而把被殴打之学生革去，优保滋事之武弁。浙江有办捐务者，因捐事移文上海日本领事，仍依据旧时条约。日领事复函告知：移文所据者乃废约，现行用者为乙未新订条约。某官不但不引咎，反谓我处只有旧时条约，不知有新约。很多官员盲目推行新政。《评政治》报道：山西官府创办纱厂，办起来后乃知山西并不出产棉花。一些地方言及兴利，便大办蚕桑，买桑秧，买蚕种，所费不赀，而不管当地并不适合养蚕。更有官员草菅人命，《箴时》（二）揭露，宣统元年江苏巡抚派兵征剿盐枭，兵至昆山，赌徒已逃，军队竟以枪杀本地之人充数，虽被报纸揭发，各级官府仍包庇不办。

也有一些文章是直指权臣和贪吏的，如揭露和抨击奕劻及北洋派官僚腐败黑幕的《庆亲王七十生辰特别赐寿记》、《读连日罢斥朱宝奎段芝贵谕旨谨书》、《读初五日谕旨谨注》、《读初六日上谕谨注》等，或评述或暗示，或讥讽或怒斥，曾对当时的政坛产生了重大的影响。

　　但总的来看，汪康年的这一部分文章，无论是从与其他部分的文章相比较的角度看，还是与当时清政府政治腐败严重程度的实际状况相比较的角度看，汪康年的政治监督做得并不是很到位，这些文章讨论的问题，大多都很琐碎，更谈不上力度和深度。

　　第六部分是"论世篇"。汪康年是一个双重监督论者——"报者，监督政府者也，监督社会者也"。即作为一个独立报人，不仅要监督政府，表达民间对政治改革的意愿，也要监督"社会"的言和行，以维护一定的社会秩序，这也是报人的"天职"。

　　汪康年的双重监督，所围绕的是一个中心，即他所说的："吾辈所应尽之义务，一曰迫望政府之改良，一曰遏止乱事之萌生。斯二者，皆今之要务也。"也就是说，政治监督的任务，是向政府施加一定的压力，推动其自改革；社会监督的任务，是使整个社会在一定的秩序范围内运行。而且越是往后，汪康年越是注重监督社会。其原因在他1910年的《杂说》（九）中做了说明："自近十年来，吾国之人，一变其弛懈驯柔之习，而竞趋于嚣张傲慢之途，其极则至于阳狂迷罔。"即壬、癸以来，民众的情绪越来越激越昂扬，在汪康年看来已经到了秩序完全崩溃的边缘。所以从这八十余篇文章看，1905年以前，当政府对改革还没有完全行动起来时，汪康年所做的更多是"迫望"政府改革的工作，对社会的批评，基本上是针对某些个人的劝导或说教的书信，如《致吴绶卿先生书》、《致藤田剑锋先生书》、《致高□□先生书》等；以及一些务虚的论说，如《为人为己不分为二事说》、《论吾国今日人心之大病》、《艰贞无咎说》、《责己说》等。1906年后，立宪运动和革命运动都在高涨，清政府也被迫手忙脚乱地推行预备立宪，整个社会几乎都被卷入澎湃高涨的政治热潮当中。汪康年以担忧的心情注视着这个热潮奔涌的社会，借助报纸更多的是扮演了"监督社会"的角色，即努力"遏制乱事之萌生"。在为清政府的起步立宪"不胜忭跃"之后，极力劝告国人不要躁进，不应期望预备立宪"进行之过骤"，而要"持之以五十年之恒心"，因而在这一时期，不仅所有超越"预备"范围的运动，如革命运动、抵制美货运动、拒款保路运动等，在汪康年的文章中要受到攻击，即使是对"预备"所需之秩序稍有触犯的事和人，他都明确地给以抨击甚至是斥责。如当社会上和言论界开展剪发辫、易服装讨论时，汪康年即在《刍言报》上连续发表《驳剪发易服之反对论》、《读议员论剪发易服事签注》、《悲论——因见近报之对于发辫感而作此》等文，认为"辫发为我朝定制"，"毁慢"发辫说明"吾国人对于国家无有崇敬之心"，且将使我国立受"实祸"。一些爱国留学生组织国民军，汪康年撰《儆告》（三）、《醒呓》（六）、《敬告》（十四）等文，指责这是"召乱取亡之导线"。有志士发起募集国民捐，他发表了《醒呓》（七）、《敬告》（十四）等文，讥讽此举为"徒资为热闹"。一些爱国人士发起组织"禁烟会"，要求与英国交涉，禁止鸦片进口，汪康年以《质疑》（六）、《质疑》（八）等文，表示此活动"其不可解"，"且勿问英人许否，应先问我之能办到否"。

但汪康年不能不看到，当时的社会已是"人人思乱"，任何的"监督"与"遏制"都无济于事。就在武昌起义爆发前夕，他在《刍言报》上刊《痛言》（四），痛切悲叹："吾今者有甚悲焉，何悲乎尔？以吾国之大，而稍明白事理者，竟无有也……呜呼！天其欲速亡吾国乎？不然，何产出谬妄狂诞之徒如此众也！"

汪康年没有想到的是，清王朝自己没有抓住历史给予的"自改革"机遇，亦即没有认真地、真心诚意地做立宪的"预备"。1911 年 10 月 10 日武昌起义，且立即得到四方响应，汪康年在半年前的《敬告》（七）一文中发出的"变法无序，朝令暮更，民无适从，则亡；不从民欲，强民就我，则亡；纵奸长恶，善良屈抑，则亡；赋敛无节，水旱无备，民不能生存，则亡；耗财之途不塞，窃位之官不去，徇情而废法，则亡"的警告不幸而言中。

汪康年，是一位总站在时代潮流中端的爱国者；汪康年的著作，是晚清政治和思想潮流的一种面相。

变法篇（上）

中国公会章程

公会者，所以保吾华之圣教，使不至日渐渐灭也；所以保吾华之种族，使不至日渐沦胥也。盖抚念时事，追咎既往，自上下之分判，而形势始睽隔；自党会之禁严，而人心愈散涣。兹立此会，务欲使天下人之心联为一心，天下人之气联为一气，将拯衰弱，俾臻富强。呜呼！厉怜溺笑化碧之事已虚，而石烂海枯衔金之心不改。凡我同人，幸鉴斯意，勿相疑阻，则甚盼焉。

一、中国历代虽严禁朋党，然一是小人之阿党，一是匪类之党会。盖中国向以各行其是、各顾身家为主，是以小人有党而君子反无党，匪类有会而正业反无会。汉之党锢，宋之党人，虽均系君子，然初意本不相符，惟金壬欲为一网打尽之计，始并为一谈耳。惟明末之复社、几社，往往以布衣而议国是，稍与泰西之法相近。然彼尚以文字为名，犹未敢以兼利天下、谋裨国是之心明为标目。今当否剥已极之时，倘仍蹈故习，不特虚抱此救焚拯溺之心，且何以使衰弱之中国渐渐振起？兹故不避嫌疑，特立斯会，以齐天下之心，以作天下之气。

一、《论语》一书，于持躬涉世、齐家治国之道，最为切实，曰"敏事慎言"，曰"言忠信，行笃敬"，曰"居处恭，执事敬，与人忠"；言理财则曰"不患寡而患不均，不患贫而患不安"；于治军则曰"以不教民战，是谓弃之"，曰"善人教民，七年亦可以即戎矣"；称弟子曰果、曰达、曰艺；称弟子之才曰治赋、曰足民、曰与宾客言。盖圣门无无用之学，故无不可用世之人。自汉宋以后，浸失其本，始以阴阳五行之端乱之，继以佛老之说乱之，渐成迂怪虚谬之谈。今本会务须讲明孔圣之教本旨，一以实事求是为主，庶处可为有用之学，出亦有用之才。

一、中国之贫弱，由于政法之不明；政法之不明，由于学术之不讲。本会应专讲求中国之所以贫弱、西国之所以富强，深思熟究，俾共明晓。

一、学问当分为三段：一政法，一艺学，一中国各省之利弊，而皆以端心术、守圣教为主。凡入会之人，须自认讲何种学问，如有新得之学、新得之理、或新考出之利弊，即函知总会，以便登报。

一、创办之始，措手綦难，兹拟先以讲求实用为主。立总会于上海，次及于燕、苏、川、粤、浙、鄂，又次及于各省。立会之后，即登报通知，务由本会之人互相援引，以期愈推愈广。

一、凡入会者，须自将姓名、年籍、并何处寄函书于纸，以交于总会，总会当以章程一分送之。其由他人转邀，亦可托其人转交总会。以后凡遇有会中之事，皆当一律知照，是为入会之制。

一、凡会中人，既有劝人之事，尤须平时互相规勉，互相考察，凡自得之新理、新考之利弊，并同人之志学奋怠若何，皆宜函告于总会，是为会中之事。

一、中国近十余年来，非无有志续学之士，然苦于彼此不相闻问，不特无由观摩，无由增长，即己之学问，亦无人能知。且平素无相交之雅，一旦相遇，则妒忌忮害之心随在而发。本会务使海内有志之士，声气相通，庶无隔碍之弊，是为入会之利益（凡小人之阿党，以互相援引为利益；匪类之党会，以小小资给为利益。今本会但讲求学问，而于资生之事，则全不相涉。凡事业去就，名宦隐显，及讼狱等事，均不敢与闻）。然入会以后，则学识可益滋长，渐成有用之才，名誉亦日流播，其为益大矣。

一、中国现在风气未开，如讲求之人但知独善，而不知兼善，于事何补？本会各友，务须遇有中人以上之质，即当力劝其舍无用以就有用，转辗相引，庶几愈聚愈多，风气既开，人才自出，实为自强之基。

一、凡入会者，可随时将己之志趣、识学函告总会，遇有疑难，亦可函询总会，总会应将所知者函答，不知者亦当转询通人，随时函答。

一、中国习气，文、武与士、商均相隔绝，致成暌隔。本会力反斯弊，凡武侠、商贾，无不可入斯会。

一、会中人稍多，当即设立会报，附刊于译报之后。如款项稍充，则会报宜别行，专报会中事务。

一、本会中以平等为念，无论学之深浅，名位之崇卑，其相见皆行平等之礼。且总会中但有总理、分理名目，断无自处于贤智之事。

一、会中人皆以开风气为志，贵者效其权，富者效其财，贤者效其心力。凡自总理以下，皆情愿乐为，不取薪资，惟将来会务兴盛，须请专人办理，不能复兼他事，则始量给薪水。至办理会中之琐务（此亦须俟会务殷盛后，方设此席），及会中专派住各处查勘游历之人，均须给与薪水。

一、会中应办之事甚多，俟稍集有款项，即当次第举行。首派游历之人（一、成才之人，派往西国，或在中国各处考求矿务；一、心思精细、能耐劳苦之人，派往内地考察利弊），又次设借书处，又次设教会（仿西人教堂之法，以兴儒教），又次开学堂（此近日最要紧之事）。以上各条，别有章程，不得付之空言。

一、入会之后，当以直抒己意为主，凡己有所见或规人之失均须直言，不得复存阿徇嫌忌避就之心。

一、会中人，宜融同异之见，庶不自生彼此。盖在会者虽同以振兴中国为主，而意见或有不同，性质亦复互异。须知天下之理千条万绪，何必固执己见（总以不出圣教规范为主），此须求相融兼容之法，不可因此致成隔碍。

一、此会既设，凡天下之人，皆应共谅斯志。其有未达苦衷，致生疑阻，本会中人但当谦和容忍，徐言而缓导之，毋傲睨，毋操切，致启局外人之论议。

一、凡会中之人，于权力所得为之事，无不勉力为之，总须海内同人共谅斯志，各量力捐助，以资办理。其款无论由总会劝捐，或由分会敦劝，均宜径汇交总会，掣取收条。每年终，当将收款、用款、存款核实登报。其存款必存中西有名字号，并登报详之，以昭信实（此不特较之造庙宇、助僧道有天壤之殊，即比之各种善举、及修造桥梁等，亦迥不同）。

一、本会创始，凡愿入会者，无不一概延纳，有规勉而无责成，有考校而无去留，故品业不复过问，即小节出入，亦必容忍，惟有圣教宗旨大背者，方登报斥出。

一、本会筹款何处最多，即何处设学堂，选有学问及谙教法人为经理，其银钱及训蒙师，就地选择。

一、收到各款及用款，均交上海素为海内信服之办赈诸君经理，庶更妥善。

以上二十二条，会中条目大略具此，如有未备，请同志诸君随时增改。盖本会痛吾国之衰弱，欲思挽回，以求复振。敢告同人，无中怠，无内馁，无嚣张，无颓丧，无相嫉妒，无相隐蔽，庶几合亿万人之沉思苦虑，统千百年之坚心毅力，延坠绪于将绝，起痼疾于已衰，则本会幸甚，天下幸甚。

（光绪二十一年，录自汪诒年编：《汪穰卿先生传记》卷二）

致瞿鸿襪书①

夫子大人函丈：去岁轩旌过鄂，康年适以事返浙，未克即谒行辕，一伸积悃，至为怅歉。春来伏承起居莆禄，簪组雍容，欣企无量。康年前秋出都，驽马躞蹀，正靡所聘，重承南皮尚书折简相招，遂乃栖迟武昌，尸素讲习，学浅望薄，果受哗侮。岁星既终，遂即告归。南皮留总译纂，暂不他徙。比闻京中强学会，当局已奉谕旨，并命寿州尚书管理，从此都中士大夫，得合力讲求有用之学，于大局或可补救万一。上海会事，去年康长素主政创办，后闻风兴起者颇不乏人。已而众意未浃反目。康年来申，拟开一报馆，以续前举。明知识短，于事无济，然时局至今，实不敢以铅刀自划，行之济否，诚不可知。谨寄呈云秋同志所拟章程一阅，伏乞诲谕。康年奔走风尘，学殖愈荒，并未能时申笺问，翘首师门，愈增愧悚，专肃敬请崇安，伏惟垂鉴。

受业康年谨禀。初八日。

（录自《瞿子玖亲友手札》（手稿））

---

① 标题为编者所加。《瞿子玖亲友手札》（手稿），原件藏上海图书馆。据信中谓"去年"上海强学会事，知此信当写于1896年；信中称已拟办报章程，此信或写于是年春。瞿鸿襪（1850—1918），汪康年座师。字子玖，号止盦，湖南善化人。先后出任河南、浙江、四川、江苏四省学政。庚子后官兵部尚书、军机大臣等职。

中国自强策（上）

事至今日，危迫极矣！挫于日，迫于俄，侮辱于英，教案蜂起，回匪蠢动，兵变、民变之事不一而足。而瓜分中国之说，西报屡载之，西人屡言之，虽至愚之人，亦知其殆然。而庙堂无定策，中外无定议，旧弊未一除，新猷未一布，则非安于不为，即以为无策也。

夫安于不为，则无论矣，以为无策，尚未然也。夫中国在今日，犹一羊处群虎之交，曾不足以累其牙爪，然而不遽动者，群雄角立，未有所归，故艰于发难。又无端戕人命，败商务，又西人所不欲为，故犹迟回以待之。我苟能自振，则西人之于我，亦犹其于日本耳。惟我永不自振，则彼惟恐为人所得，必将争先以取之。然则，我国振兴之政不于今日，则无及矣。夫中国利之宜兴，弊之宜除，谁不知之？而卒无定论者，盖食于弊者太多，则必多为之说以乱之，多出其途以扰之。盖非不明不强之患，而由于权无所归，则无人焉为发光与力之地也。

夫国朝承明之后，惩于擅权朋党之祸，故执政之臣，名曰军机大臣，人多而权不一，但能唯诺于上前，而不能坚持其意也；但能恭拟谕旨，而不能自发号令也。然则，苟欲聚其权以办庶务，舍立相莫由矣。顾今日而骤然立相，窃恐但有牵掣阻碍之苦，而无行权决策之效，则非先立议院不可矣。或曰立相，则不免擅权之虑。开议院，则权在下，且散而不合，徒滋论议，于事非便。不知有议院以与相相持，则相不能擅权。议院之人多矣，且有议事举人之权，而无行事之权，虽在下何病？又议院论虽不一，西例必择其多者从之，何嚣杂之患？且凡事初行，必多漏略，要在随时审正耳。若其成规，则西人之议院章程，可择而行也。

至于开办维新之政，则有三大端焉：一曰齐天下之论。今天下之论至不一矣，政府不择而用之，或朝暮更易，或南北互异，必当论定一格，以便施行。二曰慰天下及各国之望。维新之政，中国望之，不应则离；西国望之，不应则侮。宜明诏天下，以舍旧从新之故，而与各国立力保太平之约，并方便予以权利，且聘其贤豪，与之参定法制，则中外始有更新之望矣。三曰安天下官吏士兵之心。维新政行，则宗室、旗丁、冗员、士人、胥吏、军士，皆有失所之虑，始而以言语相煽惑，继而以全力相阻挠。宜预筹安插之法，宗室、旗丁除作官当兵外，或与以利益，或驰其禁防。新改立之官，除总理之人必拔用能者，其余仍以旧官依班补叙。学校新设，必十年方能选用，则从前士人，在十年之内，仍可补官。胥吏、军士，汰剩者可补充诸役。如此则各人无失业之忧，即新政无阻挠之患矣。然此但言创始之大要，而未及其所行之事也。

（载《时务报》第 4 册，光绪二十二年八月初一日，《汪穰卿遗著》、《汪穰卿先生遗文》均收录）

中国自强策（中）

中国自古独立于亚洲之中，而其外皆蛮夷视之。素以君权为主，务以保世滋大为宗旨，故其治多禁防遏抑之制，而少开拓扩充之意。君恐臣之侵其权，故不使之有纤毫之权；恐臣下之结党，故务散其党，牵掣之使不得行其志，锢蔽之使不得极其聪，以天命怵之，以鬼神惧之。臣下承之，以讳饰为能，以敷衍为工，以趋避透卸为巧。其于民也，但以压制欺吓为事，无复有诚意以相孚。故吏习于弊混，民安于刁玩，士成于陋劣，兵惯于哗溃，其齐民皆以闭户不与外事为秘策，以积财遗子孙为得计。故上下之大弊，不出四事：曰徇私，曰恶直，曰崇虚，曰耽逸。循习至久，全国之民，皆失自主之权，无相为之心。上下隔绝，彼此相离，民视君父如陌路，视同国若途人。夫民之弱与离，君所欲也。积至今数千年，乃受其大祸。

然则，至今日而欲力反数千年之积弊，以求与西人相角，亦惟曰复民权、崇公理而已。其于官也，汰冗职、删仪官，使官各有事。其教人也，必使为有用之学，毋误用其聪明。其选人也，必使以所学为其官，毋使非所学。其升补也，必依其本职，毋使朝此而夕彼。其用人也，厚其禄，过则责，故则斥，勤奋则升迁，而递加其俸，终身无失业之虞。其定律也，依罪为断，必求可行，无虚设之律，无难行之例。其罪人也，访缉密而治之宽。其谳罪也，稽罪而尽其辞。其取于民也，各以其资占税，毋倒置，毋苛索。其理财也，使财归实用，毋糜于虚文，毋漏于中饱。昔之重文而轻武者，今必使文武并重。昔之优文士而轻吏治者，今必以吏事为急，汰繁重以求其速捷，去虚文以责其实效，删矫诬不实之谈，斥虚伪无理之事。尚创作而贱安闲，尚改变而贱守常，以能开利源为能，以能创新学为优。民性必求其宣达，士气必求其振奋。昔之不使民与国事者，今必与之共治；昔之使民安于愚弱者，今必使之极其明强。务使内之权力，在在足与外人相抵。夫如是，或可侥倖与各国相持。然此但言其治道宗旨所在，而未言办法之实也。

（载《时务报》第 4 册，光绪二十二年八月初一日，《汪穰卿遗著》、《汪穰卿先生遗文》均收录）

中国自强策（下）

请实言办理之法。今使上赫然下明诏告天下，以力图自振之故，而使士民之明秀者，互相举为议员，使至京入议院，而使中外大员，自三品以上俱入上院。议院既立，则立相以总内外之务；立户部以掌财用之出入；立刑部以掌天下之狱讼，及巡捕之事；立商部以兴商贾，并掌税则，及考察工作物产之事；立农部以教种植；立外部以理交涉之事；立兵部以掌兵事；立工部以掌营造之事；立邮政部以理道路、河渠、轮车、轮船、邮递之事；立民部以掌各处地方之事；立海部以掌海军之事；立教部以掌学校之事。

俟议院举定相臣，则由相臣自择用诸部大臣，及各省之长。大臣及长，又各举其属，而皆决于议院。十年之后，则议员及各官皆取于学校。如西国之法，设吏治局于京师，征天下贤能之吏，使学习治法，而分派之于各省，以教诸地方官，十年以后亦皆取之学校。各省提镇选于兵部，而提镇又递选其属，十年之后，始取之水陆武备学堂。外部及出使大臣，必取精西文、通西事者，十年之后，始取之使才学堂。京师立各种学校，精选中西之能者教之，以递及于各省府州县，十年之后，始取之师范学堂。宰相与各大臣既举定，则遣使与各国立力保亚洲太平之约，而大改上下内外之体制，务从简易，悉去趋跄拜跪之节。

复立宪报馆，凡新政改革之意，及中外交涉之故，悉载之。各种振兴之政，乘时并举，且捐纳停，冗员裁，调济安插之途废，资格班次之说止，既无无事之官，复无无官之事，局中之人可因官以展其才，局外之人可因事以责其效，则职无不举矣。一事一官，既无旁贷之方；一官一事，又无丛脞之虑，则人勤于职矣。在事之人有治事之权，事外之人有监察之权，而又有议员以钳制之，有日报以举发之，则官邪息矣。厚俸禄而革陋规，入官之日，予以装钱，辞官之日，予以恩俸，或给终身，或逮子孙。办公有费，登程有资，则人兴于廉矣。改衙署之制，速咨禀之法，汰酬应之烦，删迎送之礼，则官敏于事，勤于察矣。省府州县各设议员，以与官相抵，官不能专其事，则民困苏矣。因其事以设之官，因其官以为之学，因其学以定所取。入官之后，非罪不斥，心不枉耗，才不虚糜，人无失所，官不易方，则人知专所学矣。取士多途，学堂遍设，由都会以及州县，由州县以逮乡间，人无废才，才无滞用，则人劝于学矣。厘定文字，使归浅近。多撰教化之书，使人易晓。而遍设义塾、教堂，以教齐民，则寻常之人，皆可读书明理矣。凡刊刻书籍，由官准驳其便用者，准其专利，则要用之书，不日可得矣。严户口之册，定乡里之制，产业、生死、婚姻必注，零户必禁，城镇无杂处之虞，乡里无散居之虑，而又遍设巡捕，并设包探，则逋逃清，邪民无所匿矣。律法从平，无有偏颇，重则绞杀，轻则禁罚，则罪易办而情易得矣。刑官治狱，不兼他事，复有会审以察其虚诬，有律师以伸其辩说，无刑求之苦，无拖累之患，则枉滥息矣。吏皆有禄，役皆受缗，既无借口之资，即无婪贿之弊，如此则狱讼易矣。有不率教者，辄禁锢终身，动其羞耻，严其禁防，则人耻于为非矣。平道路，浚江河，开铁轨，通电报，招商以成之，借债以足之，且路灯、自来水在在设立，使往来便捷，消息灵通，则用兵、赈灾、经商、行旅便矣。矿务开，银行设，然后铸金、银、铜三等之币，齐其轻重。又制钞票，而禁兑换银钱之店，以便行使。税饷出入，一律行用，三年之后，度新币已足，则悉禁旧钱，则钱法行，而人便于用矣。制钞币，立银行，正税则，严中饱，则国用可足矣。立商部，定商制，严赔偿之法，定诈骗之条，除厘税之苛，捷水陆之途，考求各国之物产，查勘各地之工作，内江外海，准行轮舶，能纠合公司者奖之，商之成本重者，许以补助，则商劝矣。能效法泰西制造各物者赏之，并许专利，能以新法制器者，给以功牌，则工劝矣。税以资算，富重而贫轻，税以息计，商多而农少。蓄泄有资，种植有法，则民勤于田亩矣。停无用之武试，开水陆学堂，令凡能武事者，不与齐民齿，则人竞于武矣。精选而厚其饷，严教而重其防，老休则廪以终身，战死则恤其子孙，则兵皆能战，而平时不敢滋事矣。防兵周于水陆，兵将悉由考试。定平时遣调之法，定临事招募之方。炮械必精，雷舰必备，医药必赡，兵法既娴，军律尤峻，则武备严矣。厘定祀典，公私无名之祀，悉行停止。一切虚诬术数之说，皆不得行，则邪说息而正务举矣。设报馆以达民隐，凡中外交涉、选举、狱讼、报销，悉由官登之报。新理、新法，及一切民间之事，及其冤抑，无不可登报，则上下之情通矣。定齐民之等级，以有能者为上，有业者次之，游惰为下，则民勤于所事矣。而又设舆图局以测全国之形势，设翻译馆以收各国之书籍，设制造军火局以给军用，如此行之十年，国以富，兵以强，始可收回已失之权利。除租界之法，改进口之税，定管辖异邦人之制，而与泰西各国相抗衡。若夫施治之宜，叙次之方，新旧交替之法，则当俟办理之时议之，非一时所能决也。

（载《时务报》第 4 册，光绪二十二年八月初一日，

《汪穰卿遗著》、《汪穰卿先生遗文》均收录）

论中国参用民权之利益

中国之言治者，曰以君治民而已，至泰西而有民主之国，又有君民共主之国，中国之儒者，莫不骇且怪之。虽然，何足怪哉。古之言治者，莫不下及于民，是以《尚书·洪范》曰："谋及庶人。"《吕刑》曰："皇帝清问下民。"《周礼·小司寇》："掌外朝之政，以致万民而询焉"。朝士、左九棘，孤、卿、大夫位焉，群吏在其后；右九棘，公、侯、伯、子、男位焉，州长、众庶在其后。《孟子》曰："国人皆曰贤，然后用之。国人皆曰不可，然后去之。国人皆曰可杀，然后杀之。"[①] 其他见于经典者，不可偻指数，是古之为国，未尝不欲与民共治也。

顾或患权之下移，不知君民共主之国，凡国有大事，下诸议院，议院议之，断之君而行之官，君有不同，可使复议，议不能定，可更置议员，是大权仍操之君。或曰：用民权则桀黠得志，豪强横行，乱且未已，不知民但能举俊秀以入议院，而不能肆行己志。议员但能议其事，而不能必其行，何肆横之有？或曰：权在上则聚，在下则散，散不可以为国。不知议员人虽多，必精其选；议虽杂，必择其多。选精则少谬误之论，择多则愿行者众。是三者，皆非足置虑者也。

且夫居今日而参用民权，有三大善焉。盖从前泰西君权过重，故民权伸而君权稍替。中国君权渐失，必民权复，而君权始能行。何则？中国虽法制禁令号出于君，顾前代为君者，深恐后世子孙不知事体，或有

---

① 语出《孟子·梁惠王下》，原文为："左右皆曰贤，未可也；诸大夫皆曰贤，未可也；国人皆曰贤，然后察之，见贤焉，然后用之。左右皆曰不可，勿听；诸大夫皆曰不可，勿听；国人皆曰不可，然后察之，见不可焉，然后去之。左右皆曰可杀，勿听；诸大夫皆曰可杀，勿听；国人皆曰可杀，然后察之，见可杀焉，然后杀之。故曰：国人杀之也。如此，然后可以为民父母。"

恣肆暴横之事，故再三申之，凡事必以先代为法，毋得专擅改易。故举措一断之例，大臣皆奉行文书，百官有司，咸依故事为断。而熟谙则例之吏，乃得阴持其短长。故国之大柄，上不在君，中不在官，下不在民，而独操之吏。吏志在得财传子孙，初无大志。故齮利营私丛弊如毛，良法美意，泯焉澌灭。且不特此也，君独立于百官兆民之上，则聪察不能下逮，而力亦有所不及，是以会计隐没，上勿知也；刑狱过差，上勿察也；工作窳敝，上勿闻也。屡戒徇私，而下之用情如故；屡饬洁己，而下之贪贿如故；屡饬守法，而下之作弊如故。诏书严切，官吏貌若悚惶，而卒之无纤毫之悛改，犹得谓之君有权乎？惟参用民权，则千耳万目，无可蒙蔽，千夫所指，无可趋避，令行禁止，惟上之从。虽曰参用民权，而君权之行，莫此若矣。

且夫民无权，则不知国为民所共有，而与上相暌；民有权，则民知以国为事，而与上相亲。盖人所以相亲者，事相谋，情相接，志相通也。若夫君隆然若天人，民苶然如草芥，民以为天下四海皆君之物，我辈但为君之奴仆而已。平日政事举措，漠不相闻，一旦变故起，相率委而去之。但知咎君之不能保护己，而不知纤毫尽心力于君。惟与民共治之国，民之与君，声气相接，亲爱之心，油然自生。故西国之民，见君则免冠为礼，每饮酒，必为君祝福。国有大事，则群起而谋其故。盖必使民共乐，民然后乐其乐，使民共忧，民然后忧其忧，必然之理也。

若夫处今日之国势，则民权之行，尤有宜亟者。盖以君权与外人相敌，力单则易为所挟；以民权与外人相持，力厚则易于措辞。西人与中国互市，动辄挟我国君之权力，以制我之民，中国欲拒之，则我之权不足，欲以民为辞，则中国久无民权之说，无可措语。是以增订条约，不谋之民而辄许之，索租界，索赔偿，亦不谋之民，而辄与之。其他一切有损于国、有损于民之事，皆惟西人所欲，应之如响。有司奉令承教，为之唯恐不速，于是民仇视西人之余，转而仇视有司。夫天下之权势，出于一则弱，出于亿兆人则强，此理之断断然者。且夫群各行省之人，而使谋事，则气聚，否则散。使士商氓庶，皆得虑国之危难，则民智，否则愚。然则反散为聚，反愚为智，非用民权不可，夫岂有妨害哉！吾见古制复，则主权尊，国势固也。

（载《时务报》第 9 册，光绪二十二年九月二十一日，

《汪穰卿遗著》收录）

论今日中国当以知惧知耻为本

悲夫！微欤，今日之事也。何悲焉？悲失权也。失权焉者，非全举一国之权，而一时尽失之，有积渐而失之者，有不觉而失之者。且不特上失之，下亦失之；不特官失之，民亦失之。至今日则已情现势迫矣。顾犹不知为失权也，但微觉转动不便而已。呜呼！岂知我之吭已尽为人扼之，我背已尽为人拊哉！是故租界辟，而我失辖地之权；公堂设，而我失用法之权；西官治租界有专权，而我失治民之权；各国兵船可任意驶泊，而我失口岸之权；墨银通行各埠，中国银钱不能一律行使，而我失制币之权；西法赋税重其入而轻其出，我则反是，则失税权。西法两国之讼，用刑从其轻者，我则西人从其轻比，中人从重比，则失刑权；公法不得与在他国之利益，不得均沾，则失立国之权。至若教人、养人之权，中国不力主持，亦渐为所侵窃，甚且渐夺我用人之权，又且夺我论议之权。等是下之，必至夺我志意之权，及其生命之权。夫于他国共立地球之上，而中国地大人众，又为各国冠，而蹉跌陨越，一至于此，嘻吁，宁不惧欤！

西人之所以朘削怵吓我中国者，以兵商为大宗。而其所以羽翼兵商者，尤能坚忍刻苦，联络党类，棋布星散于人之国中，彼将力护其从我者，而深斥其不从我者。贵人能扶己者，深奖誉之；其异己者，力毁谤之。借己之国势，以压人之官长，复借官长之势，以压齐民。夫如是，故吾国利弊，纤悉尽为所得，而从者益众。彼又能取其国之善法以教养人，不数年，则才人学士将出其中。且我民有为所长养者，有为所生全者，方感激效死之不暇，而我民犹宽然晏娱，谓彼之说何足动人，彼之为此者，特为谋食计耳。岂知彼之设心立法，上之则欲执人之国权，大之则欲制亿兆人之死命。逮至彼势益盛，方思起而谋自立之策，则人联络而我散漫，人坚忍而我疲脆。彼欲去我，若风之振槁。呜呼，不自立而坐以俟者，其效固必至于是也。

始西人至中国，犹震其凤名，以为声名文物之所在也。已而察其政，见其纪纲弛紊而不理；过其野，见其阡陌零乱而不整；行其途，见其道路污秽而不洁；遇其贵人，则情势懵然；遇其士民，则事理昏然。于是彼以为可肆意相待者，莫是若矣。是以凡要挟诛求，不能以待他国者，独能以待中国；凡偏苛之令，不能待他国之民者，独能以待中国之民。于是有藉一案，而求偿金数倍者，同一事，而请改约章者。华人杀西人，则官革犯诛，西人而若此，则百不治一。华人负西人债，诛索不止其身，西人而如是，则一听其官之索拟，甚至愆期失约。同一事而治之不同，盖彼见我官之轻其民也，固谓我民之可以轻矣；见我兵之扰民也，固以我民为不妨扰矣；见士民之侮其官长也，固以官长为可侮矣；见我民之互相挤排、互相争夺也，固知我民无相顾惜之心矣。故虽西人之教，素尚公平，而卒至若是者，盖以为待中国人则应如是也。

西人善于经商，所至之地，辄能握其利权。中国商人，心计之工，何遽让西人？然而税务一层，西人固已不费丝毫心力，而操赢绌之大权矣。我华商见利则群趋，而不思其后之难。见害则捷避，而不顾其徒之败。西人谂其如此，故以整御散，以坚敌脆，以素娴拒新习。彼集公司，则资本重大，我则皆独立也。彼联声势，则消息灵通，而我则隔绝也。是以我虽行店林立，而实则零碎凑集，拾西余剩，受西挟制，而莫可如何也。

华人初见西人，咸怀恶怒之心，至今日，则恶怒之心，一变而为信畏矣。夫不问是非曲直，而辄以恶怒之心待人，非公理也。至若不信畏己之人，而信畏他人，则尤异矣。夫中国商人，虽未尽可信，然钱庄、汇号，固不亚于西人也。而今则富贵人之金，多托汇丰矣。修造轮机，中国非不能为也，而今则购办之人，必托耶松矣。同一器皿，而必以鐾洋行字者为贵；同一货物，而必以来自西土者为佳（以上皆指中国器物，实能与西人相匹者言，非谓概足与西人匹也）。若夫乱兵肆横，非口舌所能喻也，乃亦睹西人而敛迹；差役恣暴，非礼让所能禁也，乃亦见西人而戢威。无怪闻公使之骄横，而骇汗横流；遇西兵之严整，而闻风远避。然则，我民盍亦深思致此之由，而思所以处将来乎。

然此非一二人之惧，而我中国四百兆人之公惧也。非一二人之耻，而我中国四百兆人之公耻也。然则整顿之策，但袖手而诿于上之人可乎？整顿之策奈何？曰：相酌其制，官革其政，士益其学，商扩其业，工精其物，如是而已。吾意，自去年以来，必有大改其故辙，以晓示天下者，贵者必将群协其权力，以提挈万纲；富者必将群委其赀财，以创新万事；士必思力崇新学，商必将共立公司，工必将仿制新器。报馆遍设于各省，学堂林立于列县，虽未睹维新之全模，而士气之奋，民心之明，将于此见之矣。

夫四邻环伺不足惧，大变当前，而怡然无所动，斯为可惧也。割地、偿款不足耻，维新有机，而懵然无所知，为可耻也。今内之则敷衍锢蔽之见未尝化，外之则夤缘酬应之习不能免。官书局奉旨重开矣，而未敢昌言也。学堂奉旨设立矣，而未见定章也。报馆已奉旨允准矣，而未见广设也。每议一事，而部臣诿之疆臣，疆臣诿诸绅士，俄而以无款中辍矣。每定一法，则下属俟诸长官，长官决于内臣，俄而以难行中止矣。甚至驶行小轮，则厘局阻之；机器制造，则重税苦之。推之学术、商务、工业，未尝有一事足当维新之目者。《诗》曰："不戁不竦，百禄是总。"今之君子可谓不戁不竦矣。

今使朝廷之臣，相率而议必敝之政；有司之官，相率而发必阻之令；举国之人，相率而治必废之业；商尽心开必闭之肆，工竭力作不售之器，闻者鲜不以为笑矣。顾观于今，则几于是也。然则今之人，何异于举手而自击，举足而自蹶也。然则今之人所作所为，何异于自弃绝也。彼岂甘于如此哉？一则由于不相顾，一则由于不敢为，实则由于不能深知时势之必然，而姑与苟安而已。且贫贱之人，必曰我谋衣食之不暇，何暇虑此。然则当求诸富贵人矣，贵者且曰：我一人竭力何所补，不如及时掊积，为子孙计。富者且曰：此他人所患耳，我富人何虑此，况他人固以保富为事者，我方不失显荣。呜呼！蓄志如是，固无怪其如是矣。

夫使果如富贵人所料，则苟利于己，虽大局移易何害？虽然，此岂果可得之数乎？夫以他人为可托，而怡然以待其来，此不仁之甚，亦不智之甚。抑知彼将不以显虐，而以暗伤；不以骤芟，而以渐减；刑则异律，官则异举，礼则异施，商则异税，限其权利，苛其禁防，而意外之波累尤不可逆料，我民亦盍按切事势，而一思之乎？若以是言为妄诞也，则亦已矣；若犹谓有万一之当也，则盍群天下之心思才力，而急筹之乎？

（是文成，或咎其尽言，恐为闻者所怒。余谓报馆以直言为尽职，若畏葸蓄缩而不吐，则溺职矣。且今日大势，居腹地者恐未能尽悉，故不敢不尽言，阅者谅之。）

（载《时务报》第 11 册，光绪二十二年十月十一日，
《汪穰卿遗著》、《汪穰卿先生遗文》均收录）

以爱力转国运说

国者何也。以其能自完固也。质点相切而成物，若未受空气之改变，而质点未相离，则同类之物，必无能损之理。若金类然，必已锈蚀，而后见残于同类之金，否则必有刃，而后能锤锉之也。若木类然，必已腐朽，而后见残于同类之木，否则必施以斲削，而后能锤击之也。惟国亦然，与他国同立于地球之上，而独见弱于他国，则必其本质已有内离者矣。内离者何？失爱力是也。夫起于相忘者，终于相绝，起于相爱者，终于相成。是故农与农相爱，则通力合作，转相告语，凡播种辨土，可以新法行之矣。工与工相爱，则居肆成事，互相劝勉，凡购器造物，事事可仿制矣。商与商相爱，则集赀易广，谋事易就，凡公司行栈，可如林而立矣。士与士相爱，则得失相较，善否相示，凡置书立会，可并时而起矣。官与官相爱，则善法相告，过失相救，凡兴利除弊之事，可一旦行之矣。疆臣相爱，则救灾、捕盗、设防、治水之政，不分畛域，而彼此形迹之见，可尽除矣。卒与卒相爱，则胜相让，败相救，而失伍弃军之事可免矣。将与将相爱，则进止攻守，互相应援，而无彼此不相顾之患矣。若夫上惟爱其下也，则恩威互用，而下必不忍蔽其上。官惟爱其民也，则宽猛相济，而民必不忍疾视其官。将惟爱其卒也，则赏罚平均，而卒必不忍轻弃其将。且以全国之爱力爱其君，则君益尊，以全国之爱力爱其国，则国益固。以攻则克，以战则胜，以守则完，相爱而后能相群，相群而后能相固，是以爱力生强者也。

夫责国之强，必求器械之利，士卒之勇，将帅之武，粮糈之足。然

是四者，咸强国之末务也，非本务也。鹰之鸷，由于嘴爪，然使安嘴爪于燕雀，必顿失其鸷，则以嘴爪是也。其所以用此嘴爪者非也，鹰之全体，固皆与嘴爪称者也。犀之猛，由于齿角，然使安齿角于麋鹿，必顿失其猛，则以齿角是也，其所以用此齿角者非也，犀之全体，固皆与齿角副者也。然则，不以全体之爱力生强，而但求强于整军经武，得乎？项羽百战百克，而卒见灭于汉，则以项羽之爱力不如汉也。窦建德、王世充之徒，非不足以抗唐也，而爱力不若唐，则卒并于唐。故英之保党、公党，设心不同，而其为英则同。美之共和党、合众党，议论不同，而其欲富强美则同。普已蹶而忽兴，法将亡而复振，以国势虽衰，而爱力如故也。盖惟其相爱也，则必求所以相存，求相存，则必求所以自强。是故农夫荷畚执锸之时，工人审曲面势之时，商人操奇计赢之时，虽各营其私，而心思所注射，咸在于国，虽以庸赁贩竖之微，咸不敢以国事为后。于是必思所以旋转此国事者，必思所以改革此政法者，必思所以监察此用事之人者，如此则虽欲不强，不可得矣。夫相爱也者，非仅相爱而已也，有相爱之意，则行事相劝，利弊相告，进止相助，艰阻相扶，过相隐，善相称，得相贺，失相矜，成功相期，同类相助，如此，则不期成而自成矣。相忘也者，非仅相忘而已也，有相忘之意，则行事相阻，利弊相隐，进止相挠，艰阻相倾，过相讦，善相诬，得相恶，失相幸，成功相忌，同类相离，如此，则不期于绝而自绝矣。然则察善败之由，审劝导之宜，有国者宜何从焉？

中国迭更艰阻，而犹晏然无振作之意，说者谓其守旧法也，谓其多掣肘也，谓其意见之歧也，吾以为由于不相爱也。其仕者以为我惟求敷衍抵塞，终身不失官而已，遑恤其他。士以为我工制举业，即足以自进，何必劳心于他学。商以为我得新法，当以自利，何故公之人。工以为有利便之法，宜秘不示人。富者以为他人之危急无与于我，何必劳心以为人。是以通商数十年来，坐视强族之逼处，国势之危险，利权之全失，而未有共谋一事，特创一业，以开维新之景象者。公司屡创而屡蹶，商会虽有而如无，至若学会、公会，则尤未有见端。盖西人之事，皆赖众人之心力，而后能成之，而中国则断无合众人心力以成一事者。呜呼，爱力之失，人心之亡也。人心既亡，欲求国势之能振，将何所必乎？

今夫中国之人，不能食于故土，流离海外，幸而成立，又不得保护，有被侵夺于他国者，如此则失爱力于我之旅民矣。编户之民，赋税未缺，平居则官吏侵扰过当，饥馑则任其转徙而莫或过问，如此，则失爱力于我之居民矣。工商以其巧力糊口，而厘税无定章，保护无定法，以致折阅失资无算，如此，则失爱力于工商矣。隶名卒伍，无事则克其名粮，有事则驱之前敌，罢归则任其流徙，甚有为丐盗者，如此，则失爱力于武士矣。士读书求官，然滥其取而狭其入官之途，有穷老不能自存者，如此，则失爱力于士子矣。求俊秀之人，行之海外，而资之学。学成则不复问，使求食于他国，如此则失爱力于学人矣。尝以资藉得策名仕版，然屡改其铨选之方，又不思所以维系之，以致不能活八口，如此，则失爱力于入仕之人矣。有位于朝者，既已委之事，而宠之官，然禄不足以给用，使不能无他营，如此，则失爱力于在朝之人矣。用是之故，有权藉者，专为欺蔽侵渔，而不顾其上。富者宁怀金待寇，而不肯以资军实。士以不与外事为贤良，民以苟免为得计，甚至比邻不相知。闻北方饥寇，而南方钟鼓。贫贱之人，闻富贵者之倾覆，则引为庆幸。同国之人，而相待乃如此，环顾全球诸国，未有如是者也。

夫爱力甚者，先自爱其国，内其国而外诸夏，内诸夏而外彝狄，《春秋》之义也。是以《春秋》内大恶讳①，内大夫卒日，凡以殊异于外也。孔子曰："不爱其亲而爱他人者，谓之悖德。"② 然则不爱己国之人，而爱他国之人者，独不为悖乎？然而今日之事有异于此，西商正税，值百抽五，华商完厘。则有例内之追求，有例外之苛索。西人日用物皆得不税，华人仿造，乃复从而征之。华船挂洋旗，则遇关卡无敢过问。华店用西商牌号，则虽越禁逾制，无所妨碍。华商托西人报关，则无羁滞之苦，反是，则留难讹索，将不可言状。延请西士不惜重金礼聘，华人即才技与相齐等，亦必薄其廪饩，异其礼貌。购物于西商，惟所取求，不敢与谐价；入华人之肆，则百端吹求，必欲抑价短值而后快，甚至有俟其折阅，而冀其贱售者。夫如是，是驱举国之人而使有外心也，夫有外心则无内矣。

夫以是解散涣释之心，而欲使成事，是必一人可为之事，而后能成也，若多至二三人，则不能成矣，又多至千百人及亿兆人，则愈不能成矣。今使开行栈，立公司，皆千人以上。练军旅，饬捕务，皆万人以

---

① 语出《春秋公羊传·隐公十年》，原文为："《春秋》录内而略外，于外大恶书，小恶不书，于内大恶讳，小恶书。"

② 语出《孝经·圣治章第九》。

上。设学会，建议院，皆亿兆人以上。然而，以彼此不相顾之人处之，纵使明立规条，选用贤哲，亦必俄顷之间，变故纷起，局内则自相忌嫉，局外则互相疑阻，始而意见各执，继而彼此倾轧，终且推诿避嫌，而置正事于不问。以军则不武，以财则不富，以商则不能扩充，以工则不能新异，是何也？以其不相爱也。不相爱则相争，方自相败坏之不暇，何暇为集事计。然则有国者，必行其爱之之心，尽其爱之之实，以生其相爱之意，于是相切愈密，相附愈坚，可以致富，可以致强，舍是则何以焉？

（载《时务报》第 12 册，光绪二十二年十月二十一日，

《汪穰卿遗著》、《汪穰卿先生遗文》均收录）

惩讹言说

今使天下之人，皆能审事实，察情伪，定是非，则言发于一人，谓之正论；事述于一人，谓之实事；播于众人之口，则曰公论，曰清议。至于衰微之时，观人无定鹄，察事无恒法，于是无实之言，凭虚之论，纷然并起，莫可名状。如蚊蝇之声，雷同而不可辨也；如霾雾之气，变幻而不可测也。然而可以耸广座，可以适独听，是曰讹言，亦曰蜚语，今皆曰谣言。假使明者见之，斥其谬妄，明其不然，数语辟之足矣。若夫中与好异之心，及虚骄之心，与夫刻忌之心，于是此等言语，遂愈流布。盖好异之人，轻信易喜，闻所骇怪，辄信为实然；虚骄之人，不察时势，恃己轻人，语偶相投，遂为所惑；至于刻忌之人，闻善易疑，闻恶斯喜，一闻谤及当世之贤人君子，辄曰："吾固疑若人之立身行事，多有矫伪，今果有发其覆者。"则讹言反为实证矣。

讹言之别，大略有五：曰旧事；曰远事；曰近事；曰是非；曰妖异。有本于有心者之捏造，有出于无心者之误述。如欲护己之前语，则

以事实之；欲保己之利益，则以言证之；欲因以发事端，则以言煽之；怨恨其人，则造事以蔑之；嫉忌其人，则布言以倾之；党附其人，则虚饰以护之。此出于有心者也。野老追述夫往事，远客竞诧其经由，行旅喜夸其闻见，愚蒙误信于疑似，闾巷惊传夫异迹，此出于无心者也。而是二者，又各有有因无因之分，然而起于一人，腾于万口，发于卑下，闻于贵游，登之报章，则见者众；笔诸记载，则传者久；入诸奏牍，则达者高。持论者，将缘是以毁誉；用人者，将因是以措置；办事者，将因是以准驳；行军者，将因是以进退；当国者，将因是以从违。甚至开矿以尽地利，而传其伤地脉，于是已开之矿，且封闭矣。轮船以捷转运，而传其漏关税，于是已行之船，且中停矣。于是纤夫庸竖之一言，忽得操胜败存亡得失之大权。夫当其发之之时，初不意其言之力至是也，而卒至是。

然则有斯世之责者，可不加之意乎？《盘庚》曰："胥动以浮言。"① 言讹言之为害也。《虞书》曰："无稽之言勿听。"② 《诗》曰："强御多怼，流言以对。"又曰："听言则对。"言闻讹言者，不宜听之，且不宜以此对君也。《周官·大司徒》八曰："造言之刑。"③ 《诗》曰："民之讹言，宁莫之惩？"④ 言讹言之当惩也。夫造言者，幽翳隐匿，不能治也，法当治诸信讹言传讹言之人。语曰："流丸止于瓯臾，流言止于智者。"⑤ 智者能审事实，察情伪，辨是非者也。是故不经之谈，不验之事，固辞而辟之矣。即近情之事，切理之言，亦存以待考。吾谓凡有听言之人，必即其所言，考之、察之、辨之、辟之，定其然否，转相告语，务使人人以信讹言为可鄙，以传讹言为可耻，则虽有造言者何患焉？

（载《时务报》第 12 册，光绪二十二年十月二十一日，
《汪穰卿遗著》收录）

---

① 语出《尚书·盘庚上》，原文为："汝曷弗告朕，而胥动以浮言？"
② 语出《尚书·虞书·大禹谟》，原文为："无稽之言勿听，弗询之谋勿庸。"
③ 《周礼·地官·司徒》中的八刑之一："七曰造言之刑。"
④ 语出《诗经·小雅·正月》。
⑤ 语出《荀子·大略》。

论中国求富强宜筹易行之法

今必欲筹全局乎？则必官同心，士同志，工商同法，此徒滋论议，而积久不能成一事矣。今必欲正本源乎？则必设议院，定官制，尽改政法，此又徒滋论议，而积久不能成一事矣。小水之相会也，非欲成大川也，然而成大川之道在此矣。众声之相和也，非欲成大响也。然而相和已多，则成大响矣。治水者自流，伐木者披枝，事固有由散而后得整，由流而后及源者。今天下虽未能一旦更变，然内之部院，外之督抚、监司，固有就其职所能及，幡然以图更变者。其郎曹守令及其居乡搢绅，亦有就其力之所堪，而毅然以成事为己责者。今且无言高远也，但就各人愿力之所及，随其事之大小、难易，而合力以图之，则安知数年之后，维新之盛业，不于此基之哉！

今日振兴之策，首在育人才，育人才则必新学术，新学术则必改科举、设学堂、立学会、建藏书楼。然改科举必将政法、官制尽行改革，非旦夕所能期。泰西学堂之制，最为美备，有大学堂、中学堂、小学堂，而武备、水师、医生、律师，又各有专门学堂。别有师范学堂，以教为师者。其学堂规制，大者工费至数十万镑，小者亦数万镑。延师购书之费称是，此必非一时之力所能举办。泰西各种学问，皆有学会，盖以讲学之人多，故学会可遍设也。泰西之藏书楼，藏书至数十百万卷，备各国文字之书。是三者，皆兴国之盛举也，而非今日所能行也。今日之务：

一在立小学堂，堂中延一教西文师，延一教算学师，延一教中文并各种初学书之师，而成材之愿学者附入焉。

一开小学会，凡士子欲讲求时务、政法、算学、舆地者，可各联一会，购置会中应用书籍，一月数聚，自三人以上，即可创办，以渐增加。

一建小藏书楼，各州县应醵资购中西各种学问切要之书，置诸楼中,使人掌其籍,愿学者可就观之,而限以时刻。

一各处书院,应兼试时务、艺学,不能作或作而不当者,不得居前列。

一凡秀异之才,无赀读书者,可以公中之财资之学,学成,则行之海外,以博其学识。

一宜多撰问答体之各种启蒙书,附以图说,使观者易晓。

一宜多译西人专门学问、政法之书,由浅而深。又多译章程之书,以便仿行。

一宜用西人灯影法,购各种学问,使人乐观而易晓。

凡此数者,自匹士以上,即有可为之事,而官绅亦可各以权力所及而为之,此不待巨款,不劳聚论,而即可行者。

振兴之要又在阜财用,阜财用则必兴商务,兴商务则必定商政、改税则、立公司、铸金币、设银行、开铁路。然定商政必由朝廷采取西法,设立商务大臣,无论变更成法,非一时所能行,且或立法未善,或不得其人,则益滋流弊。西人税则,出口轻而进口重,此非今日国势所能行。仿西法铸金币,诚今日提挈商务之要举,然事既创举,且国家赋入赋出之法,将因之尽变,亦难猝办。设银行,则可握利权、阜商本,而事亦浩大。铁路既开,则中原之物产可尽出,程途轻捷,转运便利,而非刻期可待之事。立公司,则资本殷实,布置周遍,可与西商相角,然华人自为者多,罕能共济。凡兹数者,皆繁重而难举,非可必之于今日者也。今日之务,宜筹商人能自行之法,各业能自振之方:

一宜立商会,凡通商大埠,为商务聚会之区者,宜立总商会,专考求商务盈亏之故,而筹更变之策。而各业又自立会,凡美善之法必宜师之,其疵病弊端必尽去之,庶物易销售,而西人不能抑勒矣。

一宜仿泰西制造各物,本国销售,使财不外溢,并可渐行之各国。

一宜择中国之物,为西人所乐用者,精其制造,以便行销。

一宜定专利之法,使创造者不致有徒费之虞。

一凡新造之物,宜减轻其厘税。

一应由商会派人,考求各处物产。

一应设商务报,专报以上各款之事。

然商贾,阜通货贿者也,而货贿非造于人,则出于地。然则不讲求农工,而但求诸商务,岂非务末而忘本乎?故宜设验工会。凡通商大埠,应立验工会,凡制作精工,过于他肆,及能自创新物者,奖之,或许专利。又设务农会，凡农蚕种畜之事，悉心考求，辨物土之宜，求孳乳之法。以上二事，可随地设之，有所得，则附登商务报，各州县行之，各省行之，不数年而物产丰饶，利源推广矣。凡此数事，人人可行，事事可行，无多待于上，并不见掣于外，苟行之数年，未有不见富庶之效者也。

至若御外侮，尊国权，则必讲武备。然整顿水师、陆军，延西将，练洋操，购船炮，此皆国家之事，非常人所当与闻。若夫改武试，则变更旧制，难期准行；绘舆图，则繁费不易行。常人所可讲求者：

一宜立兵学会，凡夙负材勇之士，宜入此会。会中应购备各式枪炮，及武备书籍，以资考求。

一宜多译书籍。

一宜选士之精细者，专考求修造枪炮之法，或竟入西国名厂中肄习。

一宜选士之有谋略者，专考求西人行军、步伍、行阵之法，及其号令击刺。

一宜考求中国沿海、内地攻守险要之所在，及敌人进兵之路。

凡若此者，苟以精心毅力行之，大固可备将帅之才，小亦足备一方之患。此则在下位者，皆可勉力为之者也。

抑是三者，固非烦劳难行之事，然旧习不除，则虽有良法美意，亦必阻格不行。中国旧习，好矜己事，而罕察外情，一则以为中国之旧法已善矣，一则以为我之行事已善矣。如此则忠告不至，无从取正，一也；好听谀言，而恶逆耳，不知得谀多者，受蔽亦愈甚，二也；怠于作事，而妒人成功，见他人有所造作，辄以私意排诋之，甚至甲作则乙斥之，乙作则甲又斥之，终于无成，三也；意见各执，抗不相下，宁败成功，不肯迁就，四也；退后之谈，非无正论，及见当局，则心中所不然，及于理不合者，皆置不言，而专用揣测迎合之说，五也；见他人之得，则思排挤，见他人之失，则思推避，不相扶救，六也。祛是六失，宜崇五善：一宜虚心听受；二宜广采直言；三宜互相扶救；四宜论列以实，不得以私意非毁；五宜作事必要其成，不得有所畏惮。而又必立简法，以免纡回，求速捷以惩迁缓，勤事为以防废弛，限时刻以定作息，则庶乎诸务克举，而功效可睹矣。

（载《时务报》第 13 册，光绪二十二年十一月初一日，

《汪穰卿遗著》、《汪穰卿先生遗文》均收录）

覆友人论变法书

辱承惠书，辩论变法各节，深究利病。康年等不揣愚陋，妄有论列，极欲同志互相疑难，庶益得详尽。谨辩论如左，其有未同，希更教正。

来书谓：外以机巧胜，中以愚拙成；外以简便行，中以繁琐得，以为实。情势域之，似也，然所谓机巧、简便者，此近年之外国，非百年前之外国。即如此也，愚拙、繁琐者，此二千年以来，政法积渐至此，非三代之中国必欲如此也。若谓改从西法，则将剥贫民以奉豪富，不知必如此而后贫富可互相资济否？否则，专以兼并为事，其剥民不更甚乎？

来书谓：延西人教中人，中必出西下，固也，然不学，并此无之也。况朝廷果善激劝，安见无突出西人上者？至谓制造炮械卒归无用，此自谋之不臧，安得诿过于器？

来书谓：学西法应归到中国，庶得实用，其说极是。惟新法并举，用人必多，从前船户、车夫，正不虑无安置，若必预筹安插，方始开办，恐转致迂滞耳。又谓：必安顿妇女，方开缫织局；必用信局走丁，始办邮政，弊亦同此。又铁路初开，经过险要自不甚多。即如西国铁路，虽遍于全境，亦不至失险要，盖险要本不以铁路而失也。又西人于中国形势，久已洞悉，若谓开险要之地，恐启揖盗之门，更不然矣。

来书谓：六部命名，本已包括，如海军、军器可列兵部之类，不知中国官制，本嫌并合太多，致难尽职，安可更行添入耶？

来书谓：西人重商务，中人多士林，不知西人全国皆读书，安能云专重商务？至选议员，必择有才识者，议事必从其多者，《德国议院章程》详言之，必无论多难行之之弊。又议员议事，有司行之，不相挽越，更无侵各大臣事权之虑。

总之，今日事势极急，速择善法行之，犹虑不济，若必存中西之意见，虑纤微之弊病，恐议论未毕，而大局愈难问矣。

（载《时务报》第13册，光绪二十二年十一月初一日，《汪穰卿遗著》、《汪穰卿先生遗文》均未收录）

商战论

国立于地球之上，咸以战争自存者也。以战自惕罔不兴，以不战自逸罔不亡。战之具有三：教以夺其民，兵以夺其地，商以夺其财，是故未通商之前，商与商自为战；既通商之后，则合一国之商以与他国之商相战。然则，商之持筹握算，以与他国较锱铢，犹其被甲执戈，而为国家效力于疆场也。其货物则其兵刃也，其资本则其糇粮也。国家之待将卒，必厚其粮糒，而予以利器，岂偏爱此将卒哉？以为是一国存亡所系，百姓生命所关，不敢不致谨也。今夫农尽力田亩，或植材木，以出地中之所产，然非商则不能运而致之远。工取五行之精，而制为器用，非商则不能炫于肆以得他人之资。且商之为事常，兵之为事暂；商之为事繁，兵之为事寡；商所赴之地多，兵所赴之地少。兵者，备而不必用者也，商者，无日不用者也。然则，国家之当加意于商，岂不甚重矣哉！

商之所利，货物美，资本轻，程途捷，行销广，四者而已。顾四者非国家加力助之，则不为功。不行激劝之法，不定专利之条，不严冒牌之禁，则货物不能美。银行不设，税则不减，假货之法不定，则资本不能轻。铁路不开，轮船不广，内地不通，盗贼不戢，则程途不能捷。不遍设公使、领事于各国，及其通商之埠，不能以轮船载货，而致之他洲，不能以兵船卫之，不能以全国之权力保护之，则行销不能广，如是则全国之商不过持其旧法，行迂曲之途，而待销于本境之内，欲求商务远驾于他国之上，得乎？

西国商务之极盛也，以其保护之甚力也。保护之道维何？曰：使之便利，使之有权而已。是以定钱式，及金、银、铜三品之价，开官私银行，定汇票使用票。轻出口之税，凡税不与物价相比者，得随时改定。开铁路，行轮船，凡至他国者，得载以己国之船，而护之以兵轮。又定开设公司之例，定专利之条，严冒牌之禁，凡以使之便利也。许商人设市馆，为议论贸易及定价值之所。又许立商会，使得商禁约他国货物之法。他国之币，不得流入内地。或恐碍本国货之销路，则重进口之税。恐碍本国之工作，则轻出口之税。凡以使之有权也。故西商之至各国，求必得而谋必遂，职是故也。

夫使商人便利，使商人有权，所以保商也。即严治商之禁令，厘剔商人之弊病，亦所以保商也。西国之治商也，凡商家册籍，及存货底单，及进出款之簿，皆有一定程序，岁呈之官，以便稽核。凡商之章程，必请于官，官允其行，必力保护之。其行使银行之票，及保险之法，皆有定章。至若不得已而倒闭，则官稽其存数，而使之摊还，不得有所偏倚。又定报穷之令，凡报穷者，不得齿于其类，若有意诓骗，或经商不合法度，而致倒他人之财，则官得按法严治之。店之伙友，侵没主人之财者，皆严治其罪。夫如是，故商人皆慎重不敢为非，而彼此得相信相保也。

今吾中国与西国交通以来，兵则屡战而不一胜，条约则屡定而权利愈失。西国之货销行者，岁亿万计，而有损无益之物，虽阑入，而莫之能禁，财货日失，利源日涸。然犹幸商人能忍受艰苦，节啬勤力，以与西人相搏相持，虽不能相抵，然尚十得五六。而闽粤之工商，于南洋及美澳诸洲者，每岁寄回之银，又十得二三。故中国虽困乏，尚得支持，而国家关税，亦赖以取盈。而且振饥则捐之商，御敌则捐之商，有大工大役又捐之商，而报效之款，尚不在此列，然则商固无负于国家也。

呜呼！中国商人之困，至今日而已极矣：一、不铸金币，又不定用银币之制，致受西国镑价之亏；二、银钱价低昂不定，致商人有受暗亏之虑；三、各省平色万殊，致受钱庄抑克之亏；四、假贷抵押及存银，均无定法，使商人运掉不灵；五、不明许商人立会，致商人无自主之权；六、不设市馆，以定随时公平之价；七、各业所立行规，不与官相通，官可任意废去；八、不立专利之条，致商人不敢出重资创办新业；

九、不严禁冒牌，使美劣得以混淆，出重资者不必能得利；十、无专治倒账之章程，致被倒者无可控诉；十一、有意亏倒及设计诓骗者，不能尽治以法，致市面大败，而奸猾之徒，仍得公然出入官商之间；十二、凡伙友亏倒主人之资，官不能严治，致有资财者不敢放手营运；十三、无保水火险之行，使商人得保其资财；十四、不能重进口而轻出口税，使中国货物，得畅销于各国；十五、不开铁路，不广设内河轮船，使行程迂绕；十六、无径达欧美洲之轮船，使得载货以之他国；十七、各国不设领事，无兵轮驶行外洋，使经商各国者得有保护，权则内外倒置，便利则中西互易，困危己国之商，而便利西国之商，未有若今日者也。

然犹曰：力不足，不能行也；财不给，不能办也；国权不足，不能得之于西国也。自秦汉以后，政尚疏略，若必使纤悉皆治之官，恐转丛弊也，固也。顾何以出口之货，不能减轻其税乎？厘局约俟军务告竣停止，今已逾约矣，独不可裁减之乎？然犹曰：偿款方迫，兴作方繁，国用方匮，非轻徭薄赋之时也。顾独不能厘革其法制，裁厂并征，使商人得行轻捷之途乎？今厘卡如织，一水之地，而抽厘十余次，验票又十余次。一货之税，而征之于未成材料之时，又征之于已成器物之时。物价之低昂不一也，而税则一成不变。有始仅值百抽五者，继至十抽三四，各局之衰旺不定也。而税额则有增无减，致有强税就额之弊。尤可异者，一国之中，而各省之章程不一；一省之中，而各局之章程又不一；一局而前后之章程又不一。至于以若干起税，及何物免税，皆无一定之章程。故尺布斗粟，未尝获免，日用之物，未尝见蠲，甚至司厘卡之员，溢额则得奖，亏额则见责，岁增则留差，岁减则撤差，如此，有不朘削脂膏，例外取盈，以求称上之意乎？夫以各省督抚之明察，岂不知此，而因循不变者，一则苦无安置冗员之地，一则外销之款无可开支。呜呼！国家得一二，而使民间失千万，不许明销，而俾暗取，诚非计之得也。

顾此犹制之自上，以备国家之用，商民不敢怨也。假使承办员役，能体朝廷不得已之意，一秉至公，绝无留难，则商民犹不甚困也。然而莅其事者，大率负债积资，百计求说，而后得此，将于是清负，将于是起家，何暇他顾？故其扼制商民之法，至不忍言，有得钱卖放之弊，有大头小尾之弊，有得钱减货之弊，此犹病国而不病民也。若夫银则补水，钱则补串，罚无限制，稍不遂意，则蹴坏其物以吓之。新鲜果物，则故欲翻动以挟制之。甚至故栽伪洋，而迫其调换，且又商人守卡，而故与晏开，商船乘潮，而故与停留，疾风甚雨，而故于稽滞，商人之资财不顾也，商人之身命不问也。是以厘税之入，上得其一，而下得其九。此九成中，官才二三耳，司事颇得其三四，而巡丁则得其五六。夫纵千百虎狼以逐羊兔，几何不相将俱尽者，而欲其能致胜，得乎？

顾中国前则以官剥商，而商困，今则以官侵商，而商愈困。《庄子》曰："牧马者，去其害马而已矣！"①《孟子》曰："所欲与之聚之，所恶弗施尔也。"② 夫商之择利，不待教于官也，今之经商，宜以新法求利，商人亦稔知也。道在正商法，保商权，捷商途而已矣。今之言治者，动曰宜通官商之气，宜合官商之情，于是有曰官督商办者，有曰官商合股者，有竟夺商人之事，而畀之官者。夫以官之积威，商人安能与较论？于是豪猾之徒，以中国之官权，行西国之商法，官本则昂物价以抵除，而莫或过问也。商本则暂以微利羁縻，而莫敢与闻也。遂以倾诈阴险之才，行笼络掉阖之术，尽取天下之利权，而归之一己，而商人愈困矣。

缚勇士之手足，而使与人斗，得乎？桎梏勇将，絷维健卒，而使与人战，可乎？今置商人于牵掣拘拏之地，抑郁之乡，欲其能与各国之商争胜，是犹南行而北辕也。夫以中国之商，受中国之法，以理论之，固当尽行折阅，无可牟利矣。顾环观华商，亦颇有积日月之力，以获资者。盖华商性能俭约刻苦，无多求利，不敢效西人之奢阔，故拾遗掇剩，稍能步西人之后尘，且又有以外之幸焉。盖法不准情，于是所司有行法外意，而潜减货值者；又有因比较严切，两卡争厘，因减厘以招致商贾者；又有船户与司役通同，或减名数，或常年包贿若干，以漏厘者；又有托官船、试船夹带，以邀免者；又有挂洋旗，托洋人报关，以免苛政者。呜呼！使商人失利于彼，而得策于此，此岂谋国者所忍闻乎？然则今日欲振商务，必自设商部始，必自裁厘并征始。

（载《时务报》第 14 册，光绪二十二年十一月十一日，《汪穰卿遗著》、《汪穰卿先生遗文》均收录）

① 语出《庄子·徐无鬼》，原文为："夫为天下者，亦奚以异乎牧马者哉？亦去其害马者而已矣！"

② 语出《孟子·离娄上》，原文为："所欲与之聚之，所恶勿施尔也。"

致刘幼丹观察书^①

屡闻陶七彪兄缅述风概，始知先生盖古之豪杰人也。西川疲困之余，得先生与诸贤达董而理之，庶其有豸。先生举动类有奇气，兼之志意阔大，识度宏远，世为人治，人因世出，良不诬也。近今大道凌夷，人才晦没，岩墙槁木，人知其危。譬之大厦，风霜凋其外，虫鼠蚀其内，一旦有飘风骤雨，则处其中者殆矣！今吾人同处此大厦之中，睹此颓剥，能不动怀？今不敢极言深论，但以吾人同为此种，同居此地，纵无专权厚力，必当各尽其所有之权力，推而广之，合而施之，如此则自匹夫以上，无不有应尽之责矣。

若夫为一省之长吏，图维新之盛业，虽不能不拘牵成例，顾忌一切，然权力则固已厚矣。顾近日各省大府，发愤新猷者，不胜偻指，而或则志在聚敛，或则仅事补苴，进乎此者能知办武备、矿务、机局诸事，然躁急而无序，仓猝而病于杂者，比比也。有序矣，不杂矣，然前作而后辍，彼倡而此不和，又在在皆是。如此则功皆枉费，事实鲜效，虽糜金巨万，聚一时人才而谋之，何补于事？

窃谓四川地形最易为力，然风气僻陋，士窳民惰，且咽匪在在皆是，若督抚果有意于是，则宜纠合官绅商，所以振兴之策，必当酌之至当，而行之以序，察之至精，而为之甚勇。宜首开日报以开风气，次办商务、矿务（以获利最速者为上）以扩利源，稍能获利即开铁路，以捷转运。于是开学堂以储才，铸枪炮、办团练（用西法不曰练军，而曰团练者，以可归绅办也）、绘舆图以为将来固守之计（以上所言甚略，且

---

① 刘心源（1848—1917），字亚甫，号幼丹，湖北嘉鱼人，官至广西按察使，著名金石学家。

未尽当，略存大意而已），此为留遗吾黄种之苦衷，非敢妄言也。若惧后人不能继志，则莫如办绅权（绅非专指本地人也，凡一时招集，外省、本省人皆在其内），使绅所办之事与官划分，凡商务、团练、学堂、报馆，皆归绅办，官不得过问。别指款项归绅收用，且有议事之绅，有办事之绅，又有监察之绅，如此则不致废于半途，且有益于事。他日有警，则保一省易易也。先生亦谓然乎？康年薄劣无似，又与君东西不相值，而辄敢纵言者，以先生知陶君，或亦不咎康年也。别有笺上鹿制军，以微末不敢多论，先生若是弟言者，乞以此意达制军也。①

（《汪穰卿先生遗文》第三《书牍辑存》收录）

论华民宜速筹自相保护之法

呜呼！今日我中国之亿兆人民，其相率旅于格林炮之口门欤？其殆于焚屋之燕、沸釜之鱼欤？人为刀俎，吾为鱼肉。人为陷井，吾为麋鹿。而我之民人，犹熙熙然、贸贸然，大率合男女而计之，知时势之危急者，万无一焉；知其危急，而欲思所以图维之者，亿兆无一焉。夫如是，故士无新学，农无新植，工无新艺，商无新术，仍旧习谬，因循苟安，而不知一转瞬间，即将并其从前可以坐食毕世之业，一旦将付之无何有之乡，而相与坐受摧剥蹂践于外人，岂不哀哉！

夫今之人，亦非尽无所耸惧也。然而一则曰，是运数使然，非人力所能挽；一则曰，变革之权，当操之上，下民何能为；一则曰，国家之事，国家受之，与民何涉。呜呼！为是数说者，殆自比于痴顽不慧之人

---

① 原编者谓此信"未详年月"。此信中有云"别有笺上鹿制军"，鹿传霖任四川总督是在二十一年三月至二十三年九月，再结合信中的其他内容看，此信当写于1896年，即光绪二十二年前后。

也。夫遇焚者疾趋，过坏屋者亟蒙其首，初何尝听之天与上哉？西人之治属地也，以严禁党会为要法，以勒令迁徙为深谋，以使习己国语言文字为至计。其政治、刑法，名为公平，而一皆以扶同抑异为事。于是吾华人之旅西国属地者，商则处后，役则处先，利则处轻，罪则处重，讼则处曲，工则处拙。昔鲁仲连之言曰：秦若无已而帝，则思变易诸侯之大臣，废其所谓不肖，而予其所谓贤，夺其所憎，而予其所爱。呜呼，今日西人奚啻什伯于秦，而华人玩视若此，岂不可悯欤！

试更质言其至可虑者。夫中国富人之所恃者，除官、商外，盐、当、关吏而已。法制一更，则官与关吏不可以得利，而向之食于关吏者，一旦将夷为平人，则已去富人之半矣。引岸之法改，则盐商之利失；拍卖之法行，则当商之利失。且华商之所以获利者，得人自为制，不必听命于上，究其所为，多不合于公理，票号、银号之流皆是也。其他商人，大率导源于农工。夫畜、植、制造，及成本之巨，运动之捷，中国皆远逊于外人。然则不数年后，恐大宗之生意，将尽归于外人，而零售之肆，乃有中国人为之。其贫者犹可供役于外人，其富者且将转于沟壑之间。嗟乎，吾中国人何不及此时而虑之欤？

夫日本之初与外人通商也，与中国若雁行耳，已而尊攘之事起，已而变革之事起，蓬蓬然，勃勃然，忽已跻于隆盛之治。微特政法之尽变也，即工商、农业，及其技艺，亦无不尽变。凡西人能制之物，彼无不能制也；西人能为之业，彼无不能为也；西人能至之地，彼无不能至也。吾闻日本之经营商务，固不遗余力，而互相保护之法，亦无微不至。凡各学校、各工厂始延西人教习者，一有日本人能及其艺业，则即去西人而延日本人，而薪俸不减，故学者竞勉。又昔有学操舟术者，术成，将以为船主，英之验船师不许，诘其故，曰：日本人为船主，则保险公司将不肯保险。日本人恶其挟制，遂遽自筹款而立保险公司，谓英人曰：我船主所驾之船，我国自能保险，不烦汝验也。于是英人嗒然若丧而罢。今则邮船会社之船主，皆日本人为之，无复英人之迹。呜呼，彼知自相保护，则其政若此，我民何熟视无睹乎？

夫苟惕于将来之祸，则必于目前先为之计，于是互相教诲，互相资藉，互相劝勉，虽未能遽与外人相敌，然而可以开智识，裕生计，却欺凌，而远谋至计亦即在于是。今试列其目于左：

一曰宜多以官话创为书报，使凡稍识字者，读而知之；不识字者，亦闻人说而知之。一曰识字书，一曰名物书，一曰儒教书，一曰舆地书，一曰中西史学书，一曰仪则书，一曰演义报（以时事及论议，并各种新法为主），又随在用土音改正，以便土人观读，则人人皆可以知时事矣。

一曰宜购各种学问之幻灯照片，而讲示之于四方。西人于天文、地理，及植物、动物，并蚕、农各业，莫不有幻灯照片，大率灯每具三十余元，照片每张不过数十文及二三角耳。假令购数十分，而每为之说，因贷于人，且令习演试，诵论说，即遍走于各行省，及各州县、市镇，于夜演试之，并雇土人诵其说，则远近雅俗之人，皆得知西人艺学之大凡矣。

一曰宜多设乡塾，教中文外，复教以西文，使略识西文、习西语而止，使由此可入农务、工艺各学堂。

一曰宜设农会、农报、农务学堂、农学实验场，并制肥料及杀虫药，以劝导农民。中国农业尚为讲求，然泥于成法，不思变通，其器轻窳，其法旧拙，其于辩土宜、兴水利、防灾患之道，咸未讲求，故必集东西之良法，择其可者试行之，使远近农民得所仿效，而兴地利。

一曰宜立工艺会、工艺报、工艺学堂，以劝导百工。前人谓中国以有用之银钱，购西国奇技淫巧之物，以为至叹，不知今日举凡纱布、针、钉，及诸日用之物，无不购诸西国，其为可叹焉，抑又甚焉。且购而用者，比比皆是。至其如何制造，用何物料，成本如何，则莫或过问也。夫凡事必迭相更代，中国丝茶之利日微，自当讲求各种可行销之物，以为抵补之计。而十余年来，卒未尝见新出之货物，盖中人狃于成见，其富者以为我按本计利，已足用矣，何必求此不可必之利哉？其平常商人则曰，我将本求利，锱铢不可失，何可求此难必之利哉！故宜立会以讲求之，立报以宣示之，立学堂以肄习之。中国人多工贱，以用人工机器为宜。当取易于行销之物，先为肄习，习成则又辗转分教各省，俟用者众，则更自制机器，以杜漏卮。如此，则中国日用之物，中国足以自给，且可行销于各国矣。

一曰宜立商会及商务报，以兴商务也。西人于本国商务，皆由商会主持，凡官设商律、定税则，皆必与商会相商。故商会之权最大。中国则不然，凡各大埠，皆西商为主，而华商听其调度，凡市面行情、银价，一皆听命于西人，可不深悲也哉！又中人之性，欲速之念多，而考求之功少，故始则卤莽而为之，睹其一败，遽仓卒而去之，而市面且大为震动。又创办之始，彼此无从相知，故每多同日并建，以致偾覆。前此之倒闭者，比比然也。故必立会，以集商议，以重商权。又必立报，以考究各处行销何物，及各物之行情。又凡新创行栈，必登之报，使人共晓，如此则商务渐有起色矣。

一曰于欧美大都市设立中国公司。凡华商欲售物于外国者，先寄样于公司，审其可售，则使依样发货，囤于公司，及货出，则酌提若干为行用。其制约如在中国之洋行，前时尝有为之者，以折阅而止，后遂无敢为者。然彼以立法不善，用费过巨所致，非不可为也。盖必如是，则华货始有行销之法，免抑勒之患。至若特造轮船，为运货之资，则当在公司大效之后，非一时所能办矣。

一曰宜设生物陈列所、手制物陈列所、机器制造物陈列所。凡陈列所有五益：比较以知其同异，陈设以知其美恶，巧者得所劝，拙者知所效，购者知所择。故东西各国皆竞为之。中国各处物产，至为丰盛，而卒无一总汇之处，使人艰于考求。故宜设陈列所于上海，凡各处天生之物皆列于是，其缺者随时增入，至若江西之瓷器、杭湖之绸缎、苏湘之绣货，广州之牙器，皆精妙为西人所艳称。其余尚有为西人所不知者，可于上海设手制物陈列所，以观示之。中国机器之物，必不能及西人，若手制物，犹有为西人所不及者，不得不以此弥其缺陷也。至机器制物，现虽不多，亦以渐而兴，但当区别仿造及独创二者，并由会中评察，果系合式，始准陈列，并为登报。如此则人勤于兴作矣。

一曰宜于丝茶出口之地，仿日本验茶之法，设立察验丝茶所。盖丝茶等货，向无察验之法，于是苟且目前之商人，不免以低伪各物搀杂其中，西人藉此为抑勒之地。于是丝茶生意，年亏岁减，商人折耗日甚。今宜由两业中人，设公所于出口之地，选公正之人，严行简汰。凡丝商出口，必先送公所察验，有不合者，即行剔去；合式者，给以已经察验之凭据。每担抽银若干，为察验之费。凡出口大宗货物之屡为西人挑剔者，皆可仿此。如此，则商业庶有起色，而西人无从抑勒矣。

以上诸事，有益富教，宜所在次第举行。然今日之事，人才为要。学堂虽根本之事，然由小学而中学，而大学，必十年方能学成，故所宜急行培植人才之法，又有三端焉：

一曰宜设政务学堂。闻法国有政务学堂，由商人筹款开设，内分法律、交涉、理财、商务四大宗。今宜仿其法，选已成才之子弟，入堂肄业，专以办事为主，不以学业为要，不三年而仿行西政，可得其人矣。

一曰宜选略通东、英文之子弟，赴日本学堂，肄习学业。中国大学堂既筹建不易，若赴欧美读书，不特资费太重，且路太窎远。若日本则数日可达，学中所需，每岁才一百八十元（修金及食宿均在内），而所学亦不逊于欧美，此固切近易行者也。

一曰宜筹款使通识之士，游历内地及各国。古人以游学为重，西人亦然，故士之游历者，可取资于会中，游历既竣，则以所得告于会中，或著为书，或登之报。日本间有之。盖游历内地，则可察物产，审疾苦；游历外国，则可察政俗，益智识，故不吝巨款也。中国若能仿行是会，则游历之人渐多，而风气易开矣。

以上各节，皆民间所能自办之事。所虑智识不足以及此，则力不能合，不能持之以恒，则不能持久。事前则考察不精，临事则意见各执，创办既难，未久旋罢，诚可虞也。故又宜立一总会，选各地公正明通之人入其中，凡地方有需兴办之事，必须由总会议其事之可办与否，并其人之能办与否，及其章程之善否，然后许行，并由总会助其筹款。又办事各有人，而考求稽察，则归之总会。如此，则事有归宿，有稽考，不至使庸滥之徒，藉端敛资，而外人亦易于相信。如是则民间智识渐开，学业渐兴，商务渐盛，有志之士欲有所施措，则可得所藉手矣。

（载《时务报》第 47 册，光绪二十三年十一月十一日；

第 52 册，光绪二十四年二月初一日，

《汪穰卿遗著》、《汪穰卿先生遗文》均收录）

上浙抚廖縠似中丞书[①]

姚石荃孝廉久留鄂渚，至浙之期，尚未能定，兹由鄂邮来所辑《日本学校章程》，嘱呈钧鉴。按此编规模详备，条理明晰，虽事体极大，

[①] 廖寿丰（1836—1901），字縠似，上海嘉定人，1893 年担任浙江巡抚。

未易猝举，然保国之道，舍此末由，若蒙采择行之，非仅一省之福也。姚君尚在续辑各学校详细课程，及农工商医各学章程，当陆续寄呈钧览。译书之事，如蒙见委，当慎择译人，力求精当，费廉而功速，以副广开民智之至意。

再，闻浙省去年延请翻译，吴宗濂、瞿昂来二人后闻改应香帅之聘，吴又来申兼就铁路公司之事。窃意向来翻译，积习最难整顿，往往求取厚俸，而译课绝少。既以能者少而居奇，复恃主者不解而任意偷减，其中弊病，不胜枚举。现在舍弟大钧拟设译局于申，以翻东文书为主，而英、法文之要者，亦以次翻译。至所翻之书，则以关涉政法者为先，以副海内贤达讲求新法至意。惟集股筹办尚未能凑齐，今吴、瞿二人既不在浙，可否将二人薪水，除交蒙学公会翻学校书外，余即按月寄申译书局，以资贴补。至译局收款若干，及如何支销，必按月报销，以期核实。可否之处，伏乞酌示。译局章程现已付印，容后寄呈。

（光绪二十三年，《汪穰卿先生遗文》第三《书牍辑存》收录）

上廖中丞书（一）

康年于初九日曾上一禀，并姚石荃孝廉所辑《日本学校章程》，亮蒙赐览。昨晤叶浩吾茂才，言及钧意决计开办小学堂，且拟通饬各属一体设立，并令蒙学公会酌定课程，开陈一切，仰见育才新民，实事求是之至意。惟兴学之事，事关创始，一切章程，非可悬拟。按日本小学规则极为美备，据农会翻译藤田君云：小学堂费，一年如得银三千圆，已绰有余裕。外人每诮中国办事费巨而效寡，此事似宜延日本通人主持，规定一切兼法日本小学课程，以期尽善。至翻译各书，现上海东文学社学生已能译浅近之书，可令其专译小学书籍，所需津贴纸笔之费，亦甚微细，可否由浙译局酌拨款项？所费无几，已可编译成书，颁行各学，即由日本人选宜译之书，令译后由日本人勘定，再请中国通才校正。此事轻而易举，其于裨益人才，良非浅鲜。谨贡其愚，惟祈采择。

（光绪二十三年，《汪穰卿先生遗文》第三《书牍辑存》收录）

上廖中丞书（二）

昨得蛰仙同年书，备悉一切。小学堂事，既蒙力为主持，又蒙筹拨款项，属蒙会编辑章程书籍等，仰见育才训蒙有加无已之至意。兹由叶浩吾茂才与同人厘定章程，钞呈钧览。康年按，日本规制，一切学校皆隶于文部省，章程统由文部省厘定，所用书籍，非经文部大臣勘定者，则教者不以教，学者不以学。是以日本小学，虽多至二万余所，皆斠若画一，无有参差。中国兴学伊始，未遑规定，故同一学堂，而一切规则课程，北洋与南洋异，南洋与楚省异，楚北与楚南又异。又各处章程未必尽善。今制艺既废，学校必增，若家自为教，人自为学，即能稍有成效，未得其会通，欲求人才，盖其难矣。同人所拟章程，如钧意以为妥善，可否即行入告颁行，各省垂为定则。又吾浙省垣小学堂办妥后，尚须推之各府州县，其府州县小学之师，即可取之于省城速成师范学校，庶可一律奉行。省城小学课程，不致稍有歧趋。区区之见，聊备采择。

再，各省如开设小学堂，再须设师范学堂，不特造屋派员需费浩繁，且须延请教习，及管学堂之人，一时亦难其选。康年现与蒙学公会同人拟先在上海设立速成师范学堂，已粗有头绪。各省有愿学者，均可送至学堂学习，每人每年须银六十元。以康年意揣，浙省筹款甚艰，与其独办而费巨，何如送至申堂而费省。且如送三十人，则一年只须一千八百元。此三十人中，一年期满，各科学业皆可通达，择其尤者，即可发往各府县为小学堂教习。在浙省可省费而得教习之用，在申堂亦藉此得以扩充，似属一举两得。如果以此说为然，则前所云月贴五十金之说，可作罢论，因拟即教即译，可省译费也。是否之处，伏乞钧酌。

（光绪二十三年，《汪穰卿先生遗文》第三《书牍辑存》收录）

上廖中丞书（三）

承委代购东洋农具一节，康年询农会中人，据言农具品类甚繁，既须视地土所宜，又须视教习之意趣，必须先待教习请定，再请其购办农具，方为款不虚糜。且惟日本农师，方肯用日本农具，若延聘欧洲农师，则若辈畛域攸分，自必向欧洲购办。至日本农师之薪金，其由大学堂出身者月不过百元，若欧洲之农师，则尚不止此数。又张香帅去岁曾向美国办到农具，计用去银二千八百元云云。以上皆农会中人所云，合并奏闻，以备采择。

（光绪二十三年，《汪穰卿先生遗文》第三《书牍辑存》收录）

上直督王夔石制军、鄂督张孝达制军书①

康年去冬与海上同志创设务农会，窃谓国势之强由于富，富之本源

---

① 王文韶（1830—1908），字夔石，号耕娱、退圃，浙江仁和人，时任直隶总督。张之洞（1837—1909），字孝达，号香涛，1889 年担任湖广总督。

在工商，工商之本源则又在农田种畜。今日谋富之道，较有把握者莫如振兴农事，讲求本务矣。春间曾与同志草订略章，由钱念劬太守转呈，当已鉴及。会中应办之事，条理繁多，约举之则有五端：曰译书报，曰垦荒地，曰试新法，曰购器具，曰立学堂。五者之中当以译书报为最先，立学堂为最要，而开荒、购器、试种等事，亦须次第举行。此刻书报业已译印，会中同志又捐地千五百亩，以备试种。然非立学讲求，难期实效，顾才力绵薄，需款孔多，非得德位兼隆之人为之维持，不能有成。我公德业炳蔚，海内宗仰，定能俯念民艰，许以提倡，凡在含灵翘企待泽，不仅农会诸人已也。冒昧陈请，不胜悚惶，董而教之，幸甚祷甚。

再，去年读华侍御辉请开农田水利疏，探源立论，颇中肯綮。又孙尚书复奏大学堂折，所立诸科，农学居其一。此均农务振兴之机。部臣覆奏华侍御折，有饬各省督抚胪陈地利情形之语，未知我公已经覆奏否？如能于覆折内并将农会一事叙入，倘获俞允，较易成功。此事是否可行，尚求赐酌，不胜祷叩。

（光绪二十三年，《汪穰卿先生遗文》第三《书牍辑存》收录）

致王苑生、孙慕韩、夏穗卿君书^①

弟等客冬在上海与同志创设农会，大略情形曾登报牍，想蒙鉴及。惟开办之始，条理万端，同人聚谋，约有数说，或主先立学堂，肄习化学，以立大纲；或主垦荒购器，先求实效；或谓宜制造肥料，以代筹

---

① 王修植（1858—1903），字苑生，号俨盦，浙江定海人。曾任翰林院编修、直隶道员、北洋大学堂总办，与严复、夏曾佑等创办《国闻报》。孙宝琦（1867—1931），字慕韩，浙江余杭人，历任候补直隶道，驻德、澳、法等国使馆随员等职。夏曾佑（1863—1924），字穗卿，号别士、碎佛，浙江仁和人，曾任礼部主事，与严复、王修植等人创办《国闻报》。

款；或谓宜先译书报，立定根基，再求进步。首立学堂，继垦荒地，然后制肥料、造农器，以广利源，而便民用。学堂则募捐设立；垦荒等事则借款兴办，还清借款永为公产。如借贷不易，则设开垦公司，成熟后以几成归股主，以几成为会中经费。此数说者次第不同，用心则一。然译书、印报，实扼要之举，故此事已经开办，其余诸事尚未举行。众说既多，莫衷一是，撮其大要，质诸高贤，孰后孰先，尚祈指示。且事繁费巨，筹款惟艰，必有德位兼隆之大护法首为提倡，然后观成可望。因思夒帅名德硕望，锐意振兴；而三君子卓识鸿猷，眷怀时局，欲求提倡，舍是奚从！且赞襄帷幄，凤重超恂，乘机进言，必蒙允答。倘登高一呼，风气大辟，海隅负耒，共沐恩施，三君之功，岂让禹稷。临颍北望，无任依驰。

（光绪二十三年，《汪穰卿先生遗文》第三《书牍辑存》收录）

致瞿鸿禨书[1]

夫子大人函丈：敬禀者，窃康年顷奉巍言，如亲謦欬。敬谂轺轩初莅，章甫归心，文告方颁，儒风丕变，勖华士而进以实学，昌圣教而引之大纯，转移风教，实在师门。康年羁身沧海，环揽全球，精卫哀号，不辞衔石。屈原忠愤，爰赋怀沙。此后自当敬译训词，备深警惕，素王内讳，敢窃比于阳秋。杜牧罪言，或见亮于当世。专肃敬请钧安，伏惟垂鉴。

受业康年谨禀。

再禀者，蒙赐助敝馆经费银一百元，业已祗领，感佩无似。承命不必登报，自当谨遵，惟此款既经收到，似不能不列入收款告白内，以为

---

[1] 标题为编者所加。此信写于瞿鸿禨到任江苏学政之时，即 1897 年。

日后报销地步。拟即改登寓名（如王夔帅作"退圃老人"之类），未知可否？伏候赐示，以便祗遵。明正拟即亲叩崇阶，想彼时辐轩尚未出辕，当可面聆榘训也。载叩福安，康年再禀。

附呈收单壹纸，外《光绪会计录》、《中国工商业考》、《俄属游记》、《气学丛谈》、《西学书目表》、《代数通艺录》各壹部，统希核收为感。

（录自《瞿子玖亲友手札》（手稿））

致朱亮生先生书①

时事险□②，诚如来书所云，而枢译诸公，犹以粉饰蒙蔽为得计，尚得谓之稍有人心耶？胶州割弃之后，俄于大连、旅顺亦踵其策；而英由国家假巨款，邀重酬，旋忽然变为商假，而所索如故（以八十两零五钱为一百两，其胘中国甚矣，如此则长江之权悉归掌握，然译署不认此说）；法又师英，而索两粤利权，及通铁路于滇，又索长江中屯船处所（凡四条，忘其一）；闻日本将索威海。人则得大利于我，而尚居大德；我则失大利于人，而自谓得计。呜呼，庸妄误国，何至此欤！又从前之兴废，仅关一代，今则大局一倾，永无复国之日。故今日同志，实应以设法留一二省地方，足存吾种、教，而贫者力不足，富者大率保家畏事，谁则与谋？又各处风气不通，且本无权柄，不知从何措手。然今日为之苦于无助，迨至事变日亟，人知此说之善，必无及矣。吾国上下梦梦，良为可叹。且康年意，谓今日第一朝廷自能整顿；其次则督抚中有起而任其责者，亟于力量可及之处，设法预备；最下则素称强悍之省，

---

① 朱采（1833—1901），字亮生，浙江嘉兴人，清末诗人。
② 原书如此。

分由民间自行设法，清户口、理财货、阜农工、办团练、利器械以待变（中国政体不甚干预民间之事，故人民可办之事甚多，惜无此才干耳），立公司以保商埠，丐华商助巨款于公司，为购船械、练人才之用。又购数船通商各国（须平时为商船，战时即可改为兵船），又选俊才使学于日本（取其便宜，亦不亚于各国），如是五年或可有济。然为之甚难，同志又少，不知此愿能偿否也。至于圣教为吾国植基之地，自应协力护持，使勿坠地。盖深虑吾国全土如果为膻腥永踞，则必识西文、西语，而后能糊口；又虽不禁儒教，然必使习西教者较为便宜，于是吾文字亡，风俗亡，而语言、宗教亦渐渐以亡，于是吾族且为异物，为野蛮，且为美国之红皮番。故近日之事，尤在多为圣教书，及各种初学书，必使将来人人能识西文、作西语、谙西学，而仍人人读圣教书，明五伦之理，方足以存吾种，而为将来恢复、张本。所可痛者，中国向来不以□□①传教为意，且向来言教，上及士夫，而下不及民。又自乾嘉以来，讲理学、服程朱者寥寥，躬行实践甚鲜其人，欲得一主持教务之人，诚戛戛乎其难之。（原注：下略）

再，现在各处学堂，渐次开设，然往往以西学堂或中西学为名，颇有偏重之虞。中文启蒙之书又甚少，又谈时务者，往往有专重西学之论。若如此办去，必至将来子弟，既不知中学为何物，而西学亦仅得其皮毛，甚可虑也。似宜将各经、各史悉作一种启蒙书、初学书、白话书（此为未通文理人之用），集名流订成定本，专为学堂之用（近来有志于此者颇多，宜有总汇之者）。庶使承学之士，不必读难读之书（惟《论》、《孟》宜熟读，《礼记》、《左传》宜节读，余经但至学成诵数过可也），而于古圣贤之理及中国古来治乱兴衰之故，皆了然于胸次，实为目前切要之举。先生以名德乡居，不知能约集同志为之否？《蒙学报》有益学人，而苦款之绌，甚望海内贤达资助。若得先生一为提倡，则欣愿甚矣。缘叶君以一人为此劳悴，甚至往往彻夜不睡，虽偶有偏颇之处，然其用意实是为公，故深冀其成，而惟恐其或败耳。

（光绪二十四年三月，《汪穰卿先生遗文》第三《书牍辑存》收录）

---

① 原文如此。

致欧阳云衢先生书①

　　来书谓宜集同志，上书沥陈得失，此诚弟等所不敢辞。顾惟彼庸
琐，振作何期？若欲革旧布新，又难望之今日。此事同人亦必举行，大
约最好亦徒得似行非行、似听非听之谕旨而已。近自允德占胶，而英、
法、俄群起，如犬争骨，距发书时之国势，又不啻天壤悬绝。呜呼，吾
国大臣不知振作，不知虚心讲求，其得此荆棘宜也，顾奈何我四万万人
而悉送其死命哉！今日之事，宜以尽易枢译，别选贤良为第一要义；否
则，游说海内有闻望之督抚，使之联数省以变法自强；又不能，则风气
强悍之省分，由督抚奏请便宜行事，因聚豪杰，筹自固之方；最下则凡
形势可扼守之省分，其贤豪绅士约各府县同志，自行设法，清户口，理
财赋，阜农工，办团练，利器械以待变（中国政体不甚干预民间之事，
故民间可自办之事甚多，惜少才干耳），又应集巨款为购船械、练人才之
用，如是五年，或可有济。然为之甚难，同志又少，不知此愿能偿否也。

　　（光绪二十四年三月，《汪穰卿先生遗文》第三《书牍辑存》收录）

致宗方书（一）

　　东和谈宴，欢畅弥襟。阁下何日至鄂，报事如何？甚为记念。属觅

---

　　①　欧阳煊，字云衢，江西南城人，生卒年不详，曾官湖北、浙江各地知县。

佳主笔，现已觅得叶浩吾茂才之弟清漪茂才（原注：名漪。汤志钧按："漪"疑为"澜"之笔误）。浩吾向在鄂自强学堂，为香帅纂书，现开蒙学报馆。清漪亦深解西学，且于时事亦极明白，曾著有《天文地理歌略》，现属其将所撰文寄奉一首，如与尊意相合，即当代延。伊本在蒙学馆助其兄，然渠家在武昌，故甚愿就尊馆。至其品行，向极端正，弟可保其无他也。弟本欲至鄂，以事冗中止。阁下何日来申，乞示及。此上北平先生。弟康年顿首。初八日。

（录自汤志钧：《乘桴新获——从戊戌到辛亥》，201 页①）

致宗方书（二）

北平先生阁下：前日足下行时，未及送别，别后又久不作书奉候，实缘忙剧所致。近想眠食胜常为颂。湖南之游，果在何日？弟已写就一信，足下到后，面交二君可也。现彼处虽生动力，然议论庞杂，未必有成。明哲见之，以为何如？

专请游安。愚弟汪康年顿首。

再承托交清浦、松平二君之信，弟已与二君畅谈，信迄未交去。又及。

（录自汤志钧：《乘桴新获——从戊戌到辛亥》，200～201 页②）

---

① 汤志钧：《乘桴新获——从戊戌到辛亥》，南京，江苏古籍出版社，1990。本处三封及第 70 页的一封汪康年致宗方小太郎的信，系汤先生录自日本成蹊大学教授钟谷正男所编的《宗方小太郎关系文书》中。信函名称和编号为本书编者所拟，并按时间先后重新排列。汤注：此信的信封邮戳为光绪二十四年二月初九日，知戊戌二月初八书于上海。

② 汤注：此信无年月。查信封为"寄汉口汉报馆宗老爷北平察收"，下署"上海时务报馆缄，闰月廿六日"。光绪二十四年有闰三月，则此书应为戊戌闰三月廿六所发。

致宗方书（三）

四月二十一日辱承赐书，欣慰之至。清浦、松平二公，未得深谈，甚恨恨也。陈、邹二君，亦非可与深言者。今人大率识短胆小，稍闻要之便掩耳却走，如此之类，可为寒心。此间来贵国人末永氏，闻是君同门，不审何如？前兄言平山周将来，何未见到。又云河南某君何时可来。

来函许弟，弟虽未敢承，而论述我国名士及忽以慎以之说，皆至言也。弟之在此，一冀得见同志，一欲激发庸俗志气，不知得偿此愿否也。我国皆无心肝人，何从与之言事。大约非胆小即游戏，两端尽之矣。

陈伯严，是湘抚之子（住抚署内），邹沅帆住矿务总局。兄言宜先诣邹。昨东肥洋行胜本君来，报知石印机器，云每具七十八元八角以上，或八十元。又云，是先生属也。今日又来，云实系七元八角或八元耳。不知究谁是也。

沙市事不要紧，弟亦知之，乃特召重臣，致因此折回，良如所嘱。

保国会去者渐少，后遂停，敝国事多如此，可叹也。

卓如得优保，当留京，不南来矣。

北平先生大人。

弟康年顿首。五月初七日。①

（录自汤志钧：《乘桴新获——从戊戌到辛亥》，203～204 页）

---

① 汤注：言保国会事，亦发于戊戌年。

论将来必至之势

呜呼！事有必至，理有固然，此岂足讳者耶？以吾国人未事弗思，事至弗知，当暑无冰，当寒无衣，则其得报之酷，安有脱理？而悖者乃曰：今日之事，与往昔异，国瘁而家完，君戚而民豫，吾曹姑自怡乐，以适天性，其可也。嘻，斯言微特非人理，其暗于情势，亦甚矣。夫彼人之于我也，有新旧交替之变，有主客易位之变，况我人识之明勿如，志之坚定勿如，心力之长勿如，众情之合勿如。以不明、不强、散涣、失势之众，与彼相遇，如持沙击丸，如握水御石，其何能济？今姑测彼未然，历言变状，岂非足使吾侪惴惴者乎？

一曰流品混淆，地痞流氓，肆其簧鼓，而良民将受其蹂躏也。夫尊卑之分，良贱之殊，今日则如是耳。若夫形势稍异，彼将尊其所亲爱，而贱其所疏远。匪特此也，且将劫其所不欲，而强其所不堪，至一切诛求戮辱之加，将惟嬖褒之是听，而华人之祸始此矣。

一曰华人将自相挤压，虑与彼愈远，则受压愈甚也。夫以我民之短虑，不审远势，包围者之绝我生也，而虑逼处者之分我食也，不能外争以相活也，而惟内逼以自宽也。如彼筐中之蟹，愈在下则受压愈重，而我民非死于彼，实自相毙矣。

一曰将受土匪之害，而华人将不能安其居也。夫兵饥洊加，生机复绝，须臾难忍，始思蠢动，不足恢复，徒滋扰累。华人始则受其侵掠，继则被其牵连，固已喘息不遑矣。于是彼方将练我编氓，剿兹匪类，胜则彼坐受歼灭之功，败则彼获偿芟夷之愿。且匪类一起，则禁防我民益甚，玉石不分，皆遭火烈，金锡无别，悉归炉冶，奔逃何地？呼吁何从？而种类且日销矣。

一曰将受异俗之比较。求同不能，立异不可，而将被人视为异物也。夫风俗不能无异同，人情不能无爱憎，同我则喜，异我则恶，人之性也。是其所爱，非其所憎，又人之情也。然则以势而论，我之风俗，必在所非之列矣。彼之记载报章，凡言我国者，多加诬诋之辞，盖欲坐以野蛮之实据，以便酬其噬吞之大愿，此甚可惧者也。

一曰华人日贫，凡燕会礼节，均不得与西人相抗，而华人渐不为彼所齿也。夫以势力之不敌，势必用酬应以相联络，然西人宫室、车马、衣服、饮食之豪侈，举非华人所能敌。华人始尚勉强，继渐不支，于是情渐离，分亦渐隔，而益为人所轻视矣。试思以粤商之富，且相联合至数十年之久，又有辟埠之功，而在南洋各埠，得列于议会者，寥寥数人，以是推之将来可知。

一曰凡须重资始成之学问，华人贫不能学，而一切新学无从兴也。凡事业工作，无不根柢于学问，而由小学以至大学，至速须十年，至廉亦须数千金。近来华人学西文者，才至小成，辄自求罢，非彼不思上达，盖缘家累多重，急求一事，以冀糊口，不能坐待十年，更不能出此巨资也。然则将来之事，抑可知矣。

一曰凡须重资始成之事业，华人贫不能举，而生机日蹙也。泰西大工厂，养人动至数万，少亦数千。夫财力之巨，赖有各种制造厂、各种公司。然其资本大率自数十万至数百万，独办则无此巨资，筹股亦苦于难齐，而华人力所能为者，不过转运之行栈，零售之小店，而欲以财富强种，难矣。

一曰各种生计，淘汰大半，而华民将无事可营也。夫矿不能开，厂不能设，以力食者，固无所糊口矣。至若旧时之生业，有为彼法所禁者，有以不及彼而不能复售者，于是各难支撑，渐自停罢。旧者既多失业之虞，新者更鲜觅食之所，而穷愁之况，不堪言状矣。

一曰将受物贵之害，而民困日甚也。大凡工资薪俸之多少，与其地财货之多少有比例。而物价之贵贱，又与薪俸之多少有比例。然果能划境自守。则此比例永不移动，即永足自养，若夫万国交通之时，则地球上之物价势必相准。然泰西各国，所以制百物之轻重者，一曰轻重进出口税，一曰禁止进出口货物。中国虽不能然，然犹有禁米出口之权，而内地又未尽通商，是以通商数十年，未大受物贵之害者，以此也。若以地属他人，则物之贵贱，必与其国相准，而工薪又不能骤增。食物贵则无所得食，各物贵则无所得用，纵彼亦为华民计，设法保护，然使才及其半，则华民已不能禁受矣。

一曰将受苛税之害，而华民贫无以应也。夫彼人治属地，其修道路、开沟渠、治廨宇、完守备，固已，然彼非能发其国帑也，非能自捐其民也，必将取之吾民。查彼印花有税，屋有税，货之进口有税，生业之利息有税，华民初到埠有税，甚至身税、犬马税，名色不一。夫吾国厘卡虽虐，而易为脱漏，彼则不然，税重而察严，势必驱吾残疲之民，而鞭笞以取盈。吾民失业者多，何堪此虐？

一曰将受苛法之害，而华民将以法受诛也。夫吾民之游宽网者，旷千余年矣。何则？我国之政，刑峻而禁弛，法繁而缉疏，良民每得任意自便。彼则不然，其禁防多，其巡缉严，多则易犯，严则易失。待其国人且然，而况于施之新得之属地乎？况于施之与他国属地犬牙相错者乎？然则，吾民之入阱者多矣。

一曰将不举吾民为官，不举吾民为议员，而华民遂无头目也。夫彼惧属地民之有权，必将多方以限制之。大约秀异之人，才使得为书记；干力之人，才使得为巡捕、包探而已，则华人无足与其官长交通语言者，更无论抗行矣。

一曰将不设大学堂于华，而使华民无成材之望也。夫彼人虽轻侮华人，然亦深忌华人之秀异，则遏抑防禁之术，必无所不至。大约但欲教之使成二三等人材，足供彼驱策，即已足矣，必不愿多费款项，养成人材，以自贻患也。

一曰将不许华民研究武勇之事，而使吾民永失爪牙之用也。闻法人之待滇边土司，悉收枪械入官，令二家始得备一菜刀，并不许有刀锋。然则彼于华民，亦必如是，而民练乡团之属，一概不得举行，且必但练华民为兵，而不使学将帅之材，而华民永无复兴之望矣。

一曰残虐之惨，独施于华民，而吾属将无噍类也。夫彼人自号为仁义，其律法亦颇平允，然治属地之律，与治本国之律不同。况官能依律，而巡捕、包探未必尽依律也。虽有国家状师，而吾民贫，未必尽能延状师也。至若捕房之于役犯，工头之于工人，逞其威虐，何所不可。从前秘鲁糖寮虐待工人，粤人撰成《活地狱图说》一书，惨难入目，是亦欧人所为也。西法，巡捕不得殴人，而上海巡捕则肆行殴击矣。西法，无枷杖之刑，而法人治安南、华民，则特设枷杖矣。以此推之，实足滋惧。

一曰将不许设立报馆，并言国事之书，使吾人耳目充塞，且怨气无所泄也。大抵彼人待属地之民，以绝其智慧为第一义，闭其口为第二义，然后可役之如牛马，而驱之如奴隶，以供其用，以逞其欲。波兰、印度，成迹可数，而吾人将化为异物也。

一曰宗教、文字、语言，浸以亡失，而华人遂忘其本来也。夫教者，华人之心也；语言文字者，华人之貌也。彼得华地，必将改其教，易其语言文字，而后彼可无后虑，彼之欲逞其志也，不以力强，而以术诱；不以骤逼，而以渐移。彼无他术，不过使入彼教者，多得保护利益，而但知中国语言文字者，无所得食而已。今海外之民，有甚通西国之学，而不习华文者；内地之民，有求胜一讼、脱一狱，而亟归彼教者。如是，则华人心貌并改，不得为华人矣。

以上十七条，盖势处必然，而犹恐未尽也。试思彼时衣冠涂炭，全地陆沉，乞怜异种之王，寄生他国之土，我民之领袖，则彼之隶圉也；我之富人，则彼之捐客、工头也。于汝安乎？于心忍乎？且天下未有寄人宇下，而克长自保者，又未有全地属人，而尚能享其利益者。夫明者察几先，智者防未然，勇者耻下人，与其束手而受束缚，何如奋足以图功；与其抢攘于入阱之后，何如布置于未雨之时。方今朝廷有丕振之机，百度有聿新之象，我民果能一德一心，尚足自保。若彼人则何有于我？夫彼人者，固欲坐我为野蛮，而自行其野蛮之道也。

（载《时务报》第 65 册，光绪二十四年五月十一日，《汪穰卿遗著》、《汪穰卿先生遗文》均收录）

论宜令全国讲求武事

呜呼！我中国四万万人民，其遂安然奴役于异种之人乎？呜呼！我中国四万万人民，其犹不甘心奴役于异种之人乎？意不欲也，以为无术，是谓愚。知其可也，默而听之，是谓忍。以中国之右文轻武，上下相与嬉醋沉溺于太平之中，民皆柔糜脆耎，恶死畏兵。前年东事起，命贵族为将，则亲友慰问，家属相持而泣。都中征兵，则哭不肯行，涕泗横颐者比比也。闾巷之中，闻兵事则骇而逃。爆竹震于邻，则壮夫掩耳，稚子疾走。东南诸省，至以子弟乘骑为诟病，其不娴弯弓横刀更无论矣。而流俗又甚贱武人，文武甲第，相若而不相交也。对品之官，文武悬绝如天壤。武职六品，至为文职扶舆，而提镇以下官，苟无职任，或不免笞杖。驰驿之吏，厮役之贱，多叙以武职。夫民俗之脆如彼，国家之贱武又如此，是故民不敢习武，即习之抑又无功。夫国家所至之境界，实全国人心所结撰也。心注于强则强，心注于巧则巧，心注于弱拙则弱拙，心注于衰乱则衰乱。是故居上位者，莫慎乎驱人心之所注也。今谕旨固已言民团矣，今宜明诏天下曰：自今以后，我君臣上下，其悉惟武是事，官以武为尚，任以武为重，学以武为贵，业以武为美，其不能武事，及临斗而避者为上耻。《礼记》曰："战陈无勇非孝也。"又："死而不吊者三，畏为其首。"① 日本本此义以激励其民，不数年后，民气日奋，士耽于武，人皆能骑，户知执枪。征兵有兵，选将得将，当战能死，不战能避。绘图有人，造械有人，筑垒、掘壕有人，有不翕然翔起而为尚武之国者欤？今吾俗方畏死特甚，抑知避死必死，不避死未必死，忘死亦必死，趋死必不死，则试且踊跃淬厉，与诸虎狼拼命于一旦也。

今国家宜速甄定水陆员弁相统率之制。兵者，全国之血脉也，血脉须臾不相灌注，即死。今兵部无管辖征调之权，而京中诸武职，又全不与各督相关，各省又各不相关，海军水师则南北洋不相呼应，外海内江又不相连属。又水路军多驻守一处，而无巡游各处之法，是以兵事一起，其调遣无一定之程度，其统率无一定之权限。临事之人，任事难而诿避易，功未得赏，罪未得罚者，比比也。今宜全仿泰西之制，设水、陆提督各一人，统率全国军务。其设官驻守巡行之制，一切参酌泰西及日本之法，而尽易曩日之制，则事权划一，责任有归，而不至如昔时之疲敝矣。

今宜渐更募兵之制而为民兵也。夫募兵，权法也，民兵，常法也。募兵之法似简易，而实不胜其弊，其极则至民仇视兵，兵漠视民。且兵起则增募，兵罢则散而为盗，曩事固历历可征也。又欲变弱国而为强国，非悉一国之民为兵不可。盖悉民为兵，则民知以国为事，闻国之被

---

① 语出《礼记·檀弓》，原文为："死而不吊者三：畏、厌、溺。"

侮，则全国之民知耻；闻敌之横暴，则全国之民知怒。故国欲用民心，莫善于改民兵。今中国用募兵千余年，虽不能遽改，然宜以渐易之。先行之风气强悍之地，而后及其余；先征编氓，而后及士流。其应征而不愿征者，则令呈缴免金。数年之后，以渐改正。如此则民气日强，民志日固矣。

今宜令民间速自筹办民团，以辅国家兵力之不足。宜仿向来民团之制，而变通之，略如西国预备后备兵之法。盖向来民团之法，县自为团，乡自为团，力分则薄，分敌则争，势散则乱。统于县则无权，无所统则易横。向来民团之害多利少，大率由此。今纵不能合各省为一团，亦宜并一省为一团。宜令民间举公正任事之人主其事，约先募千人，而具二千人之服械。选乡间诚朴之人充之，名曰额内团兵。延教习教以西人行阵之法，其未入选而自愿按时赴习者，则以其余服械，使与额内兵一齐操练，名曰额外团兵。一俟练成，则皆次第之而给以赏牌。因遣去额内兵之半，而以额外兵补之，复添募人以补额外兵之缺。其人皆取之本省，其兵虽随散随添，而仍周行于各府之中，其已散之人，仍令每年赴操一次。其月饷极重（约每月十两），而留其半存之银行，每年赴操时，则与以一年之息，并给以赴操之饷。死则令其缴奖牌，而还其所存之银。凡一次无故不赴操，则扣其存银之半，二次则尽罚去之。若因事征调不至，亦尽罚之。凡兵入选时，皆令留影片，凡有兵事，来应募者，则以奖牌并勘影片为凭，如此，则不数年而全省之民可渐变为强武矣。

今宜准士林设立联武会，以习武事也。中国非无强悍之俗，然往往在民而不在士，尤不在绅富。故宜令立会，与民间一体操练，选其尤者，令得充出洋武备学生。会中另备关涉武事之图书器械，令在会诸人得以展阅。又令各省府州县互相联属，庶声气相通，而无隔阂之虑矣。

今宜设奖武会，以联络民间技勇之人也。凡风气强悍之地，所在皆有专门技勇，然向来与官兵不相通，弃之则可惜，绝之又可虑。宜设会以联络之，其会即在联武会之中，藉此以觇知魁伟杰特之士，既可知彼施用之所宜，复可知彼出入之所在，于振刷民气，联络民情，实为至要。

今宜设小制造厂，以制快式枪炮，并令人学习制造之法。今宜设绘图局，以审知当地形势。今宜设工兵学堂，以供工程队之用。是三者，获效虽缓，然实不可不办之事，宜以次行之，三五年后，亦可以奏绩矣。

地球诸国，未有文弱如中国者。今日种种被侮，实由上下疲荼所致。然则急要之图，惟在此矣。窃不自揣，撰成斯论，前二段须俟国家为之，后四事则绅士可勉为也。民团一事，法简而尚易办，尤为要图。各省官绅，有俯采斯言者乎？不胜朝夕企之。

（载《时务报》第 69 册，光绪二十四年六月二十一日，
《汪穰卿遗著》、《汪穰卿先生遗文》均收录）

上晋抚胡聘之中丞书①

前闻盛旨，将辟蒙地，实是本原之策（惟今日日报言，中国许英山西矿地万里，令得开矿、垦田，不知确否）。今农会在杭州、镇江、如皋各得拨沙田一二千亩，而上海又得田十余亩。现拟延日本上等农师，在上海开设农务学堂，讲求农学，并化土质，辨土宜，仿制肥料，仿造农具，并试种各种植物。又于杭、镇、如皋三处，各拨田五十亩，由农师派日本老农前往试种，必令农务日进，农利日厚而后已。其各处所得沙田，须招人垦熟，再收其租，以资学堂之用。惟开办伊始，尚须筹款。现已与江浙各大府商筹款项，以资兴办。此事由民办理，自较官场简捷。我公有志振兴民利，而于农务尤为关切，惟欲讲求农务，自不能不研究新法。然使各省分道讲求，则费巨力分，又多费时日，不如并归一处。俟有成效，再分设各省，似较有益。如蒙俯采斯言，则拟恳设法提倡，俾得速成，实所盼切。

---

① 胡聘之（1840—1912），字蕲生，湖北天门人，1894 年授山西巡抚。

再，农务而外，劝工实为至要。康年去腊往游日本，察得彼中于工艺合用之机器等事，往往有变通之法，或改铁质而为木质，或更思简易之法，故价格便宜，民家易于购置。如上海新购来之缫丝器，大仅三两元，小仅一二元，可谓便宜之极。康年拟筹款，将日本各种机器尽行购来，陈设一处，试验其最合用之器，即广劝人购用，待其通行，然后再劝人自造。此法有二利：一、本轻则易购；二、民家可各人自办，不必造厂。又日本近来极意与中国联络，凡学堂、农务等事，无不肯代出力。并查在彼处大学堂读书，每人修金及房、饭等，每年不过三百元。查得日本于各种学校，均极认真，如派学生往彼肄业，费甚省而功相若。今两湖及浙江，各拟派人往学武备，浙又派人学蚕务。我公志在培植人才，如行此法，似较省便，且但须贵省备文，交康年转托日本领事，即可照办。

（光绪二十四年，《汪穰卿先生遗文》第三《书牍辑存》收录）

致近卫笃麿、大隈重信、犬养毅函

某等闻大名久矣，辄以未获躬侍左右、畅聆伟论为憾。敝国人游贵国归者，咸述从者眷怀时局，慨然以振兴东亚自任，凡在同洲，罔不仰企。某等不敏，常以交邻之道，互相质证，佥谓欲联日清为团体，必从学会入手。前闻从者于亚东协会事宜殷殷提倡，不遗余力，感佩同深。某等近亦熟思，互商立一学会，名曰"正气"。本以友辅仁之旨，寓人贵自立之思。立会以后，来者颇多。伏思从者于日清交谊，素抱热肠，因特奉上章程口册，敬乞俯赐览观，并恳有以教之云云。

（光绪二十四年，录自《汪穰卿先生传记》卷三）

上江苏学政瞿侍郎书

去岁秋冬间，中外幸得无事，实为至幸。然国家政策，犹郁而未融，草野中犹未释望，若得将康党、新党截然分为二事，而涣汗大号，丕发新猷，则亡羊补牢，犹未为晚，惜无能以此说上陈者。海内学堂等事，寥落三五，固非维新，亦不全复，若羁縻之以待他日之用，似亦不无小裨。农学报馆得南洋助以巨款，尚可勉力支持。速成教习学堂，现拟将章程改正，约如日本中学堂。所选留学生十余人，均笃实向学。此堂为仁和生员叶浩吾（瀚）办理，收资既少（每月修膳住屋，共仅六元），又无官款，去年以来，颇备尝艰苦。今年因诸生都已小成，且所延日本师，系东京大学生，见有成效，不欲中途弃去，故不得不勉为支撑。拟请夫子大人向苏州当道设法，略拨官款，资助学堂，使得有成就，则皆吾师培植之力，不胜企祷。窃见近来各省开设小学堂，岁费动辄巨万，或至三四万，而所收学生不过三五十人。此间若得官费二三千金，已可收学生四五十人。盖华朴既殊，斯省费迥异。夫子大人乐育为怀，故敢陈其说。

（光绪二十五年正月，《汪穰卿先生遗文》第三《书牍辑存》收录）

附同信异文：致瞿鸿禨书①

夫子大人钧座：敬禀者，去冬以来，久未奉笺，开正本拟至江阴上谒，嗣以馆事丛杂，不得脱身而止，江天翘企，敬维起居多福，餐卫咸

---

① 标题为编者所加。此信与前一封收入《汪穰卿先生遗文》的信是同一封信，文字略有不同，故附于此供对照。

宜，无任敬仰。去岁秋冬间，闻中外幸得无事，实为至幸。然国家政策，犹郁而未融，草野之中，犹未释望，若得将康党、新党截然分为二事，而涣汗大号，丕发新猷，则亡羊补牢，犹未为晚，惜无以能以此说上陈者。海内学堂等事，寥落三五，固非维新，亦不全复，若羁之以待他日之用，似亦不无小裨。农学报馆得南洋助以巨款，尚可勉力支持。

速成教习学堂，现拟将章程改正，约如日本中学堂。所选留学生十余人，均笃实向学。此堂为仁和生员叶浩吾（名瀚）办理，收资既少（每月修膳、住屋，共仅六元），又无官款，去年以来，颇备尝艰苦。今年因诸生都已小成，且所延日本师，系东京大学生，见有成效，不欲中途弃去，故不得不勉力支撑。拟请夫子大人向苏州当道设法，略拨官款，资助学堂，使得有成就，则皆吾师培植之力，不胜跂祷。窃见近来各省开设小学堂，岁费动辄巨万，或至三四万，而所收学生不过三五十人。此间若得官款二三千金，已可收学生四五十人，盖华朴既殊，斯省费迥异。夫子大人乐育为怀，故敢陈其说。

《昌言报》以代派诸处欠款太多，不能不暂停印，现已拟筹款重办，不寄远省，庶不致多欠。又当整顿译撰事务，以节省馆用，庶得支持。能否照办，尚不可知，如稍得暇，再当趋诣，绛惟以抒孺忱。专此敬请钧安。

受业康年谨上。正月十九日。

（录自《瞿子玖亲友手札》（手稿））

致志仲鲁先生书[①]

近日时局又棘于前，厝火积薪，尚非其比，不审当局诸公意想何

---

① 志钧（1854—1900），字仲鲁，号陶安，满洲镶红旗人，官翰林院编修。原编者谓此信"未详年月"。此信中称荣禄为"相"，称《中国自强策》已发表于《时务报》，据此可推定，此信当写于1896年9月《时务报》发表《中国自强策》之后，1900年7月志钧去世之前。

如？窃意居大位、负人望，而权力又足转旋机轴者，惟荣相耳。海陬余生，欲有所陈献，辄又不敢告之他人，又疑于狂惑。公满洲右族，宜最关休戚，姑复一言，或得陈其说于当路乎？今日大事所最可虑者，英俄交合，则瓜分势成，吾国无论满蒙回汉，皆将有沦胥之惨。然遂谓挽回无策，则又不然，惟势已大衰落，非有非常之举，出不意之事，不足以振起全局，惊悚群雄。然其事太巨，条理万千，此时不能言，亦不必言。姑举其大旨，约四五端：一曰请降懿旨，宣言尽变旧法。须恺切痛彻言之；二曰宜降懿旨，派我皇上亲至各国游历（随带之人，以二十人为限），考察各国政法一年，归国再定变法之事；三曰宜遴选明通公溥之大臣为宰相，总理内外事宜，以一事权；四曰宜选明白政法之人，入京讨究变法事宜；五曰宜诏全国，尽去满汉之意见，均以扶持国家为要义；六曰宜与欧美各国商略，扶持地球太平之局。兹数语虽亦人人所能言，然以弟思之，今日转旋全局之要，非此不可。弟诚知言之惊人，又诚知意见难融，人才不足，然不能不言者，以己为兹土之人，何忍见瓜分之惨祸。公实同此意，能否竟以此意婉达荣相之前？若夫新政措施之宜，及先后布置之法，则弟前有《中国自强策》三篇印入《时务报》，似已撮其大纲。语曰：狂夫之言，为圣人所择；良医所用，即庸医之药道，在举动得宜而已。所愿当局勿惊其说之奇，亦勿嫌其说之陈，行之以断，施之以渐，何患事不成，功不立耶！若夫日盱路歧，病深药乱，非意见之各执，即势利之是趋，如此则真不可为矣。谨布区区，望照詧不一。

（《汪穰卿先生遗文》第三《书牍辑存》收录）

变法篇（下）

上江督刘岘庄制军书①

　　窃康年顷日客游秣陵，忽闻有被人诬陷之事，即起程他适，幸蒙福荫，得脱网罗，足慰廑注。康年得耗之时，本欲只身就待，继思康年分虽微末，亦尝策名于朝，若以此等荒唐之电，而贸然赴质，使银铛被体，五木关身，不特有伤清白之躯，窃恐东南士大夫从此人人自疑，于大局不无妨碍，故只得高翔远适，以避斧钺之威。至此事虚实，有不难明辨者。

　　康年虽未深识时务，然固尝读诗书，知理道。古来豪杰之起，咸因人心之离叛。今虽内讧外衅，交乘迭起，然率土咸戴一尊，无贰二意，是则理无可执，一也；北省虽已糜烂，南方犹复完固，人安其业，商怵于祸，若违时妄动，将致人皆仇敌，是则机无可乘，二也；东南大府与各国立互相保护之约，将由此以靖北乱，而成合议，若民间偶有蠢动，则外兵立至，将由此尽失国权，是则势无可乘，三也；或谓康年前者尝与同志创设中国议会，指为与中国国会彼此应和，不知议会者，系仿欧洲各国之法，专议国家政治，必须政府允准方能举办，是以虽集议一再，旋因各大府皆不允提倡，故即停止，与中国国会名近实异，是则事非相关，四也；至或电称康年勾结革命党人，又或指康年勾通江湖中人，非特污蔑之无因，抑亦侪偶之不类，非意存倾陷，即缘于误会，是则儗不于伦，五也；夫营难成之事，而居至恶之名，驯至上下咸嫉，内外交攻，康年虽至愚，何至出此？且尤有实事可明其不然者。康年自北祸之起，频月奔走江表。五月至鄂，以剿匪劾政府之说，干南皮制军，旋又至江宁，亦以其说请同志达诸台座。李傅相至申，则合同志上书，

---

　　① 刘坤一（1830—1902），字岘庄，湖南新宁人，时任两江总督。汪康年因参与唐才常的正气会和中国议会活动，被人告密，受到清政府的通缉，汪康年被迫出逃，并给刘坤一写了此信为自己开脱。

请即率兵入都，以剿匪为议和之根本。七月又至江宁，与同志商量，欲
请公举兵入都，护卫两宫，因以弹压西兵，主持和议，以为时已迟，不
及上达而止。以上诸说虽多迂执不可行，然大率归重于朝廷，致望于督
抚。假使康年而果有异谋，则安得复有此宽闲之岁月，暇豫之心思乎？
又岂肯为此自相阻碍之事乎？而忽有此蜚语者，盖以□□事败之后，彼
中人多有疑康年发其覆者，遂欲甘心于康年，并或发电之人，误听其
说，遂有此鲁莽之举。本应恳求严究，科以反坐之罪，然康年念其无
状，亦悯其受愚，故不欲与深较。惟请我公于旌别淑慝之中，仍寓保全
善类之意，而于人才之品类，宗旨之同异，尤再三加意，则士大夫幸
甚，大局幸甚。

　抑又有进者，中国向来风气，官师之勖人士，父兄之教子弟，咸以
谨饬为先。然谨饬之人与跅弛之士，二者各有所用，不可偏废。治平之
世，谨饬之士即已足用；至乱世，事变之繁多，或非跅弛之士不为功。
顾跅弛之士，常足以招疑谤，致仇敌，何则？其采听广则交结必杂，其
物色多则形迹易淆，其论议横则易惊流俗，其志意坚易招疑忌，是在在
上者，有以分别而保护之，斯足以养成其才器。若以形迹疑似之间，语
言文字之末，偶得一二人之论列，即与以深罪人才，几何不将悉投罗网
哉！倘蒙采纳，宣其冤诬，则康年犹得全性命于清时，效涓埃于异日；
如不见鉴谅，则康年当在山之巅，水之涯，不得复为国家效其尺寸矣。
若夫假托外人抵抗本朝，侮慢官长，则区区之义，必不为此。康年一身
不足惜，特恐循是以往，动辄为是，不特酿清流之祸，亦恐离心解体之
祸应时而见，实为可虑。

　　　　　（光绪二十六年，《汪穰卿先生遗文》第三《书牍辑存》收录）

致苏松太道余晋珊观察书①

　前月由邮局奉一函，知荷鉴察。嗣得江宁消息，知岘帅得弟函后，

---

① 余联沅（？—1901），字晋珊，湖北孝感人，1899年任上海道台。

见宾僚辄谓：前者实系雅意相延，欲面谈一切，并无他意。足知岘帅于弟实无丝毫猜疑，且岘帅于弟素相知重，亦断不至因一二簧鼓之言，辄为摇惑。此事弟信之，想阁下亦无不信之。乃近月以来，危疑恫吓之谣不一而足，或谓衔恨之徒，将于狭路快意于弟，已而又谓招安之徒，将以捕弟为功。后且谓，由伊等列上姓名，请加严捕。近日则又加甚，谓官中名捕四人，凡得一人者，辄以千金为赏，并赏一武职。流传万口，愈播愈真，有谓已经领事认可者，有谓已由岘帅电商各国外部者，此等梦呓狂谬之谈，实属可怪可笑。查向来官中每捕人犯，必是确系犯有巨案，证据真确者，如虚疑不实之事，即不能如此办理。至于名列缙绅，尤当从慎，国家爱惜士大夫，理当如此也。窃谓岘帅即动于人言，亦断不至有如此举动，此必招安中有数人，既得免死，又将邀功，而真党又不能指控，于是择名望稍著之人，而无势分无党援者列上姓名，影射呈报，希图功赏。此等贪狡无赖之人，向来如此，不足为怪。夫招安之事，古以为难，其初但求免死，其继必希官禄，偿少则觖望，势崇即翻覆，荼毒士流，侮慢缙绅，在所不惜。闻目下伊等奉有捕拿会党之命，颇肆讹诈手段。前曾辗转相讽，谓如某某出数百金，即免连累，其藉端索资，已可概见。弟固不惧此，窃恐伊等指此事为标准，欺诈善类，勒索乡愚，无所不至。敢希阁下严谕诸人，安静营生，勿得藉端扰害，实为至幸。假使上游果有如是举动，则试问弟安居海上，果有何等劣迹，致造如此侮慢？昔人自爱其鼎，弟亦必当将前后实在情形广为剖白，俾不致混淆。如何之处，伏希察示，至感至祷。

（光绪二十六年，《汪穰卿先生遗文》第三《书牍辑存》收录）

整理政法纲要

清国汪康年顿首，谨上书犬养木堂、大隈伯爵、山县侯爵、近卫公爵、伊藤侯爵、佐佐克掌、柴四朗诸位先生座右：肃启者，康年伏处下士，东望蓬瀛，久仰巨人长德，或尝亲奉音尘，或仅获承绪论，然心藏心写，固无时或释也。窃见贵国近年顾念唇齿相依之义，上自君相，下逮士庶，无不以振掖敝国为职志，其意思坚毅，久为敝国有识所钦仰。然敝国不天，内则宫廷之衅重，人则新旧之意忤，下则民教之仇深，积酿并凑，遂成纵匪戕使之大咎。今两宫出走，九庙震惊，国权骤替，民物涂炭，受惩不可谓不深，得祸不可谓不惨。前者祸端初发之时，康年尝走谒湖广总督张公之洞，复托人达意两江总督刘公坤一，又上笺两广总督李公鸿章、山东巡抚袁公世凯，力请其自靖匪乱，免使各国乘机干预。辞极危耸，而诸公或听谗构之词，或怀疑畏之见，咸拱手静俟，致成兹巨祸。今上下所企望者，在和议速成而已。然以康年观之，则和议即成，而敝国大局仍无有转机。盖敝国之患，不在外而在内，不在顽固王公，而在有声望之督抚，不在庸流，而在志士。试问遭如此羞辱，如此惨酷，而造祸之人何尝真引以自责！全国之民何尝真引以为耻！上之则无体国之大臣，下之则无合群之志士政党，朝无柱石，国无清议，然则主持改革，伊谁是望？且闻我皇太后仍未明白，方以端、刚诸人为已死亡，深加悯悼，而视东南立约同之背叛，其待我皇上无异昔日。窃意和议成后，其大臣必仍以敷衍粉饰为卸责之具，其小臣必仍以钻营揣摩为谋生之法。政府虽屡易而绝无权任，不过多一挤轧之端而已；新政虽屡颁而绝无条理，不过多一营谋之资而已。尤可虑者，则恐著名贪狡之人，将乘机攫取权势，其人亦托名新党，素笼利权，工为巧媚，能四面取悦，其私党遍布中外，彼若托名公义，恣为奸利，则为蠹滋甚。

　　然则以今日大势而论，惟有力请皇太后归政皇上，将国家之事重行整顿之一法。所虑当事诸大臣，上之则拘牵小节而不识大义，下之则畏虑私祸而不顾全局。惟有恳请贵国与各国协商，固请敝国皇上专执政权，并将煽惑宫廷之险邪如荣禄、李联英①等乘便除去，然后将用人行政诸大端全行更革，庶敝国犹有死而复生、亡而复存之望。又闻得奉天将军增棋，不谙交涉，轻任前漠河金矿总办周冕，并妄界以全权名目，与俄人立约九条，于数国外交之道极有关碍。闻出使俄国大臣杨公儒，及议和全权大臣李公鸿章，已与俄国商量，欲将前约废去。此事于贵国、与敝国之交涉关系尤巨，倘俄人狡展坚执，似非贵国仗义，与各国

_____

① 应为李莲英。

同商摈拒之策不可。

总之，敝国地产丰博，人物蓄秀，其农工敏而耐劳，其商贾巧而善积，徒以二千年来专用专制政体，政无纲纪，公道不行，人心不固，非贵国力为扶掖，窃恐敝国无实力主持之人，各国如以私意图之，民呼吁无所，渐甘受各国压制，瓜分之事既成，则祸究反覆，于全球兵端，亦大有关系。私心悚惕，实在于兹。康年怀熬恤之思，激杞忧之志，用敢详密布其狂愚。惟诸君子不弃而惠采及之，则敝国幸甚！同洲幸甚！康年近拟有整理政策，持上诸与议新政之大臣。兹谨录奉一分，亦望省览。康年移山有志，回日无期，惟恳轸念辅车，同兹拳拳，实深企盼，专肃敬候兴居，伏乞垂察。康年谨启。

再，敝国实行改革之事，然恐二三品以上大臣能肩兹巨任者，实不多觏，将来或须借才异国。然恐虎狼之国，将借此生心，力以利益均沾为请，则披时实难措辞。此时和约，宜增一条云：大清国如力图整理庶政，无论何等职任，有须聘用他国人才之处，此系内治之事，与外交无涉，各国应听其自便。既立此条，庶他日无受各国争竞之虞。此事贵国如能商劝敝国议和大臣，斟酌添入，似于将来两国交涉甚有关系，敢希察及。康年又启。华历正月初四日。

附：整理政法纲要

（一）改革之法：

一、应专设法局，选明达古今中外政法之人入局办事，将向行法制详加审勘改正，务使合民俗、适时宜而后已。

一、应设顾问官，聘东西各国通达治理之人为之。凡局员有疑难及未谙悉者，可向询问。

一、凡士民有未悉新政意思者，可至局中询问，亦可函询。局中应专设数员管理此事，有问即答，不得稽延。

一、改革之制既定，除京师外，先试行于一省或一府一县，既能妥洽，然后移至他省府州县。

（一）应宣示中外各节（改革之始，疑恐滋多，故须摘取要端，预为宣示）：

一、永远以孔教为国教，决无更革。

一、改革之事，有与民间生计相关者，必加审慎，不使人多失业之害，并许民间呈诉。

一、改革宗旨，系本诸经典，并本朝名人论说，并非专以泰西为法。

一、改革政策，必以保全本国人民生计为要端，并非专重外人也。

一、衣冠之制，现无更改，至民间则更听其自便，决不加以勉强。

一、不追究既往之事。

一、改革既定，其用人必参酌新旧，决不稍偏。凡新进之人，不得妄自夸诩，并不许借端报复。无论新旧之人，均不得妄生疑忌。

以上为初办之事，以下始列纲要。

（一）政体：

一、全国之事皆统于皇帝一人，皇帝择相而任之。一切皆由相措置。惟人事须先请于上，上不许，可令改议。

一、凡更革法制，皆由议院议定，呈于相而行之。如不合，可令改议，惟相臣不能自擅。

一、凡大除授、大政策及外交之事，相原应奏于上而施行之，如不合，可令更拟，惟皇上不能自定。

一、相臣由议院举定，请于上，上不合，可令更举，惟不能自定相臣。有不合之处，上可以更换，亦可由议院奏请更换。

一、初设之议院，由皇上择各省明白政体之士，令入院议事。议院主议政，相臣主行政。如皇上有不惬议院之处，可停止另举。如议员有行止卑污者，皇上及相臣可显其罪状而去之。

一、凡有重大及疑难之事，皇上可交议院议行议驳，惟何以行、何以不行，须明白宣示，庶无暗中阻搁之弊。

一、各州县官禀命于各省督抚，督抚又禀命于朝廷。如以省分地方辽阔，可分为数省，凡道府等官，均行裁去，以免公事稽延之病，及转递之繁。

一、各乡官由各县绅士公举，如有不合，县官得以斥之，而令另举。各州县官，由督抚黜陟奏于上。

一、各州县皆须重用士人，以减胥吏之权。

一、各省州县均得设日报，以令昌言本县及旁县之利弊祸害，惟须依新定报律从事。

一、各部每年紧要公事，应汇刻一书，宣示中外。

一、凡士民欲设有益之各会，均可允许，惟须将章程呈官核准。

一、准设各种报章，准其攻评在官者之弊，惟诬蔑及录猥琐则惩。

一、外人于本国利弊苟有所见，均得呈递政府及督抚，如行之而有益，则别筹奖励之法。

（一）改官制：

一、应大改官制，依各国通例，分议法、定法、行法界限。凡大事均各设一部，部以一人为长，部中之事皆由其裁断。各部均画分界限，在限内者不得弛废，在限外者不得侵，而各部又统于相臣。

一、设总理大臣一人，其制略如古之宰相，惟权专而有限制，凡内政外交悉归主持，各部之长悉由相臣举用。

一、立内部，主官内之事。

一、立度支部，专掌财用出入。

一、立赋税部，掌各种田货赋税之事。

一、立农部，掌兴农业及树艺畜牧。

一、立工商部，掌兴工商之业及其禁令。

一、立教部，掌教化及大小学堂之事。

一、立邮部，掌水陆道路及通行舟车之事，并电报邮信之事。

一、立刑部，掌天下狱讼之事及巡捕。

一、立兵部，掌兵政及遣调兵将之事。

一、立外部，专掌外交。

一、选一时才俊。设立议院，为议政治之所。俟十年后，始由民选。

一、各省设总督一人，其下理财、理农商、管学校、理邮务、理刑、理巡捕各一人。

一、每县设知县一人，其下各官如每省之数。

一、各乡设乡官，助知县办事。凡官派人至乡办事，皆须与乡官会办。如有勉强及骚扰之处，乡官得告于知县而惩之。

（一）处置官事：

一、改衙署格式。

一、改定官场仪文，悉从简易。

一、定右官办事权限。

一、定每日办事时刻。

一、官吏受俸，皆令足以赡家，并不得因事罚扣。

一、迁转皆各依其本部。其资格赏罚之法，悉斟酌中外之宜，务使有劳资者无失职之虞，偷惰不职者亦无滥竽之望。

一、州县官事皆力从简省，务使事事躬亲，庶州县胥吏之权渐减。

一、令之官者不得多带官亲及仆从。

一、严禁酬应，至公行货赂，如三节两寿之类，悉行禁断。

一、向来办差迎送之事，大为删汰。

一、向来摊赔及强令后任认赔前任亏空等事，皆应禁断。

一、停止捐纳。

一、近日在官之人，多癃老及不合用者，惟碍难一概罢斥。若俟其有过而后罢之，则误事已多。惟有汰其迂老昏谬者，令举子弟亲戚自代，如无代者，或代者亦不合，则竟罢之。

一、官制既定，各有专职。凡向来入仕之人，令其自占一事，倘察其不堪，令其改占，又不堪，则罢之。

一、向来为幕友之人，许举为官职。

一、用吏胥均参酌东西各国之制，不使有权。

一、向来任胥吏之事，皆改用官或士人。

一、裁去之胥吏，仍令受新设胥吏之事，或他种在官人役。惟须依新法行事，不率则罪之。

一、向来防营、泛官、保甲局、巡防局皆撤去，而改行警察之法，即以向来员役为之，惟倚势舞弊，在所必斥。

一、各国人受事于本国者，应改入本国之籍，一免核制，一免他国援例，如任满之后，欲改回本国籍者，听之。

（一）清户口：

一、户口为行政之根源，然向来一行此事，民间必惊疑以为将抽丁税，或按户抽兵。须俟乡官设立之后，始行查察，由简而繁，由疏而密，庶民不扰而事自举。

一、凡入何教之人，应于户口册注明。

一、凡入西籍，应令改西装，与西人一律看待，以免影射。

（一）厘正赋税：

一、各省田赋，最为不均，宣令谙晓农田之人，察其田土肥硗，定为中制，均分等级，以后掌赋之官，均准此收税。

一、民间田地，皆令从新丈量。

一、各户奇零之田，皆劝令归并调换，惟不得勉强从事。

一、凡田地均改令税契，不肯税者，遇有争讼，均不得直。

一、凡内地货物，均改为落地税；外国货物，则收进口税，而尽撤从前税关、厘卡。

一、应以断试行印花税。

一、应收资本税，务使富人重而贫人轻。

一、盐税应在出处抽收。向来盐法均行裁去，惟业盐之人，应设法与以别项权利。

一、漕运应即停办，其京仓可别出资购贮，以省縻费。其漕督下之员弁，令改充他事。

（一）整饬财政：

一、国家用度，应因用以定额，勿得限额以制用，使政务日趋偷陋。

一、每年用度，应于前年立一预算表。

一、每年底立统计表，将岁入、岁出昭示中外。

一、应详定岁用章程，凡虚縻之款，均行裁去。

一、宗室及旗民饷项，最为漏卮。宜择殷实旗民，先将饷项裁去，其余应导令各图生业，俟其自能糊口，即将口粮裁去。

一、应设立国家银行，悉仿泰西之制，凡库银皆归银行流转，庶银货不至壅滞。

一、应铸金、银、铜三等币，价值、式样统归一律，各省酌量数处设立，而皆统于户部，庶商业无意外折耗之虑，而火耗及克扣成色之弊，亦得一旦蠲除。

一、速勘开各处之矿，以兴利源。

（一）商工农：

一、应专设商部，管理全国工商之事。

一、业应设商律，使业商者有所依据。

一、劝导各业会馆，使改从西国商会之法，并会合为总会。

一、凡商人资本，均应报商务局。

一、商业亏例，应由官查勘摊偿，不得任意侵欺。

一、夥友亏例，必从重办理，并不得复受他处之任。

一、公司应照商律办理，不得权归一人，并须裁去官督商办之法。

一、凡以巨赀设立工厂者，可请于商务局设法保护，或许专利，或定几年后不许他人开设。

一、凡有新造器具，或仿造泰西各种器具，经官验实可用，则给以专利执照，惟须定年限。

一、各省及大埠应设商品陈列所。

一、向来败坏商务之法，无论在官在商，均应禁除，而商务中之大蠹，尤应设法禁阻，使不得有碍商务进步。

一、裁去各省土贡，以省官民之困。

一、各省应勘定田土所宜，导民改种多获利益之植物，其林、木、渔、物、牧，皆一并查办。

一、各处荒田极多，应钩稽实数，募人耕种，并筹激劝之法。

一、禁种罂粟。

（一）兴教化：

一、应专重圣教，并应令人讲宋儒之学。凡各省有能深明教法之人，应特与褒奖，惟须去其迂拘之说。

一、既定学堂制度，应先设立小学堂，并定小学堂课书，使各省一律。

一、小学堂课书，应以伦理学为重。

一、小学应添教官话师一人，以期各省言语一律。

一、各县原有义塾，均令改为小学堂。

一、各省小试、乡试仍渐举行，惟额数由渐而减，限二十年除尽其学，使主考先仍照旧简放，由渐省并。

一、书院仍照旧设立，由渐裁并，而以其经费充小学堂之用。

一、官设小学堂不足，准令士人自立学堂，惟须由旧学校官拣选，方许设立。其课程须与官立者一律，年终与官立者一体考试，同列等第。卒业之后，与官立小学堂诸生一体送入中学堂。

一、俟小学堂既立，三年之后，另立中学堂。中学堂三年之后，然后立大学堂。

一、女学堂须俟三年后风气渐正，方与设立。

一、应定著者刻书专利之法。

一、凡冒名刻书，或改换名目及刻印大劣，均应禁止。

一、凡有伤教化之邪说，均应禁断。

（一）通达道路：

一、应设立邮部，专管水陆道路。

一、应详绘各省舆图，详载险要及水陆路程。

一、各省陆路，无论何处，均应设法开通，先行于通衢，次行于僻地。

一、水路应一律修整浚，使可行舟。桥梁亦均修整。

一、修水陆道路之费，均由本地筹充，其有不足，则取给于舟车之税。

一、水道高下悬绝之处，如滩河之类，可用西国闸坝之法，使舟易通行。

一、汽船、汽车，应设法推广。

一、邮寄信件，均由官办理，而裁去驿站。

（一）改正刑狱：

一、应选通晓刑律之人，先将过重及不能施用之律除去，并收各种律例，酌改以后，逐渐改正，务与东西各国合符而后已。

一、断讼之法暂仍旧制，俟有能充状师之任者，始改用西法。其刑求之法，须酌量行用。

一、刑具除酷刑外，余暂如旧，俟数年后方改定。

一、省解递之烦，以免稽延。

一、犯人止羁正犯，余均取保，以省拖累。

（一）整饬兵政：

一、各省兵权，悉归兵部大臣总理。

一、各省水陆将领，改定驻扎之所，由兵部大臣遣派。

一、全国兵应分若干团，如何驻扎，如何调遣，如何轮替之法，应取东西洋各国法制参酌行之。

一、旧有兵卒选留精壮，改习西操，其老弱改为巡捕及其他隶卒，之后如不堪任，则斥之。

一、仍用募兵之法，惟须先入学堂。

一、兵卒已入队者，惟有罪始斥之，退役则量给资费，有功者官差终身，必不无故遣散。

（一）外交：

一、外部专设一人主持，其联合操纵听其主持。其与外人交涉之员，均须兼通西国语言文字。

一、外部应特派精密之人，办理外交之密事。

一、凡外人与民间之狱讼，每省或每数府派员专管，庶无偏歧之处。

一、外人与入内地游历，均须各地方官保护，并须将其到内地之状况及供亿之数，随时报告，而登之各国西字报。

一、劝令民间绅士讲求外交之法，勿使远客失欢。

以上各节成于仓猝，但就管见所及，陈其大略，偏漏之识，在所不免。至细节及新旧替换之法，尤未能预定，敬乞谅之。

（录自廖梅：《汪康年：从民权论到文化保守主义》，300～308 页①）

致陈雨苍京兆书②

夏间不揣固陋，妄有陈述，辱荷赐书，奖诱备至。亦即肃覆，达其所见。时局艰迫，未有所底，中朝大臣能实有志于振兴者，不一一数。故弟虽穷居海上，然每翘首北望，默念支拄危局之大臣，必数及公；每与人言及正色立朝之大臣，亦必及公。然则康年所望于公者，宫廷之阙失，惟公能匡救之；官司之丛弊，惟公能抉发之；新机之壅遏，惟公能振掖之。不意近日公奉命查察工艺局一事，竟特请停止，别由官办。又有禁止《京话报》一事，反复思之，实不解何故。今当除旧布新之始，惟恐事之不举，力之不出，故凡能办一事，能创一业者，朝廷当奖励之

---

① 廖梅：《汪康年：从民权论到文化保守主义》，上海，上海古籍出版社，2001。此信函及文章均为廖梅先生抄录于近卫笃麿的日记中。1901 年 2 月，汪康年请日人井手三郎向犬养毅、大隈重信、山县有朋、近卫笃麿、伊藤博文、佐佐友房和柴四郎等七人转交了这份信函及文章。此信函及文章曾被译成日文，刊登于 1901 年 4 月 10 日出版的《东洋》杂志第 1 号上。为使眉目清晰，原文的第一级序号改用带括号的"（一）"，第二级序号照旧。

② 陈璧（1852—1928），字玉苍，号雨苍，福建闽县人，1901 年任顺天府尹，官至邮传部尚书。

不暇，何可妄施禁阻，使好事者惧，袖手者喜。若谓所关者大，不应由革职人员请办，不知新政中事务繁多，非一手一足之力所能为也，若皆欲由官治之，不特官中无此人才，且亦恐不能遍为也。又况工艺本民间应为之事，岂可禁阻？若谓承办之人恐未尽善，故禁之而由官办，不知此系招股兴办之事，为之而成，则股东得利，而承办者受荣名；为之而无成，则股东失利，而承办者受恶名，官但任保护之责而已，得失两无与也。况我国承办一切之事，未尽善者多矣，开矿则一成而百败，公司则旋成而旋废，至若招商、电报，外形虽具，内弊滋多，何尝以其办理不善而禁之乎？若谓事由官办，则有所责成，有所稽考，较之听民间自为胜之百倍，不知向来官中办事，无一足信于人，故人之不信官也，数十倍于他人。况兹事极为琐杂，公职任宏重，何暇及此？不过徒增名目，徒增苦累而已。且即又官设立矣，民间复设一局，于事何害？如谓义仓为仓储要需，则令交还仓屋，别觅厂房可也；若谓官已自办，且非官款，不必有奏办名目，则许其自行设立，无庸奏请可也。今一切不言，而独言不准办，则是有意使任事者为难也，岂非寒天下志士之心乎？至《京话报》于开通风气、劝化愚蒙最为合宜，今朝廷整顿伊始，实应准民间开设日报，昌言无忌，庶足新远近之耳目，振上下之胆气，抉公私之积弊。仅此《京话报》已嫌微软，今并此禁之，康年实不解公所执何义，竟忍而为此。呜呼，吾国复振之机，若人始孩，若木始萌，今公不亟长养之，而恣为凌践，以快不悦者之心，天下其谓公何？后世其谓公何？或者谓承办是事者有不洽于公，遂得此咎，康年不敢谓公怀是偏心，然实亦无从为公辩矣。呜呼，近日最不洽人心之事，为办差之铺张，文告之夸饰，从未闻中朝大臣有出一言，建一议，以补朝廷之缺失者，而独于在下者，急公好义之事则首先禁抑，康年虽欲百口为公解说，亦无能矣。顾康年屏居海陬，都中之事，或未周悉，虑或不得已而出此乎？抑或仍寓斡旋之意乎？故辄不敢自逸，走笔遥叩，其实不知公得此纸，亦谅其明明怀顾之微意欤？抑视为无足重轻而弃之也。康年不敏，敢罄竹其愚。

近日各国与我商订商约，此事在不知者视之，必谓各国虽因此求商务之进步，究之其厉害，不出商务之中，其关系不若和约十二纲之紧要。殊不知，今之办理商务，即从前各西报所谓洞开门户，又谓之敞门通商。盖收拾吾华之结穴，而为实施暗中瓜分之事，其利害关系之大，东报言之甚详。且和约之事，或有因彼此利害不同，可借彼以阻此，借此以抑彼，商约则一进俱进，人人俱欲争前，必无退后之理。近日各国均派专员至沪，查办此事，各有其专指之利益，而皆异常机密；惟我国特派会议商约大臣，亦极严密，则康年窃谓未然。盖商务事宜，有必须商务中人始能深悉，若不将各国所言之事宣示大众，使商务中人得熟计利害，随时陈报，则议约大臣何凭争执？盖如果概从彼约，则不特民间生计悉为彼夺，即国计亦随以俱困。由是一切政事无从设施，兵则无财可练，学堂则无财可设，目前最要之赔款，亦无可筹措。将来不亡之亡，且终于亡，又且并其种类而亡之，祸乱之惨，有不忍言者。今拟恳我公电商议约大臣，乘开议之始，力与磋磨，并随时将各国要索之款，宣示商人，使得筹议。若不能明示，亦可随时由日报暗行透出，则远近商人并事外之人，均可据报审察，将利害之故，如何办法，随时向议约大臣禀报，俾议约大臣得据以争辨，或冀得挽救万一。

（光绪二十七年，《汪穰卿先生遗文》第三《书牍辑存》收录）

再致陈雨苍京兆书

初四肃奉一函，力争禁止工艺局事，谅荷照詧。彼时因一时意气，出语不无过当。嗣读《顺天时报》载公原奏，始知禁止之说本非公意。至《京话报》停止，亦查知因不能支持而自停，非出于禁令。康年一时未知底里，遽尔函争，实属舛误，惟公亮之。顾康年尚有不能已于言者：

一则当此新机初动之时，苟有起而办事者，上之人当保护之，奖励之，若过于精核，过于淘汰，则后来者皆将裹足不前矣。今原奏中有"必人所信从，始克集事，将来能否就绪，未可预期"等语，是则预存逆亿之见，使局中人无从着力，局外人由此裹足，于新机实为有碍。覆奏中有"总其成者，不参私见，事方可行"等语，是徒多挑剔之辞，绝少保全之意，虽无请禁之明文，实已寓请禁之意矣。

一则此系绅商集股兴办之事，考核之权，自有股东主之，无庸官中过问。覆奏极宜申明此意，俾朝廷知商办与官办不同之处，则自不致有禁止之事。今于此不能致详，而独暗寓不甚妥协之意，是不啻明明请禁矣。

一则民办、官办极应划分为二，若民办而貌为官办，则不免有把持、影射、照耀之弊。黄学士原办之法，已嫌界限混淆，今覆奏不从此指驳，而反谓"绅办官督，则流弊不滋"，殊不知此最为弊混之事，而乃以此为说，是不啻变本加厉矣。

一则屯储粮食，固逾工艺局之界限，然或因初办赔累太多，不能不藉此津贴，则情尚有可原，而遽谓必应停止，是已不禁之禁矣。

一则即谓办事之人诸多未妥，亦须别行设法，不着痕迹，而原奏、覆奏均不注意于此，致海内见此等举动，皆妄谓此等事非朝廷所喜，相戒不为是，则提倡之意少，遏抑之情多矣。至谓"开局宗旨，全在养民，不同谋利"，斯实不免小误。盖办事人不可有私利之意，而局中无利，使得自养，使得扩充，而局外人亦得所观感。今以"不同谋利"为说，是徒博不牟利之美名，而忘不获利之实害。康年非好为论议，实以我公负中外人望，居心行事皆足使人，而此等缓急轻重之宜，或不免千虑一失，故特一再率渎，自附于诤友之列，公或不斥为多事乎？

（光绪二十七年，《汪穰卿先生遗文》第三《书牍辑存》收录）

上某疆臣说帖①

现我国政府，既无预算改革之政策，又无各省一律之办法，而大局

---

① 汪诒年按：此说帖当是作于光绪二十七年辛丑以后。编者注：原文有两级序号，均标作"一"字；为便于区分，编者将第一级序号改用"（一）"，第二级序号不变（即仍用"一"）。

危险日甚一日，各疆臣等岂可坐享天禄，漠不措意？又岂可仅敷衍一二，为苟且塞责之地？惟是处今日地位，布置既苦迫促，举动亦多牵掣，实有万分为难之象。然知其难，斯易者至矣，凡各疆臣岂可以难而置之欤？兹谨具说帖如左，以备刍荛之采，乞垂听焉。

（一）宜知今日所处境界之难：

一、诸事之掣肘。今变政之事既无画一之规条，而朝廷所定权宜之制，又饬令各省凛遵，违之既显背诏旨，从之实未合机宜。至财政一端，尤为赔款所阻碍。因分摊赔款现银，不得不从重征税，实阻工商发达之机，而出省之货物，为他省厘税所困，亦滞销路。推之有保甲汛弁而巡警难实施，有绿营而练军为重复。余事如此者尚不胜枚举。

一、宜防中途改换。外省督抚，更变无恒，一经卸任，则在任时所布置，倏忽化为烟云，此最可虑。

一、须防他人之疑忌。现在北京及各省，皆以束手待毙为得计，自无所用其疑忌。然各省苟有励精图治之人，征聘稍多，举动稍专，则政府即未觉察，亦必有人发露，倘有参差，则前功尽弃。此当预为计及者也。

一、须防外人之疑忌。现在外人已视中国为几上之肉，苟有奋发有为者，最触外人之忌，必将遇事锄去，然后快意。故外省于外交一途最为紧要，宜平日亲加联络，且须有权术驾驭之。

（一）整顿大纲：

一、首应按照各省地位，将应布置、应改革之事，及以渐进步之法，开成一预算表，以后即按节次办事，不得凌乱漏略。

一、应仍从前之形式，而暗将政体更变，全省公事均由派办处主持，外交则归洋务局，财政则属之善后局，兵政则设营务处，而专任之巡警则属之保甲局，工商及农务则设农工商局，而专任之他事莫不如此。至文武实任之官，其大者咸署名各局，予以虚名，而夺其实权，其余则姑置之。务使全省之事皆一律一线，如此则事事顺手矣。

一、每项政事均置一局，每局必派一总办，如本省适无名位相当之人，则可遴选一明白道员为总办，而另聘一专门之人为提调，或坐办。所有局中事，宜皆由此人主持，而总办受其成。如其人实有不合之处，亦可由总办禀商撤换。

一、广搜人才。本省人才必苦不足于用，自宜竭力搜罗有用之才，以襄治理。现今人才虽极寡乏，然极意搜求，亦足一二省之用。惟一时征聘，必致惊疑，法应以渐延致，且勿轻用奏调，以杜群疑。

一、应使全省人民皆知时事，皆有保存本省之心，皆知在上之意向。宜令民间多设报馆，官助其力。惟任意捏造，则应设法杜绝。

一、应改正全省风俗，开通全省风气。除劝设报馆外，更应注重全省小学堂，此为化民成俗之本。

一、应令民间成为尚武之俗，应使全国之民皆习武事，并可寓武事于各事之中（如学堂中有体操之类）。

一、应预杜乱萌。民间私会繁兴，涓涓不塞，将来必成不救之症。宜随时设法解散，不使有碍治理。

一、广设侦探。凡民间及省外并各国对待本省情形，皆应设法侦探。

（一）整理略述：

一、应设总务部，为一省政治总汇之区，凡承上启下，及考查各种政事，及各府县利病，皆归其办理，略如政府。暂可以派办处为之。

一、应设财赋部，凡本省岁出入，及银行、赋税、铸币、钞票等事，均归其主持。暂可以善后局为之。

一、应设警察部，凡稽查户口，及设巡捕、包探并侦察一切，均归其主持。暂可以保甲局为之。

一、应设邮部，凡铁路、电线、驿务及水陆路事，宜皆归其主持。今邮局、电局虽已有人管理，仍归局中稽察，宜另设一局为之。

一、应设工程局，凡营造一切，皆归主持。可即以旧有工程局为之。

一、应设军政局，凡通省水陆将弁，及武备学堂均隶焉。可以营务处为内务（原注：疑应作兼），设舆图局、制造局。

一、刑法一项，应暂仍旧贯，俟诸事就绪，再行斟定。

一、应设学务部，凡通省大小学堂，及派学生游学等事，均归其综理。

以上各条已握政治大纲，由省会以达州县，务使脉络贯通，无有阻碍。各官均有一定权限，不得陵犯。

（一）政纲既立，然后可节次布置，谨具大略于左：

一、求地方之平靖，必先清查户口，然后省会、大镇市以次布设警察，使乱民不敢生心。

一、求官用之充足，必先汰糜费，清中饱，先就向行赋税严加清厘，俟民间生计充裕，始仿西法，积渐增添。

一、求民生之殷阜，必先劝工艺，广商务，兴屯垦，再议招人开矿，使地宝尽出。

一、求财货之流通，必定钱币画一之制，次通行钞票，然后开设银行，使一省之财互相贯注。

一、求民之开通，及人才有从出之源，应令遍开小学堂、蒙学堂，并多设报馆。

一、求人才之多，除设立学堂外，应多设阅书报处，及藏书楼，并派出洋。

一、求固圉之道，应将全省防营以渐抽练洋操，其武营规矩，均依西国之法，使全省之兵，皆一气相贯，并制造新式枪械，以备不虞。

一、预备将来战事，应遍测本省舆地，至省外舆地，以利行军。

一、求道路之通，使商货转运灵捷，应积极开治道途，然后多设铁路支路，以便征发。

一、求全省彼此消息灵通，应多设电线，有警即知，得早为备。

一、应派人至旁近之地，与之联络（如西藏、青海、回部之类），为将来推广布置张本。

（《汪穰卿先生遗文》第三《书牍辑存》收录）

上瞿中堂书

前读邸抄，恭诵奏请解任一折，仰见我师慎重进退，不苟荣利之至意，莫名敬仰。窃谓古之大臣，当剥极之时，处枢机之地，其去与留，皆有至意存焉，非苟焉已也。假使留而足以遏宵小之谋，系天下之望，则虽谗谤丛兴，事事艰棘，亦必不去，固非徒为保全善类也，而尤非有势位之见，存其中也；假使去而足以动当宁之心，明吾道之重，则虽温诏慰留，同列固请，亦不肯留，固非徒欲自洁身名也，而尤非因畏难而然也。窃见今日宫廷蓄意盖有二端：一则谓外人已与我交好，可无他虑；一则谓事已至此，无可挽回，姑谋目前之乐。二者皆足为亡国之基。窃谓我夫子大人宜再陈奏，力请开缺，大旨谓今日之事，列强并起，而犹可敷衍；乱民蜂涌，而犹可遏抑；治理虽棼，而犹可整理；财政虽绌，而犹可筹划；惟是朝廷不实行卧薪尝胆之言，而以戏渝懈众志，大臣不深维扶危定倾之职，而以邪沮失人心，贿赂充廷，谀论塞耳，凡斯有一，足致倾危，况夫极备，谁可匡扶？如斯立论，意必有动容于深宫之内，股弁于入对之时者矣。如果克转天心，固如天之福，即因此得请，亦足表心迹于天下后世；否则，但用时事危迫，才不胜任等语，非视为辞职之套语，即谓时势之实然，漠然置之，不以为意，与前所言，固有若九鼎之于毫毛者矣。康年忝蒙爱赏，无可自效，谨就意量所及，贡其一得之愚，伏乞不弃葑菲，俯赐采择，不胜翘企。①

(光绪二十八年，《汪穰卿先生遗文》第三《书牍辑存》收录)

上政府说帖②

(一) 近日局势愈迫之状。

一、各国规占愈甚，如俄阳言归东三省，而规占益急；英、俄均染

① 汪诒年按："据《光绪东华录》载：二十八年八月壬辰谕，瞿鸿禨奏，沥陈下情，请开去重要差缺一折，现在政务殷繁，交涉均关紧要，全在诸大臣同心协力，宏济艰难，枢臣朝夕在公，其居心行事，朝廷自能洞鉴。该尚书办事认真，不辞劳怨，惟当夙夜宣勤，力图报称。从来任事之人，不可存引嫌之见。所请开去差缺之处，着无庸议云云。故先生复作此书上瞿相国，力以辞职为劝云。"
② 汪诒年按："此说帖当是作于光绪二十八年或二十九年。"编者注：原文有三级序号，均标作"一"字；为便于区分，编者将第一级序号改用"（一）"，第二级序号不变（即仍用"一"），第三级序号改用阿拉伯数字。

指西藏；俄又诱我蒙古；法始得云南矿、路权，继又与桂抚有约，将插手广西。近英、德于长江事颇致断断，英、意有管我粤东三江义口之谣。如是，则数年以后，竟不知是何景象矣。

一、各国竞迫易我疆臣。如法人不许锡为豫抚，而即调之热河；不许丁为西抚，而即调督云贵。在外人实无理已甚，而我所以应付之者，亦失之绵软。

一、各国均于所指势力圈各地，诱人学其语言。如日本于福建、浙江多设日文学堂，俄于东三省、直隶广诱人学俄语，已明露布置瓜分之意。

一、各国于对我政策，多易强横为柔软，而以承顺宫廷意旨为上策。如各国使臣，于内廷燕会极为联络，甚至有助修颐和园之说，一若受俄笼络也者。今又有助万寿经费之说。俄设道胜银行，专与我贵人结联，且及大珰，如白云观道士，亦不惜倾意结之。法则令樊国梁等在京城交结贵人，其用心深险，实令人悸畏。

一、商务愈见败坏。去年因北方大乱初平，上海商业颇见生色。今年则如天津之现银奇绌，营口之货物滞销，无论矣。上海号最繁盛，近亦黯淡无色。他如川土以加捐之多，倒塌多家，而各大镇倒去之行号亦不少。此皆因赔款过巨，大伤民力之故。今第一年已如此，再过数年何以为继？

一、赔款一事，各省分摊甚巨。如川省地大物博，尚不觉大累，余如边小之省，不能支给固矣。乃至财富如广东，亦复窘态毕露，自余各省，支绌可想，闻竟有无可筹措，惟借洋债为搪塞者。窃恐不数年后，我国百孔千疮，难再敷衍，势必如市面之亏倒。大局如此，何堪设想。

一、各省民益困穷，遂至逼为盗贼，而广东、广西、四川为尤甚。此等盗贼，不足成事，而剿净甚难，蔓延则易。且恐良民被扰，商农各业均因此阻搁，则穷民益多。穷民益多，则愈易流为盗贼，且租税不给，则赔款无着，势必别筹征收之法，愈益逼民为盗。窃恐不数年后，所在骚然，而外人即借口直行瓜分之事。

一、近来少年，多为平权、自由之说所乱，而东南诸省尤甚，实缘见国家并不筹安定政策，全国人民如坐漏舟，动即倾覆。又为东西洋之说所乱，致激成此派。此如热极生风，风又生热，此等谈论，致乱则易，定乱则难，若使再三五年，必至人人皆操此等议论，而大乱将从此起。

（一）今日尚有可乘之机（案：今日内外大臣，皆相率袖手者，其意盖谓时已衰弊至极，变法亦亡，不变法亦不过亡而已也。殊不知我国根柢深厚，远非他国所及。若果上下竭力振作，断无不能挽回之理。谨将各条列下）。

一、人心尚未离散。中国之病，在上下相蒙，而暴政苛法究尚不多。故今日人心虽未日见团结，亦并不散涣。且以恨外人之故，而思治之心益切，无有因赔款而生怨叛携贰之心者。近来虽有惑于革命之说者，大约不过全国人民十万分之一，断不足虑，人心可用，如此若不亟乘，实为可惜。

一、尚无阴主外国之党派。查党派之事，虽效验不一，然一有主外国之党派，则其国必亡。中国在下之政党未成，其在上者，虽意见宗旨不一，然若明为主某国某国之党派，则尚未有，此亦足为易治之机。惟若再迟数年，朝廷用人之权柄，益为外人所持，则大臣之贤者，必相率引去。其不肖者，必隐恃一大国以为奥援，彼时必实有主英主俄名目，则更不可为矣。

一、留学生均能不为外人所移。查我国出外之留学生，虽有和平、激烈之不同，然大率因感于世变，怵于危亡，故无论宗旨如何，无不冀吾国之振兴，免外人之侵侮，断无有媚外人以求富贵者。且彼此互相稽查，亦无一人敢背众人以行私计者，将来卒业，即可收为国家之用，此亦事之可喜者也。

一、近日入耶稣教之中国人，因欧洲各国，每因教案，多所要索中国，既因此则失地失权，而教中亦受恶名，故现在集议，拟办华人传教之法。如果能办到，则民教之事，从此易于措手，可以全力厘正法度，整饬吏治。

一、寓南洋之工商人等无虑千万，殷富者极多。近因受外人之压制，思中国之念愈切，若招使回国，办理经商、开垦等事，必易奏效。惟必须孚以真诚，行以实政，而又有良法经纬之，并无使奸人因以为利，庶克有成。

一、民财犹可支持。查中国自开海禁以来，兵祸、教案之赔款几及数万万，商务之短绌又数万万，庚子拳祸，官私丧耗亦数万万。无论何国，当之必久不支。我国现虽虚耗，然民力犹未尽竭。东南之民擅商利者，西北之民富盖藏者，犹不可胜数。只以国家保护无方，诚信不坚，商律不设，商利不振，故民财不出，民财不出则市面愈形倒坏。此事急宜为法以维持之，而民财之富厚，则固有足恃者。

一、民情之强悍。东南滨海之区，西北沿边之地，其人大率强悍性成，殊死不顾，且极知外权侵入之可恨，又知服从外人之可耻。故虽为外人奴役之人，其心均不为外人所用，甚至因教案等事被诛者，已肩背相望，而近处之民，犹不改其故态。民气之可用如此，若上之人有以率之，则鼓荡奋兴，有可预决者。

一、地宝犹未尽泄。中国矿产，甲于五洲，且二千年来未大开采。今虽为外人索去不少，然所留存犹不可数计。惟须国家善为维持，勿多设苛例，勿先令报效，则将来开有成效，民间之富即国家之富，此可预决也。

（一）近来措置失宜之事（案：我国失策之事，通商以来不知凡几，然当此举国渴望振兴之时，则朝廷一举一动，皆关全国视听，设有不慎，即多关碍。兹举数大端如下）。

一、宫廷用度靡费，使人心怀疑恨。近以赔款捐税骤增，朝廷力崇节俭，犹惧民怨沸腾；乃今则各种建造，既任令中饱，若夫颐和园之修复，及一切玩好之用，又特建至颐和园之铁路，已显背前此卧薪尝胆之谕旨，能不使人心离散乎？

一、著名贪劣之督抚、监司均听其固位。如闽浙总督许应骙，新任广西藩司汤聘珍，皆劣名久著，而宠用如故，何以惩不职？

一、用人失当。如王之春之凡猥，而使用兵广西；德寿之庸驽，而使督两广；恩寿之下劣，而使抚江苏。人位太不相称，何由责效绩乎？

一、调动之可异。如张香帅调署两江，以大局及资格言之，谓必得实任；乃忽调魏午帅督两江，而张仍还督湖广。或谓由袁制军之查奏，或谓由湘员之营干皆姑勿问，惟以如此大员，而忽彼忽此，有如弈棋。且张虽不尽善，在诸疆臣中尚为尽心国家者，今若此，岂非失重臣之心！

一、权利之失。如电局借大北公司电线，合议既成，但当于还线时，酌拟酬报，乃忽许特设由津至恰克图线，借与外人发电。如此大权，忽去之不顾，岂不可怪！又如路矿之事，凡有外人出名者，或声名借洋款，往往得批准；而华人则以不能验资，不能报效之故，辄不得允许，坐视大利流出外洋，岂不可叹！

一、大失商情。近来日言保商，日言开拓商务，而使商人短气之事，仍属不少。开平矿局之归外人无论矣，如电报局商办著有成效，乃忽欲归官（案：此事但可言夺盛权以归公举，而不可言径归官也），使商人皆疑国家并无保护商人之意。又如江苏大府，于承办苏经、苏纶二厂之祝某，平时则处处牵掣，应付之款不遵合同，及祝事败，乃按事苛求，不少假借，致祝遍函中外，呼冤不已，岂不令商人寒心！

案：如上所言，则国势之可危如此，而机会之可乘者又如彼，则如欲挽回国势，惟有内外大臣合用全力，大加改革，必可有济；如但偏举一二事，则不特于大局无裨，即此一二事亦归无用而已。兹约举纲要如下：

（一）今日极宜办理之事。

一、定政本。改革之事约数大端：一、军机以一人总诸务，担任全国之责任；二、各官皆有实事；三、收各省之权于京师；四、凡诸大政，皆由京师分条以布于各省，勿使各省各自为政。

一、定切实办法。凡变法之事，入手办法有二要：一、从大处布置，如上条所云是也；一、从切近处入手，则严定各署办事程限，严定办事时刻，令京师干谒燕会之事日以减少，凡事皆以劝实平直为之，力反从前雍容延缓之习，如此则官场习气一变，功效之见，有不期然而然者。

一、速定外交政策。凡地球上诸国，必有暗中联盟之国，庶平时既隐有所恃，有事亦可相助。如闻京中颇为俄人所煽，若隐倚为长城，不知俄人外交政策至为叵测，宜别求与俄争权之国，与之厚结深交，以定国势。如此时不定，则以后中国必成角逐之场矣。

一、速聚人才于京师。近日中国暗淡极矣，而京师为尤甚。欲提醒精神，振作气象，惟以旁求天下人才，聚之京师，其著名吏才，则超升之，储为异日监司、督抚之选，如此则可使外人顿改视听（今日人才别纸详之）。

一、别筹赔款之法。庚子之事起于北省，而赔款之祸则各省人民共之，能无怨望？闻热河有积存金银无算，而内廷所藏亦复不资。窃谓宜由国家银行发出国债票，即将积存之款，尽行发出购票，既可平亿兆之心，鼓全国之气。且民间亦可因此稍舒喘息，即尽力以营农工商诸业，而内廷亦可得利息，以资用度。一举而三善备，实无过于此。

要事杂陈①

（一）扶助华人自行传教。

上海华人之入耶稣教会者，因见近日辰州教案大失国权，并以一二教士之故，至使官长被戮，实怀惭愤，且有碍教会声名，爰集众会议华教士自行传教之法。此实弭平教案，免避外衅之一大机会。日本所谓无教案者，亦以由本国人自行传教，受一王之制驭，不使外人得干涉也。窃谓我政府宜乘斯机会，急起图之。宜敏速，宜慎密，宜宛转，庶得收捷效。闻去年李提摩太入京，所陈教务，颇平易可行，而外务部以恐天主教不同，嘿然无言，坐失事机，莫过于此。惟此事教会与政府太不联络，必须有人交通其间，方可有成。兹拟办法如左：

一、政府速行密议，如果允行，即请谕知；

二、俟得谕后，即当与该会人商量将来办法，并令与西教士商妥，得有切实凭据，即令其公举数人，至北京外务部呈请；

三、外务部得呈后，即召天主教神父，告以耶稣教已定华人自行传教之法，将来彼教必将盛行，如天主教能与同办，庶不落后；

四、如天主教亦肯就范围，则以后西教均系华人自传，固甚美；即不能，则但行之耶稣教，亦大有益，且可使天主教人以渐改移；

五、既定华人传教之例，即行颁谕中外；

六、国家对待耶稣教之法，仍须与前无异：一督抚及地方官仍须切实保护；二不得妄相诬诋；三不得因改例而有欺凌强压，即报复之事。

再，此事关系极重，而天主教一面尤须着意，如必欲办，似宜求精通法国语之人办理方妥。

（一）处置赫德。

赫德一平常英国人，而我国税权、邮权均在其掌握，甚为可惊。此事关系百倍电报，而政府未措意及此，不可解也。闻赫德初得税司时，意犹未甚奢，曾移请总署招华人习关税事，而总署谓，使华人办必无效，竟却之。赫觇诸大臣之昏瞀，遂肆行盘踞之策。凡税司所用华人，其薪水较洋人优绌殊绝，而加增薪俸时，往往华人独不得加，于是税务、邮政悉入其掌握，此大可恨也。窃谓朝廷如果欲收回此权，宜因彼请退时，因而许之，且不妨予以虚荣。其现为副税务司之裴式楷，赫必请为己代，朝廷亦权许之。而另设一名目，或总办、或监察之类，使戴

---

① 汪诒年按：此篇原稿列于《上政府说帖》之后，当是同时所撰呈。

乐尔、贺璧理居之，令权与裴相等，朝廷阴倚重之，使拟税司各官迁转，及使华人以渐升税司之制。稍久则假一虚名，调裴他去，而使贺、戴为总税司。贺、戴特见擢用，必心感国家，其效力必甚周。因贺、戴二人此次襄办商约颇尽忠，策多与赫异议，惜盛不尽用之。又开议之始，二人密陈于盛，谓商务中事，华人受亏已久，宜乘议约之时，设法挽回。盛令开呈，而终置不议，甚可恨也。

（一）整饬税务。

进口之税由约章议定，不能增减，已为失权之极。乃洋货价值屡增，而我税关所据，仍十余年前之旧价；镑价屡加，而我税关每镑仍作四两，国家受损奚止千亿。今秋始将前数年所定酌中估值之法颁行，其估价已嫌太廉，而赫以法人之阻，遽移文各关，令销路少之物，仍照新颁之例；至销路多之物，则依旧例。此事欺我国太甚。宜选大员，择著名商家，将所估价重行查过，如有不实，再责令更改，不能因外人不满意而迁就。又税司专意苛虐华人，华人不上税则之件，亦任意携去，此事实宜禁断。

（一）处置盛氏。

盛氏乘我国未立商部、未定商律、举朝大臣不识商法之时，乘时巧窃，规占诸权以为己有，所揽利权，可谓极亘古全球所未有。自铁厂、电报、轮船、铁路、丝厂、纱厂、铁矿、煤矿，皆足笼全国之大利。且陆行则铁路，水运则轮船，通信则有电报及德律风，教育则有天津大学堂，及南洋公学，则不特财政，即他种权亦均在其掌握。所惜彼惟有巧猾之才，足以创事，而不足以成事。所用之人，大半宵小，因缘为奸。其家中上下皆崇尚淫侈，故稍有知识者皆识其必败。惟挟权既多，若一时倒败，必致贻累大局，且恐将所办之事，暗中抵押与外人。宜将所办之事，以次清厘，定一商办官查之法（此须查各国商例），令彼不得擅行调拨。又轮、电两局积弊丛生，如寻常电报分局，动辄每年数千或至万金，而轮船买办大率输巨金于盛氏乃得之。

（一）处置电报之法。

所恶于盛氏之办电报局者，恨其以大众之利益，供一己之挥霍，暗中调拨，股东不能过问，是有商办之名，无商办之实。所谓挟商以朦官，挟官以凌商，而非恨其为商办也，若恨其为商办，则从前何故许之。办理数十年，而忽夺以归官，此非谓争权，直是夺利耳，如此则盛氏转有辞以对政府，且可以此激动众心。且从实估值，国必无此财力，如低估，则商情尤不服；又归官之后，必不能尽善，一更易漏泄，二官常易人，必致时有更变。窃谓与其改官办而国家仍不得利（必不得利，中饱而已），不如正名为商办，但不得归盛氏一人主持，或管辖之权归国家，而利权归商人（凡收电费、管账修理均归商人，惟每局委员归国家），亦尚稳妥。窃谓此事宜广查各国办法，参酌用之，方能有利无弊。近日查办电报之谕，关系大局，实非浅鲜，故数日之间，股价忽已骤落。窃谓果欲归官，亦宜明下一谕，照前下谕旨日股票时值发售，则商人亦尚可平心，否则窃恐西人乘便购取贱值之票，逮归官时，径声明已归西人，则商人失利，国家失权，良为可虑。招商尤非电报可比，决不可归官，如改正商办之法，则善矣。

（一）应防备之人。

近日电局既奉谕旨不日归官，招商一局亦岌岌可危。然窃谓朝廷于此极宜慎重，果能举盛氏把持诸事，一一得人而理，岂不甚善。所可虑者，或非出朝廷本心，别有觊觎之人，媒孽以得之，或数人合谋以成之，则此诸种利益不归之盛氏，仍归之他人。且盛氏不过志利而已，他人则恐意别有在，将假此利源，以供叵测之用，实宜预防。

（一）慎重诸权。

近人皆谓我国政多牵掣，不知各国之政，亦无不牵掣者，故用兵者不能理饷。窃谓兵事当总于兵部，专主调拨，而兵部大臣不亲自带兵，其余诸将则分带各军，不能尽统于一人。电局宜归邮部；轮船即归官，亦宜归商部；铁路应另有人主之，而统于邮部。近日袁制军骎骎有总握兵权之势，且海军亦似归其统率，权实已重，如再将轮、电之局归彼节制，则可虑甚矣。

（一）铸金币。

商务握全国人生命之源，较之军事尤为紧要。钱币又握商务中生命之源，万一不慎，则举国生业失败，商局□①乱，最宜慎重。窃谓我国本来并无币制，银币既未铸，铜币亦不一律。今忽欲越级铸金币，必不能行。康年以此事极要，即遍询通达商务之人，咸谓今日中国，铸金币必不能行。商约随员温君宗尧曰：我国竭力铸成金币，不足供一二月赔款，万一用尽，势不能复用银币，此立穷之道，不如改定银铜二币之制，而设法使印度仍用银币。英人工部局总办濮兰德亦曰：中国现时必

---

① 原书如此。

不能用金币，如用金币，国必乱，不如定银币之制，而与西国定银钱换金镑之定价，并许照时价略高（如时价每镑值今龙圆十二枚者，竟定作十三四枚），以后不得增减，如此则商业中风浪平静，彼此有益。前铁厂监督徐君庆沅曰：中国宜乘用银之时，整顿商务，如果金矿大旺，则以生金售与外人，与铸金币无异也。兹总采诸说列之如下：

一、用银之利

（1）中国本多银，民间亦皆藏银，最合民情；

（2）用银则出口货至各国，以价贱而易售（如值银四两之物，从前运至外洋必一镑始售者，今则不过半镑，余可类推）。近日商务之尚能支持者，权恃乎此，可乘此整顿出口货物，且可因此以倾各国商务；

（3）用银则进口货物以价贵而难售（如外国值一镑之物，从前售以四两者，今必须售八两之类），以今日好用洋货，而尚未全用者，尚赖有此，可乘此仿造外洋之货，以销行中国。

一、用金币之害

（1）中国素少藏金，又金矿利未大开；

（2）金既无多，必购之外洋，金价必大贵；

（3）勉强铸成若干金币，不足供数月之用，以后欲续铸则不能，欲仍用银币则不可，必致立穷；

（4）民间藏银之家皆成无用，所有中外之富家，皆立成穷人；

（5）日用之物陡然大贵，小民艰于衣食；

（6）万一西人不肯行用，则不得用银之利，而专受其害；

（7）如西人因更换金币受亏而索偿于我，如近日某银行于暹罗者，则我国受亏不细（按：以上二者尚可驳辨）。

或曰欧洲各国商务所为受商务之亏者，以银币太轻之过也。如英金一镑易二十先令，不过墨银五六元之重；如日本则改正之，其金钱重如一镑，而易银钱十圆之多，故可与各国颉颃，而商务亦不受亏。我国如铸金钱，宜师其法，或加至十二圆一镑，且当定为金银两本位之制（凡各国虽有银币，然不许多用银，如英国交易，凡二十先令以上，即须用金镑，此谓金本位。如既许用金币，而银币复不与限制者，谓之金银两本位），如此则我国金币既少，可国内仍用银币，与外人交易始用金币，庶不致大受其害。按此法虽名金银两本位，实仍与银本位无异。虽不致大害，而前列第二三两条之害，则仍无异，则何必贪铸金钱之名也。如必欲铸金币，尚以此法为善，犹必须多聚藏金，或俟矿金大旺，始可为之。

(一)速招华商行驶内河轮船。

中日条约许外人内河行轮,此为失权最甚之事。今商约于此条又经切实声明。如果内河全行外国之船,于大局所关不小。盖船既系外人之船,则处处皆外人占先着,外人占便宜,收税之官必须洋人,报关行必须洋人所开,关系甚巨。宜速饬令外省督抚,设法令各处商人妥速办理小轮,务须赶在外人之先,而长江上游尤要,洞庭湖、鄱阳湖及广东西江,亦应设法扩充,庶可稍减外权之侵入。

(一)招华商办理国内商务。

各省矿务,各处垦荒,各城镇修筑马路,办自来水、电灯、汽灯、德律风,铁路添设支路,皆亟待海外殷实商人为之,海外商人亦无不愿之理。而相率裹足不前者,一诸事生疏,二人地不习,三国家之保护不力,四官吏之侵抑堪虞,孰肯以金钱付之虚掷哉!且近来于此等大商业,往往有走声势之徒,代向当事者说合,并许当事者之私人以重贿,其费皆出之商人,而若辈之酬谢犹不在内。商人固已重费矣。及至与官订约以后,则地方官吏又种种留难,甚至弃前约不顾。至当事者易人,则废去前约,竟十事而九,是以受累者切齿,闻风者裹足。况近来关涉商务之举动,无不使商人引为鉴戒,如开平煤局由张燕谋私,交与外人;如苏经、苏纶两厂硬将赔累三十余万之祝某看管;如电报局忽归商办[①],于商务均极有关。今若果欲招华商承办各事,则须俟商部立定商律,订定国家实能切实保护,一面密遣熟悉海外华商之人前往察看,择其殷实有国家思想者,劝令回国,办理一切。如犹虑上下壅隔,则莫如设一保商局,由商人公举有名望人为之,专以通上下之情为事。如有官吏婪取非分之财者,准由保商局径禀知商部,咨请该省大府严行究办。果能如此,则侨居海外之商未有不踊跃内渡者。

(一)招求海外人才。

政府以国内人才消乏,且专门之学因向来风气未开,遂无学成之人,因思华人流寓南洋及各埠者,无虑百万,其中人才必多,将招使归国,共效驰驱,此自今日要务。惟海外人才散处各埠,或有才而未必著名,若明降谕旨,恐被举者,皆平常有场面之人,其有才者转致沉没。窃谓宜假他事,派一深细公正之人前往察看,俟考校得实,方饬令领事

---

① 《汪穰卿先生遗文》校者按:似应作官办。

保举，如此庶得实用。

（一）宜慎用外人。

近来风气，凡大员遇繁难之事，辄喜延外人为之。又凡见一外人，辄妄谓其才必无所不能，竟有寻常一工役，一无学问教士，而顿请为教习，或局厂总办者，糜款废事，且贻笑外人。宜饬令大员慎于选择，严订合同，分别权限，其薪水及激劝之法，宜略仿外国体制。其华人中有才与相埒者，待之宜与外人相等，不可使稍逊。如此庶外人受雇者不得骄倨把持，而华人亦有所激劝矣。

（一）宜防外人侵占内地商务。

海口及出外商务，既久为外人把持，渐且侵入内地，近已公然为之，而日人尤为可虑。从前往往有奸人，假托借洋款合办矿务，其实资本全出洋人，利权亦全归洋人。惟此出名及诸经手华人，略得酬谢而已（凡借款办理，而合同有曰：凡购机办事，皆由洋人主持，如有亏蚀，与华人无涉者，皆此类也）。今则渐有行之自来水、电灯、自来火、各种大商业之势，此等一种事业，即夺千万华人之衣食，其事至可寒心，惟在当事者力为拒驳而已。

（一）慎重商约。

英约一定，中国受亏不小。其实商约与和约不同，断无坐听外人割剥之理，而当事不甚肯驳辩，或驳辩不得法。幸马凯向在印度本是商人，于外交手段不甚在行，于中国情形不甚透达，尝有订成一事，在马凯以为大获权利者，而寓申英商咸痛诋之，以为从前外人所得权利，尚不止此，故马凯在申颇不得意。今日本则大异是，所派专使日置益君，于中国情形虽不甚熟，而小田切则在沪多年，于中国商业情形及官场习气，无不洞若观火。且以从前办事屡失体面，今将乘此建立勋绩，以塞众口。其要索各款皆最深切，我商约大臣盛则多私，吕欠谙达，随员中杨文骏好挑驳小节以示能，而于大端则漠然，惟处处献小殷勤，取悦商约大臣而已，余更碌碌，静候优保。温某最明达，而以官微，所言不甚采纳。今既归伍钦使办理，伍素负重名，既谙交涉律法，于商情亦熟，自当远胜盛、吕。惟伍于内地情形，又不甚熟，是在有以捄正之者。

（一）用人宜慎。

时事多艰，朝廷用人，必时有不次超擢之举，然虚声纯盗，及貌似有才者，必首蒙异数，而洋务人才为尤甚。以贵人不在行，不若平常吏治之易被考察也。又无可凭验，不若工艺之可以实验也。然此辈人特为奸猾，营私冒功，不识大体，而大局利害更复懵如。如出使之梁诚、吴德章，在北京之沈敦和，浙江之许贞干，贵州之刘贻汾皆是。然以今日外交乏人，此等人方在举用之列，将来贻误国家必是此辈，实宜慎之。

（《汪穰卿先生遗文》第三《书牍辑存》收录）

致张劭熙、朱桂辛二君书（二）

　　昨见津报，忽言朝廷拟改服色，将于明年元旦下谕旨。此事极有关系，因亟为此函，请转达师座（原注：谓瞿相国），改服色一事，近人虽时言及，然弟极不视为要图。且朝廷果能实力变法，则改服色，或足助变法之力量；若不变法，而徒改服色，则变法一事，何补存亡之毫末？足取笑而已。从前日人改服色，亦颇为西人所笑，且若在从前风气未开，阻挠者多，如朝廷毅然改革，则改服色足以示力量，易视听。今当丧祸之余，民情趋外，即此一节，徒足表示朝廷媚悦外人之象。况此事关系民间生业者极大，倘顿解长服而为短衣，易绸缎而为呢羽，则凡蚕桑缫织诸人，立有挤沟壑之虑，而进口货则所增奚止千万。今国内虚耗，方须为小民筹添生计，何可更为此抑绝之法，致民生愈困，筹款愈难。尤有虑者，日本之人与我相类，其来华者大率无赖，今衣服殊异，尚复时肆贪□①，滋事诓骗，时有所闻，若一旦服色亦改而相通，则日人可随时混入内地，与华人相混，为种种不法之事；而华人之能日语者，又可自诡为日人，敲诈平民，以日诡华，以华诡日，何以待？又一人之身忽日忽华，又何以待之？徒滋事故，多速狱讼，甚无谓也。若朝廷之意已定，不能挽回，宜令惟在官场之人公服一例改革，其官人常服及平民不知此列，妇女亦不须改。其官场公服虽式样改变，仍须以绸缎为之，如此则保全尚多。惟冀师座力言之，不胜冀盼。总之，此事实

---

　　① 原书如此。

系小节，无关大局，与请西人宴会，及开茶会，徒足为媚外之凭据而已。两兄闻弟此言，不知亦目为迂阔否？①

（《汪穰卿先生遗文》第三《书牍辑存》收录）

致唐杰臣先生书②

　　近来通人策中国者，均以兴学培才为第一义。迩闻泰西教士李提摩太力持此论，请阁下暨徐雨翁筹募款项，设立学堂，苟观厥成，诚盛举也。然此事关系极为重大，设立学堂，培植人才，乃吾中国人之责。今中国人不为，而转使西人为之，是教育之权全入西人手矣。且学堂既为西人所立，则为学生者必服膺其所尊，将来宗尚何教，恐不可问，其弊一；教士设立学堂，必有偏重之处。试观上海诸西人所设学堂，中学既全无门径，西学亦仅得皮毛，其弊二；即谓款项充裕，教科之书或可精美，然于华人质性合宜与否，彼不辨也，必至程课迂阔，事倍功半，其弊三。至于华人而受西人之栽培，必至供西人之驱策，假西人之权势，流弊尤不可胜言。是则西人在吾华创办学堂，虽西人之美意，而非吾华培才之上策也。吾华培才上策，惟有将此事仍归华人自任。或谓集款不易，则试以上海一隅计之，殷实绅商奚止万家？若按月捐一元，以万家计，则已得万元。以如此巨款，何事不可举办？所患者，无结实办事之人，无竭力提倡之人，故人不能信从耳。今阁下既负先达之望，而贵同乡人又素来急公好义，为世所称，倘得阁下提倡而劝喻之，当有眷怀时局，力任斯事者。若谓华人认真办事、熟悉学堂之人少，则不如遴

---

　　① 原编者谓此信"未详年月"。天津《大公报》于1903年1月发起关于剪发易服的公开讨论，据此信内容推测，当写于1903年，即光绪二十九年。
　　② 唐荣俊，字杰臣，广东籍商人，上海商会总董。

选诚实之士人，至日本考察其初等教育之法，归而立小学堂；期以三年毕业，再往察其中等教育，而立中学堂；亦期以三年毕业，更往察其高等教育，而立高等学堂，亦期以三年毕业。其开设之多少，以经费之赢绌为断。如此办法，则经费以徐而易筹，且行之数年，若果有成效可观，则筹款亦较有把握，所操者约，所推者广，所培者厚，计似无便于此。质诸高明，以为何如？倘以为不谬，谨以提倡之任，望诸阁下。总之学堂之事，中国不能自振作，而由西人主持，实吾华至耻之事。想阁下素以兴起后学为怀，且极知与外人交涉之道，当不以弟言为迂阔也。①

（《汪穰卿先生遗文》第三《书牍辑存》收录）

上吕镜宇尚书书②

革命党一事，朝廷处之无策，化之无术，制之无权，横溃决裂。现在办法，不啻国家与民间争讼外人之公堂，言之可为痛心矣。所谓革命党者，不过一二竖子主持其事耳，其嚣张悖慢，正其无职见处，即或有张扬煽惑之事，亦殊不足大惊骇。办理之始，苟得握要之方，而不多诛求，则波澜自不难立定。今都中捕杀沈荩外，忽又有捕杨度之事，又闻有言官劾杨道霖、俞陛云、端绪等四人之事，于是遂有遍捕留学生之谣。又有将来株连新党之谣。夫经济特科者，朝廷所以待非常之士，而尚不免于捕劾，则海内稍讲新学之士，谁不寒心？闻现在都下人心皇皇，江浙子弟留学日本以暑假归者，咸惧株连之，及至欲避往他所。前

---

① 原编者谓此信"未详年月"。查收信人唐荣俊（字杰臣）去世于 1904 年，此信当写于 1901—1904 年间。

② 吕海寰（1843—1927），字镜宇，山东掖城人，外务部尚书。

月此间事初发时，固明言惟拘数人耳，而已有某君闻风而遁去者。又苏州某君以其子为留学生，有新党之目，乃送之官，请永远监禁之，以免倾家之祸者。夫人情骚动如此，而在上者不速有以底定之，可乎？且指全国新党为革命党，固乱党所深愿也。求外人为己护符，固新党所自为得计者也。故前者《苏报》捏造谕旨，即有遍拿留学生之语，盖以是诱致留学生，使从己也。今朝廷既有遍疑新党之形态，此乱党所最得意之事也。在海外，在租界，则虽悖慢不敢捕治，在内地则纵意杀之，则人皆以居租界为得计，而新党愈聚矣。驯至其极，必致全国之新党皆聚处于租界，而乱党益恃外人以诋诟朝廷。我国上下争，则必有收渔人之利者矣。窃谓国家实无多杀新党之意，而惜乎朝廷之上，无主持不杀新党之人，于是不解事之人争以多劾新党，为取悦朝廷之计，则株连穷究，将无已时。故夫为革命党之言者，妄人也；随意指劾新党者，亦妄人也。二妄相值以构祸，则亡国不难矣。敬乞我公勿轻视此事，宜速电致朝中重要大臣，或竟奏诸朝廷，大略谓新党意见各歧，且势极散漫，惟其人甚多，不可遍治者，若急之，恐聚而求庇外人，抵抗国家，其于大局关系非浅。请速下名诏，不许株连，则彼党既失煽惑之资，必相解散云云。如此则不特缓目前之祸，且与从前送留学生至日本，旨亦不相悖。康年以素蒙不弃，故辄贡其愚，惟公密察焉。

（光绪三十年，《汪穰卿先生遗文》第三《书牍辑存》收录）

论吾国为无政府之国

令能行全国之谓政府，权能摄全国之谓政府，力能举全国之谓政府。而为之政府者，识足以烛之，虑足以周之，才足以济之，如是，方可谓之有政府之国。盖政府者，将以左右全国，如屋有梁，如船有舵，如人有脑，国家赖以生活行动者也。今吾国政府之状态，殆为各国之所无，兹略举之如下：

一曰无责任。凡人治一事，即有一种责任，无论何种职业皆然。何至政府而反无责任？盖历来人主忌政府之权太重，辄舍宰相而别与其所忠者谋之，而此辈亦遂以媒蘖宰相，为邀结人主之具。至国朝，遂弃前之所谓大学士者，而专与此辈谋之，即军机大臣是也。信任极轻，不过借人主之顾问而已。故为军机大臣者，亦自以承上启下为职。夫承上者，明乎命令之发于上，而于己无与也；启下者，明乎承行之在于下，而于己亦无与也。故事而得，不过受赞成之赏；事而失，不必受贻误之咎，此其于己，至为顺利。虽然，以如是危迫之国势，而仰恃于一无责任之政府，而四万万人，将于是托命，亦可怪矣。

二曰无组织。欧洲各国，凡内阁各部大臣，皆由总理自行举定，且大率为总理平日最相接洽之人，故动无阻碍。吾国则以无对抗政府之议院，势不得不多为防闲之术，而各部尚、侍悉由特简，才品既殊，志意亦异，遂至左东而右忽西，后推而前不挽。种种怪象，随时涌现矣。

三曰无联络。无组织之不便于行政，固矣，然苟使为政府者，能注意联络内外诸大臣，彼此时通函问，则一切政治之行止，意见之异同，无不了然于心目间。若遇有势在必行之事，而恐或有阻挠，尚可用种种方法以祛阻碍。今则力避嫌疑之故，除以私事交际外，其无私事可交通者，一概付之漠然。甚之电告函询，亦复置之不问。至如僻远之地，直几忘其人之何在，无怪全国脉络之不相通矣。

四曰无报告。报告者，有正当之报告，有私人之报告。吾国各省报告中央者，大约十事九虚，即私人之报告，亦寂无所闻。今之政府，第一之病在无友人，以不推诚待人故，故无与关切者；以己不担责任故，故无与忠言者。人非有求于政府，必无通函于政府之事。至如以各种利病，无端而陈诸政府，实断断无有。脱其有之，必其有利于其间者也。故即有言，政府亦不信，而遂长自安于聋聩矣。

五曰无调查。政府欲周知四方之事，与一切内容，或考诸积牍，或采诸人言，或公然遣使于四方，或密地派人于各省。无论旧政新猷，与各处用人行政之得失，以及年岁之丰歉，民情之向背，无不了然于胸中，遇事斯有把握。然今之政府，既以承上启下自处，则无用此繁密之举动，每举庶政，动多违失，无足怪矣。

六曰无宗旨。凡治国者，必须知今日为何等世界，吾国居何等地位，向来政治之弱点何在，社会之利病何在，然后定所赴之目的，及行政之方针，如夏、殷、周之尚忠、尚质、尚文，即其前例。近来各国，有偏于尚武者，有专于重商者，无不本其国势及所对待之如何，以为转移。盖必有宗旨，而后各事有可措手。吾政府则于此懵然，不知何从定所趋向。譬诸行道者，无欲赴之程，何怪歧误之多欤！

七曰无政策。有宗旨，然后可言政策。宗旨者，主意也；政策者，方法也。本无主意，又何从言方法？故外人欲由吾政策以窥我宗旨，乃戛乎其难。何怪外交则时彼时此，联合防备之俱穷；内政则时新时旧，兴利防弊之尽误，遂无处不遇阻碍之境乎。

八曰无手段。各国政府之对待各党及各种团体，固恃有真实本领，而尤在有种种手段以对付之。盖各人心志不同，利害不同，断无行一事而人皆赞成者，故必须有术以团结之，调停之。而我政府乃于此最拙，故一令之发，而阻挠百出；一政之行，而讥议丛集。行之各部，而各部搁置；行之各省，而各省抗议。甚至行之学堂，行之商会，而亦不能行如流水。固在谋之不臧，亦由施之无术，亦可怜矣。

（载《京报》光绪三十三年二月十八日，《汪穰卿遗著》收录）

读谕旨定十五年立宪喜而书此

自去年颁立宪上谕后，天下之人，既喜朝廷不吝政权，一旦翻然公诸国民，而所微不解者，则纲领之未张，组织之无本；又数月以来，行政杂糅，用人纷更，亿兆之心，郁而未喻。乃昨读谕旨，宣布外官制度，明定各省推行次序，复申明十五年立宪之期限。寻绎旨意，不胜忭跃。

顾以冀望之迫，转不免忧虑之丛，则以兹事体大，非举之难，而所以举之之难也。夫今日断断立宪者，岂曰立宪名美，非此则无以观耀各国乎？盖各国受弊之情形不一，则改变之宗旨不一，一切精神运用亦均不一，固必不能随意取一国之陈迹，而直捷剿袭之也。夫今之所以欲变法者，何也？一曰吾国政法，沿数千年之旧迹，流失多而精意少，不能不大改革，以振全国之精神也；二曰吾国向来之政法，不适宜于列强并峙，非变法则不能联外情也；三曰向来之政法，不合于今日人民之愿望，不变法则不能定民志也。夫如是，则变法之初，必宜取吾国历代政法之本原，及其改变迁流之迹，与其礼教风俗之所偏，以察其症结之所在，而因以得其施治之故。又必考求各国经历之情形，及其同异出入之故，以与我国相比较，从其所宜，而舍其所不宜。又必详考今日人民之愿望，与近十年来各省举行新政之情弊得失，以审其成败之故，而思所以处之之方。一言以蔽之，曰：当由精神以成面目，勿因面目以求精神而已。故吾之难变法也，与人异，人所谓难，吾或以为易；人未以为难者，而吾或难之。政府昏贪，官不任职，吏食于弊，法制不立，人之所谓难也。虽然，是得三数贤者，可以旦夕而变之。若夫经千百年来政教推移之故，潜伏于人心，散布于社会，成之非一人，积之非一日，无可指名，无可纠摘，根蒂深固，蟠伏纠结而不能遽解，不尽去之，则必不能立宪，即强立宪，亦不能有所短长。然而欲尽去之，则必非有大智慧、大神勇之人不为功。是则吾之所谓大难也。

（载《京报》光绪三十三年五月二十八日，《汪穰卿遗著》收录）

读五月二十八日上谕演绎词义敬告国民

立宪明诏，颁在去岁，至今年五月，而叠申谕旨，明定预备之期限，渐臻施行之成效，此薄海臣民所欢欣抃舞而不能自已者也。然旨意高深，或为庸愚所未解，不揣固陋，谨演绎出之，以尽国民一分子之义务。

上谕曰："立宪之道，全在上下同心，内外一气，去私秉公，共图治理。"

　　谨案：立宪政体，与专制政体大异。专制国君，视其土地如私产，视其人民如家奴，故一国之利害，惟君主一人担任之；立宪之国，则举国之人，对于国家而悉负责任；既负责任，则凡于国家之事，当视同切身之利害，而争先以图维之。此即所谓爱国心也。中国素以专制为政，人民绝无国家思想，现当改行立宪之际，若仍听其盲然无所知，漠然不相关，则必不能施行，且亦无从预备。故首先提出"上下同心"一语，以激起人民之爱国心，以为实行立宪之基础。曰"内外一气"者，此专就居官者一面言之。中国内外官之相对，界限极深，因界限而生意见，因意见而生争执，争执甚，则竟以私见为重，而不复顾及于公事，或则假公事为名，而图快其一时之私见。此等积弊，早在圣明洞鉴之中。夫所谓"内外一气"者，以词意而论，固已包于"上下同心"一语范围之内，而必就其中提出之者，以其积弊之深且久，实于改行立宪，大有阻碍也。诚以内外不能一气，则居官者尚无爱国思想，乃遽以责诸蚩蚩之愚氓，是犹任壮夫之坐卧，而责孩提之疾行焉。且内外不一气，则上先不能同心，乌能望下之同心？即使下而同心，而上不同心，亦不得称之为"上下同心"焉。则当道诸公闻之，宜如何洗心革面，痛改从前之行为，以仰答圣意乎？曰"去私秉公"者，此"私"字，非与"公"自作对待之词，如言公事、私事之类，乃与"公"字作反背之词，如言公不公之类。盖以对待言，则兼就公字、私字两方面之说，人固不能无私事，其为私事，固不能责其去私也。以反背言，则专就公字一方面立说，人为公事，而以私心出之，或以私意夹杂其中，则可藉国家行政之机关，以自逞其私图，不公孰甚！不公，即私也。故必人人先自去其私，而后能于所议国家之政策，所行国家之政权，一秉大公。秉公，则在议之行之者，既以绝无私意，而能伸其正大之宗旨，在彼对于议行者，亦共谅其无他，而乐于赞成。即使各有所见，亦可共相讨论之，以收其两益。或固无不是，而稍有不合，稍有未尽者，亦可共相研究之，以归于完美。合举国上下内外之人，一以去私秉公为主义，共图国家之治理，而尚不能实行立宪，征诸东西各国往事，吾未之前闻焉。夫人与人共图一事，若只知有己，不知有人，尚必致互相冲突。矧在国家之政策政权，而为全体国民所担任者，若顾一己之私，则全体之人，岂复肯与共图之乎？何也，公则能共，私则必不能共，其理显然者也。故既曰"去私秉公"，即继之曰"共图治理"焉。

　　上谕曰："自今以后，应如何切实预备，乃不徒托空言，宜如何逐渐施行，乃能确有成效。"

谨案：凡举行一事，自审能力已充，而决然为之，即可见诸事实者，则曰实行。自审能力未充，而勉焉图之，以求达其目的者，则曰预备。然无论为如何事，有如何能力，必先预备而后能实行。故预备为实行之起点，实行为预备之收效。国家改行政体，其事何等重大，而吾中国人知有立宪二字，尚不过十数年，其始不过举以为谈助，实不知其于国家、于君民、于上下，均大有利益，遑问其行。天下事必知之明，而后行之决。容有知而不能行者，未有不知而能行者也。现虽知其有益矣，然知之尚属少数，不知者尚属多数，遽欲实行，行之不效，反生阻力，故必先预备。而预备非徒托空言也，故必曰切实。譬如各省之人，欲至京师，必先计程途，备糇粮，而立即启行。今日行百里，明日行百里，虽极千里万里之遥，则有必至之一日。此所谓"切实预备"。若程途不计，糇粮不备，日日言欲至京师，而未出家门一里，甚且考其行迹，实反出于离京逾远之程途，是欲往北而南行，欲往西而东行，必无至之日矣。此所谓"徒托空言"。然空言之弊，在上者与在下者各异。有好为理想家过高之论，即以施诸立宪各国，而尚不能实行者；有剽窃西学一二，不观其会通，发为偏激之论，而实多扞格者。此在下者之空言也。在上者之空言，有不知立宪利益，狃于旧日政治，而生反对之论者；有明知立宪利益，狃于一己私图，而生歧异之论者。于是或云地方风俗不相宜，或云人民程度不及格，一言以蔽之，曰：惮于改行而已。自去岁奉立宪明诏以来，上下纷呶，竟如作室道谋，从未有一实心任事，以奉行谕旨者，故特明示之曰："应如何切实预备"，又申言之曰："乃不徒托空言"。垂戒至为深切著明矣。然预备之与施行，非截然判为两事也。故在预备期内，即须取法而施行之，第竟曰施行，即实行矣。以此等重大之事，而贸贸然行之，无论非审慎之道也。且威尔逊有言曰：国家政治，必由渐此发达，以求新旧制度，两相合宜。又曰：个人不得专借他人之经验以生存，国家不能全借他国之经验以立国。若尽弃故我，而学步他人，必一蹶不振。故统观各国宪法，虽大旨相同，而其宏纲巨目，每有出入，盖以各国之政治风俗，自有其习惯，万不能剿袭一国之成法，而强施于己国。必博观列邦宪法而约取之，复参合己国政俗而调和之。日本之改行立宪也，于明治元年，已广兴议院，略分议政、行政、司法机关。七年，而有颁议院、宪法之诏。十四年，而有立宪政体循序进步之诏。至二十二年，而有公布宪法之诏，始造到实行地位。日本蕞尔岛国，其疆域不过吾二三省之地，其人民不过十分之一，然自预备而至实行，其为期也如此之久，其施行也如此之渐，良以由专制而改立宪，其种种政俗之习惯，皆足以碍其进步。既不能违其习惯，而强行宪法，又不肯惮于改行，而遂尔中止，卒能以渐进手段，达其目的。吾中国地大物博，各处人民风俗，每有不同，国家所施政治，亦因之或异。今欲改行立宪，必调查其历来之习惯，参酌新旧，而渐次施行之。其与宪法相背者，则渐次改革之。总之使举国之政治风俗，悉入于宪法范围之内，而不轶出其外为大宗旨。此非一蹴可几也，故定以十五年之期，而逐渐施行之。然所谓逐渐者，非藉以为推诿延缓之词也，必以实心实力，推行办法。且以渐推渐广，实收成效。曰"宜如何"，曰"乃能"，曰"确有"，皆郑重而出之词焉，而总冠之曰"自今以后"者，深恨从前之不能确实奉行也。吾举国人闻之，当若何猛省乎？

上谕曰："亟宜博访周谘，集思广益。凡有实知所以预备之方序者，准各条举以闻。除原许专折奏事各员外，其余在京呈由都察院衙门，在外呈由地方各大吏，详加甄核，取其切实正大者，选录入奏。但不得摭拾陈言，亦无取繁文词费，只要切合时势，实在可行者，逐一具陈，以便省览，而资采择。"

谨案：此数语，具见圣怀冲挹。夫细流不择，土壤不让，海岱之所以成高深；葑菲可采，刍荛可询，朝野之所以尽献纳。此次改行立宪，扫二千年之陋习，造亿万姓之幸福，规模宏远，节目繁多，虽以圣人之圣，而犹不自圣；虽以愚人之愚，而或有一得。且立宪政体，举国之人，对于国家，而悉负责任。即对于议行立宪，而悉可陈说。故特以周谘博访者，收集思广益之效。然使无知之人，或一知半解，而不知所以预备之方序者，妄为条奏，则非徒无益，而且有损。故必以"实知"二字限定之焉。而又以中国向来体制，除许专奏折事各员外，其余人等，例不准奏事，每有卓见，而壅于上闻。然若竟许其一体折奏，必致良莠杂陈，是非淆乱，而一日二日万几，无暇为之一一披览，于此又不得不加以限制，故在京呈由都察院衙门，在外呈由地方各大吏，俾之详加甄核，其绝无可取者则弃之，其切实正大者则取之。然一人之言，其中有可取者，有不可取者，则当加以淘汰。数人之言，有此已言之，而彼亦言之者，则当去其重复，故必经选录而后代奏。当此预备期内，建言者固未必悉当，而都察院衙门、地方各大吏，膺此选录之重任，应自省于中国今日之时局，历来之政俗，各国成文、不成文之宪法，固能融会贯通于胸中，而于条陈之件，如鉴之取形，而妍媸立辨乎。若犹未能，则恐甄核之未必悉当，而重烦圣虑焉。夫以圣明在上，犹亟亟于博访周谘，则诸巨公而当此重任，咸宜仰体冲挹之怀，以冀选录之的当，万不可师心自用，任意去取，致贻立宪前途之阻碍。吾意欲求选录之当，则莫如即用博访周谘之法，凡有上条陈者，令其一面呈递，一面登入各报，任举国人评论其当否。其评论之语，亦令登报，再荟萃而甄核之。果当矣，即可代奏，否则加以批饬之词，再登报而任人评论之，务使归于正大无弊，切实可行而后已。似此办法，虽稍迟缓，然选录入奏之后，既便于宵旰之省览，又易于采择而施行，以视甄核不当，或将可取之言弃而不录，或将不可取之言混以入告，以致旁观者之讥弹，施行时之窒碍，其得失为何如？且立宪政体，以公开政治为第一要义，则凡议论政治者，亦当公开之，使举国之人，互相辩驳，则得失愈明，即施行弥易。且更即"准各条举以闻"一语推之，则已隐为设议院之基础。夫专制与立宪之异，其起点在议院之有无，其效果遂致毫厘千里。盖有议院，则一国之政治，上下之人，公议之而共认之。无议院，则惟上之人定之，而令下之人遵之。惟上定之，则是不知而强彼遵行，或有违犯之罪，未免近于不教而诛。公议，则不得诿为不知，其有不率，则据彼所自议者，以治彼罪，彼将俯首而无词矣。故议院者，立宪之根本也，欲行立宪，必自设立议院始。日本立宪，首先广兴议会，即此可见。乃吾中国之人，偏有以阻立议院为唯一无二之宗旨者，吾不解其意何居。

今上谕曰"准各条举以闻"，则举国之人，咸有议政之权矣。虽必有真知灼见，而后得邀代奏，其余多数之人，尚在旁听之列。然立宪之国，其被举而为议员者，必系少数才德之士，若多数之人，不过有选举权而已。是条奏者，即少数之议员也；旁听者，即多数之有选举权者也。且议员，一曰代议士，言其为一国或一方人之代表，是多数人欲议之政法，已属诸代议士而宣布之，旁听者之于条奏者，亦犹是焉耳。夫议院不过以选举议员，而有议政之权，乃条奏者于国家政治，已俨有代议士之分位。故吾谓上谕虽未明言设立议院，而已隐立其基础矣。至于捃拾陈言，繁文词费，中国文人通弊，故举以为切戒，而选录条奏之件，必以切合时势，实在可行者为主义焉。

上谕曰："总之此事，官民各有责任，即官民均应讲求，务使事事悉合立宪，以驯致富强，是所厚望。"

谨案：上既言上下，言内外，而此复言官民，何也？盖内外二字，既专指官言，恐读者并将上下二字，误作君上臣下之解，而谓民固不在有责任之列，故更拈出"官民"二字，以表明之。夫中国民之无国家思想，由来久矣。如古语曰："肉食者谋之，又何间焉！"是民自以为无国家责任也。又曰："凡民可与乐成，不可与图始"，是上以为民无国家责任也。又如谚云："天塌自有长人顶"，夫彼人也，我亦人也，何以彼有顶天之力，而我独无之？设彼固超出于人类，则我尚可为人；若彼犹是人，则我竟不成为人矣！虽曰人之智力，相去甚远，然一国之事，必一国之人共图维之，不得委之于一二人。故为长人者，固当尽其智力，以负国家责任，而为短人者，亦宜效其绵薄，以尽一分子之义务。此就个人言之，即所谓独立性质，而结合团体，即所谓有爱国思想，乃竟曰自有长人，一若于己绝无责任者，殊不知长人顶力，一旦不足，则已压覆其下。且若人人怀此思想，则竟可举国之中，无一愿为长人者。其在上之辈，以无国民之监督，绝不知对于国家所负之责任，而惟知怀禄窃位，揽权恃势，以自逞其私。至此景象，则天塌不远矣，长人亦不复顶矣。举国人之为奴隶牛马，转瞬间事矣，要皆自此等不担责任之言语，有以启之也。所尤足异者，中国官场，凡于禀词中涉及公众事物，欲批饬不准，而又无可措词者，则每用事不干己、毋庸代抱杞忧等语。此在专制时代，固为适用，今既改行立宪矣，乃犹沿用之，实不知大违背宪法，即无异于显抗立宪明诏。吾尝谓中国人若尽如杞人之用心，则可以立致富强；惟以杞人为大愚，而群非笑之，且自以为智，而不肯一为杞人之事，使彼为杞人者，孤立无助，久亦废然思返，于是举国无一杞人矣。举国无一杞人，则所谓有国民资格者，必于直接干己之事，始断断争之；若于间接干己之事，皆得推诿。于是其范围愈小，一身之外，悉为不干己之事，遂致父兄子弟，亦可不相闻问，而不但无爱国思想，并无爱家思想。不意居官者于此预备期内，犹恐国民思想之发达，而必用此腐败批语，以阻遏之，以摧折之。是官亦不愿民之对于国家而有责任也。朝廷深知其然，故简括其词以明告之，曰"官民各有责任"，所以杜绝既往之流弊，激起将来之感觉焉。然知有责任，而不知讲求，则所谓责任者，果何事乎？故即继之曰："官民均应讲求。"如实行时代，有实行之责任，即应为实行之讲求；预备期内，有预备之责任，即应为预备之讲求。何谓实行之讲求？盖必讲求明白，方能造到实行地位。此讲求在实行之先者也。既已实行，而不复讲求，深恐或有违误，此讲求在实行之时者也。且民族由野蛮而进开化，由开化而进文明，以为既文明，而故步自封，一任他国之竞争日进，相形之下，非特不进步，而且退化。故已立宪之国，亦有因多数人之请愿，而更定宪法者。此讲求在实行之后者也。何谓预备之讲求？盖所谓预备者，以事前之筹划，为临事之应用，而以专制改立宪，则正过渡时代，政俗之弊，宜如何革除之；文明之化，宜如何输进之；新旧制度之两不相合者，宜如何调融而施行之；顽固者，应以何法开通之，而不生其阻力；腐败者，应以何法淘汰之，而不致失此事机。此皆预备时之责任，即皆预备时所应讲求者也。夫今之居官者，每以民智未开，为阻止立宪之要语，但既力任阻止，则其官智亦未开矣。读此次上谕，官民并举两责之，当亦爽然自失。虽然，不立宪而富强之国，世亦有之，何以曰"务使事事悉合立宪，以驯致富强"乎？诚以立宪之后，人人有自治之能力，有自由之权利，有此能力、权利，而以竞争于实业、于教育、于政治，则日见其发达，而民富矣。民既有爱国思想，则争乐出其资财，以供国家之正用，而国富矣。国富，则兵备充足，而国强矣。民富，则资生之具备，竞争之性烈，其种族之智力，日有增进，而民强矣。故富不与强期，未有富而不强者也。立宪不与富强期，未有立宪而不富强者也。彼不立宪之富强，如无根之木，无源之水，不能常保。若立宪而不富强之国，或限于所处之地位，固不得举以为常例。故上谕以富强为立宪之效果，而曰"是所厚望"。

以上所陈，谨就管见所及，演绎出之。明知谫陋，不足以尽旨意之高深，若世之君子，更为推解尽理，则吾国幸甚，吾民幸甚。

（载《京报》光绪三十三年六月初二日，《汪穰卿遗著》收录）

论清内乱宜先讲内治

余少年里居，恒从乡之父老游。其时乡党之间，犹颇雍睦。伏腊问遗，亲戚笑语，犹有古人相友相助之意。即有诉诤狱讼，辄得排解而止。吾以为人情不相远，天下当皆如是也。官之与民，殊复疏阔，虽不能相亲近，至烦扰之事亦尚无之。乡中人畏事，讼事绝少，故冤狱闻于耳者亦少。赋虽重，然以无他捐税，故民间尚无苦累。吾又以为人事不相远，虽百年常如是也。逮长游四方，数更事变，乃知人情之诡险，吏治之窳败，实有为吾辈所意想不到者。近则风俗之浇漓，政刑之偏核，课税之扰累，尤不可殚述。盖至是而天下之事，几于不可措手矣。

土匪也，盐枭也，各种会匪、帮匪也，海盗、马贼也，因民教不和而哄也，因捐税之不均而罢市也，革命党也，其类至不同，而皆可以内乱二字赅之。盖非积怨已久，郁极而必发，即穷极无聊，困于上者必反下也。

警察也，防营也，炮船也，是皆清内乱之要具也。虽然，是皆暂时能止内乱而已，固不能绝内乱之源也。内乱必有所由起，大约生计之蹙，官府之贪，狱讼之不平，居其大多数。不由此着力，而徒注意于防卫，虽百倍于今，无益也。

今议者多言宜办地方自治，宜设议会，其说似矣，然非得贤明长官，先廓清以为之地，而徒言自治，言议会，其结果必致成劣绅与蠹吏互相结连，把持地方，于民生必反添困苦，无益而有损矣。

吾尝慨数十年来，言富言强，大率不肯从本原做起。如从前设制造局，开矿筑路，不肯从培植人才起；讲教育，不肯从蒙小学堂起；练兵，不肯从培将才起。故创办一切，无一不同泡影，而不讲内治，尤为无本之治。今直省州县，以千余计，而求其有治绩可言者，几百无一二。况以更调之频数，政令之不常，肥瘠之悬殊，则即得其人，亦无可自效也。

吾尝谓今人诟政府者，往往病其不能革新，实则并其旧而无有也。试思假使今日所患者，惟在武备未精，学堂未设，利源未辟，交通未捷，而亲民之官，则皆能极循良之选，民亲其上，而户勤其业，则吾辈所忧患，必可不若今日之甚。何则？以其质之可用也。今虽为时已迫，然不从此着手，则虽百年亦仍如此。故言治今日之天下，必当从内治始，而言内治，必从州县皆得人始。

（载《京报》光绪三十三年六月十二日，《汪穰卿遗著》收录）

论改良监狱宜加意之事

近来言新政者，竞言改良监狱，顾以清厘内政言之，则各州县之待质所、班房、饭店等，尤为差役丛垢积蠹之区。按通例，凡情节较轻之人犯，则押诸待质所；尤轻者，则押诸班房；至中保见证人等，则皆往差役所开设之饭店。按其名，则较诸羁禁重罪人犯之监狱，迥有轻重之不同。然闻故老传言，监狱之地，虽至秽浊，然以关系甚重，万一不慎而致越狱，或自戕，则官之处分，即禁卒之罪，皆至重。故负典守之职者，专注意于防闲，而婪索转有定程，亦不能特肆其暴戾。至待质所、班房，则其事大率不关重要，故官亦不之经意，且稍有身家之人，亦或在其中。而其人之望释复切，又大率用仆人管理，与官及官之亲属接近，遂得揣量肥瘠，以为婪索之多少。而种种逼迫之法，且百出以试之，必求得当而后已。饭店则其人既非有罪，惟以得脱为幸，绳法纲为虑。且往往为有身家事业之人，又其地远于官，为稽察所不及，故差役之敲诈尤甚。妇女发官媒者亦如是，且多迫使卖淫者。向来言吏治之书，记此类蠹弊者，不知凡几，然则今日言改良监狱者，宜如何加意也。

（载《京报》光绪三十三年六月二十日，《汪穰卿遗著》收录）

论征兵宜先行之各州县

顷年以来，当事者深知国民不知急国家之为患，于是复古法，用征兵。顾其所谓征兵者，非如古之悉民而籍之为兵也，但派员弁至各州县，劝勉乡中父老，使各出子弟，隶行伍。所异于募兵者，兵皆有属籍，稍解书字，又分取之全省各州县，或逃，则罚其家，非若募兵之偏于一地也，且率无赖乌合而战也。袁宫保行之北洋，周玉帅行之南洋，湖北、浙江咸踵行之。询诸路人，则得失参半，来者非迫于威令，则动于意气。既隶营籍，则往往以不耐劳苦，不耐束缚，辄相率逃去，故论者颇不一其说。顾吾以为，吾国行募兵久，民家狃于安逸，莫有肯以执干戈卫社稷为意者，而一旦欲以辞说激使以身命付之国家，殆非可以旦夕期。无已，则莫如就素以强悍著称之各州县征发；其次，则取之山僻州县勤苦耐劳者，若湖北之荆襄，江南之淮徐，皖之凤颖，浙之温处，其人素以能兵闻，重气而轻死，狎兵而尚义，且自奉薄，希望廉，激以大义，加以教练，宜可为也。若夫山水明秀之区，舟车辐辏之地，其人大率灵慧轻巧，而失之柔靡，且趋利之途多，而结合之情薄，微独招之勿至，即动于意气而至，亦必败群而误大事。当事者慎无乐秀慧而恶稚朴焉可也。

（载《京报》光绪三十三年六月二十一日，《汪穰卿遗著》收录）

上铁宝臣尚书书①

康年为国家计久长，则以此时经邪说充塞肆行之后，各处人心浮动，每易为浮言所惑。今当冲圣嗣位之初，非有一二设施足以大惬民志，则不足以固结人心，而散邪慝。今年以商务疲惫，各处银根业已大紧，乃汇丰忽于此时将放出之二千万收回，而汉口黄氏三钱庄骤倒三百余万，上海源元倒六十余万，晋益升倒百廿万，于是富家竞向庄号提款，其未存放者辄闭不敢出。各埠萧索，已至极点。窃谓今年市面之

---

① 铁良（1863—1938），字宝臣，满洲镶白旗人，时任陆军部大臣。

坏，非尽由财源涸竭也，实以倒账与收款二者交乘，致成立槁之势也。设于斯时而有苏其涸辙，俾今年得以扶持，而来年得以接续，则其感激踊跃，必有不可言喻者。我公深为国家根本之计，宜与同朝王大臣熟筹至计，请于朝廷称述遗命，迅发内帑二千万，交津、申、汉等处户部分行，转发庄号，为周转市面之用。俟至明年春夏，仍陆续收回，备办理新政之需。如此则国帑无纤毫之失，而商民蒙再造之恩，有此沦肌浃髓之大德，则虽邪说百出，孰得而动摇之！

再，今日见各报所载，知京城市面已蒙发帑，得资苏息，若更德音普遍广之各埠，斯为泽愈遍。又今夏上海西商，已有相约不用中国钞票之说，经南洋大臣担保，始暂允不宣布。近日闻又提议，虑必达其目的始止。且近年各种钞票实滥发无节，适为外人口实，而今年，汇丰明知商务不振，忽然收款，盖实欲以此试我商力之厚薄，而又欲不用各种钞票，是则一面将操纵我全国商务，一面又欲停我之钞票，而用彼之钞票，若我不察，而堕其术中，则从此我国财权将尽入其掌握。欲破其术，宜即以此次发交户部银行之二千万，永存银行作为发行钞票之基本金。逮钞票发行，将各种公私钞票、官钱票尽行收回，俾外人无可借口，且户部银行亦可时以此项巨款活动市面。如此则向来汇丰之权，均归之户部矣。惟外人之挑剔各种钞票已在目前，而度支部之纸厂、印局，尚无成立之期，则或先行限制各局号钞票，而担保现行之钞票，以安中外商人之心，一俟户部钞票发出，即行收回，似亦可为权宜之计。此系为握商权、杜外谋起见，敢乞俯赐裁择，不胜悚息之至。

（宣统元年，《汪穰卿先生遗文》第三《书牍辑存》收录）

致□□□君书①

愚常谓，今日出洋留学生宜暂勿问时局，惟一意坚若学问，俟学成

归国，再深察时势所趋，及可依恃之人，而展效其才力，切勿于此向学之时，而弃之以从事于办会、办报，及一切远莫能致、重莫能举之事。然若辈往往乐于张举，又为他人醸誉大言所惑，致流入浮嚣一路，良深浩叹！惟现在京外大老，直以留学生及内地之少年喜事者，为皆革命之流，且以凡立异论者，为皆应诛戮揿绝，而又以诛绝新党为快心之事，窃恐如此，则浮嚣之风去，而一切振兴勃发之意气，亦尽行遏绝。又恐行之不慎，或转以长丑类之心，固私党之势，将来意见相激，疑伺愈甚，而满汉、新旧、官士之仇愈以纠缠而不解，言之实可痛心。愚谓此等事，但宜解散，不宜竟与为敌。并宜擢用其正直有用之人，而留学生宜宽与出路，如此则其中有才者，既以得所展效而绝他念，其奇零无用者，既失所倚，何能有为？此抽薪止沸之说也。顾尤要者，则在朝廷能实行变法自强之说，使大局巩固，异念自绝，此则固本之言，吾辈所为日夜焦盼而不能已于言者也。

（《汪穰卿先生遗文》第三《书牍辑存》收录）

论葡萄牙革命事

或曰，葡萄牙之改民主，乃欧洲之大变，非土耳其之改革可比，亦非从前法美之事可比。谨叩其说，曰：近年欧洲社会党日以发达，各国政府，有不能防遏之势，亦渐阑入议院，顾尚无根据地也。今葡事实社会党主之，则自此有根据地矣，将来欧洲全局，或因此而大有变动，未可知也。世竞日甚，虽甚强之国，亦不知所底止，何况绝无准备者哉！

近又谓葡政府甚愿社会党速定报律，使无政府党不得自由出报。按社会党不一其宗旨，有所谓极端社会党，即无政府党也，其宗旨以破坏一切秩序为主，各国政府、社会，皆恶且惮之，故葡新政府虽为社会党，亦不能不预为防范也。

或闻葡改民主，而各国无言，以为事已妥矣，不知数日前又传英、德虽承认，而有瓜分其属地之说。又言英将因债务以得其属地，然则强权世界，利己为宗，固无公理可言也。

至若美亦民主国，宜首先承认矣，而近电谓美须视英为进止。葡僻处欧之西方，而各国之注意尚如此，何况其他。

或谓各国仅许令本国公使与葡新政府接洽，而承认二字，尚未之及。

德电谓葡皇奉其皇太后，逃至英属地直布陀罗海峡，且谓葡此次之乱，实由英怂激而成，假果有之，则英阴险之手段可畏也。倘无之，则德藉此而离间英于万国，其倾轧之手段，亦可畏也。噫！今日天空中注满者，皆杀气耳，他何有哉！

（载《刍言报》宣统二年十月初一日，《汪穰卿遗著》收录）

驳剪发易服之反对论

剪发易服一事，言之者十余年，及今而将见施行，而吾浙人以生计之所在，起而求罢此议，而九月初四日都中《帝国日报》独著论深责之，且注其下曰："请看浙江商会之糊涂虫，请看浙江人之私利心！"余浙江人也，则亦糊涂虫也，请以糊涂虫之资格而论，兹事可乎？

夫人将饥寒就死，而呼号跳掷，此虽极残忍之人，不能阻使勿为，且不能谓为不应。盖人之可哀，孰有过于无端就死者乎？孰有过于未死之前，明知己之将死乎？况此非一人一家之惨，而数千万人之惨也，于是而骂为糊涂，斥为私利，谁能任之？吾江浙固以蚕桑著，食于此者，非独绸业中也，举凡养蚕者、种桑者、缫丝者、织绸者、贩绸者，若主、若伙、若粗工、若船户，恃以为食者，不知若干万人，一朝令下，易绸而呢，则诸人无策，惟有束手听死而已。

或者曰，今之剪发易服行之以渐，则或稍纾也。余曰：固也，然即以渐，而损失固已多矣。且所虑者，则人人怀全行更易之心，则进货之家，节节迟疑，而工商机关，必大为之滞。况所谓行之以渐者，必有所谓十足圆满之日，即全国悉易服是也，不知彼时已有术以生活此数千万食于丝绸之人乎？抑仍迫令自行设法乎？若谓令改织呢羽，则工艺家改变甚难，且吾恐彼时人人好用外国之呢羽，而不用本国之呢羽也。若谓可设法销诸他国，则恐为事既难，且数必极少。况试办之事，安可指为口实？万一失于此而不能得于彼，则为祸甚矣。

假使剪发易服之后，而吾国立时富强，一切损失之权利，立时回复，则谓当以数千万人为之殉，犹可言也。虽然，犹恐其难也。今则剪发易服，不过收剪发易服之效而已，不过举动便捷，不与人为异而已，外人对于此，不过谓中国人类我，不使人怪诧而已，于他何有哉？

且今之论者，非谓小民生计日迫，益宜推广实业乎？然而言屯垦，言工艺，言殖民，利未睹万一也，而于已有之业，则不惜大破坏之，吾不知论事者，何不措意至此也。

剪发易服一事，吾未敢置一辞，然剪发易服，其收效不出于前之所云，而实祸则立有受之者，不知当局何以处之？

（载《旬言报》宣统二年十月初一日，
《汪穰卿遗著》、《汪穰卿先生遗文》均收录）

痛论颁行新刑律之宜慎①

今敢敬告我监国摄政王，敬告我政府，敬告我资政院之钦选、民选议员，曰：今者朝廷命修律，大臣修改刑律，我辈草野之臣以为改正旧

---

① 《汪穰卿先生遗文》载入此文时删去了最后两节，今据原文补齐。

律而已，以为旧律之不能行者轻之，旧律之未尝行者删之而已。然以今者道路所喧哗，报章所腾播，则非仅修改律法问题，而为变动三千年来立国基础问题，改变数千年相承习惯问题，废灭国教问题。

吾国人勿谓吾国立国之基础为无足观也。试思自秦汉一统以后，失抵抗力几二千余年，虽屡生祸乱，而风教不改，故得一明主起而董理之，无几时已复旧矣。夫以失抵抗力如此之久，而能凝而不散，植而不倾，是必有物焉镇定而联固之，乃能如是也。是何物也？即所谓礼教是也。盖古之圣人，知为治者，莫如使民自为治。自为治奈何？则莫如使民相爱始。欲使民相爱，莫如使一家之人自相爱始，而所以维系之者，则一寄之于礼教。盖自父子、兄弟、夫妇相爱，以及于宗族，以及于乡党，以及于国家，遂使极大、极散之人群，能团合而为一。自秦汉以后，咸以此为重，六朝虽乱，而君臣咸以此为意，绵绵延延以至于今。虽世衰道微，而民间犹赖宗法维系，得以循习苟安。吾辈阴受其福，而不自觉，遂弃己之宝鼎，而羡人之康瓠，则请诸君勿震于列国之隆盛也。试使任取一国，使独立于世界，其能安扰如是乎？试使伦敦、纽约一旦撤去警察，能如吾从前都城之镇静乎？又假使欧美各国，忽变而为一统，或全改为民主，实行弥兵主义，试思彼时景象何如乎？必至政党争于上，无政府党起于下，祸乱大作，有非人力所能扑灭者。且今者各国，非吾辈所目为政治修明乎？然祸乱之端，几无国蔑有；奇惨之事，岁必二三至。其风俗偷薄，奸伪滋彰，见留学生所述，西报所载，指不胜屈。而吾乃欲弃固有之善以就之，其亦慎矣。今修律大臣非果欲改善良之风俗也，非果敢于变国教也，殊不知礼教与刑律互相维系，未有刑律废之，而礼教能存之也。今如所传，寡妇、处女奸罪无治罪之条，则编民必相谓朝廷准许奸淫矣；殴杀等罪不视服制为轻重，则谓朝廷许其平等矣；至尊长施之幼弱、幼弱施之尊长齐等，则谓父兄无管束卑幼之权，而从前听命家长之语，可置之脑后矣。夫此等习惯，江浙繁华浮薄之地，或几忘之，然内地则固崇奉也，而乡僻之地尤甚，而北方各省尤甚。今若以此等怪习灌注入之，使之家自相斗，人自相角，自来种祸促乱，未有过于此者。

今勿谓风俗败坏之不易也。自上海租界设立，淫靡之风日甚；自无知识之时流，好以自由平等为口实，而暴慢之俗益长。加以各处小学、女学，但事放纵，不严管束，故恶劣之风遍于家，肆于乡，及其结果，必至子弟既不宗仰其父兄，父兄亦不顾恋其子弟，而亲戚宗族更无论矣。夫如是，而谓忽能合而爱其国者，吾未之前闻也。

今之人，但知倾向于西，辄欲吐弃一切以就之，不知器械可改也，规则法度可改也，即政体亦可改也，而数千年相沿习之政教必不可改。诸君疑吾言乎？试观各国变法，有并变其教者乎？截趾适履，盖无过于此者。

或谓刑礼不相关，刑虽删除，而民家可各自严其礼防，有何妨碍？按：此邪说也，刑礼一气相生，未有刑律不注重，而礼教犹能立者。今新刑律未颁也，而民间几有家长不能管束其家之势，则以新说之主持者甚力也。若更以国家之力助之，则向来所有孝弟之说，且一扫而空，而方将引为笑端，谓此非二十世纪应有之言，如此，则生民之为祸烈矣。

吾但闻治国者，就其向来政俗以策励之，未闻铲除旧时政俗，而别觅新种于他人也。若谓取则异国，亦当精加选择，况夫各国为法亦不同，且有因于从前习惯，姑沿之者，又有因于情势，不得已而为之者。而吾乃不辨宜否，一概抄袭，亦可怪矣。且礼教中事，日前即有一疑难问题，闻粤之谘议局呈请禁止自由结婚，此在礼教所极应准许，而与新法恐不免冲突，不知倾向西法者，将何术处之？

或谓改正刑律，为撤去领事裁判权之预备也，倘不与之同，则裁判权之撤，永无期矣。嘻！此呓语也，此倾向西法者唛朝廷之辞也。试思此等大交涉，能以苟且改一刑律而即能乎？试问日本之为此，仅恃改正律法乎？吾恐撤领事裁判权不能行，而吾乃自促其祸乱，则虽从重处治今之修律大臣，恐亦不足相抵也。

夫此新刑律之颁也，非仅修正律法问题也，其较之立宪及国会盖十百倍。吾愿吾监国摄政王、吾政府诸王大臣、吾资政院之钦选、民选议员，勿轻视之也。前者吾国定商标律，定矿律，而外人颇有违言；近定报律，而各报馆亦复纷然，足知定律之不易矣。而今之新刑律较之，大小悬绝，则关系亦极重。顾此事由上行之下，行政官不敢抵抗，然不抵抗而竟行之，则祸成矣。草茅无识，辄以为虑，所惜于吾国政法尚未及包举，而成之仓促，窃用为大憾也。

（载《刍言报》宣统二年十月初六日，
《汪穰卿遗著》、《汪穰卿先生遗文》均收录）

论清理财政之被反对

　　我国京外相维之道，与各国迥异，疆臣实权，几重于各部，部中但司文书而已。近以时势之不同，又旁采列国之法，而有中央集权之说。此事论议纷纭，未易一言定。近度支部派监理财政官，四出清理财政，似将收财政权于京师，将来办理得当与否，固未可知。顾于吾国财政之繁乱，干没之多，则此事势在不得不办。而各报馆或有訾诋，且加以搜刮之名，斯则不免为外省握财政诸人所惑。此等人深知清厘积弊，无可指摘，即收权于中央，亦难施驳诘，惟搜刮二字，则无论立宪政体，在所必斥，即吾国大致亦必不谓然。以此为之的，使集众矢，为术狡矣。且虽诬为搜刮，心实恶其厘剔，使各报群诟其搜刮而去之，使不得尽其厘剔之功，是伊等得实利，而各报受欺也。从前若刚若铁之南下，固有近于搜刮者，而厘剔之端，亦往往而有。各报群诟其搜剔，而于各省保存弊端之罪，不加一辞，何欤？

　　或曰，派监理官，滋扰而多费，盍选择各省藩司，告以部中之意，使厘剔以报于部，其藩司不称此任者易之，不较简捷欤？曰：此说余初亦以为然，顾以今日官场顽钝无耻，已达极点。彼在任者，既居其名，则凡因弊而得之利益，皆为彼名分所应得。君不见某省粮道，被人讦告诸弊，尚匿不出乎？河工余款，上下瓜分，既被监理官查出，尚不承认乎？又不见从前处膏腴之位者，以清名之人处之，或至离任，始详大府革正乎？总之，今日大小诸官，咸以攫噬为应然之事，怡然不耻。其得佳地也，如犬据骨，上之命和盘托出也，不啻与豹谋皮。故吾谓以今日官场之存心如此，不清厘，固不可；即清厘，亦未必有效果。盖非有大力者摧陷而廓清之，而望其人洗手奉公，有是理乎？

（载《刍言报》宣统二年十月十一日，《汪穰卿遗著》收录）

宜知（一）^①

近论事者，皆谓宜速行加税免厘，不知此载之《中英商约》，然商约须与各国订葳，始能实行（其实行者已甚多）。而德人于此，颇不同意，致此延搁，故此事现决不能办。若夫免厘而行印花税或营业税，又或改用包捐，或统捐，果足与旧日之厘相抵否？此事绝大，吾未敢妄决也。

（载《刍言报》宣统二年十月十一日，《汪穰卿遗著》收录）

敬告（一）^②

前者不自揣量，辄为一文曰《痛论颁行新刑律之宜慎》，闻时贤多不谓然者，此不怪也。凡人之知识万有不齐，即一人之身，而前后多异，其识见者，何能强人之同我哉！顾有一大问题焉，敢以质诸时贤：

---

① 《汪穰卿遗著》将此文归入"杂说"，现恢复《刍言报》发表时的标题。序号为编者所加，下同。

② 此文在收入《汪穰卿遗著》、《汪穰卿先生遗文》时，标题被改为《续论颁行新刑律之宜慎》，后两节则被归入"杂说"，现恢复原题、原文。序号为编者所加，下同。

夫今者诸贤以群策群力，力扶坠鼎，其将使吾国重新锻炼成为与欧美同一无二之国欤？抑将使成为欧美之外东方一大国，使吾国人永永自知为伏羲、神农、黄帝、尧舜以来递嬗之国？吾人为太古以来诸圣帝贤主之胄裔乎？若曰直欲舍己而从人，则不知应择何国仿效之？何则，各国之教既异，而新出之学说又极纷，既难兼师，又难偏择。至内之种种阻碍，不必言矣。若欲使为地球上特出之一国，则必求吾国精神之所寄，而合吾今日诸贤豪之精神以赴之，无有歧趋，无有惑志，则世界上或犹有所谓吾国者在，否则殆矣。

诸君其勿以余作此文，而即题目余主某主某志名，盖余之为人，意念至不定者也，思想至杂者也。二十年来，余之议论更变多矣，而今乃一变而如是，而仍多未有所定，且亦未敢遂执为必然也。且人之志虑皆随所感触而定，二十年则感触多矣，意者余之变而至是，亦关于感触之故欤？

余敢更以语敬告诸君曰：凡欲存我，要在有我；假其无我，何有于存我？

议员某君质问陆军部以全国征兵及国民服义务年限，吾不知某君以何等观察，而辄欲得此于吾国国民。夫征兵之事，春秋战国时不可知，若自汉至唐，则逃亡拘捕，甚至流为盗贼，见于史册者，不知凡几。近年南北洋征兵，非纯全之征兵，而已不胜其弊。且欧美亦何尝全是征兵？英为第一强国，而亦不能行征兵制度。近虽屡经议及，而卒不能行，是其为难可知矣。以愚见言之，吾国不必侈言征兵，但能于强悍、朴实、穷苦之地，选其壮实者，募以为兵，许以若干年后，得自请退伍，又服役若干年，得食恩饷，庶为相宜。然犹有难者，此等地方之人，大率能械斗，能为盗贼，而独不愿为兵，则以拘束苦瘠相去万也。又况新法操练之勤，拘管之甚，尤非彼等所梦见乎，而率然欲为纯然之征兵，何看事之易耶！

议员中有言及民教之事者，此今日内政中一要务也。按庚子之役，非特吾国憬然以为大戚，即各国亦深知酿患之所在，而为惩前毖后之思。闻英公使特饬各处教士，不得干与公事。法使亦饬天主教士，不得用前时中国所定教士亦得以等级与中国官场相对待之礼。然此二事，吾国官场乃多未知，能设法广播之，使知两教教士之地位，于事亦有益也。

（载《刍言报》宣统二年十月二十一日，

《汪穰卿遗著》、《汪穰卿先生遗文》均收录）

读杨君度论家族主义国家主义
演说系之以论

　　余今细读杨君之演说，则知实欲废中国向来习惯，而以所谓国家主义者灌输入之。此事关系吾国前途祸福至巨，故不敢不详为勘辩。惜余浅学，而日又促，未能竟所欲言也。

　　杨以欧洲各国之导其民为国家主义，吾国之教其民为家族主义，此说近似。虽然，吾观周以前法制之书，若《周官》等书载帝王誓诰，若《尚书》等书圣贤教戒，若《论语》等书具激励民，使忠于国者多矣。限以家族二字，西人言之，我国不必承认也。

　　至若国家主义，吾不知西国国家承认此四字否？又不知西国之用国家主义者，固选择而用之乎？抑因势之所在，抟捖以至此乎？吾意所谓国家主义、家族主义者，但谓其偏重则可，谓其极端行此二主义则不可。质言之，曰：身之外不能无家，家之外不能无国。由家而国，乃自然之理。假充杨君之论，则谓西人丝毫不顾其家，此固未必然；则谓吾国人惟知有家，亦未必然也。

　　若谓吾国国民不知国家，则何以吾国春秋战国时，各国相持至四五百年之久？试揽史籍，则如晋惠获于秦之国中景状；齐顷败于鞍之与国人互相慰抚；他若宋司城子罕之哭杨门介夫；晋赵文子之谢绛县老人；又若申包胥复楚；田单复齐；宋被楚围，析骸易子而民不叛；卫欲叛晋，民愿抗五伐之师，而必雪君之辱；鲁，屡国也，而微虎一呼，即得壮士七百人，直欲宵攻王舍。民气如此，而谓无国家思想，而能之乎？

　　秦汉以后，统一时多，国家观念自然薄弱。然而著名大将，其先在家中恂恂称孝悌者，乃指不胜屈。至于古来史传之孝子，其后为廉吏，为忠臣者，亦不知凡几。然则吾国之礼教，于家国二字实一丝不隔，虽然，法待人而行，若无人扶持，则渐有偏向之处，此无论何国皆然，非独吾国也。

至杨君所举各端，亦未尽然。谓全家皆袖手待食于家长，而家长必竭一身之力以养之，此等事，或于官场中见之，实则中等人家能谋食之事绝少，既无可往，则惟有依赖其兄弟。此固非礼教使之然也，若夫居家者，安得如是？其有如是者，亦以人浮于事，不得不退而家食。此其原因，由婚嫁早，生育繁，生计促，糊口难，是别一问题，不与礼教涉也。

若谓家长可用司法权于家人，此但指不率教子弟，以家法惩处之，然亦不过至鞭禁而止（按此事不知有条文否，未及检也），若过于此，则为后来流弊。凡论事者，不能执流弊为说也。

且若各国不授权于家长，以警察事事可干涉也，然以吾国之习惯，万不能容警察之干涉，则此等处一改，子弟之放纵，孰能过问之？天下事，放纵易而收束难，愿杨君重思之。

至若因谋食而为官，而官不以贪污为耻，此实由近百年，禁野史而小人无所顾忌，薄理学而正人无所容足，捐例滥而仕途杂，钻营易而廉耻丧，此正由朝廷不厉行礼教之故，而杨君乃谓贪官污吏在家庭可为慈父令兄，亦可谓悖谬猖狂之甚者矣。

信如杨君言，则为贪官污吏者，皆因欲行孝悌而后为之，此事吾乃未之前闻。果其然也，则此辈携重资回家，除奉其双亲外，余当以与兄弟及伯叔，以及于宗族亲戚，如此，庶足称杨君所谓因孝悌而为贪官污吏者。然吾生平所见贪官污吏，乃绝不如是，盖悉以自奉，下及其妻子，无肯以一毫分之人者，假有之，亦残余之一二耳，安有如杨君所云云者？

杨君谓吾国贪官污吏之多，由于家累，则西官之能人人廉洁者，即由于无家累。殊不知家累之轻重，不在人之多少，而在其人之销费。吾恐西人但供给一妻，较之华人养三五子弟，其费尚有赢无绌也。

以上所辩，且姑置勿言，然以今日事势之迫促，人才之寡乏，与其尽弃前之习惯而行新政策，不如顺而导之，庶易行也。杨君疑不然乎？试使杨君司京城内外警察，特下一令，令上下人等悉不得食向来之面及饭，而须食西国之面包，此较之杨君所云云，难易迥殊矣，然吾能决其必不能行也。

且杨君所云云者，杨君亦知今日者为吾国礼教衰微之时，非礼教振兴之时，举衰微之现象，以咎礼教，礼教不任咎也。然虽礼教衰微，而根柢则已深厚，今必欲尽拔去之，以求佳种于异国，吾恐弃旧则易，而谋新则难，涣然豁然将成为无统系、无团结之国民，虽有英贤，无能为力矣。

吾国民之无国家思想也，以二千年皆统一之时代，无所用其国家思想也。然而民气之勃发，乃随在而见。数十年来因受侮于外人，受屈辱于外人，不胜其忿，而以生命随之者，无虑百十万人。惜乎上之人不能存养之，利导之，晓喻之，使成强忍不拔之气，则上之罪也。

且欲抟挽其国民，使皆知以国家为事，此非坐言之所能致也，亦非改一二政法之所能奏效也，必也危事上先之，辱事上先之，劳苦患难上身为之，若越句践之为者。如是，斯民咸踔厉奋发，悲愤慷慨而不能自已，安有无国家思想之病者？

今也上之对于其民则何如？居处之逸也，衣服之华也，奴仆之豪纵也，无有一二足征其有忧念国家之意者，而近则尤甚。筹款多，则上增公费矣；新政行，则官多兼差矣；百十万之赃，既明白发露而未尝加刑诛也；执事之吏，朋淫无度，而莫或过问也。如是，而以民之无国家思想归咎于礼教，无乃傎乎！

夫治天下者，有精神，有迹象，凡所谓法制，皆迹象也。必有精神，而迹象乃有效。不此之求，而欲尽改数千年之习惯以得之，恐不能胜，则又造无数不根之谈，邪怪之说，以遏抑异己，疑误社会，呜呼！是何为者欤？

按此文成于仓卒，殊不贯串，亦无气势，然意思大略如此，阅者鉴之。

（载《刍言报》宣统二年十一月初六日，《汪穰卿遗著》收录）

读杨君演说家族主义国家主义之余论

前者吾辈于新刑律辄有论列，非好为异同也，良以事至重大，一或不慎则将陷全国于悲境，故不惮反复言之，以冀当其责者谨慎将事耳。

须知吾辈非谓旧律之不应改，亦非谓新刑律之全不是，惟谓立国之道有本原焉，犹物之有重心也，重心一移，则全局改变。此其祸福有非人所能逆料者，故甚望预闻斯事者，皆视为重要之事，而不肯轻心以掉。至若综古今之法则，较各国之异同，则吾辈微特无此学识，抑亦无此精力也。

今姑勿论国家主义是否全善，家族主义是否全不善，然欧洲各国风俗之成就数千年矣，即吾国风俗之成就亦数千年矣。今如杨君言，欲改家族主义为国家主义，譬如刿己之头而欲戴他人之头，以存立于天地之间，虽然己之头则刿矣，不可复续矣，其如他人之头不能戴而活何？

夫国家之所以能用其民者，以全国民有公共信仰之一事，国家乃得潜驱而默策之。耶教国之于耶稣教，回教国之于默罕默德，皆是也。我国全国所崇奉者，即为礼教，是正宜扶植而扩充之。为上之人，先行蔑弃，则一切旧时范围，皆视为无足轻重，人心一散，而国随以亡矣。①

以余观之，则吾国之所患，不在种种名目，而在精神。即如阳明之学，吾国已均置之脑后，然日本人自明末得传阳明之学，互相淬厉，至明治维新，而大收其效。近来日俄海战，东乡大将首著大功，生平最服阳明，而吾国乃弃之如遗，而今日乃欲求之异域，无乃贱家鸡而爱野鹜欤！

或者以沈大臣久于刑部，通知古今律法，又得诸留学生及刑幕老宿为之辅佐，宜若可以尽美尽善。殊不知沈大臣为人，盖一忠厚长者，熟于例案则有之，若谓其有上下古今之识，了然于因革损益之宜，固皇然谢不敏矣，而谓当此重任，遽能胜任愉快，得乎？

抑余更有异者，夫为国家改正刑律，此正事也，此当官应尽之责也；以新刑律之未能尽当人心，而起而争之，亦正事也，亦国民应尽之责也。此皆光明正大，何嫌何疑，亦何所容其私者？乃有某报对于主持之人，则用骗诱哄动手段，甚且捏造事实，以竟其成。对于争辩之人，则用恫吓禁制手段，亦捏造事实，以阻其势。夫议大事者，挟意见，逞意气且不可，乃欲以至轻至浅之术行之，岂此等重大问题，亦可藉三五人捉弄之力以成之欤？

（载《刍言报》宣统二年十一月十一日，
《汪穰卿遗著》、《汪穰卿先生遗文》均收录）

---

① 查当日《刍言报》发表的原文中无此段文字，录此存疑。

读议员论剪发易服事签注

余此文无关于剪发易服之本旨，惟见诸议员所言往往率臆直道，在彼已以为四面周到，而不知语意之舛误，闻见之偏狭，有矢口言之而不自觉者。兹举各报所载约略签注，盖欲诸君子有以进于是，而他人亦得以知议员之所言未为尽是，而各思研究以求进步，则余所深冀也。

罗议员谓：今日出使大臣及陆军大臣、外部侍郎皆已剪辫，朝廷既不禁之，是已默许之矣。与其如此，不如明发上谕，使天下耳目一新，尚可振起立宪国之精神。

按：此不啻表明，我国大臣不知尊奉朝廷命令，而径自改装易服，此事岂可为训！不必再提可矣。今乃坐朝廷以默许，而谓不如明发上谕，尚可振立宪国之精神，是则朝廷不能出令，转而从人，复设辞以自饰，可笑孰甚！

又谓：今我国军人及外交官到外国时，感情往往难于浃洽。

按：此或有之，然不过原因中百分之一二，即改而与彼同，而不事酬应，不知联络，亦复何益？

又谓：如会葬、看操等，他国皆乘马，我国官吏以礼服累赘之故，势不得不坐马车，然马车又不能直到会场，又不得不步行。人乘马，我步行，殊属关系国体。

按：此因使臣等至外国者不能骑耳，试观京中王公以下衣冠而骑者，无不罄控纵送极驰骋之能事，何尝以衣冠为累？且吾决知国初入关时，辫发冠服之将弁，必不步行也。

又谓：如恐外货输入，今试请至市场一览，及吾人衣食住各种，几无不仰给外国。吾国原料最多，果服制一易，求过于供，反可以促工业之发达。

按：此语殊不贯串，若谓吾国衣食住既皆仰给外人，不在此区区者，此固不情。如云服制一易，求过于供，反可以促工业之进步，不知绸缎者，吾国素有之业也；呢绒者，须取法外人者也。绸缎者，家以一二机、四五机，足以作之矣；呢绒则须购机器，延外国技师，造厂屋，于是非集巨款不办，非有信用不能集巨款，而尤必忠实之人监督之。试观近来南北织呢厂，不一二数，而物可用，价尚不至贵于洋货者，果有之欤？而遽谓可以促工业之发达欤？

又按：原文谓吾国原料最多，又有人谓外国即以我之原料织呢而售之我，此固知其一不知其二也。向来人亦多谓如此，不知以实际言之，则不特外人织呢不必用我国之原料，而我国织呢反须用外国之原料。盖吾国羊毛，仅供粗货之用，稍精者即不能用。至地球上呢厂，大半皆用新金山之羊毛，故吾国织呢厂物未精美，而价乃不廉，职是故也。

易议员谓：盖人之异于禽兽者，以无尾巴也，今于头发后留一长辫，与尾何异？故世界皆轻薄之。

按：论剪发，实不应如此发言，且亦何必说到此。况猪尾巴者，英人自呼其辫之称，今必认为西人诟我之语，此等心理，吾不解也。

又谓：礼服则异常奢费，一人非数千金不办。

按：谓千金不办者，此惟大臣及阔司官如此耳，且近年日趋奢侈故耳，平常司官，安能尽备。若从前京官老派，纱单夹棉各一，且不必备，皮只羊皮一种，已足一切之用。否则，即改为西装，若不从廉俭入手，其奢费恐愈甚矣。

方议员谓：易服一事须指定一种材料，若将尽用外国呢料，将来经济上必生恐慌。罗议员谓：本案已明定用本国材料，包括甚广。可以不必专指一种。方议员又谓：普通人衣服用布，政界则用绸缎，须明定之。陈议员谓：此事可以不虑，常服不改，而礼服制度未颁以前，仍用现在礼服。汪议员谓：如何服制未叙明，应加入仿照新定军服制度，量为变通。

按：如诸君之言，周到详密，为民间生活计者，可谓至矣。虽然，吾恐机业之恐慌已不能免也，以伊等不知究竟用袍褂否，即不敢织。即明告以若干年始改，然买者不敢多买，即织者亦不敢多织，且彼等对于有限期之生业，正如刻日将入死途，其索然之状已极不堪。且此辈恃数机为产业，即告以舍旧谋新，而彼乌能售旧机而制新器，然此犹或可也。惟新服短，旧服长，新服少，旧服多，出入之间奚啻十倍，则凡蚕者、丝者、织者、以机为产业者、贩者、肆以售者、运者，其生业咸十去其九，已可虑矣。若用呢绒，则食于机者断不能鸠巨资以开厂，织绸者又不能去而织呢，惶惶之象愈不可以终日矣。①

（载《刍言报》宣统二年十一月二十一日，

《汪穰卿遗著》、《汪穰卿先生遗文》均收录）

敬告（四）②

二十三日，奉谕旨不许再请短缩国会年限，意喧哗之徒，必且忿忿。顾以吾思之，则朝廷实欲力行宪政，九年预备已极困难，何况又提早至宣统五年？国民而果有实事求是之心，则方宜怵于预备之无实，而不应冀其进行之过骤。何则？天下事至繁赜，断不能一蹴而几，若谓国会朝开，国势夕振，此语但可给三尺童子。盖以吾中国现状，非上下皆从实际下手，而持之以五十年之恒心，必不能以见效。而今者，上下皆持速化之见，一若迻录章程，改换名目，已可达希望之目的者，是真吾所不解也。

弹劾政府，再弹劾政府，或曰：嘻！逢怒甚矣。或曰：阴阳薄而雷雨作，事其济矣。顾余别以一种眼光观察之，则余忧乃未艾也。夫当国家屯蹇之时，朝廷深以为忧也，而将下交于国民，而志士起而应之，激

---

① 《汪穰卿先生遗文》所载为摘录，篇后有汪诒年按："先生当时因有一部份人主张易服之故，力以小民生计为言，闻者或不注意，然观于入民国后，丝业、织业、绸庄、衣肆之迭次呼吁，力竭声嘶，至今未已，则先生所言诚未可视为无病而呻者矣。"

② 本文在收入《汪穰卿遗著》时，改题为《为预备立宪敬告政府及国民》，现恢复《刍言报》发表时的标题。

动国民之爱国心，以济国家之事；若朝廷怠忽其事，而国民奋然而起，志士起而应之，以要求朝廷，以改政体而振国势。吾国于此二者，不知居何等也？至若忧国之士，奔走号呼，纵不能上下交孚，而非有以喻乎上，即当有以喻乎下，所谓信而后谏，信而后劳其民也。今诸君子于此二者，果占何等欤？若夫政体改易之实际，自皇室至国民，所得之苦乐，今之主持之者，果皆能令其彻底洞悉，不至遇事检章，同于曩者之动查例欤？至于非常之事，将使摇荡河岳，震动世界，则事中之人，必有平时为天下仰重，身系安危而名彻四远者措拄其间，如是，不特亿兆依为轻重，即在位之人，亦不敢稍存忽视之心。今岂已有其人欤？然则今之所争，正不在彼而在此也。

前者要求设立责任内阁，是已承认今之军机为不负责任也，乃复强作为负责任而弹劾之，军机其受欤？吾固知诸君以不便斥监国，乃降而劾军机。然而名虽劾军机，实则斥监国，此其意，能使监国不知欤？知之而欲使监国亦假装糊涂，而蔽罪于军机，是则上下相蒙，而一以诡伪行事也，此于事为可欤？吾盖百思不得其故矣。

（载《刍言报》宣统二年十一月二十六日，《汪穰卿遗著》收录）

悲论——因见近报之
对于发辫感而作此

发辫之宜剪，固也，而各报乃乘其将变未变之时，从而为檄以讨之焉，从而绘为豚尾、牛鼠尾以丑之焉，且题为死刑宣告焉。此等举动，不特吾辈万不能出，且亦百思不得其故。然吾默坐凝思，就此一二端，以推想此等人之心理，及其究竟，则知其躁外而粗中，使吾辈无可生其冀望也。夫辫发为我朝定制，凡在臣民，孰敢愆越！今以不宜之故，将改而从众，然仍是向来法制中之一物也，而辄相毁慢，足见吾国人对于国家，无有崇敬之心，其为人所窥，一也。且今此之为，非以朝廷不肯剪发，而以此为劝，实以朝廷将次剪发，而用此为侮。盖乘彼代终之时，逞我揶揄之技，有如差役之对旧官，妓女之于逐客，是则本其势利之态，其为人所窥，二也。假使憎恶之端，实自己出，亦由可也。今则豚尾之谤（按豚尾二字实英人自呼其发辫，见各报），实出西人。夫人家子弟，闻有人指目其父兄之衣冠为笑点，则虽明知所说非谬，然必怒之以目，或起而与辩，今乃亟自承认，且纵而加甚，譬犹闻人嘲我父兄，不知力辩，反从而助之，足知其敢于侮慢，实本其倾醉外人。而倾醉之故，又由于畏势而无自立之心，其为人所窥，三也。古有顾恋于遗簪，追寻于故剑，盖用之既久，斯有爱情，于人有之，物亦宜然。吾国辫发近三百年，即于己身，亦复数十寒暑，一旦剪截，弃同弁髦。虽属毫发之微，宁无眷念之意？而辄加轻侮，情意荡然，其为人所窥，四也。既曰死刑宣告，是必缘于有罪，吾不知一辫之微，为罪何在？若谓此非吾人所喜，吾去之实为称愿，不知此二百六十年前语也。今之议剪辫，与国初之不肯剃发，截然二事，若并此不知辨析，则吾国前途，危孰甚焉，其为人所窥，五也。凡此不宜亵慢之端，实为吾人应守之义，非假劝诲，何俟文告，而以无人检校之故，辄放纵而不览，足见吾国人无自行管束之能力，其为人所窥，六也。今之为报，非特备本国人之观览而已，并为外人所观采，且将受其评判。见此等离奇之状，非谓吾国人之不知礼，即谓吾国人对于朝廷之无爱力。然则执笔者苟念及此，亦当有所顾忌，而不敢纵肆。今乃漫然为之，而无所迴旋，颠顸一至于此，其为人所窥，七也。世变繁矣，而为日有促，作日报者，上以警醒政府，下以裁正社会，外以洞察国情，内以详究利弊，夜以继日，犹惧不足。而时以一纤微之事，摇唇鼓舌，刺刺不休，足见其胸中无事，报外无文，浅露如此，其他复何足言？其为人所窥，八也。呜呼！以监督政府为旗帜，以辅导国民为义务，而其为道不过如此。譬彼飞走，偶然鸣伏，鸣伏既毕，纷然各散，去不知其所往，归不知其所届。吾国人物如此，不审国家将何所恃？作此文竟，吾累嘘矣。

（载《呇言报》宣统二年十一月二十六日，《汪穰卿遗著》收录）

敬告伦议长

吾国资政院之设，为国会之基础，此非一二年之事，而亿万年之事也。故院中逐日议事，固为重要，而整饬院章，使历久不敝，使全院之议员，均敢于直陈利弊，而无所顾忌，均能发抒自己之意思，而无所阿徇，此其责任，则全属于议长。然则议长者，实肩任维持全院之责，无可旁贷者也。今者忽有人纠众处置高议员一事，且明明诘问其反对新刑律之罪。夫议员在院中所发议论，院外之人，万无可以干涉之理。今若纵其如此，将来必至议员于未入议院之前，院外之人，可迫令其何事应若何措辞，何事应若何批驳，从我则生，不从我且死。又其甚，则此一党人既迫令如此说，彼一党人又迫令如彼说，则议员人人皆在死亡之区域中，而大局之不可问，更不必言矣。

至其谓高系川人，川人可不承认。又谓当迫令其辞职，又谓川人所举川人，应有监督之权。此等语，皆大背乎法理，不急起而治之，将来且贻患无穷。

今资政院成立伊始，而此等不幸之事，业已萌芽，涓涓不遏，将成江河，甚可惧也。

或谓此事未有明文，至资政院何从干涉，姑听之可耳。此说极不然，彼等既明明行之矣，且公然宣播于《京津时报》矣。而报章载之，绝不加以批评，且播扬之，一若应然者矣。假使竟不过问，则彼且以为院中人默许，社会默许，方且自谓得计，而效尤者，且接踵起矣。

吾为吾国大局计，吾为资政院及将来之国会计，吾故不能无望于最有专任之伦议长。

按以上所言，专指院外人迫胁干涉议员之事，于事至为危险，至所干涉何事，及其是非，则别一问题，不必相混也。

（载《刍言报》宣统二年十二月初一日，《汪穰卿遗著》收录）

时事说新（四）^①

近论者，咸哗然言须速立责任内阁，不但议员已也，即督抚亦屡言之。虽然，正惟求者之多，而愈可决应者之无人，且即定责任内阁之名称，而其无人应也如故。盖其原因，适相抵触也。且其不应也有二：一曰糊涂者之不肯应；一曰明白人之愈不肯应。盖至明白人而不应，则事之难可知矣。譬如有一大家，富至千万，然核其实，则店肆无不亏空，田则为狡佃把持，且产业之涉讼者，比比皆是，而又决不能售产以保产，款无可筹，而用辄逾量。当其事者，有百罪而无一功，试问于此而欲举一人当总管之责，孰则肯为之哉！然则欲得人而治之，其必别筹良法矣。

（载《刍言报》宣统二年十二月初一日，《汪穰卿遗著》收录）

杂说（八）^②

近来之大病，政治维新，状若大有所作，然调人无算，而实能办事

---

① 《汪穰卿遗著》将此文归入"杂说"，现恢复《刍言报》发表时的标题。序号为编者所加，下同。

② "杂说"原发表于各期的《刍言报》上，在《汪穰卿遗著》中则被集中编于第七、八卷中。编者现按照该文发表的日期，对照原发表的报纸，统一加以编号，并与其他文章一起，按照发表的时间先后统一编排。

之人乃无有。于是司中人虽有所谓办事时刻，实则饮啖哗笑，雅步从容，届时各散。顾亦时于仰视天、俯视地之余，念及闲暇太甚，恐将在淘汰之列，乃千思百虑，求有以自效，俾人知其非为素餐。于是有请收回税务自办者，有请收回邮政自办者，既不考历史，又不察时势，复不量才力，纵其意所如，辄请诸上官。顾此等事，大率十无一成，甚至转为笑点，此诚今日之人才也。

（载《刍言报》宣统二年十二月十一日，《汪穰卿遗著》收录）

忠告（一）①

　　近来外间喧传，谓法律馆所定民法，有亲权年限及失去亲权等条。余瞿然曰，何至是欤？意者，欲民知不可有倚赖性，故定父母教育之年限，俾知年至若干，必须自立，不能再恃父母也。此于策厉后生之道，固甚切至，且为今日之急务。惟若外间所传云云，则为子者，以为自今以往，凡子弟年至若干，父母即不能管理，则是父母至此年限，即失其父母之资格，是社会中顿使年幼者长一种悖慢不良之气。从此子孙不服从其祖父，且绝无孝养父母之观念，是大不可也，且此法有损而无益也。审为父母者，本不知教养之道欤？则已许其管若干岁以前之子矣，则此子已为无教育，或受不良之教育矣。倘父母善教其子欤？则徒立此年限，使彼受此限制，则于管理有无数不便之处。须知吾国与欧洲教化风俗，事事不同，若一一仿效，鲜不反受其害。况西人行此法，其内容如何，吾华人何从知之，必至误会，以为国家新法，孝弟等事，皆可删除，则大局之事受害，永无可挽回矣，窃冀主持斯事者一再思之。

（载《刍言报》宣统三年正月初一日，《汪穰卿遗著》收录）

---

　　① 《汪穰卿遗著》收入此文时，改题为《忠告法律馆》，现恢复《刍言报》发表时的标题。序号为编者所加，下同。

忠告法律馆（一）^①

近闻法律大臣所定民法，有亲权制限一条，此事于吾国向来政教，大相反背。吾不知主其事者何竟敢于出此。顾吾又闻该馆尤有一事甚踌躇者，则以依西例，凡人皆一夫一妻，一妻之外，苟有所私，皆为私妇，所生之子，但得为野生子。此事若相仿照，则不特对于宫廷将有大不敬之处，即对于贵族及诸亲党亦多窒碍。且诸君即对其爱妾及其子女，亦难于措辞，亦极费斟酌。或曰，此之为难，与亲权制限何异？何彼则奋笔可定，而此乃相视不决？曰：此吾亦不解。意者敢于尊长，而不敢于其妾欤？呜呼，人心丧尽，天理灭绝，至今殆已为极至欤？

（《汪穰卿遗著》收录）

敬告（七）^②

今敢敬告我政府曰：今日外交之急，内乱之多，财政之窘迫，法制之未定，人心皇皇，几若亡在旦夕。虽然，吾愿政府稳固其气以求之，

---

① 《汪穰卿遗著》谓此文发表于宣统三年正月二十日，查当日该报无此文，存疑。序号为编者所加，下同。

② 《汪穰卿遗著》收入此文时，改题为《敬告政府》，并将末节归入"杂说"，现恢复《刍言报》发表时的标题和章节。

和静其心以处之。敢更告政府曰，吾国所畏，虽在列强，然而将来致亡之大原，必仍在内乱。盖内乱不起，则必无列强无端以兵臨至而瓜分之之理。所谓内乱者，非某处多盗，某处有土匪之谓也，谓夫全国之人尽不安其生，而人人思乱之谓也。是故以今日之事论之，变法无序，朝令暮更，民无适从，则亡；不从民欲，强民就我，则亡；纵奸长恶，善良屈抑，则亡；赋敛无节，水旱无备，民不能生存，则亡；耗财之途不塞，窃位之官不去，徇情而废法，则亡。政府苟鉴于此，宜先求善其外交，以纾目前之祸；而急从事于内政，而一切勿务虚名。内政既修，则更扩张军备，由陆军以渐及海军，如此，则国事犹可为也；若不揣本末，不分先后，不知轻重，而凌躐以求济，吾恐欲求存，而去存愈远也。

今敢敬告政府曰：今用新刑律，又采用泰西民法，于事良善，且在势亦不得不如是。虽然，行之不善，则将来必有二大现象：一曰所在州县出有大小案件，咸不控官而自行办理；二曰凡人皆无养育子女思想，亦无成家立业思想。此二现象出，则家不成为家，而国亦不成为国。虽然，此但粗略言之耳，若逐节推求，则弊恐不止此。夫政俗素异，而一旦去故我而师人，固未见其能合也。

今者改新官制，内阁之于各部，中央之于各省，督抚之于各司之权限，皆极困难问题也。前二者，人皆知之，其后一事，则人或未知者。盖不使督抚得干预各司之事，则一切呼应不灵，且亦无以统率各司，块然居其上若缀旒然；若各司之事，而皆禀命于督抚，则各司适为督抚指挥之人，与旧日司道之于督抚何异？且如是，则各司皆无权，而仍须担承责任，则事必不行。此事亦极宜斟酌也。

（载《刍言报》宣统三年二月十一日，《汪穰卿遗著》收录）

忠告法律馆（二）

今果行新刑律，而明示孀妇、处女无奸罪，则天下将谓朝廷劝淫矣。果行民法，而亲权至有制限，则天下将谓朝廷不重孝矣。然则向来教孝奖贞节之圣训，皆将削除，而吾国民间习惯，请旌节牌坊及送子孙忤逆等事，必须明白晓谕，先行禁止。何则？新旧之法，不相容太甚也，我政府其亦计及否？

（载《刍言报》宣统三年二月十六日，《汪穰卿遗著》收录）

解释刘廷琛奏折之意义

　　各报有以大学堂监督刘君廷琛奏中有"无法律不过亡国，无礼教必至亡天下"二语，以为不可解，或且深致疑怪。按此乃一极平淡无奇之语，盖天下二字，应作为社会解，刘君之意，不过谓国家赖法律统摄，故无法律，则国亡；社会为礼教所维持，故无礼教，则社会亡。盖社会不亡，则风俗齐一，彼此尚相照顾；如社会亡，则彼此不相闻知，将有由涣散而灭绝之惨。此等语，无可深求，亦无可驳斥，而诸报乃断断于此，何也？（如犹太人即是国亡而社会不亡，所以能然者，则宗教维系也。）惟刘君之语气，一若轻视国亡也者，殊不知社会固不可亡，国亦岂可听其亡者？苟国亡，则社会之不亡，亦仅矣。若欲恃社会之不亡以复国，抑亦甚难矣。且礼教之存亡，亦何庸固争？天下未有数千年所行用，而可以一时之力去之者，虽以天子之命令，弗能废也。不过民情如彼，而法律忽如此，互相参错，不免一番捣乱耳。至折中辞气过于激烈，适以深彼此之意见。须知争此者，皆纯乎为公，必不可有以胜负为荣辱之心。况乎天下之事繁矣，万不可凝滞于此一事，致关碍要务。此余欲以告诸投身政界中人，而日前《京津时报》有不可以法律之意见，分党派之论，实先获我心也。

　　抑余尤有进者，今国家已处存亡呼吸之时，凡舍身于政界者，务宜先所急而后所缓。凡夫厘订法度，改革政治，皆平日之事，而非目前切要之事也。然则有志之士，举目前切要之图，详悉研究而急起直追焉，是实余所深望也。

（载《刍言报》宣统三年三月初一日，《汪穰卿遗著》收录）

辨正（一）①

近报有言，今日时事甚迫，不应沾沾于礼教、刑律事，辩论不休。尤不宜因此互生意见，此真知务之言也。余前者固谓大局已迫，此时而从容言改刑律，已为不急之务，足见彼此意见之同。惟专谓不应于此争礼教，则又不然。盖既云定新刑律矣，又云定期颁行矣，则颁行之后，利害即随之。假使知而不言，万一因是而有大害，则抚心自问，为疚何如？若以大局之危为说，则刑律一事，亦可在从缓之列。既云行之，则辩论自不能免也。

（载《刍言报》宣统三年三月十一日，《汪穰卿遗著》收录）

发微（二）②

新刑律之能否适用，此不易言也。顾吾所异者，则不在彼等之主张

---

① 《汪穰卿遗著》将此文归入"杂说"，现恢复《刍言报》发表时的标题。序号为编者所加，下同。

② 《汪穰卿遗著》将此文归入"杂说"，现恢复《刍言报》发表时的标题。序号为编者所加，下同。

斯事，而在彼等之处置斯事也。夫因定新刑律，而改变数千年来立国之基础，此何如重大之事？按诸事理，自应特为提出，请旨办理，岂有隐匿不言，希冀资政院议员党己居多，一经通过，即为定则之理？此其可异一也。劳君虽力争，然所争者，只此数条耳，且亦非欲如旧律办法也。而遽坐以反对新刑律之罪名，一若以后如有亡国弱种之事，均惟劳君一人肩之者，此其可异二也。凡争政见，就事论事可也，乃各报于劳君立身行己，诬捏百端，深文周纳，忽谓江宁绅士拒劳君不使到任，忽谓劳运动留京，忽谓劳幸得资政院薪水，得以到任，忽谓劳顽固，到任尚须黄道吉日。其余尚多，不及枚举。而凡与劳同志者，亦以此相对待，且激厉其辞，使为新党所恨，此其可异三也。此等手段，固有志者所不屑为，且果系光明正大，亦何必如此，真令人百思不得其故矣。

（载《刍言报》宣统三年三月十六日，《汪穰卿遗著》收录）

敬问（五）[①]

凡变法必须具决撒手段，方可有成，若敷衍此，又周旋彼，虽万年不能变矣。今欲立责任内阁，而三人骈然并列；欲以内阁统各部，而各部仍欲直接奏事；欲使各省直隶内阁，而各督抚不欲失向来之威权；清理财政，则但能略减成数，而冗费、冗员，不肯用辣手淘汰。如此为之，亦何贵变法欤？

（载《刍言报》宣统三年四月初一日，《汪穰卿遗著》收录）

---

① 《汪穰卿遗著》将此文归入"杂说"，现恢复《刍言报》发表时的标题。序号为编者所加，下同。

敬告（十五）[①]

今新内阁制度发表矣，吾辈无可复言矣；且即未发表，吾辈亦无可言也。何则？法待人而行，无其人，法虽善，无益也。今人最不满者，曰内阁仍是不负责任，亲贵仍干预政务。此等理论，各报千百其说，咸持之有故，言之成理。顾此二者，不必远引旁求，但举吾国故事，则与今日立宪政体，不谋而合。夫内阁总理大臣者，即相也，古则宰相之职至重，且必以一人肩之。春秋时，列国必有相，而为相者，责任之重，莫明白于子产之所言，曰："发命之不衷，出令之不信，刑之颇类，狱之放纷，会朝之不敬，使命之不听，取陵于大国，罢民而无功，罪及而不知，侨之耻也。"[②] 此数语，凡国之大政，咸包括其中。足见凡为相，政事得失，咸相任其责；国之安危荣辱，咸相肩其任。大约春秋时，各国大率如此。至战国稍有不同。秦汉以后，君或下侵相之权，又或引词臣、小臣以夺相权，又或以外戚、阉宦而争相权。惟至本朝，则一切皆皇上亲理，军机但如书记官。近数十年来，虽亦有须参预之处，然弄权则有余，执权则不足，遂致以堂堂大国，而规模反不如春秋之小国，甚可叹也。

至若亲贵不得干预政事，其说则明著于《中庸》所载孔子对哀公语矣。孔子言治道，莫备于对哀公之言九经。九经第一为修身，第二为尊贤，第三为亲亲。[③] 而言亲亲之事，不过曰尊其位，重其禄，同其好

---

①　《汪穰卿遗著》收入此文时，改题为《论新内阁》，现恢复《刍言报》发表时的标题。

②　语出《左传·昭公十六年》，原文为："子产怒曰：'发命之不衷，出令之不信，刑之颇类，狱之放纷，会朝之不敬，使命之不听，取陵于大国，罢民而无功，罪及而弗知，侨之耻也。'"

③　语出《中庸》第二十章，原文为："哀公问政，子曰：'……凡为天下国家有九经，曰：修身也，尊贤也，亲亲也，敬大臣也，体群臣也，子庶民也，来百工也，柔远人也，怀诸侯也。'"

恶，绝不言假以事权。盖亲亲之道，不过如是而止，必不能以要职重权烦之，致反于亲亲之道有碍。圣人之言，固推行百世而无弊者也，何今竟并此忘之欤？

（载《刍言报》宣统三年四月二十一日，《汪穰卿遗著》收录）

杂说（二十）[①]

无国会则国虚，无政党则国会虚，此固然矣。虽然，国会之不设，可责诸社会，可争诸政府；若无政党，则必不能号呼以求之也。有党魁斯有政党矣，有声望、资格足为党魁之人，斯人奉为党魁矣。党魁之质料不一，然而有必要者数事：忠义奋发，不顾其身也；魄力雄厚，能包含一切也；至死不变，屡踬不悔也；宗旨一律，无更变也；诚实不欺，无虚伪也。如此，则人皆欲助其成，虽欲不为党魁，不可得已。若夫自命魁杰，而以私党之心谋国，以把持之道营业，外清内浊，以所得不正当之金钱起家，而乃以新自标，心迹奇诡，忽则欲以保全政府为目的，忽又乘乱称兵为至计。如此，纵以权谲之术，得私人之推戴，而后亦必覆。夫取散漫瘫软之国家，而欲使之振作，此大事也，非可凭虚架空为之也。不惮时艰，不顾身危，出而任天下事，此实事也，非可点染烘托出之也。从事国会者，其审焉。

（载《刍言报》宣统三年四月二十六日，《汪穰卿遗著》收录）

---

① 《汪穰卿遗著》收入此文时，改题为《论政党》，现恢复《刍言报》发表时的标题。

敬问（七）①

专制改为立宪，头绪千万，大要必为改良政法也。然以吾观之，则更逊于前。何则？从前军机中无亲贵也。夫军机大臣，不过备顾问，宣诏令，才抵一书记长，而亲贵尚不得为之；今之责任内阁，则古之相也，而乃以亲贵为之，何欤？

从前各省兵事属提镇，财政、吏治属之藩司，刑名属之臬司，学务属之学政，虽机关未尽合宜，然督抚仅能总其事，而不能有其权。咸同以后，督抚势力骤长，于是防营设而提镇权替，善后、筹款、厘捐等局设而藩司权夺，发审局设而臬司权分，惟学政尚如故耳。今中央集权之说，悉以此诸权收归于部，于疆臣固多不便，且有于势实不可者。而如疆臣之意，则直欲并兵权、财权及各种权而有之，是直如列国矣，各国联邦，尚未有如是者。节宣调剂，吾甚望诸定外官制者。

言官得风闻言事，此专制变通之法。盖必欲有据，则劾奏难矣。且以此保护言官，俾不致动辄得咎也。闻今者定制，劾三品以上官，不得援风闻言事例，然则三品以上官，可恣意妄为矣。夫国会之力既微，存昔之台谏，而又限其权，将来行政官之恣睢，可想见矣。

（载《刍言报》宣统三年六月十六日，《汪穰卿遗著》收录）

---

① 《汪穰卿遗著》收入此文时，改题为《论改官制》，现恢复《刍言报》发表时的标题。

质疑（十）^①

　　近日吾国民斤斤于预算矣。顾吾闻各部、各省今年之预算表，即去年之预算表，无甚增减也。嘻，岂各省之财政，皆定为板法欤？如此，又何必交议欤？敢以质之言新政者。

　　又吾闻各省之填预算表也，各州县必大增其数，送呈督抚，再三核减，又经监理财政官核减，乃与实事稍相合，而浮冒与否，犹未能尽知也。

　　（载《刍言报》宣统三年六月十六日，《汪穰卿遗著》收录）

记怪（十三）^②

　　近日新政中最不可解者，则各省府县皆设农学会，或农事实验场也。夫农本吾国民所优为，惟水利不修，堤岸毁坏，及不知改良耳。是但须设二三局，考土宜，辨肥料，及研究除害虫，并改种能畅销之花木。如是，庶于民有益也。今则不然，建广厦，派总会办，岁糜金钱无

---

　　① 《汪穰卿遗著》将此文归入"杂说"，现恢复《刍言报》发表时的标题。序号为编者所加，下同。

　　② 《汪穰卿遗著》将此文归入"杂说"，现恢复《刍言报》发表时的标题。序号为编者所加，下同。

算，而所种之植物，大率当地所有。前者鄂中初开农场，种桃数年，始结实数枚，计其本，大约每枚须数十金，传为笑柄。今则此类遍各省，不知糜此巨款何为也。

（载《刍言报》宣统三年六月十六日，《汪穰卿遗著》收录）

记怪（十四）①

报载，宪友会孟君主持中央集权，而易君诋之，罗君且斥不许预议，而令为旁听。嘻，余于此乃大惑不解。夫今之汶汶者，可正名为中央集权乎？主中央集权者，乃当为政府党乎？主中央集权为政府党，则主各省分治者，为民党乎？此等党派之分，乃大为怪诞。夫中央集权与地方分治，解决至难，以吾观之，则今之中央集权非吾所谓中央集权，今之地方分治非吾所谓地方分治。今所最要者，为考求适宜之法，而徒以意气行之，其有当乎？

（载《刍言报》宣统三年六月二十一日，《汪穰卿遗著》收录）

献疑（三）②

向之病旧法也，曰：凡国之政法，当由中央直达于各省之有司，故

---

① 《汪穰卿遗著》将此文归入"杂说"，现恢复《刍言报》发表时的标题。
② 《汪穰卿遗著》将此文归入"杂说"，现恢复《刍言报》发表时的标题。序号为编者所加，下同。

一气贯注，一国如一身也。吾国则不然，凡事由县达诸府，由府达道，由道达省之督抚司道，层层节制，而咸足以相牵制；至中央有命令，则下督抚以递及州县，而咸可阻搁。且从前之制，各司由朝廷特简，其不职被劾，朝廷或派人查办，不必尽如其言也，而督抚有大过恶，各司可联名劾之。故督抚于诸司无全权，而兵权则尤轻，以有提镇也。今闻新外官制，各司全辖于督抚如属吏，随时可劾罢，每省四面有四道，道之待属官，与督抚之待各司同。其下为县，县之于属吏，亦同于督抚道。如此，则督抚提挈一省之权，盖与一国无异，较之从前之督抚，殆有甚焉。其于行政之道，果有合欤？其于中外相维之故，果无弊欤？敢以质之议官制者。

（载《刍言报》宣统三年六月二十一日，《汪穰卿遗著》收录）

论试办义务教育

二十四日，《京津时报》辩学部试办义务教育议案，谓义务教育即强迫教育。既用强迫教育之法，则绝非用劝导，而用强力。今乃标其题曰"义务"，而冠其首曰"试办"，是学部大臣之宗旨，惝恍未定也云云。按报中所言，极为正当绳切，学部大臣亦极是。综言之，殆谓学部大臣不能放手办事，而有涉于纡徐躲闪耳。顾其中有一至难之故焉，则无论何处之州县、乡镇，其地方公款足取为小学之用，殆无几何，甚有不能得十之一二。试思，一面强民间小儿入学，一面无多数学堂可备无数小儿读书之用，则当事者可为奈何？况乎吾国入官之途太滥，于是稍见秀异之人，无不庆弹冠而去，冗员盈于京外，而办事之人乃大耗于乡。夫款既难足，人又不敷，则学部即欲用强迫之法，各省官绅悉能按规则办事，而事之无济，一也。如此则一面又欲行普及教育，一面又须顾及筹款用人，则使各地方主持教育之人，徐为布置，积渐推广，而不能即时一概施行，此殆有不得不然者欤！

（载《刍言报》宣统三年六月二十六日，《汪穰卿遗著》收录）

关于提倡军国民教育之修正案①

读唐君提倡军国民教育议，于全国尚武一层，极为注意。惟康年窃谓此事在精神不在形式，在根本不在枝叶。小学注意体育，已足立尚武基础，若又于教科书中备列历代帝王之勋烈，名将之才略，武士之勇敢，游侠之气概，则人人勃发矣；又告以强敌之凭陵，兵气之挫衄，交涉之受困，则人人惕惧矣。夫习闻于武烈之故事，而又加以忿激惕惧，复壮健其身体、练习其筋骸，则人人具雄武之气，一旦使学习武事易易耳。且人之大患，在无内心学问也，政治也，经商也，无不以内心为重，军事何独不然？今吾国之学堂，已甚嫌其喧嚣哗噪，如更令其从事于打靶、拳棒等事，则神散而不聚，气泄而不敛，驯至妄动于家庭，哗噪于市府，甚恐利未得而害先见。且乡镇小学堂，必多下等社会人家子弟，习气本不纯良，若更公许习此，则将以佐其私斗。始而两党相斗，继而两村相斗，而掠市店，闹官衙，皆势所必至。且既云普及，则全国相同，将来一片牵连，互相联络，祸患必不可胜言。大部提倡此事，自宜严定其鹄，预防其弊，否则，一发难收，地方官禁之不能，纵之不

---

① 题目为编者所加。汪诒年在此文前有说明："六月，学部召集京外教育家及本部执行教育人员开中央教育会于京师，会员共二百余人，先生预焉。……部中交议者有军国民教育咨询案。同时会员提出者有唐蔚芝君（文治）之提倡军国民教育；有王□□君（鸿文）之实行军国民教育。先生曾拟一修正案呈诸会长。"此文即汪康年所呈之修正案。

可，如何处之？康年不敏，实深愚虑，谨议。①

（宣统三年六月，录自汪诒年编：《汪穰卿先生传记》卷五）

关于军国民教育之发言稿②

前日在会中，因军国民教育事发表意见，因病后之气力衰微，不能达其说。今特将欲言之案写出，请人代诵，乞诸君谅之。

本会员衰病之余，本不应预此盛会，但思现在大局急迫，苟有所见，何敢藏着不说。况当此紧要关头，人人应该划除成见，互相补益，所以扶病来此，一贡所见。

军国民教育，现在自然最要紧，但诸君热心爱国，切须先将各种现象看明，方可下手。军国民教育是医文弱的一种圣药，殊不知我国学生何曾专病文弱？他们的气是浮嚣的，他们的心是骄纵的，总之是庞然自大，不服管束。试问如此性质，若再教以武勇之事，岂非火上加油？药是好的，可惜他们还用不着。此等弊端，皆由十年以来不能注重小学所致。而管小学之人，一味屈从学生，不在管理上用心，以致全国学堂竟

---

① 汪诒年在此文后的说明：

"会长得先生说帖后未即宣布也，其后先生复于会中发表其意见，其文如次：

本会员于教育上素少研究，不过对于这个军国民教育上也有个意见要请教大家。方才有人说我们中国现在危急，非如此不足以图存，然而总要在精神上讲究，不能专在事实上讲究。这个议案通共六条，都是办法，本员以为总要归结于精神方能有效。譬如，要练将十年、八年才练出来了，要练兵三个月、六个月就练出来了，虽练成了，还要他能用号令，能知团结，方能有条不紊，要动则动，要静则静。现在我们中国的学堂情形，言之真堪痛心。各位试思，现在我们中国的学堂，哪一个学堂的学生能够遵守堂规，服从命令？这是各位所晓得的。前天这个议案意思本是不错，不过办法有点不善。

先生又云：这个军国民教育是与征兵相表里的，征兵之政到汉朝就很为难。现在英国，其人民服从长上之性，比中国大得很，而征兵之法，犹且不能行。"

② 题目为编者所加。参见文后汪康年在按语中的说明。

是一般弊病，岂不可叹！所以现在仍须各地管理学堂之人，要用水磨功夫，将学生气质调习好了，方能从事武勇，否则，未能学走，先要学跳，恐怕不妥。

前日听见有几位会员说，现在列强相逼日甚，惟有赶紧令全国习武。此是诸君但见外侮之可惧，而未见内地人家子弟之一切情形。况且办事均有一定的层次，不将根基修好，就想揠苗助长的法子，恐怕还要闹糟。

现在时局固然危极了，然招架此事，还是要仗外交。依本会员之意，则靖内乱尤急于御外侮。盖今日各国所以能不即下手者，以相持不敢先动耳。若果动手，则不特此等稍加练习之学生无所用之，即我新造之陆海军，亦安能一战？但是各国虽不即动手，若我国一有内乱，则伊等借端保护，争先动手，我国将全行糜烂。因此之故，我国各处绅士，一面须作学生之勇气，一面又须防遏乱萌，则所云军国民教育，更不能不出以慎重。

本会员尚有一说，若我国向来办事，果能做一件成一件，即不能十分圆满，却总有七八成的成色，那就再加入军国民教育，有何不可？所谓底子好了，要如何便可如何。现在各省略涉新政之事，诸君想皆明白，试问以如此杂乱无章之景象，若不量其宜否，骤然又添一种特别之事，宜乎？否乎？

再，教育是各种政务的一部分，军国民教育又是教育中一个题目，所以说到教育，要顾到各种政务，说到军国民教育，又须顾着教育的全体。倘将全体抛荒，而注意一端，岂不是糟极？

诸君须知，各处学堂通病，道德懂得少，中文能的少，其余学问亦敷衍而已。只有体操一事，却都高兴，因为此事有趣，又不必用心之故。既然如此，学堂中还须叫此等学生懂教化，肯用心，方可再及其余。

须知本会员亦知军国民教育是急事，但须从根本做起，又要有次序，方能有好结果。

按：今年学部开教育会，余名列会员中，顾以病后体孱，不能往。后闻会中方主持军国民教育，余以兹事有利有害，万一不慎，一发难收，则为患滋大，乃草修正案送会中，数日未得消息。而初七议及此事，余乃扶疾往，强为演说，累数百语，即有人大呼："宜大其声，方可此说。"乃大足窘余。俄而闻会长对众谓："汪君前有修正案在此，与今所言同，其意无他，不过谓不必打靶、不必学拳棒而已。"噫！此二语而括余之所言，岂不遏抑太甚欤！且不以余之修正案宣布，余固无如会长何。初九复至会，则书所欲言，请人诵之，并诵前之修正案。虽未获谅于人，顾语则已达于同会诸君，余亦慰矣。然各报例于异己之言，概不登录，故登此二文，以质同志。）

（宣统三年六月，录自汪诒年编：《汪穰卿先生传记》卷五）

质疑（十四）[①]

我国治官之官多，治民之官少，久为人所诟病。自预备立宪以来，改定官制，于是有将府州县分为三级，统为治民之官之议，至迩日始奉明诏，裁撤附郭首县，归并于府，以实行知府亲治民事之基础。顾吾人尚有未能满意者，则知府犹兼辖其他州县，未能一扫其赘疣之弊也。然谕旨煌煌，各省宜无不恪遵，奉行唯谨矣。而不料率多不应者，即以吾浙而论，十一府之中，仅杭嘉二府，已在实行，余九府均以归并为难为词，纷纷请缓，且有出于绅商学界之请求者。噫，吾百思而不得其故矣。岂人民之情愿多受一层之朘削耶？尤奇者，莫如湖州府商会、教育会、农会、城区议事会、董事会之上抚院公电，有"新官制实行先裁府治同城首县，闻电惶骇"之语（原电见初四日《帝京新闻》）。事乃奉旨实行，无损于民，有何惶骇？对于诏谕而曰惶骇，其立言亦可谓不知大体矣。况此事乃立宪时代所当为者也，无所用其惶骇也。其电中尚有"本年大水成灾，现状尤极危险，更宜慎重，一动即恐召乱"之语，更为可笑。夫今日之裁并首县者，不过以首县所办之事，移交于向无所事事之知府之手而已，并不变迁疆界，亦不扰乱人民，更不丈量地亩，加

[①] 《汪穰卿遗著》收入此文时，改题为《论湖州商学会力争裁并首县事》，现恢复《刍言报》发表时的标题。

增赋税，惟有官吏之关系，而无与于人民也，何召乱之有哉？以堂堂之会绅，而出此可笑之言，增中丞岂小儿哉？而欲以召乱二字恫吓之，适自形其愚陋耳。第吾所最不可解者，未知绅商学界，果具有何种见解，而必出力以争，有爱于官乎？抑有爱于衙门乎？或曰彼辈乃被动力也。其然，岂其然乎？然裁并首县之问题，一省如是，他省可知。绅商学界如是，官吏可知。

（载《刍言报》宣统三年八月初六日，《汪穰卿遗著》收录）

砭论（四）①

吾阅初二日《帝国日报》，见载有王揖唐观察致某亲贵一书。吾雅慕王之为人也久矣，以王必抒其瑰玮之怀抱，发为经世之宏谋，故再三读之。不意其所谓重大问题，当今急务者，乃开党禁及断发易服诸事耳。未始不雄辩滔滔，言之成理，而吾则不敢随和也，窃愿比于春秋责备贤者之义，而一商榷之。

夫请开党禁之说，喧传人口，固已非一日矣。诚如所言，腾于报纸，提于议案，列于奏章。而其说之由来，不过出于三数人之私见，盲从者众，遂成为今日谈政学者之口头禅矣，而不知实一梦呓之言也。何则？我国之所谓党，大抵朋比为奸，营私树援之徒耳，不得谓之党也。而朝廷之于所谓党人者，亦未明悬厉禁。如汉之党锢，宋之元祐，明之东林也。故吾以为无所谓党，何有于禁？无所谓禁，何有于开？而今之持论者，率以请开党禁为言，不知其何所根据也，非梦呓而何？至若书中所言："海外逋臣，播越飘零，沉郁而不用，此薄海臣民所为大惑不

---

① 《汪穰卿遗著》收入此文时，改题为《驳王揖唐致某亲贵书》，现恢复《刍言报》发表时的标题。序号为编者所加，下同。

解者也。今党人之稍负时望者，其心可原，而其才可用。苟于此时开除党禁，擢其一二贤者，俾襄宪政，不惟收得人之效，窃谓海内豪杰之士，必有闻风而兴起者。所谓千金市骨，而后千里马可致也。"斯诚吾之大惑不解者矣。其所谓稍负时望之一二贤者，姑无论其学、其才、其品之如何，而朝廷果擢用之，能收得人之效与否，吾亦不遑深论也。即以其昔日乘国家颠危，乘舆播迁之际，而欲求一逞，祸及全国之举动而言之，我薄海臣民，方深恶痛绝之不暇，焉有俟朝廷擢用此得罪于先帝之人，而后始闻风兴起者哉？况其所引管仲、百里奚之事，尤拟不于伦也。管仲之于桓公，虽有射钩之嫌，而初未为其臣，故囚也可用之。百里奚之于穆公，虽有败军之罪，而初未曾作乱，故俘虏也可用之。今之所论，岂管仲、百里奚之匹哉？而欲引此以为不以小过而弃大才也，何其颠倒错乱如是之甚耶！以此类拟不于伦、颠倒错乱之言，而进之于亲贵之前，吾未见其可也。吾不意如王君者而有此言也。

至于断发易服之问题，谓其世界大通，万国并立，衣冠形貌之不同，改之可也。谓其足以与民更始，强国兴邦，则吾未之敢信也。夫强国兴邦之事，奚止万端。若政治，若教育，若实业，若军事，无一非当今之急务，不从根本上立论，而断断于形式上之断发易服，何其傎欤！而犹谓为事之最急而易行者，则又非吾之所能解矣。断发故易易也，而易服一事，不仅关于朝廷之制度，且系于生计问题为尤巨。姑无论易服之后，衣悉用呢。业丝绸者，行将失所，即以吾人而论，数十年来所置之衣服，费少者亦百十金，一旦弃之而制新者，其费必又不资。一弃一制，当此物力艰难之际，其何以堪？吾恐未睹强国兴邦之效，而已遭劳民伤财之患矣。吾不知明干如王君，而亦歰歰于此，不加计虑，进其言于亲贵，以冀朝廷之实行，吾未见其可也，且事并非果易于行也，何不思之甚耶？

总之王君欲进言于亲贵，必择其上有关于国计、下有系于民生之重要问题而言之，始可谓智，始可谓忠。若今之所言，吾不知其何有于智，何有于忠也。吾深恐人见王君进于亲贵之言而亦如此，不察事之真相，争以为今日之重大问题，未有过于此者，而附和日盛，则大非吾国之幸也。吾故不得不一饶舌也，王君以为何如？

（载《刍言报》宣统三年八月初六日，《汪穰卿遗著》收录）

纠正（二）①

初一日《国风日报》载，东抚会同直督、豫抚奏请复设东河总督一节，阅之深为不解。夫我国政界中积弊之甚者，莫如河、盐二端，而河务耗费国帑，扰害闾阎，其为患也尤巨。河工人员，自河督以下，莫不骄奢侈逸，贪黩侵渔，久为世所诟病。自裁撤河督之后，其积弊虽未必能一扫而空，较之往昔国帑，已岁省不赀，则其弊似已渐除。故无河督，每年节省八十万金，乃可知者也。其不可知者，尚未识几倍于此。不观夫今日河工人员之叫苦叫穷乎？即其明征矣。苟复设河督，非徒不如督抚兼管之能统一事权，且多一衙门，即多无数销耗，多无数作弊之人，无益实际，徒事纷纭，有百弊而无一利者也。吾侪小人，诚不知大府之用意，窃愿其事之不确也。

（载《刍言报》宣统三年八月初六日，《汪穰卿遗著》收录）

质疑（十五）②

初六日《政报》云，初二日内阁王大臣会议，改江北提督为军政

---

① 《汪穰卿遗著》将此文归入"杂说"，现恢复《刍言报》发表时的标题。序号为编者所加，下同。

② 《汪穰卿遗著》收入此文时，改题为《论议改江北提督军政使等事》，现恢复《刍言报》发表时的标题。

使，其行政一切事宜，划归河南巡抚办理，已交法制院会同陆军部核办。吾阅之，百思而不得其解也。夫江北提督，江淮巡抚之所以改设也，原以徐淮僻居江北，地邻三省，江南督抚有鞭长莫及之势，于是而设江淮巡抚以分治之。嗣复因分省之不便，改为江北提督。提督虽有行政之权，而其地仍隶属于江南，归江督、苏抚统辖之内也。今而改提督为军政使，专治军事，王大臣之筹划，不可谓其非也；乃将行政一切事宜，划归河南巡抚办理，王大臣之筹划，不可谓其是也。何也？江北本江南统辖之地，其行政事宜，江南督抚，固同任其责者也。今提督专治军事，则其行政事宜，应责令江南督抚专任之，何必使河南巡抚遥任之？此吾所谓不解者也。河南之去江北，岂近于江南耶？况行政事宜，划归河南巡抚任之，则江北之地，亦必划归河南辖治矣。以昔日分省不便之江北，而今乃划归河南，岂非仍与江淮分省等耶？以江南督抚鞭长莫及之江北，而今乃划归河南，岂河南无僻远之虑耶？此吾所谓百思而不得其解者也。且今昔时势变迁，情形不同，津浦铁路敷设之后，交通便利，江南督抚已无鞭长莫及之势，而江北亦非僻居一隅之地矣，则提督任军政，而督抚任行政，固无不宜也。如谓河南有开徐、清海铁路之计划，于势为便，则开徐、清海铁路之何日告成，尚未可定。而津浦必先彼而成，其于势更为便矣。即以同为交通便利之地而论，亦断无割江南全省之半，而增益河南之理，况于政治无益也。盖斯举非徒于势不可，于理亦不顺也。吾知内阁王大臣何至有此言，意必不知事理之人所臆造也，而犹自以为新奇，岂不畏人之齿冷欤！

（载《刍言报》宣统三年八月十六日，《汪穰卿遗著》收录）

诘问（五）①

江西赣县自治局增设惠借公所四家，而征其税，以补助经费（事见

《赣报》）。惠借公所者何？小押之变名也。小押者何？违法之营业也。以法定机关之自治局，而增设此违法之营业，征收此违法营业之税，以补助经费，诚今日之创闻也。违法营业之小押，而可征其税以为经费，则自治局可以假补助经费之名，而无论何种违法之营业，悉征税而保护之，其为违法营业者，亦可纳税于自治局，受其保护，而无恶不作，故此举非徒不成政体，抑后患有不胜言者矣。

据自治局之言，则实始于前令准其设立六家，抽捐为警察费，则此令诚善于筹款矣。夫近年各处，因警察经费之不足，而征及非正当营业之花捐、戏捐，吾已觉其利不敌害矣，今而征及于违法营业之小押焉！且因卫民之警察，而增违法之营业，则有害而无利矣。况自治局又从而效尤之，作俑者其无后乎！令不足责，自治之绅而效尤之，他可知矣。

自治局且谓："知非善法，令未允为裁撤，既不能裁撤，即添设四家以补助自治经费，于事实上亦未见有害。盖以此所虽经添设，而民间质借之多寡，则仍然如故也。"（以上节该局照会文，原文见七月二十一日《赣报》。）噫，彼敢明目张胆而为此言，充其意，既有六家，虽再增设千百家，亦无妨也。自治局而如此，直地方之害耳。自治局员而为此言，直刁绅劣监之行耳。吾恐我国各处之自治局若此类者，正复不少也。

惠借公所果恃自治局保护之力，而有逮捕他人送县之事矣（亦见《赣报》）。地方官创之，自治局纵之，极其至，此种为违法营业之人，将无恶不作，扰害地方矣。以自治经费之故，而扰害地方，是欲自治，而反以自乱也。五洲千古，当无此政体，无此办法也。至自治局因《赣报》揭载其事，而以正式之照会请其更正，则尤为创闻也，岂自治局欲以法定机关之势力，而迫胁该报更正耶？抑自治局事务极简，无用公文之地，而对于该报一为炫耀耶？惜该报非官报也，不能亦以正式之照会答复也。噫嘻！天下事真无奇不有矣，以此类无知无识之人，而办地方自治，毋乃慎乎！故吾谓今日人人言地方自治，处处办地方自治，不足以睹自治之效，而可以种自乱之因也。非吾言之过也，理或然欤？

以筹警察经费，而准设违法之营业，怪；以补助自治经费，而增设违法之营业，怪；以恃自治局之保护，而惠借公所敢于捕人送县，尤怪；以报纸之揭载，而自治局以照会请求更正，尤怪。聚如许之怪事，吾焉能已于言哉！

（载《刍言报》宣统三年八月十六日，《汪穰卿遗著》收录）

论改易服式

衣冠改革，关系国家制度，假使国家熟权其宜，而下令改革，从而改之可也。又或以赴各国留学、游历之故，取其便利，暂改而从彼，亦犹可也。若身在本国，而无端剪发易服，则似表其不服本国制度之意见，而示外人以我国民心之离散，其关系莫甚焉。推原其故，或以标示其为维新之徒，此则取其简易而为之，又次则以是为威吓平民之具。尤可怪者，西人之服，亦有分别，且领钮拘束亦甚。而我国人绝不顾，或华服而西冠，或西服而华冠，或戴西人睡帽，而昼游街市，或领服不完全。在吾国人，惟笑其西装而已；而在西人观之，则可怪笑孰甚。至如妇女而为东西装，又有戴西人男子帽者，有着西人男子衣者，有西冠而着本国男子服者，妖欤？鬼欤？其丑状尤令人欲吐。

或谓衣服自由，何必介介，余曰：然则何以各国人之服咸一律，未尝参差也？否则，彼何不此从罗马，彼依希腊欤？或乃遁其辞，曰：此由其人之文明程度同，故不觉归于一律。余嗤之不复与辨。

（未刊稿，《汪穰卿遗著》收录）

论宜注重民生

人一日不食则饥，数日不食且死。苟有力焉，盗窃劫略，靡不为矣。而吾观近之行新政者，操论议者，乃未加意于此，可怪矣。或谓事出不得已，若必面面周到，永无实行期矣，是固然也。虽然，谓不能稍设方法乎？今则如裁书吏也，如收庙产也，如裁防营、绿营也，事非不是，而行之未合也。或曰：若书吏，若庙产，彼享其权利久矣，一旦去之，何伤？若绿营兵，月不过三元，彼岂赖此？不知享权利者，特千百之一二耳，下此，大率仅能果腹而已，并此去之，殆转沟壑矣。至月得三元者，彼之生活，方恃此为基，夺之，亦惟指沟壑为归墟耳。或曰，若辈茌弱而无知识，即不与食，彼将奈何？噫，此非仁者之言也，抑亦非新政所宜有也。

前者裁旗之谕旨下，并令为八旗人筹生计，亦斯意也。彼时某君乃忿然言，汉人失业者无数，朝廷不之顾，而独为八旗筹，即为满汉不平等之证。殊不知，此恃旗饷以活者，月仅三五两，而八口之生活赖焉。其人聚而多，必不能听其坐以俟死也。彼时汉人固无是也，今之书吏等，则类此矣。某君若移前说，而施之今日，则当矣。吾人安居于家，食饱而衣暖，而遂忘人之不能忍饥寒，是可耻也。

（未刊稿，《汪穰卿遗著》收录）

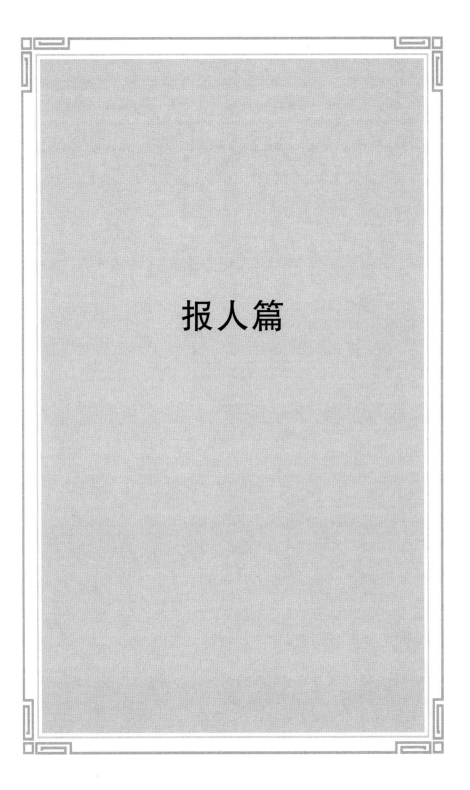

报人篇

论设立《时务日报》宗旨

　　呜呼！上下之壅蔽，人心之顽固，有如吾国者乎？去年胶事亟，国安危在呼吸，时东友某君特航海来吾国，至上海，则诧曰：德踞胶州，吾国上下议论若沸，而处其国者声色如故，酬燕如故。问胶州事，或不知，或知之又不悉，又若不相关，何若是欤？至胶州，则又诧曰：吾以为胶民晏然若处乐土，何又若是欤？呜呼！吾人心之不动，患在无以动之也。今若是，岂有冀于后欤？

　　日报之制，仿于中国之邸抄，而后盛行于泰西，又大变其制，能通消息，联气类，宣上德，达下情，内之情形暴之外，外之情形告之内。在事者得诉艰苦于人，僻处之士，不出户庭而知全球之事。顾其利或全，或偏，或有利，不能无弊，然要之利胜于弊，于撤壅弊，辟顽固，力甚大而效甚捷。譬之隆冬始春，百草枯枮，蛰虫咸俯，震雷一击，而蛰者起，枯者苗。两国交绥，战事懈怠，鼓声一振，而士皆奋发，悉力致死。然则，处今之世，而欲使吾壅蔽、顽瘤之俗，一变而洞彻，而愤厉，惟日报宜也。顾或谓今上海已有《申》、《沪》、《新闻》、《大公》、《苏》五报，而天津有《直报》、《国闻报》，汉口有《汉报》，长沙有《湘报》，福州有《福报》，广州有《中西博闻报》，香港有《循环》、《维新》、《华字》、《环球》四报，意事无不举，论无不周，何用赘为？不知闻见患其不博，论说患其不参，博则虚实可相核，参则是非可相校，固不以复出为嫌也。夫如是，故海上同志，复集款设立《时务日报》，出其所得告当途，并陈其一得之愚，海内贤人君子，其亦矜其志而许之欤！若夫市利之诮，不洁之嫌，吾知免夫！吾知免夫！

附:《时务日报》章程

本馆纠集同人创建,兹举一切体例章程,较他报稍异,兹特申明于左,愿海宇君子鉴之:

(一)本馆之意,在转圜时务,广牗见闻。论说之文,务取远大精确,篇章但求简赅,毋取冗长,即所登新闻,均择紧要有征之事,凡郢燕市虎之词,概为严删。

(二)本馆重在采译西报,凡紧要新闻,及有益之论说、章程,悉行摘录。

(三)现在风气大开,公司局厂林列,惟办理情形,局外无从窥测。本馆拟逐细探求,以饷究心时务之人。

(四)本报另立专件一门,凡奏疏、章程、条陈等件之关于时务者,无不广为搜录,以资考证。

(五)各处如有异常紧要之事,均令访友即行电告,俾阅者先睹为快。

(六)报纸分为三层,俾阅者少省目力,句读加点,以清眉目。

(七)首页开明目录,告白分别门类,以便检览。

(八)各处访友虽已订定,惟处事不厌精详,凡沿江、沿海各埠,及各都会,有才学识兼优之人,愿襄助为理者,请将新闻随时寄示,如能入格,即可添订。

(九)事贵集思广益,倘有挂漏未妥之处,尚幸诸贤匡其不逮,如有崇论伟议见示者,本馆亦为采登。

(十)报价,本埠张十文,外埠十四文。

(十一)告白价,第一日每字五厘,二日至七日每字三厘,以后每字二厘半。登在首页加一倍。告白至少以三十字为率,多则以十字递加。

(十二)本馆并登聚会告白,如同业公议及寿筵、喜筵,须布告于众者,均可代登。此项告白,编于新闻之中,使人易见,实为最便。每日每事,取洋一元。

（十三）凡惠寄论说、新闻及函件，信资概请自给，登否概不寄还。

讨论：

（一）如有仿制或创制之物，请即函告本馆，即可托人前往试验，如确，当代登报表扬。

（二）如有新撰、新译书籍，亦请送至本馆，当酌为登报。

（三）如有已开译书籍，及创意欲撰之书，亦可告知本馆登报，以免重复。

（四）如报中登事错误，请随时指正。

（五）如有不惬意于报中所言者，请随时函示。

（六）如有冒称本报人及访事人在外生事者，请速函示，俾得查究。如有致各处要函或取要件之函，均有本馆总理或正主笔、总翻译签字为凭。

（载《时务日报》光绪二十四年闰三月二十一日）

《亚东时报》叙

环球之上，有支体官理知觉之伦，昼夜戢戢，搏心壹志，纷然不一致者，求其公理，一言蔽之，曰：争自存而已。太古之时，人与物争，人非存人，不能以自存也，故人与人群而胜物。物既胜矣，人害绝矣。人之孳乳而日以蕃，而地力日以不给，于是群与群又争，争则小群败，大群胜，愚群蹶，智群兴，由是散者求合，昧者求明，而种日以进也。故习争，不争则不能群，不群则不能存。生学家恒言曰：物竞物。果无竞，则虽自生民以来，无群之事可也。故争及一家者，必群一家之人而争之；争及一国者，必群一国之人而争之；其争及全种者，则必群全种之人而争之矣。今夫父子兄弟，安常履顺，室无他故，或因干糇以失德，取箕帚而谇语。及外患一至，则前隙立泯，而惟同心御侮之知。

《诗》曰："兄弟阋于墙，外御其侮。"又曰："死丧志威，兄弟孔怀。"①
岂不信欤？日本与我兄弟之国，同立国于震旦，垂四千年。疆土相望，
聘问罕通，不幸天祸两国益以甲午之难，然此皆薄物细故，谋臣计失，
譬之兄弟诟谇，不足以伤天性之恩者也。乙未以后，余始得与日本士大
夫游，闻其言论，肃然悯黄种之式微，以振兴中国为己任。凡聘教习，
兴农桑，苟利于中国者，莫不图也。戊戌之夏，乙未会员诸君相议，设
《亚东时报》于上海，月一出报，将以扩兴亚之愿击中国之蒙，志其宏
焉。伊尹曰："天之生斯民也，使先知觉后知，使先觉觉后觉也。"② 孟
子曰："中也养不中，才也养不才，故人乐有贤父兄也。如中也弃不中，
才也弃不才，则贤不肖之相去，其间不能以寸。"③ 夫诸君子于中国，
岂徒有先知先觉之责哉！不教子弟，不能保其家，不存其邻，不能保其
国，亦势之相积之使然欤？

吾独念日本于今日非有中国之危，而其深谋远虑，图自存之道犹如
此，则我国上下，身丁其厄，宜何如感愤振发，思物竞之烈，而讲合群
之道，以无负日本仁人君子之所为哉！呜呼！其可感也，夫其亦可愧
也夫！

光绪二十四年夏四月钱塘汪康年叙。

（载《亚东时报》光绪二十四年五月初七日第一号）

复宗方书（四）

北平仁兄大人阁下：接读来函，谨悉种切。比维动定多福为颂。敝

---

① 上两语均出自《诗经·小雅·常棣》。
② 语出《孟子·万章下》。
③ 语出《孟子·离娄下》。

馆自改为官报后，现与南皮函商，改名《昌言报》，盖谨遵六月初八日
"据实昌言"之谕也。准于七月为始，照章出报，与《时务报》蝉联而
下，所有一切章程，亦仍其旧。刻已刊登各报告白（并已托人登诸贵
报），并知照各分派处矣。

　　阁下月底来申，极所忻盼，如到时，请示知，即当走谈。梁、胡二
君，中秋前后亦能于沪上相见，更所深愿。余不赘，敬请近安。弟汪康
年顿首。

　　　　（录自汤志钧：《乘桴新获——从戊戌到辛亥》，204 页）①

本馆告白②

　　启者，康年于丙申秋创办《时务报》，延请新会梁卓如孝廉为主笔，
至今两年。现既奉旨改为官报，则《时务报》名目自非草野所敢擅用。
刻即从七月初一日起，谨遵六月初八日"据实昌言"之谕，改为《昌言
报》，另延请番禺梁节庵先生鼎芬为总董，一切体例，均与从前《时务
报》一律，翻译诸人亦仍其旧，祈代派暨阅报诸君共鉴之。

　　一、价目、寄费均依从前《时务报》之例；

　　二、从前曾订《时务报》全年者，兹即接派《昌言报》；

　　三、七月以前《时务报》，仍由本馆发售；

　　四、以前《时务报》账目款项，请寄至本馆；

　　五、以后赐函，请改书昌言报馆；

　　六、《时务官报》须待康主事到后另行开办，其报费经奏定每月一

---

　　① 汤注：无月日，信封署"寄汉口汉报馆宗大老爷北平察收，上海时务报馆缄。六月
廿一日"，邮戳亦为"六月廿一日"。

　　② 本文除刊登于《昌言报》外，还以《上海时务昌言报馆告白》的篇名，隔日重复刊
登于光绪二十四年六月二十日至七月初七的《申报》和六月二十四日的《国闻报》上。

两。此事本与敝馆无涉，因各处均纷纷函问，故特附告。

汪康年启。

（载《昌言报》第一期，光绪二十四年七月初一日）

《创办时务报原委记》书后

昨日读本埠各报，有吾友新会梁卓如孝廉所撰《创办时务报原委记》，洋洋数千言，于康年办事立言之错谬针砭备至。康与卓如订交于庚寅年，两人交若兄弟。自开报馆以后，尤觉亲密。但以学术不同，加以构间，致渐乖异。此记所言是非得失，尚待公论，康年既不欲毛举细故以滋笔舌之烦，尤不敢力争大端以酿朋党之祸，盖恐贻外人之诮，兼惧寒来者之心。良以同志无多，要在善相勉而失相宥，外患方棘，必须恶相避而好相援，此则窃愿与卓如共相劝勉者也。窃意卓如素讲合群之谊，其所撰文字，于中国之自相胡越、自相鱼肉，皆疾首蹙额而道之，似不至以一时不合，遽尔形诸笔墨，见诸报章。又此记中节外生枝，离题殊远，其所言皆与从前实在之情形、卓如历来之信札诸多不符。姑以近事言之，康年六月十三日即电致康工部，云：电悉，公办报甚善，乞速来。十九日又发一电云：《时务报》奉旨归官，康不敢擅拟，请公速来。二十二日接康工部信后，当时即发一回信去，备陈一切。卓如在京，断无不知之理，何以告白中竟有既无回电，又无复信之语？则此告白是否出卓如之手，尚不可知，是以暂置诸不辩之列，庶于我两人平日相待之交情，相许之志愿，不致乖违。特附书数语，于此以释群疑。①

（录自汪诒年编：《汪穰卿先生传记》卷三）

---

① 此文为汪康年答梁启超《创办时务报原委记》而作。据汪诒年称，此文已"登诸各日报"。可见 1898 年 8 月 29 日《申报》。

上黄钦使呈稿

具呈进士汪康年，呈为据实申呈事。窃康年七月二十九日奉到苏松太道蔡谕开：七月二十三日，奉南洋大臣刘札，准总理衙门电开：两江总督转电出使日本大臣黄，湖广总督转电出使日本大臣黄，奉旨：刘坤一电称，康有为电，奉旨改《时务报》为官报，汪康年私改为《昌言报》，抗旨不交等语。该报馆是否创自汪康年，及现在应如何收交之处，着黄遵宪道经上海时，查明原委，秉公核议，毋任彼此各执意见，致旷报务。钦此等因。到本大臣承准此，合行恭录札饬，札道即便遵照，转饬该报馆钦遵等因。奉此，合即谕饬，谕到该报馆，即便钦遵勿违等因。奉此，康年窃惟已前之时务报馆，系由众人集捐而成，即是商款商办。故款项出入，非康年所敢独专。伏读六月初二日特派康有为督办之谕，中并有另给开办费六千两之旨。又检查协办大学士、吏部大堂孙复奏，第筹议开办常年各经费，亦未提及交收一字，名为开办，事实创而非因；费有常年，责在官而无藉商力。是朝旨既未令交代，而康年所办又系众人集捐之事，亦何能独自擅交？此康年难于交代之缘由也。康年于获见电传上谕后，遵即暂行停办《时务报》，一面电催康主政速行来沪，候其主持，以明不敢擅专之意。又读谕旨，令民间广开报馆以开风气，康年窃思时务报馆原有之款，本系公共纠集，以为办报之用，故即续办《昌言报》，上副圣天子广开言路之盛心，下答捐款诸人集资委托之重任。商款仍归商办，此则康年另办《昌言报》之缘由也。康年办理报馆，至今两年，以众人公捐之财，办众人愿办之事，若未奉交代之明旨，又未见督办官报之康主政，遽以商馆所有，率行交出，置身事外，设捐款诸人责康年以未能体会谕旨，任意委弃，康年岂能任此众怨？现在账目一切，本自齐备，所有以前时务报馆之商款，应否并归官报之处，迭次上谕并无明文，理合静候，秉公核议，谕示遵行，自当按照临时账目交代。兹奉前因，合将现今办理情形，及听候核议交收缘由，呈明查核。除呈苏松太道蔡转呈南洋大臣刘外，合行据实申呈。谨呈。

（光绪二十四年八月，录自戈公振：《中国报学史》，112～113 页）①

汪康年启事

（一）康年自丙申秋创办《时务报》，延请新会梁卓如孝廉为主笔，至今二年。现既奉旨改为官报，则《时务报》名目，自非草野所敢擅用刻印，即从七月初一日起，谨遵六月初八日据实昌言之谕，改为《昌言报》，另延请番禺梁节庵先生鼎芬为总董，一切体例，均与从前《时务报》一律，翻译诸人，亦仍其旧。祈代派暨阅报诸君共鉴之。

（二）自甲午以来，吾华士大夫鉴于中国以二十一行省之大，四万万之众，败于扶桑三岛，割地偿金，为世大辱，始有亟亟于知彼知己，舍旧谋新，以图自强，而洗大耻者。丙申春，康年与诸人同议，知非广译东西文各报，无以通彼之邮；非指陈利病，辨别同异，无以酌新旧之中，乃议设时务报馆于上海。时梁卓如孝廉方留滞京邸，致书康年，有公如设报馆，某当惟命是遵之语。乃发电信，延之来馆，专司论说。及公延古城贞吉、张少堂二君翻译东文、西文报，是后诸君去来不常，故撰论译报，时易其人，而要其直言无隐，冀以草野之见闻，上备朝廷之

---

① 戈公振：《中国报学史》，北京，中国新闻出版社，1985。戈氏所录《上黄钦使呈稿》后尚附有南洋大臣两江总督刘坤一的牌示："据呈，时务报馆原系民间设立之报，商款商办，由该进士经理其事。既奉旨改《时务报》为官报，派员督办，由官拨款。该进士遵即就原办报馆，另拟《昌言报》，刊印发售，尚无不合，应准照办，候咨明总理衙门查照。该报所出报单，并应按时呈送来辕，以凭汇择咨送。至《时务报》应否交收，仰候出使黄大臣过沪查明，秉公核议具奏，并即缴照。此批。"此牌示又见《昌言报》第五期。

采择，则犹夫初志。办理两年，未敢谓尽妥善，犹幸上承京外诸大吏之扶掖，中赖同志诸君之辅助，得以渐次推广，遍及各行省。馆中经费，全赖集资。核计五月开馆时，南皮制军倡捐千元，强学会留存余款七十余元，又康年经手斤卖无用器具银三百数十元，收回多付房租银一百数十元（以上三项，即首次捐款清单内所列之六百二十元），及出版后诸同志陆续捐助，计共收银一万一千余元，又二千六百余两，报费五万八千余元（约及十成之八五），撙节支用，幸得撑拄至今。窃自谓可告无罪于海宇士夫矣。惟是去夏以来，人言藉藉，咸谓康年有亏空八千金情事。康年先时犹谓无根之言，不足置辩。近日则言者愈多，京城尤甚，并风闻业已见诸奏章，上尘天听。事之可诧，莫过于斯。夫馆中所收之经费，以捐款、报资二者为大宗，其余均为数甚微。捐款除随时登报志谢外，又于每六阅月所开之收支清册，将实收之数，详细开列，试问助资诸君，有已付款而未登报者否？使此八千金之款，康年取为己用，匿不以报，则彼助资君何为默不一言？至于所收报资，亦已两次开列寄报收款清单表，供人检核。大约除所托非人被其干没，或其人不善经理，以致报费无着，又或相距较远，尚未收到外，其余即已尽数列入表内。使康年所侵匿以八千金或取之报费，则必有曾付八千金而未获列入表内者矣，盍亦就代派诸君而一问之乎？收款之凿凿可指既已如是，则必支用之账或有不实，而后此八千金之数乃可融入其中，而使人不觉。然自丙申初秋以至今夏，计共用七万二千余元，又二百两。其用之也，有其时，有其人，并有其籍。且旧年以前，姑不置论。今岁上半年，计共用一万八千余元，内除薪资、印报费、寄报费、暨还代派处各款，共一万四千八百余元外，其余房租、饭金、各项零用，都共三千二百余元，以半岁七月除之，计月用四百五十余元。其为款归实用，确凿可知，更何处容此八千金之虚数乎？至于此时所存银四百两又一千八百余元（以六月底为断），除实存现银外，亦有款可抵（此皆有着之款，惟暂不能入账，诸君欲知其详，请到馆查阅可也），则亏空八千金之说，抑亦不辩而自明矣。此外蜚语谤言，尤不一而足。凡此流传之言，本不愿琐琐辩论，惟是吾辈办事，贵使人信其无他。若所辩之事，甫经就绪，而生平之操守几不能自白于人，则此后即日与人言维新，言开化，而人将以不肖相待，更有何事可为？不益为当世士大夫所羞辱乎？附缀数言，以谂知者，或不以为哓哓也。

（三）兹将康年上黄钦使之呈稿，刊录于后，藉呈助资诸公公鉴。[1]现在账目均已齐备，一俟奉有明文，即行交出。仍另行筹款，续办《昌言报》，合并奉闻。

（光绪二十四年八月，转录自戈公振：《中国报学史》，111～112 页）

致瞿鸿禨书（一）[2]

夫子大人钧鉴：昨闻黄道中慧函致外务部，有请办半官报，而举康年为主笔之说。此事黄并未与康年言，康年实绝不愿办报馆之事，谨先申明。又办《北京报》之朱淇[3]，虽曰德人所使，然不过自为营业起见，未必果系德人作计。窃谓近来风气趋变，宜速定报律，令准民间开设报馆，如有奸慝，皆以报律从事。凡被报污毁声名者，准其控诉，一面知照各国公使，无论何国人在我国界内办报，皆照律办理，如此则无赖之人，不敢挟外人之势以阴持官场之短长。且如此则报馆多，多则彼此相角，而是非以辨晰而愈明。又凡欲设日报者，可不必挂洋牌，而忠于国家之论可日益多，否则，麋聚于京师者皆各国之报，皆各国之议论，贻害殆于胡底！谨因管见所及陈及之，容日趋谒，专肃敬请崇安。受业康年谨上。七月二十八日。

（录自《瞿子玖亲友手札》（手稿））

---

[1] 汪康年《上黄钦使呈稿》本书已收录，见上文。

[2] 标题为编者所加。汪诒年所撰年谱 1907 年条提及此信，称"此书上于何年无可稽考"。按信中提及的朱淇办《北京报》，事在 1904 年，故此信当写于 1904 年或 1905 年。

[3] 朱淇（1858—1931），字季箴，广东南海人，1904 年在北京创刊《北京报》。

《京报》发刊献言

　　《京报》发刊之首期，不佞仅弁言其首曰：吾国自古无有以一人之言，而得传布于天下者。天子之言尊矣，所播远矣，然犹仅达于各部之长官而止。惟本朝誊黄，乃克遍于直省人人之目，然犹有官吏之阻格淹滞，弗能究也。至于匹士大夫之意见，欲借笔札以流布于上下远近，匪惟前无此例，抑亦形势不便也。海通以还，林文忠、魏默深先生，时译西书、西报以饷海内，于是吾国人始知各国有日报。同治间，香港始出《循环日报》。同光之间，上海始有《汇报》，已而又有《申报》，顾或开自外人，或吾国人以日报为商业之一种，姑试为之，故无正当之主义也，旨趣既浅，力亦薄弱。甲午大创于日，于时上下颇知自危，报界精神，亦由之一振。海上旬报、日报，先后出版者十余家，其余则惟广州、杭州、汉口、天津有之。然有力之报，犹多假名于外人，且无敢设于都城之中。庚子联军入京，国家受奇辱，于是日人始设《顺天时报》，已而《北京报》、《京华报》、《中华报》，先后成立，其余白话报及汇录各报者，都凡二十余家，或起或仆，不可殚详。顾报章虽多，然于时事多未敢深论，论之或辄致殃咎。士之欲以言救人国，如是难也。虽然，苟以己身为与国无预，则已耳；苟尚自知其身为本国之人也，则死且不可避，奚有于殃咎？夫今日时局之危，灾患之繁，举国皆用为忧郁念，而稍有智识者，乃怠逸之是务，祸害之是惧。虽于计为得，如本心何？古语有之，曰："堂上不粪，郊草不芸。白刃在前，不救流矢。"[①] 处今之时，合同志，结团体，力纠政府之过失，以弭目前之祸，犹惧晚也，

---

　　① 语出《荀子·强国》，原文为："堂上不粪，则郊草不瞻旷芸；白刃扞乎胸，则目不见流矢。"

遑恤其他！然则假发言论之权，以尽己之天职，抑亦无恶于天下欤！若
夫以昭昭白日之心，发慷慨激昂之气，言之急无邻于诡，言之平无近于
阿，通上下之意，平彼此之情，理所与者，必以言助之，虽百誉不馁；
理所否者，必以言阻之。虽强御不避，固将奉以始终，勿致失坠。仅志
数语，用谂知者。

（载《京报》光绪三十三年二月十五日，《汪穰卿遗著》收录）

说机关报

近来政界中人，濡染新名词，又感于时为报章所扼，于是间有言及
机关报者，似颇有规仿泰西之意。虽然，吾恐彼但知其名，未叩其实
也，故略说之如下。

机关报从何发生？何以必须机关报？机关报何以为政界之必要？此
非可漫言者。盖一政府必有一政府之宗旨，一政府必有一政府之政策，
一政府必有一政府之手段，主之者既已集本党之人而定之矣，犹恐未能
喻于众，或遭阻驳也，故必藉报以发布之。其有欲办一事，而不知众意
之如何也，必藉报以探试之。如有反对之事，又必藉报以辩驳之。夫
是，乃可谓之机关报。至为机关报者，亦非漫然为人指使也，必其志意
本同，又尽知其党中之内容，乃肯为之。政党之机关报亦如是。试问吾
国今日，有此政府乎？有此政党乎？倘其无之，而漫然为人作机关报，
则是举其平日之志意愿力，一概捐弃，以听人之指挥，使吾为鹰，吾将
捕雀；使吾为犬，吾将逐兔。试问如是者，为何等人格乎？因见今人但
知机关报，而实不知其作用，故论之如此。

（载《京报》光绪三十三年二月十七日，《汪穰卿遗著》收录）

论粤督限制报馆

　　烟馆，耗人之钱财者也，废人之事业者也，误人之生命者也。已上瘾者，有烟馆而吸烟益便；未吸烟者，有烟馆以为之媒介，而上瘾甚易。是故前者官场有令，凡烟馆除已开者，不准添开，其已关歇者，不准复开。

　　若夫报馆之设，所以监督官吏，通达民隐，意在使官之所为，民无不知之；民有所苦，人无不知之；政府所颁之政令，官吏所施行之条教，苟有不便于民者，报馆得昌言而救正之；酷吏之虐民，豪强之纵恶，民所痛心疾首而不能自达者，报馆得大声而疾呼之。此报馆所不能辞之职也。

　　惟其然，而疾视报馆者遂至多，所以掎扼之者无不至。《左传》言："盗憎主人。"① 《老子》言："多言贾祸。"② 此其证矣。盖必统中国无报馆，即使有之，而一事不敢言，与无报馆等，而后无论何等人，未事之先，无人为之发其覆；已事之后，无人为之摘其非，其心始为之大快。亦既不能然，既不能使其自有而之无，犹将冀其自多而之少，于是粤督周制军，遂以对待烟馆之法，施诸报馆，曰：以后非经藩、学、臬三司允准者，不准添设，其已设而闭歇者，不准复开。噫！异矣。

　　今有所请问于周制军者，盖有数端：（一）报馆既未开设，则宗旨尚未可知，办法更未可知，允准与不允准，将以何者为界限？（二）藩、学、臬三司，是否有限制报馆之权利？抑有甄别报馆之识力？而允准与不允准，竟悬于三司之手？（三）既悬一非三司允准不得添设之令，若

---

　　① 语出《左传·成公十五年》，原文为："盗憎主人，民恶其上。子好直言，必及于难。"

　　② 查《老子》八十一章并无此语，其第五章则有"多言数穷，不如守中"一语。

竟概予允准，则何必多此一举？吾知自此以后，必但有驳斥而无允准，则何必为贲饰之虚言？（四）假使开设报馆者，欲得三司允准，故先许以与官场表同情，则何贵有此等报馆？苟其不然，则已在必不允准之列，直无所用其请求，又何必定此虚令？就此四端以观之，则周制军之所为，其为提倡报馆乎？抑为阻遏报馆乎？盖不待烦言而决矣。

周制军且谓省城报馆，已有数十家之多，已足以开民智，其说犹可怪讶。今不暇举欧美为比例，姑以日本东京言之，请问其地方之大小，较广东奚若？其若人民之多寡，较广东奚若？其报馆之愈开愈多，进而益上，较广东奚若？其报纸销行之数，多或十数万，少或数万，较广东又奚若？今广州报馆，止有十余家，即遽谓为已足，岂果已足耶？特自圆其限制报馆之说而已。因文以推意，则知所谓非三司允准不得添设之令，特粉饰观听之具文，犹不如质言之曰此后概不得添设，犹为直捷了当也。

呜呼，粤督以待烟馆之法待报馆，其法固酷矣。顾凡开烟馆者，例有应纳之灯捐，利于公家者也。又有私纳之陋规，利于衙役、地保者也，故虽有此令，而未尝实行。若夫报馆之设，于民利，于绅半利半不利，于官则多不利，则其实力奉行必矣。呜呼，待害人之烟馆则如彼，待开民智之报馆则如此，所谓拂人之性者，非耶？

（载《京报》光绪三十三年三月初七日，《汪穰卿遗著》收录）

论报馆挂洋牌之不可

吾人近日愤于时局，不自揣量，遽以当车之螳臂，作撼树之蚍蜉。卵石之形既殊，汤雪之沃可畏，遂有造门而请者曰：报章而敢直揭政府之阙失者，于古无有，非意不欲，势不敌也。今君乃撊然为此，必大失败，其挂洋牌便。又有造门请者曰：事有行权而合于经者，假使拘于经而报遂停，且使后人永以为鉴，孰若行乎权，而使在下者犹得有发言之权，以徐待事势之转，其挂洋牌便。余乃怦然动容，凄然发声而告之曰：呜呼！诸君以为吾国今日处若何地位乎？盖累卵不足喻其危，而沸釜不足比其惨矣。吾意政府及社会速警醒，速改革，扫尽旧态，力建新基，犹惧晚也。且东西各国人士，戚其国事，争走中央，触禁网，捐糜而不悔者，几恒河沙数；而吾国志士之于京师，乃疏之甚。吾意政府惕然于是，宜诱使来，尽聚京师，共谋所以存吾国者。若吾报之偶发一直言，讦一秽绩，抨一宵人，乃一极细微不足指数之事，而吾若遽引为大惧，皇皇然将托之外人，不独自示畏缩，且适表明政府必无容直言、奖气节之美德，又示各省及海外诸同志，必不可复至京师。吾虽懦耎，敢为是乎？且如是，则永与政府相抗相隔，而远于吾所欲为，愈远而上下新旧满汉之间，相离亦益愈甚。吾故毋宁兢懔以俟之也。不然，吾岂不知吾国报馆进无法律之保护，退无社会之后盾，敌之劲而得援，与我之孤而无助，盖相去万万。然度政府之必不如是，而自怯之转以阻人志意也。吾故期期不敢。假使政府不顾一切，而毅然托辞焉，以殄灭一报馆，以昭示政府无顾虑祸难之思，无实欲振兴之意，无欲亲天下人士之心，是则自欲斩刈新机，奸刬国脉。呜呼！既如是矣，则一报馆之存灭，一人之生命，实可在不足计数之列，则又何必屑屑为此乎？吾故谨书之以告力能封报馆者。

（载《京报》光绪三十三年三月二十八日，《汪穰卿遗著》收录）

论报章记事关系个人及社会之分别

客有谓予者曰：报章者，所以监督政府，而谋社会之公益者也。故于政府之得失，社会之利害，或誉扬而赞成之，或防维而纠正之。报章之职分宜然也。予曰：然。

客又曰：若个人之行为，其影响及于社会者，则亦为之记述，而加以辩论；至于私德之失，其自损名誉，已足抵偿，报章正不必干涉。且一干涉，即为侵碍个人之自由，不独以其无大关系，而不屑论记之焉。何以今日之报章，每好讦个人之私事，是直为营私纳贿地耳。苟有报德，有报识，而欲成为完美之报章者，必不出此。予曰：然。

客又曰：个人与社会之界限，当就其事而分别之，不当就其人而分别之。故个人之行为，其影响及于社会者，报章得视为社会之关系而辩论之，则政界诸公之行为，其利害仅在于个人者，报章亦当视为个人之关系，而不必辩论之。盖不得谓一投身于政界，个人之自由，个人之私德，即从而混合消灭焉。予曰：然。

客曰，然则政界诸公，馈仪物，赠婢妾，亦不过个人交际之常耳，何以报章纷纷论说，至再至三，而不惮烦也。将立意干涉个人之私事，侵碍个人之自由乎？抑于社会、个人之界限，辨之未晰，而妄为论说乎？请明以告我。

予曰：子谓社会、个人之界限，当别之以事，而指馈仪物，赠婢妾，为政界诸公个人之私事，不知其事实于社会大有关系者焉。何以言之？夫报施者，个人交际之常，然即以个人而对于社会，亦有报施之道。政界诸公之受禄位于国家，其施也，其尽职守，所以报焉。自此理不明，而以己之禄位，为在上者之私以施，己即不得不私以报。在上者利其私以报也，于是不问其职守之尽不尽，而惟较其所报之厚不厚；在下者既识其用意之所在，于是先图报而后望施，使其所施之从而加厚，遂致国家之禄位，成为报施之具物；社会公共之政府，成为个人交际之私界矣。且夫人未有不好利者也，一人倡之，而所获甚厚，则必有十百千万人焉以则效之，且必后胜于前，以博上之所欢；此优于彼，以投上之所好。千方百计以搜罗之，乘间投隙以献纳之。金银也，珍宝也，均可以仪物概之；美妓也，女伶也，均可以婢妾概之。而所费之资，亦层递而加增，始则一献纳仅数千百金焉，已而数十万金矣。然试问此馈赠之资，从何而出乎？则曰举债。从何偿乎？则曰得官。得官之后，应得之禄入，必不足以取偿也，则惟有亏蚀国家之帑项，敲吸小民之脂膏耳。且近更有举及外债者矣。外债之取偿，必许以特别之权利，是直卖国耳。则其贻祸于社会，岂浅鲜哉！即曰或有斥己财以为此者，然投本必计利，吾决其效果必与举债者等。

至就收受者一方面言之，似专系个人之私事矣。然既收受之，则始也不能问其能胜职守与否，继也不得问其能尽职守与否，终也明知其放弃职守，甚至贪赃罔法，亦必设法包庇，以留彼我余地。是馈赠者之贻祸于社会，皆收受者之有以纵之焉。且即谓无损于社会，而就个人私德言之，则政界诸公，亦不得有馈赠收受之行为焉。夫既投身政界，则皆有执行政法以治人之权者也。治人者必先自治，治人而不自治，不但无以服受治者之心，且恐其识力瞀乱，倒行逆施，而有所不顾。故非政界人而有私德之失，则实为个人之关系，报章可不必干涉；政界诸公而有私德之失，则已为社会之关系，报章万不能不为纠正，以其与社会有间接之利害，不得混合者。然亦不能割分焉，按之法律，有个人得为之事，而为政界诸公所不得为者，职是故耳。即就自由而论，个人未入社会，则可为适意之自由；既入社会，即当为守法之自由。守法之自由，而可以国家禄位为人己报施，竟与与受同科之定律显相违背也哉！矧政界诸公，既有执行政法之权，必先有辨明法律之识，知法犯法，律有明训，故一有馈赠收受之事，台谏必具折揭参，朝廷必委人查办，而犯法者必运动查办之人，为之弥缝掩覆。如子所言，则竟可恝置而不问，直认而不辞，焉用此纷纷为？乃必使报章于此绝口不道，方称为完美，则报德何在？报识何在？监督政府者何在？谋社会公益者何在？鄙人不敏，所不敢知已。若纳贿营私败类之报章，固所不免；然遂欲以之间执全体报章之口，而为政界诸公求解免之路，是直为个人而破坏社会之公益，更改国家之法律矣。以如是为划清界限，尤鄙人所不敢知者已。

客起而去，予遂泚笔记之。

（载《京报》光绪三十三年五月初五日，《汪穰卿遗著》收录）

论报章之监督

值衰敝之时，处昏醉之日，其人傲惰骄慢，而沉于利欲，其气索索寞寞，消散灰败，不能自起。于斯时也，而欲作民气，振民心，定民志，必在于崇清议。清议于何宣之？必宣之报。是则报也者，固振聩发聋之要品也。

虽然，天下无独利之事。报者，若兵器，仁者用之，则可为至仁之事；不仁者用之，亦可为至不仁之事。夫使以此利器，而挈而付之不仁者之手，使得恣其攫搏唼噬之威，而仁者反退处于无权力之地，则事之可希望者几何矣！

报者，监督政府者也，监督社会者也。其立志至尊，其处地至崇，其握权至高，其力之所至，至普遍迅疾。虽然，报馆则独可无监督乎？报馆而无监督，则凡奸慝佥壬，皆得借以济其所欲，将以其倾邪不正之言，诬惑社会，簧鼓人心。不特此也，又将借社会之力，以成己之所志，而去己之所忌。则报之为物，乃反以祸人家国矣。

然则监督报章者，谁乎？即政府与社会是也。夫邪说诡言，售欺一时，久则寂焉。售欺一人，众则败焉。故夫作报者居心之邪正，发论之公私，惟阅报者能知之，亦惟阅报者之力能治之。治之维何？摈斥之，唾弃之，使不得自居于清议之列，然后已也。

国家何谓治？何谓乱？君子道长，小人道消，是之谓治；小人道长，君子道消，是之谓乱。有道之时，是非明，公私辨，人无回曲，直道常存。邪枉之言，不足以惑众，不敢肆然出诸口，不敢宣诸大庭。有敢冒不韪者，将为社会所排斥，不得齿于士君子之列；无道之时则反是，其最甚者，莠言敢公然布于众，而一时所谓正直人者，反切切私语于室中。其区别乃判然若是。

今日之事，亦可戚之甚矣。处监督政府、监督社会之重任，辄明目张胆，敢为回邪之说，指鹿为马，反黑为白，以大乱万众之听闻，方且磨牙砺爪，鸣其得意。魑魅现白日，而豺虎号通衢，务使人心中划除是非二字然后快。盖其阴有所倚，而亦揣无人敢为反对，故如是也。

呜呼，累然孤立于群枉之中，而欲厉其百折不回之气，矢其至死不变之心。使是非正而公私辨，以徐伸其作民气、振民心、定民志之大愿，其何以自存立乎？呜呼，是在不死之人心，是在长伸之士气。

（载《京报》光绪三十三年五月十一日，《汪穰卿遗著》收录）

论朝廷宜激厉国民多设报馆于京师

正言至，则邪言日远；邪言至，则正言亦日远。政府者，宜多方罗致，使四方之有怀欲陈者，悉趋而麕聚于京师，而上之于朝廷，使全国人心，皆以京师为依归，而朝廷亦得听采之益。孟子所谓"夫苟好善，则人皆将轻千里而来，告之以善"是也。①

京师者，使人崇敬者也，使人爱愿者也，使人归往者也。非徒以富贵所在，风动全国也。如徒曰富贵而已，则是以京师为求官贡谀之地，输琛纳赆之乡，所以号为京师者亦微矣。

然则京师所以为重者，岂徒曰城阙之巍峨乎？宫殿之壮丽乎？廛市之骈阗乎？是三者，非必曰不足耸观听也，盖必有以镇抚此三者，而后三者乃足重也。然则所以重京师者何物乎？

今使四方之奇人杰士，莫欲至京师，而散处于山巅水涯，或远适异国，而各为其所欲为，如是，则京师谓之空无人焉可也。不特此也，奇人杰士之踪迹，不向于京师，则必背于京师。踪迹之向背，即心迹向背之符也。语曰：日亲日近，日疏日远。于人有之，于地亦然。疏远则关系少，关系少则隔碍生，隔碍生则疑虑积，疑虑积则谗慝滋长，怨讟繁兴，一切非意之事，皆由此而起，此必然之效也。

今吾国人之畏京师亦甚矣。有志之士，望而莫至，至而莫前。朝廷未尝设严刑峻法以相待，而望之常若可恐怖然者，遂使全国之人，不以京师为争国是之地，而以为求富贵之地。故吾人果敢强毅之风，稍异于

---

① 语出《孟子·告子下》，原文为："夫苟好善，则四海之内，皆将轻千里而来，告之以善；夫苟不好善，则人将曰：'訑訑，予既已知之矣。'"

各国，抑亦由朝廷不能风之使前也。

今骤而欲使国之雄杰，尽萃于辇毂之下，势实有所不及。若以富贵为招，则来者皆志在禄糈，而于国家无与。今士之至都者，不为官，则为学堂教习，否则以考试，无他目的也。然则不如纵令静整宏达之士，以报馆之名，使首建论议于都中，而布之四方，使都城与各省互相开引，而妄谬欺蠹之官吏，亦有所惮而不敢肆。以士招士，则士至；以言招言，则言亦至。士至言至，则天下之人心皆至，如是，则朝廷之势不孤，而国势亦有所倚矣。

今纵观天下，未有敢以都城为事者也，而偶有一二人焉，不顾一切，而欲以所愤懑，发为论议，贡之朝廷，语之切直，未及海内外各报十之一也。其揭发奸弊，未及实际千百之一也。然未及二三月，已上下震怒，诬谤繁兴。倾危之士，方欲以术中而去之，而金壬劾奏大臣，亦辄用此为说，务使躬履正直之士，皆将故缄其口，不敢复投足于此。夫人之情，处安乐甚易，履危苦极难，人何为不舍危苦，就安乐？虽然，窃为吾国之前途伤也。

千金买骨，则骏马至；毁卵杀胎，则凤骥不集。故有国者，必慎其所以招也。今天下方睽离怨疾，而政府乃犹大示恶怒于一二依恋未言之人，使之惊惧骇怖，使观望之徒，益用此为戒，吾不知政府所以为国者，果何如也。纵言论，释群疑，亲附天下之士，是在今日之政府。

（载《京报》光绪三十三年五月十二日，《汪穰卿遗著》收录）

《通报》停闭感言

昨日得奉天电，言《通报》停闭。电文简略，以何事停，不可知；

由何人出令停废，亦不可知。以意揣之，必以语言不慎，激怒官场所致。鄙人素未知《通报》之组织，及其宗旨如何，故无缘以论兹事。虽然，吾请以数语告奉天官场曰：与其使外人之报，陆梁于吾国中也，与其使反对政府之报，跋扈于海外也，则无宁使吾国人之报，敢侃侃正言于吾国之为愈也。

夫以当官莅事之人，又加以居高临下之气概，而忽有人焉，起而折其角，即以吾处之，夫宁不忿？况乎发令停闭，直如泰山之压卵，则一举手间，而即以快一时之意，夫谁能禁之？虽然，诸公亦知今所处何时乎？今所为何事乎？以时局之迫如彼，以事势之难如此，奖励敢言，鼓动民气，为己后援，犹惧晚也，何为必摧折之，剿绝之，使吾国人噤缩，而他国人转得大放厥辞乎！

诸公固甚患昌言革命之报，猖狂于海外矣，以为近数年来患气之张，实由于此。然何为不速鼓国内之民气，使得以正理自伸，则彼狂怪之论，自无由而入。乃于稍敢言之人，动加疑忌，或思治以罪。如是，岂非驱使入于彼党乎？若夫外人设报，吾国之大病，度诸公尚未之觉。盖报者，全国人之指南。若吾国，无足为人信仰之报，而外人乃入而主之，则日浸月灌，吾国之耳目，将尽为外人所移易。其力实甚于火炮百倍，诸公乃纵任之，而于吾国人之报，则频加震怒焉，何也？

夫吾国今日之空然觉无人焉者，何也？上无名贤硕德以表率朝右，下无端人直士以风厉末俗也。夫国之有士，如山之有虎豹，望而使人畏之。而吾国士气委靡，无有能发扬志节者，上之人，苟知以是为患，而从而扶植之，许各自发其言论，采其可用，而宽其过失，夫亦所以养成士气也。

噫，近来重臣之行事，足以慰吾民者绝鲜，而惟于报馆一事，则勇为之。嘻，岂亦以此示威棱乎？

（载《京报》光绪三十三年六月十九日，《汪穰卿遗著》收录）

致各省督抚之公函①

窃惟各国办理外交，所以能应变不穷，鲜有败事者，非特其见识之达，制裁之精，布置之密也，于各种方面尤必布设机关，既以考察各国之趋向，亦使本国与他国交涉之事，先以其事实宣之于各国，使各国了然于两国是非曲直之所在，如此，则万一事有变动，于各国剖断上，犹可占一胜着，而我亦有执以辩白之根据。其法或托之本国之报，或托之他国著名之报，要以能使多人信服为主。吾国初未计及于此，故遇交涉之事，各国无有知其真相者。或反据反对者之报告以为评论，于是有我直而人以为曲，我是而人以为非。即各国报章载我国政务，大率道听途说，甚且肆意污蔑。今年有比国使馆随员王君慕陶，创设通信社于比京。通信社者，亦欧洲报馆之一类，而实握各报之枢机。大率社中不自出报，而专探重要消息，售之于各报。既得信用，则各报即据以登载。吾国于欧洲无发布消息之地，各报馆遇有疑难之事，亦苦于无从研究。故王君此事，大为报界所欢迎，开办不久，即已风行。俄美两国之大报馆，且逐日据以发电。前者□□路事起，初时□□人撰一论，以英、法、德等文登于各国报章。各国人专看一面之词，谓我国不依条约，□□不得以用强横手段，咸直□而曲我。逮王君得此事实情，复撰一文辩正，令社中所延英、法、德各主笔译成各国文字，送之各报。各报纷纷登载，而舆论始有知□□之恃强无理者，各报著论訾议□□②者亦复不少。（原注：中略）此社专为外交而设，从前各省有事，各国报章往

---

① 据汪诒年的《汪穰卿先生传记》载：汪康年于宣统元年"某月，与湖北王侃叔君（慕陶）合力创设海外通讯社。先生在京主持其事，其欧洲方面之事，则王君主之（时在比国使署）"。为取得清政府的支持，汪康年致函各省督抚。

② 此函中的几处"□"乃原文如此。

往以不得其详之故，不能先行登报，致反为他人所先。甚至曲直倒置。兹特托某常驻北京，办理通信之事，如贵省遇有交涉事件，敢请于事起时，即饬所司，将实在情形函告敝处，即当随时转达比京本社。至如何交涉、如何结束，亦乞逐节详示，俾不至失真。倘遇重要之件，函寄万恐不及，即请发电详示敝处，亦可即日电达比京，庶得占先登报。此系为便利交涉起见，特行函告，敢望察酌施行，至为祷盼。

（宣统元年，录自《汪穰卿先生传记》卷四）

《刍言报》小引

闭户养疴，晌历年岁，耳目所触，时复刺心。欲吐之耶，于事何敢；欲嘿之耶，于心何忍。故藉小纸，抒我寸衷，名曰刍言，义同献曝。深愧析薪之无力，差异衔碑之不语，若夫知我罪我，吾宁恤焉。

例言：

一、本报义取"询于刍荛"之意，名曰《刍言报》。

一、本报以评论及记载旧闻、供人研究为主，不以登载新闻为职志。

一、本报间亦将前数日各报所登最重要及最刺心目之事摘要登载，以资警告。其新闻情节为各报漏登者，间为补入。

一、本报每期报纸分为八小页，又分为内编、外编。内编之目，有谂告、针诘、评论、辩说、记载、研究，皆关涉时事者也；外编之目，有调查、杂录、事案、文件、掌故、杂考证，则或不尽关时事矣，破碎支离，大雅谅诸。

一、本报不登告白，然如有人以家刻、私刻书籍，无论旧书及新编译之本，又无论丛书、单行，及刻板、石印、排印，并不论卖品、非卖品，均可送登告白。惟官局商家所印，则不在此列。

一、我国固有及新出之天然品、制造品，各省陈列，略见一斑，惟各处苦未尽知。兹本报定一例，如有以物品及价值函请登报者，即当送登告白，不取分文。惟物以合销为贵，价以实在为贵，至望鉴及为荷。

以上两条所载，如将来汇订成书时，仍编于后，以广流传。

一、本报因近来各报立论，或有失之偏宕之处，亦有但言此一面而未言彼一面者，又有因外交及种种因由，当时未便揭载，日后亦未及补正者。然各地研究之人，或因而有误会，甚至滞于闻见，而智识不能增长，心思不能圆活，殊于实际有害。故时因管见所及，随事说明，或并为纠正。窃不自揆，敢附争友之列，阅者谅之。

一、阅报诸君，如有时论，或以平日有关政治、社会之事见贶，则敝报极所盼望。盖敝报虽期疏而纸小，然将来必将逐期所出之报，汇订而为书，故记载颇有关系也。

一、本报为事既简，需费无多，故并无筹款之事，亦决不以报之名义与人通函。特为声明。

一、世界之事变无穷，一人之精力有限，议论既难免舛误，记载尤不无失实。大雅君子匡所不逮，则幸甚矣。

（《刍言报》宣统二年十月初一日）

论今日言论家须顾及国民经济

今报章又言桂省土商大受广西谘议局之影响矣。夫不先事布告，俟其至而忽禁土膏店，使土商之货，丝毫不销。彼土商无策，惟有听其僵毙而已。然须知此等土商，非果家有巨资，办货而来也，大率抵货赊欠，始得办集。一旦失败，则随以沦胥者，不知若干家。况财贵流通，一处搁浅，则节节阻滞，将来为害之大，有难偻指计者。

且土商必有后言矣。谓九年禁烟，煌煌见于谕旨，吾侪营此，亦是遵谕。岂料中途忽被禁遏，又不夙戒，致此狼狈。然则桂抚不特后来翻悔交议为违法，即其前此之率徇谘议局之请，亦为违法。不过后者之违法，有谘议局争之；前者之违法，商人既不知争，亦不能争，又无人为争。于是除立槁外，别无他策。

各报又盛言湖南谷贱伤农，绅士乘机抑价购买矣。按：官吏不知变通，诚为大咎，顾于事前，吾未闻有何人议及此也。惟前此滋事时，大诟官之率许湖北运米，致湘省患饥，而于因时发敛之道，绝未及也。彼官吏畏人之诟，孰敢于舆论未发之前，而先提议及之哉！然则谘议局既负此重任，遇事自应潜心默察，与时消息，而不可忽如潮涌，忽如云散也。

乙巳夏秋，上海忽有抵拒美货之大风潮，其实亦非有人实欲为之，亦并无人熟计其能否办到而后为之（此事应办与否，及其事之始末别详之），惟时某报初立，主其事之某君承意为此，将发达其报，以为伸张其党之地，而因以抵制美货为其大广告，而于商业上、大局上之受亏损，弗之顾也。逮其目的既达，则此事已弃之如遗。故抵制美货，中途踧然而止，不复有人过问。方事之殷，风起潮涌，若必俟美之工约改正然后已者，而不意忽然消散。然而华商之办美货者，以大众不用美货，受绝大之损失，而影响及于全商界。论者谓今日商业之凋敝，此亦一大原因，而先之为此者，岂计即此耶（前年抵制日货有效，而华商亦受损）。

乙巳，浙省自办铁路既定（各省自办铁路之利害，及此事始末，别出之，不著于此），吾辈大乐，以为浙之殷富，济以人心之齐一，股集而事举，指顾间耳。一日，有宁商谓余曰：吾辈外国股票，皆可计时值，向银行抵银，值百元者，可押七十元，今刊明不许外国买，则不能押银，是此等股票，呆股票也。假使全市商人，皆买此等呆股票，则商业阻滞矣。余闻此言，始恍然悟，商家买股票之金，即其营运之金，而非别有存贮之金。因又推思，能贮金于家者，其人必不肯以金入股，浙之铁路公司如此，即各省铁路公司亦如此。而凡吾国各种营业公司之股票亦大抵如此，则吾国商人资本之变为呆物，不知若干万矣。此亦吾国商业上一大问题也。

最可异者，若湘，若川、滇等省，因筹路款而办亩股之举。铁路，商务也，当集商股，何为勒出之于农？且朝廷若以军务及他要政而欲加赋，吾知绅士必合词谓民穷财尽，不可再行剥削，何为乃使出此？况今日不言办自治欤，则苟能办亩捐，当留以办自治，何为糜之于此？或谓亩股有息，民贪息，始肯从命，此恐未然。盖农家惜金如命，安肯掷以博危险之微息？前数年犹郁而未发，今年则群起而号呼矣，各报章皆载之矣，且谓已纷纷减价求售矣。然则，民之大受困于此可知也。而此诸省毅然行之，而无异论，此何故哉？得无主持之者，以出之小民，则路事无人干涉，永远可把持于此数十绅士手中，故毅然行之而无忌欤？

禁烟，美举也，亦要政也。然而吾国于此时行之，此难得之事，亦难行之事。盖近来每年赔款，及各种流出之金，几近六七千万，若禁烟，则国家岁少土药、洋药税可二千万。民间种烟，所得约一二万万。当此官民交困，何复堪此！而论者惟闻以厉行禁令为责，不闻有何等节宣培补之策，何欤？（按：予此意盖谓宜一面禁烟，一面别求救济之法，非谓禁烟之不可行也。）①

且也阻所不可阻，固为操论者之责。即助所不当助，或不发其所当发，亦何尝非操论者之罪？今日之空中饰外，以大商业之名，篡取金钱于世者多矣。而为报者，或但以其片言嘱托，或允登广告，即肯为之揄扬。不知在此虽不费之惠，而社会之受毒至深。盖见各报咸所称许，以为必在可信，因是而入彀中者多矣。例如前次之镇江造纸公司，及信义银行，主之者乃一书生，人人知其不可，而各报咸为揄扬，后亏倒至数百万，受其累者，不知若干家。然则谓载之报章者为无过，则不可矣。又如今年有一牙医生，忽发起一公司，日欲收会银二十四万元，此其为骗术，固彰彰者，而无人讼言攻之，俾得徐吸商民之膏血。又如橡皮股票，各报亦不群起而攻，致害于经济界极大。枯瘠之余，复受此朘削，其何以堪！吾甚愿吾国之言论家，于此加之意也。

今者吾国财政之竭蹶，已至极点矣。试思借洋款一事，为舆论所必争。而今者维持市面，则借洋款；行政经费，则借洋款；改币制，则借洋款。此皆昔之以为万不可借洋款者，然而公然借之，无人起争，岂昔勇而今怯哉？无亦以形现势绌，即争之，且徒为人笑也。然则鉴往失而慎后图，其在有深识远虑之人，而非徒恃意气者。

吾闻病重者，医生必先保其胃气，使略能进饮食，或能徐施其功。假一旦饮食不进，则无救矣。吾国今日，亦在保胃气之时也，持论者其先知所着意哉！

---

① 此处括号中的按语原文本无，为编入《汪穰卿遗著》时所加。

按：右论专指言论之关于生业者言之，若政府行事之关于财政，及商民之自失败者，当别出之。

（载《刍言报》宣统二年十月十六日，《汪穰卿遗著》收录）

针报（一）[①]

十三《国民公报》记四国银行代表，各请其公使向外务部议铁路借款事，外务部当译送邮传部，因讥外务部之不负责任。按吾国外务部不负责任，诚无可掩饰，顾此事则不能以此论。盖从前既由张文襄与议，文襄虽非邮传堂官，然固粤汉铁路大臣也。文襄薨逝，不另派大臣，则路事自归邮传，代表等安肯舍邮传而他适？况此非开始之要求，又非已中断而重起之要求，外务部即欲揽而归己，亦所不能。或者特下谕旨，改派外务部与议，则外务部自不能不任其责，然于实际之难易利害，仍是一样。

《中国报》载，某国向锡清帅要求某县之四十八村，欲尽逐吾居民，以栖其被灾之民。吾闻其言，惊愤之甚。顾以理势言之，或未必有此。假其有之，则吾辈岂犹应宴然食息于此乎？且《中国报》前载某国索辽阳为都，而其后乃绝无影响。以前例后，或亦如是。夫以此等惊人之事，而使人看滑听滑，实非吾国前途之福。且报者，为众人耳目也，故记事贵实。今乃时时捏造事实以惊骇人，则为社会害矣。此事关系极大，故特著之。

（载《刍言报》宣统二年十月十六日，《汪穰卿遗著》收录）

---

① 《汪穰卿遗著》将此文归入"杂说"，现恢复《刍言报》发表时的标题。序号为编者所加，下同。

论报馆与戏子①

近忽有所谓"钟声"、"木铎"者，时时出现于京外报纸，若上等人物也，若下流社会也，是果何物哉？曰：发明改良戏曲之人也。嘻，其果然欤？实则无聊赖之人，思得一发财之新法，乃联络报馆为标榜之地。业既大行，则可诱骗良家子弟，抑使学戏，以益自丰其业，如斯而已。盖钟声者，王姓，首以是为职志，亦在日本之春阳社中人也。至华为此有年矣。前年至杭，以公然欲招中学毕业生为戏子，被教育会禁阻，又以他事为增中丞所逐。木铎者，湖北人刘霖也，尝留学于日本之早稻田，未卒业而去。又尝为杭州求是书院之教习，又为北京、天津大学堂之通译。在京好冶游，与优人狎，又好唱二簧，不知何时乃与钟声相合（按此中人不一，离合亦不一，不暇详之）。其戏或旧或新，顾戏中情迹，有碍于社会者有之，无关于劝惩者有之（或訾其不能唱，然此非吾所注意）。而其人上台之后，扭捏声容，挑招女座，何异常优。今闻其递呈民政部，以改良戏曲自居，盖如此，则直招良家子弟为徒弟，而无人能阻，其隐衷盖如此（前在申尝设学堂，招学生数十，后乃诱使学戏，学生以学戏有趣，遂亦从之，后为学生家父母所知，多迫令回家乃已）。

最可异者，若《帝国日报》，若《帝京新闻》，尽力提倡之也。其说曰：泰西不以优为贱业。或曰：泰西社会，甚尊重优人。吾不知此出于何种法典？何种记载？又不知各国尊隆之典礼，重要之聚会，是否曾有优人列席？至若以身为教习之人，而忽为优伶，不知何国有此卑劣之

---

① 《汪穰卿遗著》收录此文时改题名为《辩尊崇优伶之邪说》，现恢复《刍言报》发表时的标题。

事？若谓名优所至，万众欢迎，王公召燕，每日游踪，报纸登载，则如吾国小叫天之类，亦复乘坐马车，时预贵人曲燕，亦得曰吾国尊重优人乎？若为吾国鼓舞社会，要在改良戏曲，是或然矣。然但须文人选择故事，精制唱白，描摹情节，使旧时优伶为之，亦足矣。盖伊等习于其事，演唱精熟，无烦他人越俎，且亦彼等之生业也。今不为此，而忽欲以凭虚无实之谈，谓将以上流社会之人为之，以欺世而罔利。盖该报恃无人指摘，遂敢明目张胆，一至于此。前者有一报极称扬若辈，复有一报訾诋，然冷眼观之，则知两报实一鼻孔出气。盖一吹一打，台面始热闹，否则但有赞扬，数日即辞竭。盖报馆也，戏子也，一而二，二而一者也。

尤可异者，则《帝国日报》、《帝京新闻》，忽于一极无足重轻之优人刘某，而极力从事焉，至今未已也。噫，伊等果知报之地位乎？伊等果知报之职分乎？先是，文明园之刘优，被坐客叫倒好，刘即于台上骂之，《帝国日报》遂载其事，大施呵责。以堂堂之大日报而注意及此，已足怪矣。而后乃日日骂之，骂刘优不足，则骂文明之园主，又骂警察不干涉。吾不知此何大罪，而必须警察从事？且如是，则可已矣，乃因刘将演生平最娴熟之戏，为招徕计，复登报訾彼戏迷之人，为杜绝看客之计，已而又谓其虽唱好戏，而看客仍不多，以鸣其得意。如是，则亦可已矣，而又以刘至天津登台，从而毁蔑之。而仍未已也，忽又奇想天开，举前此叫倒好之人，从而宣布其中一人之姓名，其人果惧，亟登来函，而他人乃未之及。今则以刘又至，又鸣鼓攻之，计因此一微末之人，一琐屑之事，而绵亘时日至两三月，占报至数十条，字至数万言，吾不知该报以考察时事之余力为此耶？抑舍其考察时事之正务而为此耶？吾反复思之，实不解其故。

吾非好为是饶舌也，亦非有余暇为是无谓之笔墨也，实见近来大率假改良社会之名，而隐为败坏风俗之事，故特书此以为隅举。

吾更以两言告诸君子曰：今以群策群力扶掖吾国，使能坚强，以与各大国并列，此甚难也；若欲其堕落，致男为优，女为娼，则非难矣。诸君子其何择焉？

（载《刍言报》宣统二年十一月初一日，《汪穰卿遗著》收录）

说明（一）①

　　近来报章对于发辫，有作讨辫檄者，有并绘辫与豚尾或鼠尾、狐尾者，又有题作"发辫死刑之宣告"者。不知报章对于国家章服，可作此等悖慢丑厉之词语否？

　　近来各报，多有以上海租界华人产业不少，何以绝无权利，而董事会亦无华人？按此有二故：其一，前数十年，吾国商界，尚有一二为西人重视，曾邀入会，无如吾国人不以此为意，或届期不至，或至时甚迟，后遂不复相邀矣。至租界地皮，虽多华人之产，无如悉做道契，用西人出名，故工部局但作为西人产业，安有吾华人之权利？有人谓何不悉改正为华人自行出名，而为华人之道契，则权利当归华人。然此说无人敢赞成者，以华人积为西人所轻，纵多产业得多举董事，而其不能与西人争如故也。而产既归华人，则一切侵欺之事日至，其患有不可胜言者。又有人谓华人之产业，不如相约交于华人有感情之体面西人，则遇事可令此西人出面，华人之意思，可由此等西人发表。此法似较稳妥，然后亦无提议及之者。

　　（载《刍言报》宣统二年十一月初一日，《汪穰卿遗著》收录）

---

　　①《汪穰卿遗著》将此文归入"杂说"，现恢复《刍言报》发表时的标题。序号为编者所加，下同。

敬告（三）^①

近来新发生一危险之事，凡各报馆于人之有运动者，或其所亲昵，则竭力相助，小善点缀使极美，大过乃隐之不言，于其不谐于时者，或有怨家嗾使毁之，则群啮之，俾不能自立于社会之间。其尤所虑者，则或与举劾之人，表里为之，或逆探其用舍之时而为之。于是凡任事稍繁之官，不敢不联络报馆，且以此为紧要公事之一种，此于政界社会，均大有关系也。

（载《刍言报》宣统二年十一月初六日，《汪穰卿遗著》收录）

针报（二）^②

近各报竞言外务部不能乘葡事未定之时，以定澳门勘界之事，病外务部之无能力。按外务部之无能力，固矣，顾以此事论，则当葡乱时，葡使无议此事之权，逮其可议，则彼一切已准备如前。若谓以承认不承

---

① 《汪穰卿遗著》将此文归入"杂说"，现恢复《刍言报》发表时的标题。
② 《汪穰卿遗著》将此文归入"杂说"，其中第二节未收录，现恢复《刍言报》发表时的标题和章节。

认为操纵之具，则彼所视为重要者，在欧洲三数强国，而不在我。即澳门一隅，亦不关乎我之承认与否。吾国人于此等事，绝不思索而易言之，哀哉！

某报以国民不知各国自剪发，为吾国人性缓之证。按谓吾国人性缓固矣，然抑知辫发者，我朝章服之一，然则俟朝廷降旨始行剪发，礼也。若并未斟定，而混乱以从事，则成为无法度之国，何该报并此不知乎？

近某报载，某国九江领事醉行租界，被捕拘罚，大字题之曰：某国外交官违章被罚，并明书其国名。按此等事，以余观之，实可不登。盖此非某国之体面事，然亦非我国之体面事也。且使彼违章而我之警兵拘罚之，则我已致其法，而又必彰其事以重辱之，此已不可也。今则为外人行此权于我国，则我之辱，已甚于彼，而犹必大字以彰之，徒伤感情，而复为彼笑，是何为乎？

又报之致深论于外人者，必不得已始用之，而平常则皆出以平和，则争论乃能有力。若今日诟之，明日嘲之，则遇有大事复何如？

今也各报忽有若倾彼者，忽有若背此者，而又不工于辞，今日诟之，明日嘲之，又捏造一事而攻击之，若惟恐其不觉者，或恐其时相诘问。虽然，吾恐其并不加诘问，而置之若不知，则更可虑矣。何则？伏机深也。

（载《刍言报》宣统二年十一月十一日，《汪穰卿遗著》收录）

杂辩（三）①

今年春，湖南饥馑，大府不早为之所，临事又无布置，至酿乱事，

---

① 本文在收入《汪穰卿遗著》时，改题为《驳某报论湖南近事》，现恢复《刍言报》发表时的标题。序号为编者所加，下同。

诚宜惩处。乃某报辄谓将来如须赔款，应须官付，不应使湘人任其责，因此次之乱，咎全在官而不在民。又谓湘之米贵，实由岑抚准米出口之故。噫，是说也，吾不知该报果据何理由，而为是言也。夫治道不一，然至人民不遵法律，辄聚众妄为，至行抢掠，并敢于焚毁公众之衙署、学堂，又明知毁及外人之屋，必启交涉，而公然为之，此而不谓之乱民，此而谓应在矜恤之列，不知何国之法律可如是？果可如是，则长江一带，焚劫之魁，咸应赦贷，而安分之平民，反日处危地。如此，则祸起易矣。况乎此次之事，谓官不预布置，不善防范，则可；谓纯由官激变，则不可。据各报言，则多谓因米肆挑剔小钱而起，不由官也。至准米出口，亦不能指为大罪。彼时由鄂中大府咨请，同为国家大臣，岂能于邻省之事，一概漠视？万一因米不至而致乱，则湘之大府不又在科罪之列乎？况今者比省米价皆贵，自断无制定一律，令一省独不许出口之理。若谓乱成于官，本省即不应受赔偿之累，则凡乱事之起，无不可谓官成之。即皆可不认赔偿，而绅商损失，尚可令官赔偿。此等议论，滋乱民之口实，成中外之离阻，其亦不思之甚矣。呜呼，此次岑抚临难思避，庄藩受印自如，实启大官自相授受之渐。乱民藉端滋扰，而反有为之辞说者，实启匪徒轻视宪章之渐。吾甚愿世之秉笔者，稍加思虑也。

（载《刍言报》宣统二年十二月十一日，《汪穰卿遗著》收录）

杂说（九）①

十四《京津时报》论陈督致函外城警厅一节，中有云：记者个人之意见，未尝不反对天津人民之举动，且未尝不反对"公论"、"实报"之

---

① 《汪穰卿遗著》收入此文时，改题为《论报章立言之宜慎》，现恢复《刍言报》发表时的标题。

谩骂云云。按此等餍心切理之言，吾盖于今日而仅见之。慨自近十年来，吾国之人，一变其弛懈驯柔之习，而竟趋于嚣张傲慢之途，其极则至于阳狂迷罔。而考其原，大率由报馆鼓吹之。惧其畏也，则激其蹶起而驰；惧其散也，则嗾其群聚而欢，于是以数十人而称全体，以大半未寓目之电文，而猥称全体公电，几所在皆是。且少年无识，以奔走为乐。常人多闲，以有事为荣。于是今日开一会，明日开一会，非特害事，抑亦废学。所最可痛者，报馆于应然者鼓吹之，而于不应然者，绝不一遏止之，以致全国风气一变至此。即如国会请愿一事，本非学生所应预闻，至四次请愿，既奉谕旨，复欲集会再请，宁非蛇足？而各报顾无一言，且从而扇扬之。吾甚愿若《京津时报》者之时发正当之议论也。

前者某报于浙江开公园一事，颇致论列，其说是也。顾此事持论家不能不分其责。盖近来风气，于改政法事，不论缓急轻重，一概鼓吹，令人无从分别先后，而行政官往往心无主宰，辄择新党所喜者为之。以此而推，则十年来，自京城及各省之公款，消耗于此等者，不知凡几。如近来《宪志日刊》，最称谨严，然前时颇称各国公园之善，殊不知公园固善，然以吾国而从事公园，以办事层折言之，不知须若干年方能及此，而此时提及，使人见之，一若与他要政应相提并论者。此等语，实误人于冥冥之中，故持论者不可不慎。

十七《京津时报》译载英《泰晤士报》，谓吾国有人奏，蔡乃煌擅借洋款三百五十万，维持市面，此款应责成蔡担任。然此款从前原声明中国国家担任，故无论如何，吾国不能认为蔡乃煌担任云云。按：观此，则知吾辈于此等事，下笔之宜慎矣。意前之奏此者，但顾及归责于蔡，而不知自外人观之，则是以国家担任之借款，而忽归之一私人也，而我国奏者贸然奏之，又遽批"该部知道"，而外人则一字不放过也。然则，吾国凡政界、报界中人，于事之理路，平时万不可不研究明白，至下笔时，尤不可不审慎，否则于事无益，徒为笑柄，甚不可也。即如粤人言澳门事者，动言葡改民主，则澳门直可收回，试问天下安有如此容易之事？然粤人尚不觉也，以为吾肆然言之，而未见有抵余说者，则说似可行矣。殊不知无人相抵者，以未至其时也。苟与葡人正当提议之时，而犹以此为说，则试看果相抵乎？抑否乎？噫，发必见抵之议论，以待人之抵，而己犹欣欣然，何苦而为此欤！

（载《刍言报》宣统二年十二月二十一日，《汪穰卿遗著》收录）

针报（三）^①

　　作报者，与行政之人非有怨恨也，顾以其事有害于大局，则不得不诵言攻之；而非有所私也，故其于辞也，有期望之意，有惋惜之情，复留余地，以俟其迁改。故与其视为本恶而攻之，无宁视为本善而惜其适有是累。若其事而善，则欣赞不遑矣。今吾国之报乃不然，即于其事之是者，亦必以轻藐之意出之，或以疑怪之辞出之。如其题有云："外务部亦知重主权耶"，"政府亦注意疆界耶"，"贵人亦能助国债耶"，此等口气，触目皆是。其蓄意乖睽如是，则何怪上下之日益隔绝耶！

　　吾国人才寡乏，财力复短，报之不能圆满，宜也。顾消息所传，真赝不一，若并此不能辨，则为人傀儡矣，供人运动矣。前者京外各报，忽传滇、新二督臣出缺，数日犹载诸报而为疑辞，上海诸报又谓得诸京电，不知近来大员出缺，即见简放后任之上谕，其恤赠之谕，亦即日出。若数日未见上谕，而犹引为疑端，亦太不留意矣。有某报后为更止，谓李督有疾，而长督发烟瘾，故致传讹。然有烟瘾者李也，长并未闻有疾，以其僻远，乃漫言之，斯岂所以传信者乎？

　　外人之要求，非吾国之幸也，载之宜慎矣。若外人尚未启齿，而吾国报章所载，乃出于外人意计之外，宁不令外人惊怪乎？近长沙饥民之毁及于英、日等国领署、栈肆、教堂也，二国未有言于吾外务也，而各报忽有三千万、五百万之说，此其说何来乎？假使彼续有索焉，而谓吾外部曰：吾国所估，尚不及贵国报中所列之数，岂不令吾国人大惭？且报馆中人，亦太不经意矣，长沙以依约不得设行栈之故，争之累年而未

---

　　① 《汪穰卿遗著》收入此文时，改题为《续论报章立言之宜慎》，现恢复《刍言报》发表时的标题。

得，然外商无闵厂之肆也，领事之署，尚租民家屋也，如是则索赔偿，安能若是巨乎？

报章不得已，而于人加以责备，此自为大局始然，非以有权监督一切自喜也。故与其论人也，无宁论事；与其论人之全体也，无宁论人之一端。若夫凭空结撰，而丑厉其辞，以供己之侮弄。无论取憎招怨，即于平常道德，亦甚恶矣。驻日胡公使续娶，而各报忽以为娶妾，苦相诟病，且加以媒嬲之辞。夫续娶与娶妾，为事绝异，何至传误？此必有人故意煽动，使远近皆得加以诟病。尤奇者，则某报明言所娶为某绅女，其为非娶妾可知，乃仍冠以娶妾之题，大肆谩骂，诚令人不解。

梁某以路事为粤人掎撡，而竟以使德一事从容以去，此自足论。顾忽有德人不承认一事，遍载各报，一若实事也者，久乃寂然。即东西各报，初亦未有，其为有人捏造可知矣。夫命使而他国不认，此国家之耻也。吾人虽甚恶梁，然必不愿国家有此耻辱事，乃本无有而凭空捏造以实之，恫吓欤？离间欤？真令人莫解矣。

　　　　　　（载《刍言报》宣统二年十二月二十六日，《汪穰卿遗著》收录）

献疑（一）[①]

二十二日《京津时报》载广州一电，谓张坚帅提议赎回九广路，此说恐不确。按赎回路矿，几为今日流行最美之名词，平常之人，可因发起此事得大名誉，而大府苟能成此事者，则各报必翕然颂之。顾以实利、实害言之，则殊未见有何等利也。谓关于主权欤，则苟依合同，何虑失主权？且届期赎回矣，何必此时掷巨款为之。谓关于路之利益欤，

---

　　① 《汪穰卿遗著》将此文归入"杂说"，并删去了第二节，现恢复《刍言报》发表时的标题和章节。

则吾国人经营，果有利益否，何能预料？此时何必掷巨款，以买不可必得之利。况借款时，一切失耗，已受之矣，今赎回，必于偿款之外，更多与以若干，所失尤巨矣。若谓关系国防，则更不能及此。又吾国非有现金预备此等用也，必又筹借于他国，是我失耗重叠，而利益所在，乃尚渺茫。张坚帅无论如何，必不为此，而况今日各省财政，无不奇窘，安能提议及此？然则该报云云，果为实录欤？

资政院弹劾军机无效之原因，都城各报杂然登之，惟上海《时报》忽加入某邸电询项城，属用强硬手段一节。嘻！都城各报所未及，而《时报》乃知之，然则，《时报》之消息乃加人一等欤？

（载《刍言报》宣统二年十二月二十六日，《汪穰卿遗著》收录）

针报（四）

试问俄日于东三省，假鼠疫之名，戕虐我人民无算，其纯乎为保护生命欤？抑为含他种意味欤？试问果系鼠疫，则当一律防范，何以东交民巷各使馆意见不同，且始严而后宽也？试问以防疫之故，断交通，费巨帑，吾国政府未有行之者，而此次乃费至数百十万，且停京奉行车。当此财用极乏之时，其实意欲为此欤？抑有所不得已欤？然则如《帝国日报》、《京津时报》，对于此事，尚欲加意挑剔，俾外人得据为口实，此何为欤？

报馆之对于外人，不能不格外着意，若但据己之好恶，或社会之向背，遂直率言之，辄易惹无数恶感。不得已，亦宜纡徐言之，或影响出之。盖天下断无号为交好，而动辄恶声相向之理。彼国即有不良之对待，或有宜直揭者，或有不宜说破者，盖说破则国家有难以措置之处。且事情万变，当未宣露时，或尚有消化之法；一经指实，则趁此实行者有之，恼羞成怒，激而从速者有之。凡此等事，今日投身政界、报界者，万不可不知。而初六《中国报》，忽载奉省捕获置毒井中之某国人，翌日又改其语，谓前报所载谣言，即某国人所造，欲煽我国人为横暴举动，以便乘机而发。噫，此等浅露挑拨之词，于大局为有益欤？无益欤？余愚乃未知也。

日报专记时事，或使人厌观，偶缀谐语、时评，以醒人目，亦未始不可。顾谐语及时事者，亦宜得法，须如水中着盐，否则直率浅露，俱无意味。且一国之报纸，外人阅者，不知凡几，故以他事为滑稽均可，独期期不可以亡国为滑稽。倘其然也，则外人必谓我全国殆皆无心肝者。而初九《帝京新闻》，乃谓吾国当仿印韩，可为一等国，此何说欤！

（载《刍言报》宣统三年正月十一日，《汪穰卿遗著》收录）

针报（五）[①]

凡以抄件、印刷件之诋毁人，或自炫者，遍寄各报，或以公众具名，或捏名，或匿名，报馆本无不加考察遽行登载之理。而吾国乃不然，一得此件，即彼此登载，事之实否不计也。即有一二确实，而寄此者别有作用，亦不计也。登报后有何等关碍，亦不计也。如近来有印件毁上海高等实业学堂监督者，语多谰言，而照登者已不一报，亦怪矣。

今假使有无聊之外人，或出身不可知之外人，忽插身言为吾国尽义务，而以似是而非之说，遍送各报。报界以其外人而肯助我，即不察而登之，彼遂以之为名，而函电遍交于各国，各国又误以为中国人所信任也，亦以正当之礼待之。设将来有不妥之处，则受其弊者，我中国也。以今日所见有近此者，特一发之。

———————————

① 《汪穰卿遗著》将此文归入"杂说"，并删去了前两节，现恢复《刍言报》发表时的标题很和章节。

报馆虽云监督政府，然其地位究是人民之对官场也，则辞气之间，固有应守之范围矣。而吾国报纸，指语乃极僭妄，若十二《国民公报》第一题曰：《若荫昌者可以为大臣矣》，次题：《绍昌尚知奋往》。此等口气，几似居世界最高之地位，而挥斥一切者，不知该报有何威权而能如此？

又《帝国日报》忽有一题目：《外务部讳疾忌医》，盖谓比红十字会请代防东三省鼠疫，而外务部婉拒之，该报乃谓之拒人好意，并谓不知外务部何意。如此，按如该报言，则以外人乘机干涉为然矣，抑知将来推广，及他国援例，弊将不胜言乎！吾亦不知该报何意。

（载《刍言报》宣统三年正月二十一日，《汪穰卿遗著》收录）

针报（六）①

近报载呼兰为马贼所据，已而又声明为讹传。又有一报，谓系误据日本之报而登入者。按失守城垣，此岂小事？况又在俄人窥伺之地，安可不察，遽行登载？至谓为日人之报所误，则凡报界诸君，应知此后于转载外人之报言我国事者，更宜矜慎。盖事而确，则凡较大之事，我国人岂得不知？事而不确，则登之不特惑本国人，且外人见我国报纸亦纷然登载，即始以为疑者，后亦以为实然，岂不害于事乎？况乎今日宜防之处正多，甚恐因此堕人计中，斯亦不可不慎也。

各报多谓山东巡抚孙慕帅，以借外国银行不成，乃借犹太人款。有一报乃诮其为乞怜于亡国奴。按此说奇矣，借款一事，但当问其用途之正当否，归款之有着否，至于借犹太人款或外国银行款，其事一也，何

---

① 《汪穰卿遗著》将此文归入"杂说"，并删去了第二、三节，现恢复《刍言报》发表时的标题和章节。

亡国奴之云乎？又二十一《中国报》，谓山东商会向银行借款，银行必欲善于卖鲁之孙慕帅签字方能允许。按就银行言，则假款而欲得有权力人之签字，以为将来索款之预备。此亦不足怪，与孙抚何涉？且何以见其善于卖鲁？近来持论家往往不能就事实上切实论列，而好以丑厉之名词相加实，可怪也。

《京津时报》载一电，谓香山官绅拟筹款赎取澳门。按以现势观之，恐未必有此事。若果有之而遽登报腾布远近，恐亦非成人之美之意也。又某报载，张坚帅电请外务部与各使商加进口税，为外务部所驳。此事全属子虚，不知该报何从得之。又载御史胡思敬，以从前谢侍御劾陈璧得重名，故亦拟劾梁士诒以博名誉。按此等语，实令人不解。若以常识观之，则大似阻胡之入奏也。吾不知该报果以胡之劾梁为然乎？抑以胡之劾梁为不然乎？

（载《刍言报》宣统三年正月二十六日，《汪穰卿遗著》收录）

诘问（一）[①]

某报谓江南财政公所分红，而谓其不应于财政支绌之时，忽有此举。按此当先责其分红一节也。分红一事，盖商家以伙友日入薄，为力勤，以此策励之，始有此名目。若官家之事，近于商业者，已可不必，以禄糈皆厚也。且分红者，指商业中赢绌不定之事而言，人事尽，则获利，人事不尽，则不获利，故悬此以为赏罚。若销货有定价，又有指定销路，则分红一事，实出无名。至财政公所，尤与商业性质迥异，何分红之足云？

汽车以便民也，其有改期及停止，应即广登告白，所以免人之因求

[①] 《汪穰卿遗著》将此文归入"杂说"，并删去了第二节，现恢复《刍言报》发表时的标题和章节。

便而转致不便也。京奉汽车以避疫，停止入关久矣，顾殊未见明文，惟见各报广告尚登京奉车来往时刻，一若照常行驶也者，近日乃始登报，言京车停止南下云云。吾不知铁路局及京奉总办诸累累者所司何事也。

（载《刍言报》宣统三年正月二十六日，《汪穰卿遗著》收录）

砭论（一）[①]

近读二十六《国民公报》"东鳞西爪"一节，大于今日社会有关，故特录全文而论之。其文曰：

盛宣怀以甘言饵梁士诒，而暗中奏撤其各项差使，此老亦以狡狯弄人，颇出意料之外。虽盛梁之不相容，不自今日始，然其忽离忽合之迹，则惹人猜疑，而不知有此段结束之文章也。近日盛故亟称梁为有才，梁亦以盛为厚己，一旦若是，彼此相见，能无忸怩否？噫，翻手作云覆手雨，纷纷轻薄何须数，官场之真相，原不过如是如是。

余之摘出此论，非专为《国民公报》发也，盖欲假此以告今之持论家。良以近来风气，既渐趋重舆论，则首须整顿者，即为舆论。而于论事论人，尤宜致谨，否则其结果有令办事人鼓舞，及令办事人灰心二种。毫厘千里，不可不慎也。夫论事无他，曰是、曰非而已，曰措置之得法、不得法而已。至其对于此事心术如何，不必问也；有无他人之协赞，亦不必问也。盖吾辈所求者，事之妥善而已。果其事而是矣，又措置得法矣，虽有他故，何害焉？果其事而非矣，或措置不得法矣，虽无他故，奚赖焉？至于办事人平日之品行，及其他事之若何，尤不必于此时论及。夫盛之不动声色而去梁士诒，人无有以为非者，即该报亦未以

---

① 《汪穰卿遗著》收入此文时，改题为《砭国民公报》，并删去了最后一节，现恢复《刍言报》发表时的标题。

为非也。而一则曰暗中奏撤，狡狯弄人；再则曰忽离忽合，惹人猜疑；三则曰彼此相见，能无忸怩否；四则曰翻云覆雨，官场真相。噫，如该报言，则不啻束缚办事人之手足，而又迫使进行也。吾不知凡查办奸慝者，当明为宣布，使知而为备乎？抑当不动声色，使无从捉摸乎？当破除情面，持正办理乎？抑当瞻亲顾旧，徇私忘公乎？若谓旧有嫌隙，此事当从含糊以示宽厚，然则奸慝之人，从此可无顾忌矣。该报并此不知，而妄置论，亦可怪也。

吾国向有一种怪现象，譬之甲乙两大臣，人皆知甲忠而乙奸，甲乙相争，人亦愿甲胜而乙败。乃甲果胜矣，乙果败矣，顷之，忽有一种不平之论，对于甲，则谓其貌为清正，心实溪刻，曰：意存倾陷，不顾友谊；对于乙，则曰虽有秽迹，才实可用。曰：谋公不臧，心实无他。如此，则是非混淆，毁誉无准，百尔君子，何所视为标准乎？

又，是日《帝京新闻》之"滑稽谈片"则尤甚谬，亦录如下：

日前，梁曾对其亲信者言，我誓拼去一官，与盛杏荪一决胜负，拟将盛之历来劣迹及其家庭丑德，一一揭出，专折奏参，以示报复。如不得直，即挂冠去，亦所甘心。闻盛杏荪得此风传，心极恐布，现已托人前去安慰，允以另有位置云云。

按：既云"滑稽谈片"，则本无其事也，无其事而凭空造此，将以指导梁乎？抑以恫吓盛乎？良不可解。

（载《刍言报》宣统三年二月初一日，《汪穰卿遗著》收录）

忠告（四）[①]

近有某报谓，新刑律须与礼学馆会议，恐致窒碍为言。按此非以君

[①] 《汪穰卿遗著》将此文归入"杂说"，现恢复《刍言报》发表时的标题。

子之道待人也。今诸君子主持虽异，然皆为公也，非私也。既云纯乎为公矣，则必准乎理之至是，酌乎事之可行，勿强题以就我，勿破方而为圆。盖所议者，为吾国永久之事，诸君子肩任至重，是无意见之可言，更无意气之可言。且不必以全用己说为乐，亦不必以屈己从人为愧。夫如是，则难者不难矣。诸君子其谓然乎？

（载《刍言报》宣统三年二月初六日，《汪穰卿遗著》收录）

针报（六）①

《国民公报》载《大清国尚有干净土耶》，中言某君得俄人信，谓中国万一瓜分，必留出数省，仍归中国云云。按此信之有无，及说之足信与否，姑勿具论。然吾国人今日断无许外人有瓜分我之事，亦断无有承认外人瓜分我之心。此理至确，无论为满为汉，为新为旧，均须确守此范围。今或举此而易言之，又或举此而平平言之，甚至用为戏谑，岂非全国无心肝之证据乎？前闻竟有以此质问外人者，吾恨不一拳毙之。

（载《刍言报》宣统三年二月二十一日，《汪穰卿遗著》收录）

敬告（八）②

今敢敬告各报馆曰：凡报馆以外交之失败，而责望政府，此于事当

---

① 《汪穰卿遗著》将此文归入"杂说"，现恢复《刍言报》发表时的标题。
② 《汪穰卿遗著》收入此文时，改题为《敬告报馆》，现恢复《刍言报》发表时的标题。

也；顾不宜捏添事实，以惊动社会。盖如此，则于外交官之办事，无纤毫之益，而社会之惊疑，乃有大损。如近来有载英之要求藏中某事者，试思英方专注滇缅，必不能两事并举。至载俄在蒙古之行动，亦多过其实。此等事，在吾国人，初不知其关系。盖此等重要消息，吾国民虽无可预备，然心必为之耸皇，亦必各自有所筹计。倘大半虚伪，则全国之人，为之一耸一弛，以后复有此事，则全不为意，转成玩误，是不可不慎也。

我国外交，固无可言，顾其病，在大处之无准备，至事之已至，则有不能尽责外部者。盖人皆凤备，而我出仓猝，舍就题敷衍之外，殆无第二策。如片马事，人以图为证，而我无实据。俄约六条，则根据旧约而厉行之，又加以国力之不同，复何从与辩？能婉转应付，已不易矣。若必强以力争，则惟有决裂而已矣。

凡国力平等之交涉，能执约以周旋，已不易矣，今如必责以行改正旧约，则必无之事矣。如滇缅界务，或者咎在英初灭缅之时，我不能急注意于此耳。逮其后，则英已准备，我即欲与勘，彼即持一定之宗旨以相迫压，可为奈何！俄之要求，本光绪七年之约，彼时以索回伊犁之故，方以为幸，遑计将来之生枝节。今惟有图补救之方，而欲明言改正，固不能也。

今在位之呲琐者，不足言矣，余所虑者，则向来外交，疾徐刚柔，不能拘于一致。然若言论家偏喜强硬而恶柔软，凡遇事能力争者，则为众誉所归，稍示婉转，必大蒙谤辱。于是社会中积此心理，谂知刚柔所出，即荣辱之分，人孰肯弃荣而就辱？必至有不论事之利害，而一以刚硬为之之时，如此，则又有陷国家于危境。故言论家于此等处，万不可偏于一端也。

近来忽有怂恿备战之说，此殆不足供一哂。伊等之意，必曰战可以作气，与其不战而瓜分，无宁一战而亡。殊不知凡办事之人，除力求妥定之外，别无二法。故凡姑且尝试，与事虽不成，犹可自白于天下；及国家以战而亡，尚足有光于历史。此等语句，必不使有纤毫横梗于胸中。盖办事者，惟有力求完成之念，必不得有预备毁坏之心，固万不能如是苟且作计也。

财政之事，重要与外交相等，各报撷拾大清交通之弊，大略是矣。然为报者，须为大局计，发露太甚，则必于财政大局有关。幸吾国商务小，机关不灵，犹未大受损害耳，否则全国财政，将不了矣。

以上诸端，偶举所欲言，知我罪我，是在识者。

（载《刍言报》宣统三年二月二十六日，《汪穰卿遗著》收录）

质疑（五）[①]

报载，滇督李仲帅以片马之交涉，请竭云南全省之力，与英人一战，犹可侥倖万一云云。按此事恐未必确，若就报所言论之，则仲帅之请为不当。姑无论滇之兵力，果足敌英否，又无论滇用兵贻累大局否，总之疆臣职在勘界，则惟有于勘界一事之范围内，图维审察，复量国势而为之进退，且与外务部互相为地。若夫两国开战，关系綦重，决非疆臣所能议及，且不能以此宣布。今报馆不察于此，或从而赞之，余恐人之误会，故特辨于此。

（载《刍言报》宣统三年二月二十六日，《汪穰卿遗著》收录）

针报（七）[②]

近日政报颇指摘吴禄贞矣，其实吴不必责，应责夫用吴者也。吴纵

[①]《汪穰卿遗著》将此文归入"杂说"，现恢复《刍言报》发表时的标题。

[②]《汪穰卿遗著》将此文归入"杂说"，并删去了末两段，现恢复《刍言报》发表时的标题和章节。

有才，然年少而寡阅历，骤使握大权，必致骄纵，而自忘所任之艰巨。他报不知何故，力为揄扬，实则大半虚饰。试思延吉一役，縻款至六十万，而举动之不规则，时有所闻。近来报章于其所喜，或相联络之人，则其人虽极荒谬，必极力揄扬之，且交口颂之；于所不喜，或受人嗾使，则其人虽极无他，必极力诋诉之，且交口毁之。如是，则适足炫惑用人者之耳目，陷社会于迷罔之域。报品如此，而欲得人信用，不啻南辕北辙矣。

二十七《国风日报》又载，领袖公使至外务部，重申监理财政之说，且谓去年曾经要求云云。按此说可谓荒谬至极，此事现在之不能发现，稍识事理者必知之。去年之事即系谣传，该报凭空捏造。此事其教猱升木欤？抑以乱人心欤？

又该报"四面八方"栏中有看画报一则（亦在二十七八等日），其中竟有极淫秽字面，该主笔腼颜书之报，而警厅亦不干涉，可怪也。

（载《刍言报》宣统三年三月初六日，《汪穰卿遗著》收录）

敬告（十）①

近日各报又重喧瓜分之说，而外间传言尤甚，且谓吾驻法刘使，已有电致各署，详悉言之。据所调查，乃绝无其事，是必有造谣之人矣。试思主动此谣者，其用意何在乎？吾愿吾政府惕然于好乱者之多，而翻然振作精神，实行立宪，以定大局。吾尤愿吾国民深知乱人之险恶，而遇谣言之来，详审精察，不轻为所动。吾更愿各大报馆登载要闻，益加审慎，庶人心不致轻摇，而己亦免不智之讥。是皆余所切望也。

（载《刍言报》宣统三年三月十一日，《汪穰卿遗著》收录）

---

① 《汪穰卿遗著》将此文归入"杂说"，现恢复《刍言报》发表时的标题。

敬告（十二）①

以吾国之濒于亡，而群思兴国民军，以辅国家兵力之不足，此甚要事也。虽然，不如寓之于民团，事有所因则易集，练于本乡则省费。而留学生何为者，将使废学而散布内地以讲武乎？将举夫学政法者，学实业者，学理化者，悉改而从事兵戎欤？留学生虽数千，然散之内地，乃如沟水入海，莫之睹矣。且返其乡，则固无资望可言，未必为人所推也。学政法等等无论矣，即学武备者，功力尚浅，复无阅历，不审可为将校乎，抑可为兵士也。又闻拟筹二万金为基础，顾此二万之款，恐尚不足此二三千人三个月之伙食。倘云将归而集款，则当此民穷财尽之时，谁复能及此？则此实无意识之举动，而各报乃鼓吹不已，且诟政府之禁止为阻遏民气，吾不责其嚣张，吾怪其糊涂。

吾国外交诚失败，吾国外交官诚办理不善，然其故万端，报馆所言皆隔靴搔痒之谈，于实在症结处何曾梦见！且动曰卖国，动曰受贿，以绝无质证之谈，而此唱彼和，于实事无裨，而徒供外人笑柄。阅报者见喋喋不休，而又全系空中楼阁，必以为非挟恩怨，必怀所诈。京城报馆之失信用大率由此，甚愿吾同业各自慎也。

（载《刍言报》宣统三年三月十六日，《汪穰卿遗著》收录）

---

① 《汪穰卿遗著》将此文归入"杂说"，并删去了最末一节，现恢复《刍言报》发表时的标题和章节。

敬告（十三）①

　　吾不敢望政府，乃望之社会；吾又不敢遽望之社会，乃望之各日报。报之为用伟矣，为力亦大矣。然今之为报者，不能自尊其品格，腐败狂谬，至不可言状。种因如此，乃产恶果。一曰使人藐视报章。盖近来非特官界不信报，即社会亦不之信。常闻人曰：此报纸所载，乌足尽为准。或曰：报纸议论，何必理他。然则办报者于此，当自省随意登载、随意诬诋之非计矣。一曰使人轻视名誉。夫名誉者，人之赖以生活者也，是故名誉而为人坏，则必讼之。然吾国日报多妄肆评弹，久而久之，人皆视若无睹。于是用人者既不以是为取舍，观人者亦不以是为轻重，则人纵日被报纸诋毁，而绝不为意。即有言之真切者，而人转得以报语多诬之说，为辩护之语。夫使人人贱视名誉若此，实非社会之福也。一曰使人玩视祸害。凡报章登载外交危险之事，初始，人咸骇奋也，乃一再所登，皆不确实，则人心懈矣。以吾国之人心，难振而易弛，既见报章如此，则不特不信报章也，且轻视祸害，则以后果为实事，报纸登载，亦无效力矣。一曰损害风俗。报之效力，可以改良风俗，然亦足以坏乱风俗。近来报馆于传单、电报之至，或虚称全体，或伪托姓名，而不辨真伪，一皆登载，且以销报之故，务以悦众为事。于是学生之冲突，必袒学生而责校长；军队之风潮，必护兵士而斥员弁。推之他事，莫不皆然。且以鼓吹自由之无界限，发挥平等之无制裁，不考求欧美政俗之实际，不深究西方法制之源流，而一皆崇拜，谓宜取则。故十余年来，嚣陵淫佚之风日甚，而向来敦厚朴实之风浸微。今则卑幼慢尊长，兵吏不受约束之事，随在皆是。推原其故，则报馆实不能

---

① 《汪穰卿遗著》收入此文时，改题为《敬告报馆》，现恢复《刍言报》发表时的标题。

不任其责。有是四故，而报遂为世诟病。往者已矣，今欲恢复报之名誉，挽回报之效力，使政府、社会之对于报章，咸信用尊崇，无敢藐视，是在三数明白大局之人之主持斯事者。

近来办报者，忽有言论一致之说，此吾所不解也。夫纵人言论自由者，盖欲人人皆得以心之所欲言，贡于社会，由异同以得是非，由是非以定取舍。且事之状况复杂，各言所见，各举所知，甲不必徇乙，此不必附彼。若言论一致，是不啻言论专制矣。此等说发现时，必有以把持言论为得策者，故为此以惑人，闻者当慎之也。

风闻言事，为专制政体中较善之法。盖行政官之蒙上剥下，纵有圣明之主，何从知之？故君得藉以知官吏不法，民间疾苦，惟恃言官之劾奏。然若必责其有据，则情伪万端，岂区区言官能得之乎？近乃有不以为然者，其亦稍未尽于事情乎。

又按风闻言事，言官上封奏则可，登报则不可。盖封奏惟君主一人见之耳，留中者无论矣。即发查者，遇有虚诬，亦得由查办人员为之洗刷。其不获洗刷者，则其事已实，即为举世诟骂，无足惜也。若登报纸，则不崇朝已普及远近，被毁之人，已为万人齿冷，见人时亦自愧恧。假令非实，则为害于人甚矣。故各国报律，于此最严云。

（载《刍言报》宣统三年三月二十一日，《汪穰卿遗著》收录）

针报（八）①

外交设施，不宜辄宣，固矣。至若事关数十年全国安危，则尤不宜

---

① 《汪穰卿遗著》将此文归入"杂说"，并删去了末两节，现恢复《刍言报》发表时的标题和章节。

轻载，此非限于报律，实凡有国家思想者，皆自不愿宣泄，以败其成谋也。乃若前年《时报》忽载中德联盟；去年都中某报，又谓伍大臣将会罗斯福密议某事，特在埃及相待；又日俄协约将发现，而又载美国将重提此事。果有是欤，则不宜揭之以败其事。若无是欤，亦不宜虚捏以动人疑。此等处，诚不宜轻点笔也。

去年报中有题曰：《呜呼！韩之警察权。呜呼！韩之教育权》。按高丽自乙未离吾国独立而睹亡机兆，至乙巳则直已亡矣。日本之存其名，聊为一时自解计，韩固已为日本圈中豕也。今各报所云，岂非尚认为韩未全亡欤？

去年，粤督以香港某报言粤省事，语甚不顺，禁止营销内地，并摭其书匪徒之死为阵亡据。乃上海某报忽起而驳之，谓阵亡不过为死于兵阵，并无僭谬之处。此则可怪矣，阵亡为将弁死于战中之名词，此谁不知之？度作报者亦无不知也，何至强辩如此！且果以港报宗旨为是欤，则何庸为之遮掩讳饰；若以为非欤，则尤不必强为伸辨。且人不能堂堂正正为所欲为，而欲闪烁闭藏以就之，天下有此理乎！

（载《刍言报》宣统三年三月二十一日，《汪穰卿遗著》收录）

辨正（二）①

各报于华侨在海外营得新事业，辄书之曰：华侨新得殖民地。或曰：某处可为中国殖民。阅报者见之必大喜，以为吾国乃得此外府。又以为吾国民万一至荡析离居之时，而有此侧生旁挺，亦足为桃源之避。不知此特可谓之华侨营业得利耳，盖所谓殖民地者，必有权力以居之，

---

① 《汪穰卿遗著》将此文归入"杂说"，现恢复《刍言报》发表时的标题。

无人能阻扰我之谓也。若吾华人，则所在仰人鼻息，去留一听之人，乌所谓殖民地者。且今尚有祖国也，而受凌践已如此，一旦事局变迁，则此辈将同坠叶飘蓬，凄苦更不可言。故报纸于下此等名词时，亦宜审慎，恐其疑误人也。近来各省有移民东三省者，而报纸亦呼为殖民。夫一国之人，南北迁移，安得谓之殖民？且美国报章于此尚深致讥评，谓三省已入日俄范围，移民于此，不啻驱之死地。此事当轴者亦宜留意及之也。

（载《刍言报》宣统三年三月二十一日，《汪穰卿遗著》收录）

记怪（十）①

近有最怪之事，则度支部借款之事。未签字以前，各报并不置一辞，直待至签字后，反狂骂痛诋，不遗余力。此等举动，直可谓之侮弄国家，玩视要政。盖苟其说而然，在未签字以前，或可挽回，既签字，则为难矣，岂非令当者虽知而痛侮，而无可如何乎！从前湘鄂人之对于张文襄铁路借款，亦是如此。此等处，真令人百思不得其故也。至朝廷不能不借款之苦衷，意各报尚未之知，故骂来骂去，都无是处。又各报对于此，专坐罪盛尚书，试问近来译载合同，大略已定于去年西九月。其时盛至都未几也，则此事发端不在盛矣。各报于此等处，都不考求，辄随意饶舌，良亦可怪。

（载《刍言报》宣统三年四月初六日，《汪穰卿遗著》收录）

---

① 《汪穰卿遗著》将此文归入"杂说"，现恢复《刍言报》发表时的标题。

痛言（二）

吾辈于行政官之办事，要当就事论事，如以寻瘢索垢为心，则办事人难矣。如此次粤事，各报尚百方疵毁。如《京津时报》，诮其自后门逃出，不知乱事猝起。当其冲者，惟有速谋靖乱之法，固不必问其由后门、由前门也。且如该报所云，则张督当坐大堂，朝衣冠，骂贼而死，而大局悉置不问欤？此之为患，何堪设想！①

诸君须知，粤事一二日即已平复，自可无事，假使一时决裂，省城顿成乱象，此时已有数国兵船驶至，必争先登岸，吾辈虽在北京，皆有食不下咽之势，不知该报取彼乎？取此乎？窃愿吾党研究之。

吾国对于行政官之办事，贵于其难，而不重于其成。苟其难也，虽不成，无吹求也；若其成之速欤，则视若无睹，凡将挑拨小节以病之。故办事人之苦心孤诣，恒不为众所谅，如是，则人灰心矣。

吾国社会有一奇病，曰膜视祸乱。既膜视祸乱矣，故不注重于乱之能速平否，而反苛求于平乱之枝节。故古来常有大将立功，而忽以小节为人劾奏，以致终身沉抑者。社会此病不除，而欲冀有大人物出而经国，盖戛戛乎难矣。②

又某报谓孚琦被刺后，张督电告安谧，而即有广州乱党攻毁督署之变。事后张又电告安谧，而即有佛山之乱。张督之言，如是其难恃乎！按此语大似未经世事之人言。夫孚琦被刺后，贼捕而地面平靖，自然电告安谧，安能逆料又有攻督署之事！且万不能因为将来脱卸地步，于毫无踪影之中，故造一二疑似语以恐朝廷，该报于是为审矣。③

（载《刍言报》宣统三年四月十一日，《汪穰卿遗著》收录）

---

① 《汪穰卿遗著》收入此文时，删去了本段的最后一句，现根据该日《刍言报》补录。
② 查当日《刍言报》并无此段文字，录此存疑。
③ 《汪穰卿遗著》收入此文时，删去了本段，现根据该日《刍言报》补录。

记怪（十一）①

近报或官场文书中，乃有列户部、商部、工商部者，一若不知户部已改名、工部已废者。按名词之出入，名目之存废，有绝大关系，而吾国乃于此多不留意。如税务、邮政及理船厅，皆吾国之事。惟托外人办事而已，实应列之搢绅，以示此皆以外人效力吾国，华洋职名详录之，有更换，必书。今惟无此，于是吾国人多不知税邮权之仍在我。又如税邮两处报销，当用吾国之历，断无舍而用西历者。京汉、京奉、沪宁、津浦虽借外款，而路固我之路也，何以记里动用法里或英里？且记里石所镌，皆用洋文而无华文？缅甸入英，越南入法，琉球、高丽先后归日本，而钦天监所颁行之时宪书，乃不以时删去。主其事者不过问，而旁人亦无言者。吾国人颟顸懵懂如此，可为叹息。又近来《政治官报》封面，必载西历及星期，吾亦不知其何用也。

（载《刍言报》宣统三年四月十六日，《汪穰卿遗著》收录）

针报（九）②

日报不应闻言辄载，而关于外交者为尤甚。如去年载铜官矿事，谓

---

① 《汪穰卿遗著》将此文归入"杂说"，现恢复《刍言报》发表时的标题。

② 《汪穰卿遗著》将此文第一节归入"杂说"，删去第二、三、四节，现恢复《刍言报》发表时的标题和章节。

凯约翰仍把持不去；又谓德人青岛添兵，已而遂更正；又谓荷兰强我国民入籍，而增厉其辞，谓三月不入籍，即将逐去，而尽没其财产，近日亦更正矣。盖以极平常事，无足措意也。此等事，当局虽视为寻常，不知害事多矣。一则外人将谓我等好排外，故主此也。二则为外人所笑，谓我国人全无判断力也。三则载此等事，将使警觉而筹措置之方，顾不足信者多，则人益玩视，而成其玩弛之念，不可不慎也。

人有愁苦冤抑，得登诸报，或知人之奸蠹，亦得登报，不登者亦得以告白宣之，所以通民情、惕隐匿也。然今者出之大官贵人，或有势力者，苟有凶暴之行，辄得预托人致意报馆，停止其告白，而凡报馆于干涉他报之告白，亦辄不登，是以宣达民隐者，反为遏抑民情之具也。

庚戌六月初八，都中各报译路透电，谓达赖不喜英之政策，故不复至北京，语气甚不类。惟《顺天时报》乃曰：达赖甚感英之政策，故不复到北京。此非小事，而知此草草，岂不误事？

"有闻必录"四字，欧洲各报实无此说，即来函登载之语，亦必报馆担其责任。此等事，盖不知几经波折，乃成今日办法。盖报馆者，兵刃之类，能卫人，亦能害人，不得不多方防备之也。

（载《刍言报》宣统三年四月二十一日，《汪穰卿遗著》收录）

忠告（五）[①]

日前某报略谓，居辇毂之下，多所顾忌，故不能畅所欲言云云。按，此说误矣，报章之自由，固无有如今日吾国之京城者，上自王公，下至编氓，任意诋毁，莫或过问，甚至加人以极不堪之名目，诬人以无理由之事实，或形容闺闱，或演说隐慝，而莫或与辨，一任诪张。吾谓言论自由，此为最矣。

[①] 《汪穰卿遗著》收入此文时，改题为《敬告报馆》，现恢复《刍言报》发表时的标题。

虽然，此非正理也。凡有法之国，其范围一切，皆极严密，虽保护言论之自由，然若出于捏造诬指，则所以罚之者亦极厉。日前《镜报》所载香港二事，不过一端耳，其实各国皆如是也。盖必如是，而报馆之言论不敢不正确，言论正确，则社会之对于报纸，不敢不尊重。是则取缔之严，实所以重视之也。

今我国报馆，不幸而处于弛漫放纵之地，于是言论之过其界限，往往不自觉。积久如是，人见其不足信也，遂不凭是以为毁誉，而被指摘之人，亦不凭是以为欣戚。如是，则为无价值之报。吾意办报诸君，宜各自约检，凡记载一事，必先审其真伪。即转载他报，亦必择其近情理者录之，且注所从出，而于外交尤应注意。倘知其误，则即自更正，若有所指斥，必有根据，庶不穷于根究。如是，则初时虽稍觉暗淡，然久之，则人知其详实，必格外信用，报销必广，且报品亦必尊，于我国前途，实大有裨益。

我国报纸之不自检束，实源于上海各报。其上海各报，所以能如是者，以上海租界，既为十一国公共租界，无有管理一切之法，而中国之法，亦不能行其间，且上海华官之得管此者，仅上海道及会审公所委员，而事复甚繁，安有暇及此？于是为主笔者，纵意所欲言，以为应然也，以为如是亦莫余阻也。于是阅报之人，亦以为应然也。岂知各国报纸所谓言论自由者，不尽如此也。夫振起社会，开发民智，不能无望于报。报之不善，则吾国前途复何望？吾故曰，今日中外各报，宜速求自尊自重之道也。

（载《刍言报》宣统三年五月初一日，《汪穰卿遗著》收录）

敬告（十七）[①]

今日诸君所为，不事私利，掷弃心力，而为是报章，日与人争辩，

---

① 《汪穰卿遗著》收入此文时，改题为《敬告报馆》，现恢复《刍言报》发表时的标题。

时时受人恶怒者，虽其宗旨不同，然有同一之目的焉，曰：欲国家之存立，而决不欲其衰亡也；欲上下之融合，而决不欲其睽离也。顾有时效与志相反，而名与意相背者，其故何欤？余有悲焉，辄举数端以为规，诸君其无相怒也。

初九《政报》有时评一段，其说可谓温厚和平，谨录于下，以见报之用意宜如此也。

昨闻某某报因登载禁烟事，被人指控，或曰：即某报登乔树楠事也。某报登公所查验一节，至谓用膏药贴在股际，被检查员察出云云。余谓此事如属子虚，则捏造之咎，固不能辞也；即果有其事，亦当为国耻稍留余地，不应直情宣布，徒资一时之笑谈。鄙人于禁烟一事，向不置可否，非不主张禁烟也，中国自办新政以来，千形亿貌，其可供新剧者，无一不备矣。今尤创一禁烟调验之新令，其阶级也，则自杂职而至于卿贰；其搜查也，则由衣服而达于发肤，使丑态一时呈露，无复隐讳，是亦不可以已乎！故曰公所本有授人笑谑之柄，而报纸又尽情描写，好彰人过，两有责焉。

夫知为个人留余地，已不可及，今乃知为国耻留余地，则意更深远矣。至谓不应直情宣布，徒资一时笑谈，则固知描画人过以示人之不可也，又知报纸非应以此为事也。若其于禁烟办法，独有不谓然之处，则独到之见，尤不可及。夫《诗》三百篇，讽刺居半，而孔子以《诗》为温柔敦厚之教者，盖以忠厚之心讽刺人，斯可以讽刺矣。故孔子又曰："诗可以怨"也。吾甚愿举国报馆，咸能就此而扩充之，则报之益，其稍能及于社会乎！

干路收为国有，各报所大诟病。然干路国有，本为应然之事，特于既许商办之后，骤然收回，不能令人无望耳，虽然，朝廷于此，亦出于不得已也。吾国人惟当注意于收回后之法，哓哓争此，殊无谓矣。且各报于各省用款之虚縻、权利之争竞、成路之无期，何不一详论之而策其究竟？乃徒以阿徇数十百人之所谓舆论以为得计，国家事其何赖矣？租股、谷捐本非筹款之正当办法，不能不谓之病民，特民不能言耳。皖之米商，哓哓者屡矣，川民之困于此，去年京中各报已书不一书，谓民之乐从，殆不可也。至于民力，今已尽矣。浙稍殷富，而竟不能续缴股款，然则情形已至强弩之末矣。纵观各省，大率办事之人少，而因以为利者多，即有一二尽心于是者，非为人挤去，即怏怏而死。总之，国有借款而办，或有完成之一日，若划省绅办，恐百年无成。以无款，则办事人坐糜薪水；款多，则人人涎金而起相攘夺也。

借款办路一事，今皆集矢于盛尚书，顾不闻南皮之事此已久乎？或曰此草约也，废之易易耳。噫！草约而随意可废，则何必订草约？且草约之订，前后年余，中更数变，磋商校勘，舌弊唇焦，而谓肯一旦弃之乎？譬如人家雇木工造屋，其工程亦极小，然木工来数十次，言明材料价目，写一承揽样式，忽主挥之去，曰，今可无庸，则木工虽无术相抗，然亦大有后言矣。此等事，不能施之齐民，而谓能施之国际交涉乎？又况若吾国之与英德法诸国乎？世人徒知以从前赎回粤汉铁路及山西福公司、安徽铜官山矿为说，抑知七百万也，二百七十万也，二十余万也，吾之受亏损甚矣！吾国人徒知得于此，而不知已失之于彼，亦可谓阔矣。况彼之肯如此，以未获利也，假使已获利，则彼必不肯矣。吾国人不肯深究事实，而易视一切，吾不知吾国人何如是浅也。

前者格杀勿论之廷寄，大为各报所诟病。夫以表面言之，则国家夺民之利益，而又以严重之语为压制，诚不能无讥。顾试读上文，则固指暴动言也。民争地方之事而至暴动，若不以强力制之，则将任其撤衙署，劫仓库，致酿大乱乎？惟此事本不当入之廷寄中，廷寄但言已定政策，民间不必妄争可矣。若至暴动，则警察自有应当之办法，不必逆亿而言之也。至各报摘出此语为诟厉，如出一辙，使不知者见之，类似有意挑激民间，使怨恨国家者，是亦不可以已乎？至某报以朝廷此次对于川人厉，对于湘人平，谓为不敢于强，而敢于弱，一若欲使各省皆起与朝廷为难者，良所不解。

各报力诟川路总理乔树楠，且言施典章既赔款、罚金、监禁，乔亦不能置身事外，今所定实太轻。按此事当以法律言之，施之罪，以私挪公款买股票也。若乔，仅失察耳，且施为前总理所任，乔不受用人不当之咎也。至谓乔施串通，吾不知该报有据而言之，抑任意捏造乎？若有据，则乔不能免重咎矣；若捏造，则无论何种公堂，无据捏造之言，以罪人之理也，吾愿主笔者其思之。

以上所举四者，仅以为例耳。吾见各报随意诬捏，妄说是非，至多不可胜举。其为人所误，及失于检点者无论矣。吾甚愿诸君以后言事，皆准情酌理，复准之法律。盖自尊而后人尊之，自重然后人重之，不知诸君皆以为然否？

（载《刍言报》宣统三年五月十一日，《汪穰卿遗著》收录）

宜知（十）^①

各报动言经手借款者，得有九五扣，噫，伊等大约以合同所载之九五扣，为中国经手人所得乎？殊不知无论东西各国，凡借款皆有折扣，其折扣之多寡，则视借者之缓急，事之夷险，金融之充绌，抵质物之如何为断。盖银行经手此事，须派人专管，又须印票，登告白，及电费、邮费，均取之此中。又销路旺，售票可至百分以外；销路绌，则须缩在百分以内。银行为自保利益起见，故不能不多取折扣，以为取偿之地。若以为皆中国经手所得，则大误矣。惟经手者，于此中有无沾染之处，则非个中人不能知。

凡借款之抵当，或称为抵，或称为押，或称为保，其意义不同。谓之抵者，则苟逾限不还，直可执此以争；曰押、曰保者，不过以此为信物而已。研究兹事者，不可不知。

近各报詈经手此等事者，动曰某人得数十万，某人得百余万，然余闻其中亦有有名无实者，有名然而实不然者。盖外人至黠，华人无端逸获如许，辄被掯勒，或设法俵散，或指物相抵，或以物业为质，华人无如何也。从前刘某在福公司中，人咸谓其得数十万，后乃知其大乖始愿。盖公司之出数十万，本谓是运动费，其酬刘，则允公司成立，月给若干也。后知所需运动费不过数万，乃中悔，仅给以公司之股票，虽亦合成数十万，然此等无利息之股票，不能抵押，刘得此，如抱空券，故刘后颇困云。至余所以亟亟言此，良以报中但知数目愈大，则愈足重人之罪，吾恐一班社会中，不以为戒，而转以动其心，辄意偶一改节，即唾手可得数十万，于是不思自闲，人人自决其范，甚至变本加厉，于事

---

① 《汪穰卿遗著》收入此文时，改题为《论借款之九五扣》，现恢复《刍言报》发表时的标题。

大有害。殆公家丧多，而自得乃少，彼时悔之已无及矣。

（载《刍言报》宣统三年五月十一日，《汪穰卿遗著》收录）

针报（十一）①

　　报载，广西某报为巡警道干涉，谓其不应直斥地方官之名，各报哗然，谓官实别有不慊于报馆，而藉此以蹂躏之也。此段是非，吾辈隔远，无从剖断。虽然，吾国报馆宜知所事也。盖人与人相接，必有礼焉。倘不以礼而一惟己意是逞，则虽谓之野蛮可也。报章虽以论列政事为职志，顾对于其人，则亦应循乎礼与分，此自然之理，非有所畏而然也。六朝时，天子于大臣时有称公者，而各国报章之于官长，悉以通行之称称之，岂有对于大官及地方官，动辄呼名之理？闾巷细民，即彼此以事相争，而相见时，必依例相称，而报章号文明者，何乃不计及此？夫以礼待人，始能责人之以礼待己。若轻肆亵慢，而反欲责人，则恐世界无此理也。

（载《刍言报》宣统三年五月二十一日，《汪穰卿遗著》收录）

说　报

　　余从事于报，前后可十余年，深知为此之不易，称职之为难，颇欲

---

① 《汪穰卿遗著》将此文归入"杂说"，现恢复《刍言报》发表时的标题。

出所见，以质同人。顾头绪既多，一时未能完具，偶就所见，随时录之，幸有以见教也。

报为人广见闻计，又须为人省精力计。顾既分类，又择其要者标目，作大字，而文中要节亦作大字，复加圈点，皆以此也。然近来各报大字太多，又圈点太滥，殊失本旨。尤谬者，则取极平常之事，列诸要闻。固知以阅报者动以要闻多少为殿最，而不知别择，故为此以为炫耀之计。然无论何报，咸以半页为要闻，岂要闻能就此额不增不减乎？窃谓不如一反而从实，每日首电报，次要闻，不须大字，或最要者则题目用大字。文中之要节或人名、地名、年月、数目，则加圈点，似于阅者较有益也。报遇要事，或材料不足，不得不采他报，此亦无妨，惟新闻专件，必须注明采某日某报，不特避窃取之嫌，万一他报有失实，而被人理论之处，则彼自当其责也，否则，我何以自明乎？至登论说，则必因佩服之故始登之，不得滥登也。若夫译论、谐讽、译著等件，必不能登，登之即为窃取。

采自杂志及著述中，亦宜注明来历。译东报宜详月日及报名，译西报并宜书西文报名方见核实。译东西报有记载我国事舛误者，宜加按语辩证。至论议太偏，亦应驳辩，否则，人以我为不知，或表同情矣。

译人名、地名，宜用向来惯用之字。然此类甚多，何能悉记？顾稀见者尚无妨，若习见之名而改用他字，则殊不便阅者。如近日各报多译福开森为"法喀孙"，则不知者几疑为二人矣。此事笔述之人宜稍留意也。

译西报记日本地名者，不能得其对文，而记以"译音"二字可也。若载我国名物，而亦以"译音"二字了之，则吾国人之不学，不几为外人所窥乎？固知报馆力薄，不能多所预备，又无精详之图供检查，然遇此等处，总须格外留意。同日各报所译路透电，而人名、地名各字，咸各不同，此事亦须商酌也。

长篇著述本不宜登报，至延长十余日，或二十余日，人愈厌矣，不得已，必须于题下注一续、二续、三续字样，使人易得首尾，不可只写一"续"字，使人懵然。

（载《刍言报》宣统三年六月十六日）

规　报^①

　　戏子王钟声之种种罪状，业经被人举发拘治矣。各报直录其事，并不稍为讳饰，此则直道之公，甚令余佩服者也。然余窃有欲为社会规者，则愿在社会中人，自今以后，于大小舞台之人物，须辨别清楚，如何为可崇敬之人，如何为应贱恶之人。实因近十年来，社会稍有动机，而但凭报纸一面之词，误用崇敬于应贱恶之人。夫王钟声者，非报纸所奉为志士者欤？非以改良戏剧之名奉之者欤？其实彼之演戏，淫荡尤甚常优，且目挑心招，意别有在，天下有若是之志士乎？有若是之改良戏剧乎？且王钟声前在上海、杭州等处，咸以不安本分，被逐而去，而京中之报犹隆重之，无乃一言以为不智乎。

　　　　　　（载《刍言报》宣统三年六月二十四日，《汪穰卿遗著》收录）

献疑（五）^②

　　烟草专卖一节，近年议此者甚多，顾吾不知当以何法为之。无论其

---

① 《汪穰卿遗著》将此文归入"杂说"，现恢复《刍言报》发表时的标题。
② 《汪穰卿遗著》将此文归入"杂说"，现恢复《刍言报》发表时的标题。

事界限太宽，本极琐屑，以我国官吏之不守规则，流弊极大。况所云烟草者，自指纸烟一项。然今日行销纸烟，洋货几十之八九，除一二成为华货。今但收买华人之货由官卖，固无此政体。且所得甚少，甚或为洋货所扼，不能行销。倘并及洋货，则洋商安能受我范围？若谓洋货悉由我国家包销，则官中安有如此洪大之资本？而诸人乃举此而易言之，何欤？

或屡为报所诟，余问其何至是，且何不亟辩？乃曰：报馆骂人，已成惯习，何必与辩，好在人亦不信。余正色谓之曰：安有是理！一报之出，见者必千万人，大约十之九不知此中情事者，往往辄以报纸为凭，但使信者得小半数，则于君即为大累。况即不信，而亦无从审其是非，则名誉之受累甚矣。某君闻言，始洒然有省。

（载《刍言报》宣统三年闰六月十四日，《汪穰卿遗著》收录）

敬告（二四）[①]

凡为报者，非以讦发人过恶，指摘人瑕疵为天职也，而尤非以此弋名誉也，更非以此为销报计也，良以其事极有碍大局，或妨于社会，而一时之人，乃咸未知，或知而不敢发，则报馆讼言攻之，使人咸知此事之关系极重，或因而有所变更。此实缘于不得已之故，或为众所谅。若夫因疑似之嫌，加深文之论，且复增添事实，诬以恶名，此则与报之本旨，失之远矣。

报之论人，有纯于公心者，有出于党见者。纯于公者无论矣，即有党见，其措词亦应有一定之规则，而事实尤须有着落，否则一经人指出，人人知其诬也，而知其挟偏私。又以挟偏私也，而以后将永疑其

[①] 《汪穰卿遗著》收入此文时，改题为《敬告报馆》，现恢复《刍言报》发表时的标题。

言，而此报乃成为一文不值之报，愿秉笔者慎之。

若果有事妨大局，迹属隐微，则应显言发之，直言攻之，不应做藏头露尾语，又不应做微文刺讥语，尤不应再做体谅语、婉曲语，以此等语易于误会。社会中不明白者多，若一误会，为害更甚，且本人见此，亦有法以自解。此等处所谓扎硬寨、打死仗，更无躲闪处也。

（载《刍言报》宣统三年闰六月十六日，《汪穰卿遗著》收录）

针报（十二）①

日前《京津时报》载，刘君廷琛劾中央教育会通过小学堂废读经一节，幸奏入留中，不得逞其奸云云。按读经与不读经，此各执一理，吾不能责该报也。此事他报皆谓刘君实劾朝政，与读经事无涉。然误登固报中常事，亦不能责该报也。惟该报于此，而遽以"奸"目刘君，则大可商。盖主持不废经，无论如何，必不能加以"奸"字之目。夫开会集议，而剖决其应行与否，固许人之有异同也。各国议院，意见不同者，不知凡几，然就一事剖辨，不及其他也，亦不以害私交也。如此，犹恐因意见而误大事。今若因一小事，而遽加异己者以极劣之名，则顷刻之间，人人冰炭矣，非大争斗，即大半必灰心而去。以我国习惯，则忿而去者，必居大多数，此于前途极有关系，故评论之。

招商局之决不归官办，久登广告于上海各报矣，而二十四《政报》犹载之。向谓政府聋聩也，而今报纸乃聋聩更甚。其奈之何？

（载《刍言报》宣统三年闰六月二十六日，《汪穰卿遗著》收录）

---

① 《汪穰卿遗著》将此文归入"杂说"，其第二节略而未录，现恢复《刍言报》发表时的标题和章节。

辨正（三）^①

　　前者各报有谓，邮政总办法人帛黎所署洋文官衔为邮政大臣，于将来入万国邮政会大有关系。近详为调查，知所署之官衔与今之职适合，并无妄称邮政大臣之事云。

　　初二《国民公报》时评，谓涛、洵两贝勒至欧，各国皆竭力欢迎。而以振贝子之事，坐罪于辫发，及不与福晋往。嘻，该报其殆梦呓欤？该报岂于去年涛邸至英情形亦未知欤？若谓由服饰，及独身往也，则十余年来，吾国王公大臣至各国，未有改服饰，携眷往者，何未闻有他也？

　　且吾恐该报之言，将开无穷之弊也。该报仅知使臣偕眷属往，足仰攀泰西之文明，不知酬应之繁琐，礼节之纡回，周旋之劳顿，万非吾国妇女所能堪，尤非向未睹此局面者所能从容而合礼。然则勉强而往，非闹笑话，即如木偶，徒供彼中报章之资料，何苦而为此耶！

　　尤可虑者，则贵族平常出洋，需费已重，更偕福晋，奚啻数倍，不知此款将出于何典，该报亦曾计及否？

　　须知交际之事，非以一事为起讫也，有先后之者焉。若吾国不善其事，而遇事率意为之，则将来征色发声之事，恐将接踵而起，此不过一端耳。

　　呜呼，吾国邦交之事，从无通盘筹算、预为绸缪之事，有时而遇人之笼我也，则欣然以喜；有时而遇人之惩我也，则色然以骇，盖不啻人为狙公而我为狙也。而一班持论家，不知为彻底之研究，而反因此以伸其极小之意见，岂不大可痛乎！

　　（载《刍言报》宣统三年闰六月二十九日，《汪穰卿遗著》收录）

---

　　① 《汪穰卿遗著》收入此文时，改题为《驳国民公报时评》，其第一节略而未录，现恢复《刍言报》发表时的标题和章节。

时事说新（七）^①

今上下之奸慝多矣，然报纸之腾播，往往虚者多而实者少。此其故，由虚者之探听难，实者之联络密，固也。而其中又有一故焉，则以空言之污蔑，其怨恨轻；实事之直讦，其怨恨甚。此于事理，若不相合，而实则至理也。盖事系污蔑，有以白于同僚，有以鉴于长官，有以说于朋友，即或不利用此，而阴中之者，亦一时一人已耳。若夫神奸巨蠹，薮藏至广，一被控揭，则人人得执以相询。即有所依恃，暂不破败，而时时有可以破败之道，则其中毒之深，实为意中所有。故往往人人能指之时，反不能群起而发其覆，抑为此欤？

（载《刍言报》宣统三年七月初九日，《汪穰卿遗著》收录）

杂说（二九）

行政官与报馆，立于对待之地位者也。况所谓行政官者，非他，警厅中有势力之人员也，是有取缔报馆之权者也。而前者北京有外城警厅

---

① 《汪穰卿遗著》将此文归入"杂说"，现恢复《刍言报》发表时的标题。

人员黎某，公然而设报馆，吾不知彼将在报馆，则尽力于报馆，虽触犯警厅，而有所不顾；在警厅又听警厅之指挥，虽至停罚报馆，而有所不计欤？抑以警厅之力，保护报馆；又以报馆之笔，保护警厅欤？顾又有可异者，则报中论说，亦复激昂，訾此毁彼，与他报无异。是岂非以此官署所办之报，毁彼官厅，或诋各省之官长欤？准此而言，则都中各署，及外省握权之官，亦必各设一类此之报，方足相抵，否则，坐受人之毁而已。或曰：吾国人才少，不能不兼为之。余笑曰：他可兼，独此不可兼。否则两造状师，亦可以一人兼为欤？

（载《刍言报》宣统三年七月十一日，《汪穰卿遗著》收录）

外务篇

论胶州被占事

丁酉之冬，我山东胶州之盗，戕杀德国二教士于途。中朝诸大臣方聚谋所以弭变之策，俄而德水师提督，遽以兵船闯入胶州湾，胁夺胶州而掳之。我与德使臣往返商办，卒许德租胶州九十九年为期，赔恤教士二十万。盖因盗杀教士而割地，又未尝一战而即割地，皆始于此。辱未有如此甚者，痛亦未有如此甚者。前衅未已，后患方滋。然而我国士大夫咸曰，自乙未与日本订约以来，我国势力愈为外人所窥，而地方官又不善先事预防，匪盗内起，强敌外趁，其运数使然欤？汪子曰：呜呼！是我治外交之大臣，相与拱手而奉之也。又糜日积月，迁延酝酿以成之也。何以言之？德之甘于首祸也。其果因教士之役而始然欤？抑其先已有见端欤？夫德与俄、法，为我争辽东于日本也，俄、法咸得大利于我，而德无闻焉。然则德之不能释然于我，抑可知矣。吾闻德使臣尝以是请于我译署王大臣，王大臣不能对，但权词谢遣之。已而德又请福建之三沙于我，当是时，王大臣苟知失计于俄、法，则必思所以处德。夫德之不可以术羁而说绐也，岂待智者而始知哉？而我王大臣咸蓄缩不即为计，如是者累数月，使德积怒蓄怨于我，致酿成胶州之巨祸。此不能不为治外交之大臣咎，一也。山东巡抚李公，清正有余，才识不足，平时措论，以不谈洋务为要术，以得罪外人为至计。迨祸机猝发，李公无术抵御，但云如有兵祸，请自任之而已。前西人久为我虑之（见《万国公报》），而当事不察，方倚为柱石，使久处海疆，此不能不为治外交之大臣咎，二也。我国之兵力微，不足御德，固也。抑思德之兵船，可过太平洋者仅三数艘，德之兵船来至我国，须两阅月。夫德人乘此小隙，遽发大难，其欺藐中国，实已至极。我如毅然绝彼使臣，宣其无礼之状于各国，且告以必不得已之故，以示将举国致死于彼，则与我同祸福之国,必将起而助我。或谓我积弱如是,何足给西人,不知惟新创之后,正宜竭力自张,以示不测。且民惟无用,用则上下张奋,九败犹冀一胜;不用则气日馁,心日弛,必日割以至于亡。是则必战之故,一言可决。即不能然,不如听其自占,而勿遽与订约也。盖战而割,犹胜于不战;与而不订约,犹胜于订约而与。而王大臣漫不加省,事事听从,如响应声,但愿偷目前之安,不虑贻日后之戚,此不能不为治外交之大臣咎,三也。今德事未已,英、俄诸国继起迭至,大祸之来,未有穷极。我王大臣弭患无术,善后无方,而当事者身当大咎,惟自叹遭逢之不幸,苦规避之无策,其所以报国恩、谢天下者,惟涕泪数行而已,岂不哀哉!

其尤可骇怪者,又有四端焉:夫询谋金同,古有明训,今纵不能开议院,集众长,然外讯疆吏,内咨贤达,旁及使臣,亦岂不可?乃当事者守讳莫如深之谬说,凡外人需索之端,及交涉中变幻情形,咸秘不使人知。维时我新简使德大臣吕公,停骖沪上,迴翔未去,然则和战之机宜,岂不当使彼参与乎?而所有消息,绝不相告,惟日催其进发而已。甚至疆吏数千言之电奏,亦置不复。方谓耆臣硕辅,必有深谋妙算,足以雪国耻而解敌氛者,已而租地赔款,仍寻曩辙,斯可骇怪,一矣。当兹主忧臣辱之时,宜有卧薪尝胆之象,虽在与国,犹廑唇亡齿寒之忧。即兹黎庶,亦怀栋折榱崩之惧。以草野窃窥,必有日不再食、忧形于色者。乃闻中朝显达,唯诺如恒,刍豢不撤,忧患积中,而趋跄无改。外侮叠至,而钟鼓犹悬,不知者惊其度量之过人,其知者识其家国之无意,其可骇怪,二矣。夫天下纵有不治之证,为人臣子者,断无坐视之理。前车既覆,则更端可也。自忖不能,则避贤可也。乃当事诸臣,惟思诿过于从前,不思弥缝于事后,上者以互相诿卸为工,下者以仰窥意色为事。推原其意,盖谓蜀建一策,而身执其咎,不如与众上下,而共分其谤。非以自祈速死为智,即以获援大国为忠,其可骇怪,三矣。以德之要求如彼,以我之允从如此,主其事者,即幸逃大责,亦宜引为深耻。乃风闻中朝诸臣,互相容恕,方且谓论辩之尚工,欣调停之有术,盖不能转祸为福,而尚欲讳过为功。是非心术之尽丧,即疑狂惑之失度,其可骇怪,四矣。由是观之,今日患不在外侮,而在内治,不在草野,而在政府。内之则持禄养交,传为秘诀,外之则从臾迎合,习为固然。聚数千百庸琐之徒,而一二人为之魁,将使吾四万万之生灵,数十万方里之幅员，日淅月灭，以致于尽，我民闻之，能不深痛乎！

或曰胶事既定，辱国丧地，贻后来之口实，启无穷之窥伺。且风闻德人以我国未尽允从，尚有挑剔。然则我当国之人，茹痛如此，其必尽改旧辙，聿新百度乎？曰：奚其然，奚其然。夫柄国之人，治外交则甚拙，欺明主则甚巧，问一心则不足，遏众口则有余。夫所谓辱国丧地云云者，自吾侪观之，则如是耳。若彼所闻于上者，岂如是乎？彼不曰辱国也，必曰：我之待德，本当同于英、俄，然则德既求所应求，我自允所当允矣。彼不曰丧地也，必曰：租界届期即可见还。然则固可以久假不归之虚券，作为到期归还之实事矣。明知此案一定，必永为规式，而犹必曰以外不得援例，而不知日后各国之援例自若也。不能获各国之公议，则必曰不愿别国干预，而试问从前之许人干预者，何故也？且向来奏此数事，虽事已破裂，必言久经料及，以见其明。言再三辩驳，以见其力，于所驳之小节，则张皇词语，以示尽力；于所允之大端，则迁就字面，以期掩饰。并当言取旨于上，以示事非由己，遂使国事百败，而藏身甚固。心术尽丧，而文则周密，以虚词示谋国之忠，以美言作文过之具，使在上无可责之罪，旁观无可指之疵。且于办结本事而外，再奏行一二小事，即足以告无罪于天下矣。曰：如是，不将见恶于外人，而何以未尝为外人所瑕疵乎？曰：外人何肯然，夫外人者，固将同心协力以安彼，而使己长执权于亚东也。

（载《时务报》第 52 册，光绪二十四年二月初一日，
《汪穰卿遗著》收录）

论西人处置东亚之意

嘻！天下之用力少，立名美，得利丰，孰有如今日之西人者乎？夫以欧洲诸国积数千年角智积强以逮今日，其与吾划境自守之中国相较，岂非如石之压卵欤？岂非若汤之沃雪欤？然而彼不遽遑志于中国者，或以为皆由众强不协之故，顾不尽然也。彼以为中国地大而风气不齐，易于攻取，而难于据守，若一时强取之，徒费经营而先失商务之利。又以为用坚船快炮以灭人国，而杀人众，糜财多，丧船械无算，非上策也。彼之蓄志以谋中国者，久矣，商务以疲之，机巧以淫之，中国之浅见者，咸曰西人必不利吾土地也，我以商利唆之足矣。然而今日则已明言欲土地矣。德占胶州，而山东随之；俄占旅大，而东三省随之；法筑龙州铁路，而广西随之；英则据威海卫矣，法又占广州湾矣，英又租九龙矣，凡吾海口要害，皆已分以为己盘踞之地。于是完固海口，以渐收内地，强者毙之，弱者抚之，无几时，而中国之权利一切归其掌握矣。彼又以为用力服人而残杀太甚，得大诟于世者，则民心必不服，不服则不能久。是故彼要求于中国，一则曰求保商务而已，再则曰求均权而已。是以彼之聚谋以图中国也，有其事，无其形；有其形，无其名。是以数月之内，中国连失数省之地，而官绅士民犹惘惘若不甚知也。待其知之，则固已形势大定，不可摇动矣。彼又虑我民骤动，不可遏抑也，故收我国权，而又力扶我君权，则民间有抵触而起者，中国必自能灭之。中国即不能自灭之，亦必代为灭之。彼非为我除乱民也，必实去抗拒彼之人也。如此，则凡吾自存之赤子，皆为犯上作乱之人矣。彼又虑我奋激之言足以动众听也，彼明言曰：瓜分之议，西人并无是言，彼华人好事之徒造之，以激人叛其国也，以使人怨怒吾西人也。如此，则凡吾大声疾呼之言，皆为召乱启衅之辞矣。如是，则中国义士钳口，中国义民束手，彼将可安坐而收其地矣。若夫用中国之兵力以为彼除害，用中国之财力以为彼筑路，则尤为巧便之甚者。夫使失循环之理，吾华无萌蘖之机，则西人之处心设虑，岂不足计日而偿哉！

　　夫以中国之屠也，黄种诸国之离而未群也，彼西人苟欲肆其鲸鲵之心，庸讵不餍其愿？然试思通商以来，西人之吮脂润膏于我亚东者，几何年矣？则近百年来，各西国所以商利不绝、互相灌注者，岂不唯我是赖？今乃乘我武备未修、国势未张之时，攘夺无忌，贼杀不厌。抑思地球诸国一兴一仆，何常之有，若不务相存，而惟求独雄，一思以威猛惨虐行之，彼苍者天，方将哀我仁柔，而怒彼残贼。譬彼懦夫，被诸无赖

致苏松太道蔡和甫观察书 ‖ 221

之扰，懦夫则束手无策矣，然而控诸刑官，则彼诸无赖者，皆将贯索而被重责矣。吾恐彼上帝者，亦将赫然而为各国之刑官也。

（载《时务报》第 69 册，光绪二十四年六月二十一日）

致苏松太道蔡和甫观察书①

今日四明公所一案，闻昕夕擘画，贤劳懋著。又闻今已检出昔年要据，法人颇有转圜之意，此事渐可就绪，欣慰无似。窃谓此次肇事，发难于法公董局，虽曰挟其国力，藉端启衅，亦由中外人情隔膜所致。假令彼此情意稍通，必应和衷商榷，不至率尔从事，致成骑虎之势。查上海治理租界之权，全操之于洋人，然洋人人数不及中国千分之一，工部局岁入之款，亦以华人所捐为大宗，而公董局中绝无华人插足，故处处独断独行，悍然不顾，动辄为拂逆民情之举，致滋事端。在我固极不便，在彼作事亦多枝节，似宜急筹善后之策，以销患于无形。查香港、新加坡等处，凡华人多者，其工部等局中必有华人为之董事，以达彼此之情况。上海为中国通商口岸，公董局中岂可无华董以维持商务？大可乘此时机，与彼国领事剀切商办，并告以若有华董，则彼此交情密，于主客均有裨益，想彼亦无以相难也。管见及此，谨以奉商，乞赐酌夺为幸。

（光绪二十四年，《汪穰卿先生遗文》第三《书牍辑存》收录）

---

① 蔡钧，字和甫，生卒年不详，浙江仁和人，1897 年任上海道台。

汪君康年演说

今日诸君因俄人密约一事，同临此间。噫！俄人之欺藐我中国，至今日为已极矣！

溯自道光、咸丰以来，俄人无端割我黑龙江外数千里之地；光绪初年，又割我伊犁之地；前数年，又占帕米尔之地；前三年，因挟争回辽东之德，竟据我旅顺口、大连湾；至去年，突进兵占取东三省之地，其杀戮之惨，驱迫之苦，真为目不忍睹，耳不忍闻。至其布设之政事，其欺压吾民，尤为史册所未有。

乃俄人狡谋不已，又诱逼我吉林将军增祺①，私订密约九条。其约中之言，实与强占无异。如奉天留俄兵驻防，又俄兵未得之炮台、营垒、火药库，均交俄官办理，是我失管辖之权矣；又如奉天将军之事，均须呈报俄总管，是我失治民之权矣；营口之洋关，由俄官管理，是我失理财之权矣。后又强交我杨钦使十二条，词意虽与前不同，而阳还阴据之迹象，尤为显然。若我政府竟不计利害，贸然允许，则我国东三省之地，将永沦为异域矣。且不特此也，向来东西各国与我国立约，必有利益均沾之语，然则俄约一定，各国必放手各求利益，则我国割分之惨祸立见矣。然则去年之惨，不久必见于东南矣。是俄约一事，乃关系国家全局最要之事，亦关系我等一身最要之事也。今我等若犹袖手旁观，是甘心为奴隶，为马牛矣！

所幸东南各省督抚均竭力电奏，争阻俄约，近日来往上海之官绅，发电力争者已属不少。或以为官场已经力争，我等士民可不须越俎。此殊不然，我等同含血气，同具知识，必须竭我等心力，始足尽国民责

---

① 应为盛京将军增祺。

任。窃愿诸君共拟电文，呈达政府及北京议和王大臣，及各省督抚，求其力拒俄约，庶我国犹有亡而复存、死而复生之望，不胜大愿！

（载《中外日报》，1901-03-17，录自杨天石、王学庄编：《拒俄运动：1901—1905》，6～7 页）①

上江督刘岘庄制军、鄂督张孝达制军、粤督陶子方制军书（一）②

　　窃见日前上海各日报载外洋路透电报，有葡萄牙因与中国商量澳门划界事宜，派兵船一艘，及兵三百人来华，并有须索取香山之说，此事是否确实，尚不可知。惟本埠西人之识时事者，则皆谓葡人国弱志浅，必不能举此事，是必有人唆令为之，今俄人方肆鲸吞于新疆、东三省一带，法人已竭力经营于广西、云南一带，今若嗾葡人为此，是又将乱我南服，而与俄相应援，中国瓜分之祸恐将始此。康年窃意西人之说即未全可信，然以葡人之弱，澳门划界之事十四年搁未提及，今忽有此，其必有援助者可知。然此事关系至重，万不可视为等闲。我国虽积弱，然以葡之蕞尔，尚不足畏，我海军船虽少，究尚远胜于葡。窃谓宜一面预为布置，并檄令土人办团；一面饬海容、海圻诸船赴港澳海面停泊，先占形势。如葡人来请勘界，即派干员与之商办；倘有意外要挟，仍应坚持不许，万一不允，宁与失和。葡兵寡弱，□③之不难，法人即或暗助，断不能明助，且必不能多助，如果能却葡请，则外人见我国此时尚能坚执主意，足见主持有人，他国因此或可隐戢阴谋；否则外人谓我遇一葡萄牙尚且怯惧，则他国何不可肆意蚕食之有！窃恐因此遂召沦胥之

---

① 杨天石、王学庄编：《拒俄运动：1901—1905》，北京，中国社会科学出版社，1979。
② 陶模（1835—1902），字子方，浙江秀水人。1900 年调任两广总督。
③ 原书如此。

祸，事机危急，莫甚于此。惟愿我公俯采刍荛，决心断行，实所至盼。又闻近日意大利拟办松江至江西之铁路，而盛丞堂特为向浙抚商办。然据西人之言，则此举非谨铁路而已，且非出意大利，盖英欲规谋浙省，使与江西连接，以扩充己长江两岸之地，故嗾意人出面为此。窃意此事，浙抚本可以暂缓推却，以后徐自设法，亦乞电商及之。

（光绪二十七年，《汪穰卿先生遗文》第三《书牍辑存》收录）

上江督刘岘庄制军、鄂督张孝达制军、粤督陶子方制军书（二）

再，中俄新约载在日报者，与前订密约仍是大同小异，以理论之，我国自应力与争执，惟昨日《字林西报》载有荣相致合肥书，中言宫廷因得俄保护，将允俄约。此说揆之情理，恐非无因，如是则非特开作公地之说不可行，即听俄人自据，不与立约之说，亦不能办到。听甘言而受实祸，自古及今，未有如此之甚者。窃谓以现在中国权利而论，虽不能将密约全改，然如第一条中云：将来中国如添造支路，须先由俄政府酌定再办云云；第三条中云：商权、矿权、铁路权，中国如有扩充、开采等事，须与俄人合力办理云云，此二条尤有阻碍。拟恳我公联合各省督抚电奏朝廷，饬令全权，专就此二条力与磋磨，务令删去，如此则他日中国果能自强，尚易设法收回自主之权。是否有当，伏乞裁詧。

（光绪二十七年，《汪穰卿先生遗文》第三《书牍辑存》收录）

致张劭熙、朱桂辛二君书（一）①

昨见报，知盛宫保电催政府速备三百万，收取商股，免为外人收取。又盛以他报谓，电股大半皆在盛手，盛即属人来馆，请敝报代为声明，盛所有电股陆续抵押外，仅存十余万而已云云。究竟是否实情，实不可知，惟合此二事观之，难保非盛觇知国家不能筹此巨款，伊即乘时将股押与外人，或用外人出名，使国家必须照时值方能购回。窃谓宜电令盛，饬该局登一告白于中西各报，并知会股东，所有执有股票之人，如有售于他人，限于几日内，将股票已售某人报局，过期即不得出售外人，庶可杜绝此弊。惟弟意，此事究不合公理，于商情大为震动，惟有仍如前函所云，利权归商，由官稽察，稍可补救万一。且电报系全国通消息之事，应隶邮部，断无归外省督抚之理。招商应归商部，亦无归北洋大臣之理。昨见报载，袁拟国家官银行，亦以天津官银行为本行，此事实可怪诧。此系户部之事，何得让之疆臣？且如此，则袁于兵权之外，又握大利权，且得邮权，意欲何为？弟谓为国家计，为师座（原按：谓瞿相国）计，此事当再三审察，如欲任其大成，当一切听之；若以为不可，则宜预为阻遏，否则事权尽在一人，一旦祸发，悔将奚及！请两兄即将此函转呈师座，以备蒭菲之采。

再，现在伍轶庸星使接议商约以来，遇事均能抗争。第一日开议，日本日置君几为失色，盖不意华官居然能如此在行也。至日置开来各款，伍俱随事指驳，有举重若轻之状。若外务部更能力为主持，或尚可挽回一二。此事极为紧要，乞转达师座为祷。

今日见谕旨，因川督岑奏，陈光弼不交认垫之款，着各督抚限令缴

---

① 张缉光（1873—1925），湖南善化人，字劭熙，早年为瞿鸿禨幕宾，后官刑部。朱启钤（1872—1964），字桂辛，贵州紫江人，瞿鸿禨的内侄，任京师大学堂译学馆工程提调及监督。

出。此事实足令富人灰心，垫款与寻常款项不同，乃致如此严重，足使天下寒心，而以后报效及捐款之人，皆裹足矣。今日方欲劝海外华商至中国经营商务，又欲激劝富人报效，而所办皆使人短气之事，实不可解。

至天津铸一两重之银圆，实足紊乱钱法，如此则旧时七钱二分之银圆，将置之何地？宜速议。

现在华人以内地各矿私自与外人订约者，无虑千百，宜设法饬人暗中查取，实已订约者究有若干，章程若何，路矿局亦宜定一中外可守之章，使人可遵行。

台州海门厅之煤矿极佳，前有都司林贺初都戎，饬营兵私行挖卖，现与官绅某省知州叶某，欲招意商办理，意领事闻之甚悦，因其地近三门湾也。

鄙意宜速下谕旨，令各处矿山之欲招外人合办者，应先向路矿总局挂号，方准订约，如此稍免流弊。至报效及验资，西人优为之，而华人则力不及，宜删去。再，现有黠者，先查何处有矿山，即向山主贱价买得或租得，再向外人兜售，获利极丰。宜定章，凡五年内所购之山，将来所得之利，宜归山主一半。

（光绪二十九年，《汪穰卿先生遗文》第三《书牍辑存》收录）

致朱桂辛先生书

昨闻东三省开为口岸一事，本初大肆阻力，谓不允俄亦不允英、美，方昭公允。此语大为乖□①。闻本初好用旧时美生，疑此亦听彼荧惑之语也。弟前函力破此说，兄想必以为然。昨有最熟外交之人，力谓中国现处万难之会，宜出不意，许英、美、日东三省开为通商口岸之举，如此则三国必喜，我等即与之密约，如俄有他种要胁，则彼等必须

---

① 原书如此。

帮忙。俄人虽怒,见我处联络已定,亦必有所顾忌。又俄不得志于东,必将肆志于蒙、藏,彼时可再与英、日商一法却之。总之,彼无辞可以对诸国也。至俄现亦屡以新疆、蒙古为言,然此乃彼故意用闪烁手段,使我意思疑惑。须知彼本意实在东三省,其视东三省重于蒙古十百倍也。惟此法须断,须速,否则俄形势已定,日本必不用兵,英则主义不定,美则但须俄啖以小利,亦必无言。如此,则我东三省折入于俄,至是英美始大悔,必为桑榆之收,而占扬子江、占粤等说起矣。而德占山东,法占滇桂,日占浙闽,所不待言。然又不能平平过去也,又必有无数争辩,无数波澜。不知吾师(原注:谓瞿相国)彼时仍日日至外务部,与之从容剖断乎?抑至彼时始从容投劾而归乎?至俄人,近日不与我亟争,时作若引若拒之状,时作推宕延缓之语,彼非有所畏惧也,盖将乘此而固东三省之防,且安排各国也。一旦势定,辄下训条于我,直令我一切遵依,我外部大臣即欲与争,尚敢有他言乎?至处置新党一事,弟前函屡言之,亦常与他人言之,而竟无信我者。端中丞至照会各处,指明留学生即革命党,其不知作用一至如此。窃谓即使义勇队有与革命党通连之事,朝廷宜作为不知,一面奖励,一面慰抚,使勿轻动,此所谓因而用之,既以离彼之心,且假以激励大下也。

(光绪二十九年,《汪穰卿先生遗文》第三《书牍辑存》收录)

致苏松太道袁海观观察书[①]

敬启者,近见各报载,耶松船厂工人被美国兵船水手打死一节,虽已向美领事署控告,惟原告无力,未延状师,经美领事令署中人代为伸辩。窃谓此事极有关系,若听美国领事自为处置,难保无畸轻畸重之

[①] 袁树勋(1847—1915),字海观,湖南湘潭人,1901 年调任上海道台。原编者谓此信"未详年月"。查收信人袁树勋 1901—1906 年期间担任上海道台,信当写于此期间。

处。意谓阁下办理交涉，极宜就此等事力为扶助，俾以后华洋案件，易于办理，且近日洋人鱼肉华民之案层见叠出，似此案尤万不可放松，以为惩一警百之计。似宜由阁下设法代请状师，向美署伸辩。目前虽觉多费，然于办事上为益不浅。闻担文仍为南洋律师，此案重大，何以绝不顾问？管窥所及，谨旁及之，敬希鉴核。

（《汪穰卿先生遗文》第三《书牍辑存》收录）

致瞿鸿禨书（二）①

夫子大人钧座：昨日本拟趋谒，因宿患复发，未能远行，至为怅歉。顷得孙道由奉省来函，事关紧要，谨特抄录驰呈。函中所云欧阳诸人举动甚于中立有碍，关系殊重，用特禀闻，敢希鉴察为叩，专肃密陈，敬请崇安，伏乞垂鉴。

受业康年谨上。

（录自《瞿子玖亲友手札》（手稿））

论日本要求在奉吉内地杂居之误

日本者，我国之友邦也，兄弟之国也。虽然，所谓兄弟者，实为孤

---

① 标题为编者所加。写信日期无可考，据信中的内容看，当在 1904—1907 年间。

子之兄弟，以兄之外无他兄，弟之外无他弟。亦为急难之兄弟，以此一兄一弟之外，尚有无数非兄弟者，以干涉其间也。乙未议和以后，日本盖亦惕然于此，而上下翻然悉力以交于我；我亦憬然其故，而洒然为弃仇寻好之举。甲辰、乙巳，日本遂大收其效果，而两国上下之交谊，将益以翕合。顾自近两年来，吾国之浅者，颇有谓日本一变旧态之说，而东三省来者尤甚。吾初固疑之，今观荻原君与我吉林达馨帅来往之电文，实不解荻原君何以为此。吾国之未可杂居，商埠无界外杂居之例，荻原君岂不知之？而敢甘心为此强力要求之举，吾不知荻原君为此者何意？成此者何功？若谓使日商得营业于商埠之外，则各国必援例以相效，日本得小利，而贻我国以大害，吾知日本必不为。若为日本见他国在内地尝以此相要，而因随其后，为此以破我外交之防，吾知日本必不屑。然则，荻原君之屑屑为此，以启各国之欲望，而疑我国之人心，亦何为哉！

（载《京报》光绪三十三年二月十七日，《汪穰卿遗著》收录）

日本公使覆外务部言抚顺煤矿事驳议

　　读四月十七日日本林公使驳覆我外务部照会，力言抚顺煤矿不能归还一节，实不能以林公使此言为公允之言。试思日本与吾国，绝无有战事之关系也，徒以与俄国战之故，而使我国土地，受其蹂躏，我国之人民，受其荼毒。吾意日本必大为不安矣，而何以又有纵令民人占我物业之事？是此一端，日本政府，实无以自解于我国人民之前。况从前日军在奉之时，曾声名所有日军占用我国民间物业，一俟军务弭平，即行归还。据此，则日俄和议成后，即应归还。况《中日协约》第四条，明言占用之公私各产，在撤兵时悉还中国乎？照会第三条，谓中日条约，无三十里以外之矿不准日人开采之条，此说误矣。按日本之得管理南满铁路者，系本于中俄之约，则三十里之限，何得不依前约之言？开矿之商人，确系我国之人，何缘谬指为俄人开挖？未知林公使据何理由言之？若引俄人尝开采距铁路五十里以外之矿，则此语似属无理。盖吾国之所以信仰日本国家者，以日本固自谓履信修睦，异于俄之暴慢；今乃反引俄以自解，无乃稍自卑屈乎？此种照会，在知者不过谓一时之过言，在不知者，必以为日本国家，将悔弃前言，蔑视睦谊，而置我全国信仰之心于不顾。且或谓日本误以战胜国之面目，待我素相信倚之国，不知日本政府以为何如？

（载《京报》光绪三十三年四月十九日，《汪穰卿遗著》收录）

日法协约之深意警告政府

英日协约成，而日俄之战起，天下固无虚立之协约也。曩者吾闻英俄将立协约而惊，以为继此必尚有数协约，而其影响之大，固有绝非英日协约所能比拟者。

今者日法协约则既成矣，吾闻之以为大戚，一若大灾巨患之将集于目前，且以为政府之戚，必大过于吾也。已而察政府意，殊淡漠视之，不若党人匪乱之为虑甚也。呜呼！岂真信各国之意，以为彼耽耽者，皆将易而覆翼我乎？

天下无有自命独立国，而以得人保护为乐者；亦未有与人国同立地球之上，而以保全人国为职志者；更未有各国环而谋保全之策，而主国反不一预闻者。其言愈甘，其实愈苦，奈何我政府，乃因其甘而甘之也！

今稍识世事者，莫不曰：各国皆以保全东亚和平为主义，盖其目的在平和瓜分，各守其势力所范围之地，而不相侵害，徐以商战耗我之财力，待以既敝，而后从而举之也。虽然，试思是诸协约者，其主意果自各国发乎？抑自日本发乎？夫果发自各国也，则何不曰各国同协商乎？曰日英，曰日法，而将来尚有所谓日俄、日美者，是日之于各国，俨然有宾主之分焉，则意之起自日，不自各国，断然可知也。既起自日，而不自各国，则各国且将就于退听之地位，而无敢异议，而握其主意者，惟在日本而已。

又不见日本驻法栗野公使，对法报主笔之言乎？彼固认日俄、日美两协约即可有成，而明划出暹罗于此约范围之外，则被保全者，将来得何等处置，可忖而知也。栗野又谓：日不认胶州为德领土，故不必有日德协约，盖日最忌德，不得不预摈之，以为他日之障碍也。

观于是，则日之政策手段，固可揣而知矣，而吾国政府，犹淡漠置之，以为各国不过互保在我国之地位，无有深意。呜呼！亦大惛惘矣。

（载《京报》光绪三十三年六月初七日，《汪穰卿遗著》收录）

论上海租界阻挠禁烟之可怪

吾国素以闭关独立为宗旨。自英人以通商之故，屡启战衅，而吾国遂与各国交通。故说者咸谓吾国文明之输入，由英人致之。顾有一物焉，与文明俱来，而无论何人，不能名之为文明者，则鸦片烟是也。

鸦片之为物，弱身体，朘精髓，其毒盖仅次鸩酒一等。且鸩之毒，必不至全国受之，而鸦片之毒，则几于全国传染，虽谓甚鸩可矣。

吾国人吸鸦片，而岁输出千百万，是不啻自杀而与人巨金也。英人享我以鸦片，而岁获千百万，是不啻杀人而抽其巨税也。古今何怪之事，孰有过于此！此事著之史传，虽千万年不能生英国之光辉，而吾国人亦千万年不能排除此事于脑筋也。

是故英国教士及有志识之士，无日不以劝英政府勿贪此项重税，而禁鸦片输入中国为事，亦日以劝我国自禁鸦片为事。盖以赫赫之英，而贪此杀人之税，实为世界第一可耻之事也。

从前英政府亦不能驳此论，而无说以谢之，乃谓：中国人并无真心禁除鸦片，中国国家方利鸦片之税，亦必不肯禁烟，吾国方恃此款为印度练兵之用，安能先自禁止。于是请禁烟者，卒无辞而退。然数十年来，以禁烟请者，则已口瘃而心瘁矣。

今者吾国既屡下明诏，严令京外各官，实行禁烟。又由驻英使臣与英外部商酌再三，京中及各省之烟馆，均勒即停闭。如是，则万不能谓中国不愿禁烟，且不能谓中国不实行禁烟。而何意上海租界中，乃忽有不肯禁烟之说，而西报且从而鼓吹之也。

租界不肯禁烟，实无理由可说，但谓工部局岁少入款九万余，须要求中国以相当之利益相酬报，并可据此索推广租界之权利。嘻，吾国于此帑项极绌之时，而以禁鸦片之故，乃肯摒弃此千万之税项，而上海租界，乃以九万余金之故，欲破坏我禁鸦片烟之大局，吾不知此说果否合于公理？吾不知此等议论，是否可宣播于报纸？

吾今敢敬告英国国家曰：英国与我国交谊良厚，实不必遗此纪念于吾国四万万人之脑筋中也。

（载《京报》光绪三十三年六月初九日，《汪穰卿遗著》收录）

论日本僧人至中国传教之非

嘻，吾不知日本屡以在吾国宣播佛教为要求，果何意也。谓以彼国之教，传之于我国耶？则佛教并非日本所创，且由吾国传布于日本，固无庸彼之宣播也。谓闵吾国人之茫昧，而以佛教诱之耶？则吾国今日，精佛理者虽少，而僧寺尚盛，无待日本之相诲。且我国今日之所患，不在不知学佛，亦无庸彼之为是谆谆也。而数年来日本僧人，至各直省聒地方官以传教，又或内眡我外务部以传佛教为说，其各省因此而啧有烦言者，几数十事。呜呼，吾不知其果操何说以处此也！或曰，是盖其政府涎天主、耶稣借教以扩张权利之事，其僧人涎神父、牧师借传教以攫取利益之事，将以佛教而参之焉。且传教，则僧人之踪迹遍；踪迹遍则侦伺广，又与吾民之交接多；交接多则审察易，而既步西教之后，则争端易启；争端易启则干涉易加，是上下皆利者也。虽然，此不仁之言也，吾不敢以是测日本。且天主、耶稣，其初至也，实以传布彼教为意，非有他也。其因教而干及政讼，又其国家利用之以扩张权利，此皆后起之事，非初至者所及料也。今乃睹西教之利，而思随其后，则用心更难言矣。且日人固尝深痛吾国处置教士之不善，今从而效之，是知其不善，而啜其余汁也。吾意日本必不为也。

（载《京报》光绪三十三年六月十五日，《汪穰卿遗著》收录）

杂说（一）①

近日政府最为难且最要者，莫过于开平煤矿一事。盖国民既视此为向背，外人复视此为敬侮，至关系之重要，不待言矣。且从前若竟不过问，听其丧失权利，则外人不过谓主其事者，被西人欺朦，而政府又绝然不知而已。今则政府明明知之矣，彼国且承认其为诓骗矣。又知吾国知正当之办法矣，若政府偶被簧鼓，辄又翻覆，则各国咸谓中国明知受骗，明知大丧失权利，明知可以收回，而卒以一二人之煽动，甘心弃去，则以后交涉，更加十倍为难矣。

山东龙口居（即邹图之龙口湾）非通商口岸，而他国航业，乃擅行出入。若再不问，则将视为当然，而吾全国将悉援以为例，彼时又将何

① 《汪穰卿遗著》将此文归入"杂说"，现恢复《刍言报》发表时的标题。

以应之？各处内地、沿海若鸡鸣山，若莫干山，若东沙岛，皆被占已久。既交涉綦难，然犹得曰：政府实未知也。今则不得云不知矣，未审我政府亦措意及此否？

（载《刍言报》宣统二年十月初一日，《汪穰卿遗著》收录）

论澳门勘界事

与葡国议澳门界事，今与昔异，今之葡萄牙，一变而为民主国矣，必吾先承认，而后有与吾谈判之权也。顾承认一端，非吾所急，然则因此而操纵之，其在吾外交官哉。或者以他国瓜分葡之属地为恐，此则无虑，盖葡国不能径让澳门与他国之约，固彰彰在人耳目也。

九月二十二日《帝京新闻》忽有一条，以葡约中原有界址问题须尽中国处置之条。今查中葡约，并无是语。按当交涉之时，而以此等语登报，盖所以警醒办事之人，使勿回惑畏怯也。若本无是语而虚造此，以禁吓办事人，使不敢不颠越以前趋，则办事者进则有覆败之忧，退则为众矢之的，是适足以挤害办事人，而于事乃无丝毫之益。而社会中人反致迷惑，吾不知该报何苦而为此也？

报又谓现葡人因其内乱，极欲让步。吾辈寂处一室，乃无所闻，以理度之，恐不能如此。总之，谓我国外务部应乘机了此事则可，谓不待我国之措置，而彼已愿让步，则不可。

报载葡之澳门总督，以非新政府所派，特行辞职，而新政府以勘界须资熟手，特行电留。他人之一步不放松如此，我国政府及社会，宜知之也。

近报有载广东勘界维持会电，谓葡萄牙已改民主，则澳门应得收回，请照约办理云云。此事吾乃大异，试返而观之，假使葡欠人巨款，亦能以改民主之故而不还耶？吾不知会中人出言何率易如此。又有谓葡如尚倔强，吾国直可与开仗，此语似于吾国所处之地位，各国相与之故，尚未梦见者，如此而欲谈大局，难矣。

按：以吾国今日处势之难，当其事者，惟有格外矜慎，竟无一事可放手办也。为国民者，能有实力，善矣；否则或实有办法，则密以告诸办事之人，亦可也；倘不能是，而徒以禁吓之语，虚诱之语，张皇之语，以为如是，则办事人有民气之说可藉，而亦有所顾忌，不敢不勉强以图。然而空言如是，而实际不如是，虽多，亦何所用之？徒使对于我者，惊而早为之备，多为之防，则更致棘手矣。粤中骂人之言，有曰"赚混"者，语意绝可玩味。吾愿今之人，勿似此"赚混"也。

（载《京报》宣统二年十月初一、初六、十一日，《汪穰卿遗著》收录）

敬问（一）^①

光绪二十二年，与俄人所订合同，中国拨付银行之款，实为库平五百万两，且许公使电中，尚谓俄人云，将来结算，亦照库平，不必合佛郎。今该银行登告白于各报，忽改为库平三百五十万两，顿减去一百五十万两。若谓为生意赔累，我国与之合伙，应一例折算，则以历来该银行之对于此项之办法，实不能作为合伙。况银行合同第三条明云，若生意赔累，中国应认赔之款，先由其公积提出，今该行广告，于三百五十万两之外，尚有公积一百六十七万两（广告原文云，中国国家存充资本库平足银三百五十万两，又云中国国家存充公积库平足银一百六十七万两），其为非赔累可知。则此减去之一百五十万两，究于何处失去？不知我外务部、度支部亦究及此否。

---

① 《汪穰卿遗著》收录此文时，归入"杂说"，现恢复《刍言报》发表时的标题。《汪穰卿遗著》收录此文时，略去了最后一段，现据该日报上的原文补录。

再，现在该行归并北方银行，遍登告白，而忽称中国之款为存充，是否为存款软？抑仍为合办软？未识与我中国有重订之办法否？

日前，有广东候补道陈明远由都察院代递条陈，奉旨交议。此人之历史、之品格，吾政府未应忘也，然则其条陈犹有交议之价值软？况前者端午帅任两江时，曾经拿办，今其事未能白也，而忽为驻比馆之参赞，岂在国内则合于拿办之资格，在外国又合于作参赞之资格软？

（载《刍言报》宣统二年十月初六日，《汪穰卿遗著》收录）

警闻 (一)[①]

前日《帝京日报》载，德皇忽下令，令军士嗣后皆饮华茶，勿得进加非。如此，则吾国之茶，又扩一种销路矣。虽然，吾请吾国人思之，德之此举，为吾国之茶谋茶销路乎？抑欲使其兵士，成此嗜华茶之习惯，将来至中国，不复思饮加非乎？事虽小，用意乃极深也。

吾闻人言，德兵之戍青岛者，皆三月一代，受代后，则令游历内地三月，始得回国，而至中国者，悉食中国食。故德国已有无数兵，深悉中国情形，又习中国风俗，甚至起居服食，皆可同于中国。试思此何为者软？

又闻日本在辽东之戍兵，退伍后，即在当地营小生业，而新至之兵，系自国中携兵械来，而代还之兵，其械即留于东，而沿安奉线造高大之房屋甚多，大率即以贮此等兵械。呜呼，此又何为者软？

闻美国于中国货到美之进口税，特为减轻，此事于吾国商务大有影响，不知各省商家，亦于此而有所布置否？

[①] 《汪穰卿遗著》收录此文时，归入"杂说"，现恢复《刍言报》发表时的标题，序号为编者所加，下同。本文最后一段《汪穰卿遗著》未录，现据该日报上的原文补录。

报载，葡之澳门总督以非新政府所派，特行辞职，而新政府以勘界须资熟手，特行电留。他人之一步不放松如此，我国政府及社会宜知之也。

（载《刍言报》宣统二年十月初六日，《汪穰卿遗著》收录）

琐　辩①

光绪初，左文襄既平陕甘回匪，将经营出关，文文忠以虚内事外，颇不谓然。鲍源深亦奏言之。近《时报》特载文忠语，而编《光绪东华录》者，特取鲍折载之，其亦为然欤？按：彼时于中外大势，尚多未瞭，其以虚内事外之为说，宜也。若在今日，则固知当日若不急收新疆，则俄之势力，必且及于我长城之外，且回人必不能自立，必倚俄自存。回之地，即不全入于俄，其政权亦必为俄所握，时时为俄生衅于我。然则幸有文襄之布置，今犹有可维持之处。所痛恨者，事定之后，不急起而图之，今乃转思弃地之言，得无令人齿冷乎！

上海某报以日本提议裁判用陪审官，未得决定，颇怪日本不能悉用文明制度，且谓欧美各国，无不用陪审者。余尝见日本某君文集，有陪审论一篇，研讨至切，彼谓陪审于实事甚无益，今云未决，殆亦以此。某报不察，遽尔尤之，过矣。且闻欧洲除英国外，余亦未遍行也。近来士子，不深探讨，往往闻一二国如此，而即以概各国。又未考实事之利害，辄以外人称说之语，据为实录，不知但举其立法之来由，则无一不臻于至善，此岂可以实事视之欤？惟是之故，于是有西人今日用甲说，即人人颂甲说之善，一旦西人又舍甲说而用乙说，于是又大颂乙说，而

---

① 《汪穰卿遗著》收录此文时归入"杂说"，现恢复《刍言报》发表时的标题。序号为编者所加，下同。

诉甲说。欲辞盲从之讥，得乎？夫事理至赜，利害孰能尽识，故有主此理而行之者，而后来反对之议论，已伏于此人之心中。盖为利为害，惟此潜图默运之人，能体会得之，此真所谓不设成心，与时变通者也。

吾国古来自称中国，对于四夷言之也。以今日论，则不符矣。顾相沿久，未由改也。日本人或诮为自大之证，而吾国人亦多以为病，吾以为无庸也。盖名称之源于古者，或不免有所错误，而承袭既久，安能革之？即西人之各种名称，似此者多矣。安能一一革之乎？又如日本二字，今日核之于理，岂有当乎？①

美人还我赔款，我发专使谢之可矣。我之各省，隶属于中央政府，无有特与外人交际之礼。至前年，我国欢迎美兵舰于厦门，此外交中之一事耳，乃浙之办交涉者，忽建议特发电谢之，失一矣。兵舰非受谢电之人，而遽以电与之，失二矣。假如是，则各省各发一电，宁不可笑欤？

（载《刍言报》宣统二年十月十一日，《汪穰卿遗著》收录）

杂说（五）

凡人贫富不同，而同立于交际场中，贫者不得不支架以求称，观其气概、举止及其服饰，几无不相同。顾考其实际，则有大异。富者皆衣有副，积叠笥中，乃至尘点不恤。贫者或假诸人，租诸肆，或质彼以赎此，故外视同而内容大异。其所以强而为此者，则以位分相埒，不得不如是以求相敌也。然而心中则自知之。故不敢稍涉大意。至于游观一切，虽复追随，然用钱则不敢撒漫，举动则不敢放纵，始仅仅得以敷衍。今东方诸国之与欧美交涉，其亦犹贫家与富翁欤？而吾国人乃类以

---

① 此段在《汪穰卿先生遗文》中收入《正名说》。

撒漫放纵为能，何欤？

（载《刍言报》宣统二年十月十六日，《汪穰卿遗著》收录）

时事说新（二）①

　　凡物之存也，有所以存之者也，所以存之理亡，则为存之道危矣。例如瑞士、比利时之得为中立国也，彼四面各强国之人民，皆受兵役、重税之苦，而二国独否，人视之仙国矣。然微有知识者，皆知各国非有爱于二国也，特以为瓯脱之用也。一旦无须乎此，则取之如振摘矣，故比利时乃急起为谋也。试观埃及，不已有并归英国之说乎。

　　中美南美各国，本无有能自立之道，此皆美囊中物也，故美前者之门罗主义，犹之筑一长堤，以防外之侵入，则己可姑置之。欲于何时取，即于何时取之，或乘机会攫取之。故今者因开巴拿马河，而遂有并巴拿马之说也。

　　英主之权，尽入政党之手，而英主特垂拱仰成焉。或曰：是万世不拔之基也。抑知己与全国无有相维系之处，而乃欲世世巍然以处其上，而受其重糈隆礼，即不令人恨，宁不令人厌乎？吾恐始之全国之民视若缀旒，继且视若赘疣矣。故今者自由党已断断有削减贵族之说，且闻有提议君主于大局无用，何必岁縻巨款以畜之者。是以德皇、日皇，日皇皇焉不肯全以权属之民也。

　　各报载，罗斯福大为民主党所败，且为本党所倾，顾其内容如何，莫由知也。按美国历来分南北二大党，北党为共和，祖商，于关税重保守，主用金，喜用华工；南党为民主，祖工，于关税重自由，主用银，

---

　　① 本文的前三节，在《汪穰卿遗著》中被归入"杂说"，第四节则以《述罗斯福近事》独立成篇，现恢复《刍言报》发表时的原题、原貌。

主拒华工。其不同之点，大略如此。罗斯福本共和党中人，其运动选举总统之巨款，全出自脱辣斯之大商家。及得总统之后，以己之地位及趋势之所在，乃大取缔脱辣斯，于是大商人有至自尽者。然说者谓诸大商家见罗之举动，辄多先自停闭，致市面大恐慌，其大商家之成本，业经抽回，而害乃及于平民及失业之工。故罗斯福未全胜，而脱辣斯亦未全败。此又一说也。脱辣斯既大恨罗，乃以罗贿赂之由来，及如何运动，发布于德国报纸以丑之。前者罗游非、欧二洲，所在欢迎，报章或咸致盛赞。今民主党忽大得胜利，其以共和党内离，而民主党得乘机起欤？抑名为民主党得胜，实则受本党之暗倾欤？抑内实有托辣斯中人之播弄欤？此事将来必有所发现也。至政党之必把持不放者，其中又别有故。盖政党之得权，全赖种种助力，而平时党中人，盼望本党得权，可各得大小之位置，故一党为总统，则悉署其党为行政官，甚至并大小官职而尽易之，不如是，不足供其酬报之钱也。故有人笑美国易一总统，直将邮传局送信之差亦尽易者，盖即为此（按此惟美国最盛，他国尚不如此）。故万一继任之总统为他党，则本党之失衣食者，不知几千万人，故必尽力维持也。

（载《刍言报》宣统二年十月二十六日，《汪穰卿遗著》收录）

警闻（二）①

近报载，土耳其回回教主牙米亚涉力斯将来中国，其头站二人已至蒙古界。此事前已屡见诸报，今则一步近一步，一步紧一步矣。按此事与佛、耶两教，情势迥然不同。佛、耶两教入中国传教后，始有佛教徒、耶教徒。今则回教徒已经布满吾国新疆、陕甘，旁及各省，而今忽

---

① 《汪穰卿遗著》将此文归入"杂说"，现恢复《刍言报》发表时的标题。

有所谓教主来，彼来果何为乎？此吾国人大应注意也，且吾国人应知今日之土耳其，方亲德也。

（载《刍言报》宣统二年十一月初六日，《汪穰卿遗著》收录）

杂说（六）①

今人言与外人争界及各交涉，大率恃凭据。虽然，言凭据难矣，出之彼，皆凭据也；出之我，皆非凭据也。总之，不论凭据之如何，而但论其为彼为我，出之彼，则凭据强，出之我，则凭据弱。

姑举一极小之事言之：从前上海一报馆，尝订用某国印局印刷，并立合同，恐其纸色之不一也，乃指明须与某月本报之纸一律。初时犹可，久之乃渐劣，诘之，彼不知于何觅得某月报纸之最下者相示。报馆无奈，重与理论，乃取合宜之纸，署押其上与之。久之，又以劣纸来，诘之，曰：固如所存样。命取较之。曰：偶不知所在。报馆以其行同无赖，乃更取一纸，剖为二，一存诸印局，则报馆人署名；一存诸报馆，则印局人署名，由是始为完全凭据。以上指其以凭据言也。若有时忽用劣纸，而推言购错，不能不用。又言从前购劣纸，尚余若干纸，得用罄再说。如是者又不知凡几。然此仅指纸色一事也，至于印刷之忽然模糊，交货之忽然迟误，纸数之不足，犹不可偻数。故合同仅二年，波澜乃千起，然此间订约出名之人，为有名人物，且通英文，而报亦颇有名誉，而与外人对付之难尚如是。故期满日，管理报馆者自摩其顶曰：今日脱离大难矣。

或曰：此指我用彼印刷言也，假使彼用我印刷，则何如？曰：此何

---

① 本文在收入《汪穰卿遗著》时，改题为《说外交之凭据》，现恢复《刍言报》发表时的标题。

待言，纸色宁优无劣，纸数宁多无缺，印刷不敢不明晰，交货不敢不早，否则即不吃外国火腿（上海呼被外人踢为吃外国火腿），而拍案怒骂，不能免矣。又必时以酒食联络之及其买办，庶收账时无镠辖也。或曰：嘻，何至是。曰：此之谓彼，此之谓我（按此亦忿激之说，视办事者何如人耳）。

或曰：订合同尚如此，则合同何用，以后不须合同，不转觉活动乎？余曰：何为其然，凡夫合同及条约等云云者，强者执之为责问之具，而亦不能不受其限制；弱者依之为抵制之用，而亦时得其保障。假非此，则一愈横恣，一愈亏损，更不可为矣。今世界虽号称强权用事，而犹彼此以是相持，故犹得谓之契约时代。盖世界所谓太平者，不过如是。虽然，世事无长此终古之理，则必有一日破坏此契约之藩篱，而为非契约时代，彼时生民之祸大烈，而弱国几无立足之地。故弱国之得益于契约而保存，此乃为最要。

各报载，川粤汉四国借款之合同，华洋文不符，不知其说然否也。按张文襄于此事，特为矜慎，觅精西文者四人，至公司校对，并各有所酬。文襄以为如此必无错误，然彼时人言已啧啧，谓四人均大有所获，今既有不符之说，则此四人之责任故在也，盍求而讯之。

（载《刍言报》宣统二年十一月十六日，《汪穰卿遗著》收录）

论租界与领事裁判权

我国与外国人所订条约，失误累累，而外人因得藉以肆毒于我，其犹得如今日之现状者，则幸条约限外人于租界之中，不使得在内地杂居，尤不得在内地营业也。否则，吾国官吏，御外人之无术，绅民智识幼稚，倘无限制，将内地膏腴要塞之地，为外人买尽，人民生业，为外人夺尽，求如今日之景象，且不可得矣。

夫如是，故外人既以求特别权利，而要求租界。又得领事裁判权，我国亦即以有租界之故，而拒彼内地杂居，是彼得领事裁判权，实我以不许杂居内地易之。综两者之利弊而言，则与其使彼内地杂居，尚不如使彼得领事裁判权于租界之为愈。此固有心大局者所宜知也。

何居乎今之论者，辄皇皇然曰，令外人撤去领事裁判权；今之当局，亦汲汲然曰，宜令外人撤去领事裁判权。于是将以不用刑讯要之，于是将以改良刑律求之。无论此事重大，决非此所能得。且思吾国官吏之不谙事如故，人民之无知识如故，就令彼许撤去领事裁判权，而以内地杂居相请，我能拒之乎？不能拒，则无论我之利尽为所得，且日日闹交涉，处处闹交涉，我国官民从此无安枕之日。且危险之端，尚有出于意料之外者，不知吾国上下，亦曾思及此否？

须知吾国今日，为至危极险，急求安定之时代，非继长增高，力求美善之时代。以日本之事事进步，而撤去外人治外法权，尚迟至甲午以后；我国一切无有眉目，而乃惟此是求，其亦可怪矣。

天下事，贵于治将来，不贵于究既往。吾国宜绸缪之事多矣，何可以此而多费精神日力？而吾国人不知维持于未碎之瓯，而徒顾惜于已破之甑，亦可谓知一而不知二矣。譬之围棋，不速布势中央，以占人先着，而于已被占之边角，乃时思夺回，其势不至覆全局不止。吾愿吾国人深注意于此也。

今日争撤去治外法权者，实以租界故，且大率为上海租界言也。不知上海租界，乃合二种性质：一为租界性质，一为商埠性质。夫租界不过外国人要求为居留地而已，其不愿归吾国官管理，犹可言也，而孰意吾国商务，以其便利之故，遂逐渐趋入之。于是租界一变而为商埠，且为中国商务之中心点。尤可异者，则凡关于商务者，事事皆外人为主，而吾人为客，而外人之握我商权，亦于是益固。此岂外人梦想所及？其及此者，真见吾国官商皆在黑暗之中，彼之弄我，若明目者之弄瞽人。于是始而但求一地居留者，继则为华人之所趋附，继且为商务所麕集，而其终，则吾全国商人，皆汇归于此矣。又始而惟冀不受吾辖治者，继且辖治吾国人矣。始而惟治外人与外人讼事者，继且专主外人与华人讼事，继且干预华人讼事矣。始言参与者，继且专主其事，而华官且仰其鼻息矣。于是西人且渐购界外之地，于是又购及隔江浦东之地，于是又要求推广租界。此实圈定租界之后，华官全不预为周防，遇事一以顺承为务，致酿成今日现象，亦可痛矣。

假使吾国于租界初立之时，即能省识此意，而于租界之西南北及浦东，悉开马路，兴建一切，复研究各国商务，设法振兴，则商务之中心点，全在吾国掌握。所有上海租界，不过成一冷淡寂寞之外人居留地，其失权启欲，何至如今日之甚！是则不能不为历任南洋大臣及江海关道罪也。

犹幸以租界握商权，惟上海一处，他如汉口、镇江、宁波、天津、广州、厦门，未至蹈兹覆辙。然各埠于租界之外，市面虽盛，而无不湫隘嚣尘，令人望而生厌，而各处官商，从不起而整顿，可叹抑可惧矣。

又幸上海之租界，为十一国公共租界，虽权多为英人所握，然较之为英一国所得，其情态实迥不同。惟法之租界，为一国独据，且直视为彼之属地。然幸其地形不便，介于上海城及公共租界之间，前者愿要求扩充至十六铺以南沿江之地，幸其时蔡和甫观察坚持不允，故不能占商务势力。考租界者不可不知。

按：此文所言，必为时贤所呵，然吾国现在处势，实是如此，固非好持异论也。又按：各处租界，亦皆有历史，而天津、汉口尤多，倘有人逐处搜讨，勒成一书，以供研究，亦佳事也。

（载《刍言报》宣统二年十二月初六日，《汪穰卿遗著》收录）

外交感言①

今人于外交，大率泥小忿而昧大局，喜近获而忽远祸，矜隅巧而昧全算。假纵此为之，必促亡矣。往事可伤，来日尤可悸也。今若曰弃旧即新，使吾国得立于新地位，吾恐新之益未得也，而旧之感情已伤。逮至怵于旧而转而求之新，则新者且假此以雷霆万钧之力相临制，至此而

---

① 《汪穰卿遗著》将此文归入"杂说"，现恢复《刍言报》发表时的标题。

吾无可为矣。何者？外人对于我之外交，若舞剑之顷刻百变。我之外交，若木匠之椿，既安不可复拔，吾是以谓宜慎也。

税务为英人赫德管理后，不设学校预备人才，于是需税员时，则试诸伦敦。或以此为失国权，余曰：此似未可厚非，盖需员时，不能不试，而断不能使西人应试者预备资斧东渡而应试，则试诸英，亦情理中事也。惟似不必专在英国，又或由吾国驻使招考，似较得耳。

（载《刍言报》宣统二年十二月十一日，《汪穰卿遗著》收录）

止　误①

今日有良揆领衔之昭忠祠公启内，误以昭忠祠旧基没入使馆界为没入租界。按：此非细事，而率然点笔，殊欠审慎。且使馆界、租界，虽同为失权之事，然二事名义不同，施之于事，亦迥殊，若人人误视为一，则将来事实上，必有受其害者矣。因思吾国人于此等事，平时绝少研究，竟有明明为吾国物业，而误为外人者。如上海之水巡捕属于海关，而吾国人多以为属于租界，如此类者，不知凡几。甲午中日战事起，福中丞润召一属员议事，中间忽问曰：威海卫是山东地方否？闻者以为笑。虽然，吾恐中国无人不如是，宜各人速自研究，无徒笑人为也。即如东沙岛事未发现时，何人知有东沙岛？更无论不知东沙岛为富源矣。又所在要地，如青岛、广州湾，亦俟外人指索，我国人始知其名，否则因战事始知之，此诚吾国之大羞也。吾故谓今日吾国人且勿远求，先将眼前应知之事，各人分认研究，或撰而为书，或出杂志，苟在事者能人人用心，则增益知识不难矣。

去年某杂志印粤人冯君论税务事，且言税务司但有英文报告，而不

---

① 《汪穰卿遗著》将此文归入"杂说"，现恢复《刍言报》发表时的标题。

使华人得知，幸华人尚有识英文者，不至尽为所蒙云。按总税务司岁有译成华文之海关贸易总册，且寄售于上海书肆，论税务、商务甚详。意冯君少即游学，在欧洲仅见英文者，亦不足怪。然就外人论之，则吾华人并此不知，实足为笑。尤可痛者，则此等书虽有寄售，然吾华人曾寓目者，不知有几人？从而加以研究比较者，又不知有几人？念及此，令人心恻矣。

（载《刍言报》宣统二年十二月十一日，《汪穰卿遗著》收录）

说明（二）①

近凡请废约自办之铁路，往往为部中所持，而本省长官，乃力为主持，且率属筹款。于是论者大感疆臣之助己，以为胜于部臣万万也。殊不知本省长官，非主此事者也，彼许之，非能实行，彼驳之，亦不能实行，然则彼何不竟许之，且助之以市一时之誉。若夫部臣，则可许与否，有直接关系矣。许之而致大害，则部臣实肩其责，自不敢轻于许诺。今不察其关系，而以彼之允诺，怒此之迟廻，无乃远于事情乎！

办外交之官吏，往往小者易于争执，大者过于迁就。至外务部则迁就尤甚，故向有局员胜于疆臣，疆臣胜于部臣之说。余初亦然之。今察其故，其中实有担责任与不担责任之分。盖局员与领事，实为初级之交涉，不成，则归之督抚而已，于大局之利害，无大出入也。疆臣稍重矣，顾不成，则归之外部，亦尚无大出入也。若至外务部，则利害判矣。故其因关系而持重，而畏葸，亦有处势使然者。虽然，察彼国舆论之趋势，及各国离合异同之间，而施以操纵，使吾言之发，适当其可，

---

① 《汪穰卿遗著》收入此文时，删去了第四、五节，前三节则改题为《论内外之隔膜》，现恢复《刍言报》发表时的标题和章节。

是在擅长于外交者。

按：以上二则，亦吾国内外气脉不通贯致此耳，否则应轻、应重、应许、应驳，必早经斟酌，彼此相为首尾，安有明知未可，而疆臣故许之以市名，而致大局不便之理？亦安有可了不了，而使部臣为难之理？此其故，不能不归咎于政府矣。

近来吴淞口遭验疫之厄者，辄诋蔡钧，不知彼时因吾国不设医验疫，则外人将为之，无宁先自为之也。此事社会宜知之。

前十年时事新说，猬毛而起，大率规模西国，一若西国有之，则吾国亦宜预备。极其兴会所至，则无如革命为最新颖，作书出报，几遍各行省，削趾适屦，不悟其非。顾言者嚣张极矣，而卒无有起而实行之者，于是黠者乘之，缘以为利，乃若将主其事者，倏忽惝恍于蛮烟蜑雨之中，若有营若无营，其于诸新进，若相合若不相合。然而主张激烈之说者，且曰吾党魁实将自牺牲以福全国，将秘密组织以待一举矣。中外稍知时事之若商、若士，亦曰是党魁将必有所动作焉。至若官场，则尤以为目的，而以全力防之。顾十余年而无作也，惟内地何处土匪滋乱，彼则曰：是吾所阴煽也，是吾以快炮利枪济之也，不逞之徒咸属望焉，报贺之电祝之。俄而匪燌无余闻焉，或曰：近日各省捕获革命党军火，迹其举发之由，则即此所谓党魁者密告，然所得皆朽败之物，顾捕者利于张大之以邀赏，无殊彼此为市矣。按此所行，一骗子也，而至今尚有惑之者，甚矣，吾民之易愚也。

（载《刍言报》宣统二年十二月十六日，《汪穰卿遗著》收录）

杂辩（五）

前者上海聘订费烈律师为上海闸北巡警法律正办事官，各报多诟上海道，谓之媚外，谓之安插洋员，谓之破坏自办之局。按近自闸北设立巡警，波澜迭起，则延一西人为律师者，据理以与争执，较之平常与争，较为有力。此亦不得已之办法，未可尽以为非，不得与福□□①事一概并论也。从前蔡钧为上海道时，请派担文为南洋法律官，意亦犹此。顾余尝闻上海道署办事人言矣，谓以担文之公文，与西人争执，则各领事更故意为难，尚不如向来敷衍之法为较易。余闻其言甚异之，既而思之，必西人恐我一切皆用此法，则一切无理之要求，将有格不能行之势，故先如此以杜绝将来，此事亦甚当研究者也。噫，官场以不能对外人，而求一切之法以为抵制，而仍不能如志，而局外乃任意指摘之，吾国治事之难有如此。

再，请一西人亦不得谓之破坏自办之局，否则军队、学堂动请外人为教习，亦可谓之破坏自办之局乎？

按：此等事，但当问其事之宜否，及所延之人得力否。然吾国人往往舍正文而妒其薪水之糜费，亦可谓舍本而事末。又，此事办警察者主之，为是为非，与上海道无涉。若欲推论，则无宁责平日警察办理之不善，而不能以此责也。

（载《刍言报》宣统二年十二月二十一日，《汪穰卿遗著》收录）

说外交（一）②

今之论者，大率谓吾能据法理，案条约，执此以从事，外人将如我何？虽然，今虽犹可为是言也，然而仅也。若以朽索牵奔马，不绝而去者几矣。且各国于我，何畏于约哉！其犹瞻顾于约者，惧一不循约，他

人将乘之也，他人将从而效尤，竞为约外之举动，己之权利反失也。故善治外交者，虽时以约为说，而其盘旋于约中，与维持于约外者，千绪万端，不可殚述。备之多方，制之多术，或可告无咎也。若夫人以强梁至，则怵之；人以和平来，则轻之。事至，则随事与争，而忘前后之关系；事过，则弛然若忘，如是者其可哉！

人之相交，盖有阃限焉，过限则裂矣。故须自揣其分际，而为之疾徐。昔有假衣于邻者，邻实不欲，而以善言遣之，曰：吾之衣，适有他用，汝别借可也。此人苟察其辞色，揣其情势，则谢而去可矣。倘必穷其所至，诘其他用之说，则邻激怒之下，必直言曰：吾实告汝，吾实不欲借汝，此属吾所有权，不借汝奈何？倘再诘之，则必更曰：吾与汝若凤与蚁，吾何必畏汝！如是，则计惟有瑟缩而去，永不能登邻之门，更不能与通有无矣。尚不如前谢而去，他日或有求于邻，邻愧于前事，或得许之也。此理常人皆知之，而今之达者，乃反懵然，必欲激成决裂然后已，何欤？

（载《刍言报》宣统三年正月初一日，《汪穰卿遗著》收录）

杂说（十）①

外人指陈我国风俗，确者固多，而隔膜者亦不少，惟有数事颇洞中症结，汇而录之，足见吾国民之急宜着意教育也。

王苑生观察为余言，天津驳船公司自海口轮船上运货至紫竹林，辄有缺少，华洋商人以此具控者多矣，顾以不能指证，悉不得直。而公司为外人所设，一家专利，得十分之保护，故控者虽多，而公司固自如也。有与公司之西人谂者，谓之曰：控者如是之多，则有弊必矣，此等

---

① 《汪穰卿遗著》收入此文时删去了前五节，现恢复《刍言报》发表时的章节。

弊端所得，悉归买办等私囊，于公司无预也，然则盍易一小心谨慎买办，无令公司代若辈受过也。西人曰：吾岂不知此，顾贵国人之性习，吾知之审矣，无人不思例外之获，且无人不工作弊，然久于此者，尚有恋栈之心，不欲过甚，以致不保其事。若骤易一人，则彼作弊无辙迹可寻，且骤得此佳事，彼必尽力以谋大获，则害事愈甚矣，故无宁隐忍仍旧之为之愈也。

西人谓华人办事极有能力，无论如何艰难困苦之事，皆非所惧，惟须识华人性情，应约估此事应需若干而包与办理，则一日可兼两三日之工，一人可兼两三人之事。倘按日令作，则必致延误，余屡试屡验云云。此赞华人语也，然寻其意味，仍是相类。总之谓吾国人不能按期办事也。又按以上云，尚是指闽广等省人，虽非激劝不可，而精力固定足也。若他省人，更不能矣。

外人治事，悉按时刻，吾国无是也。近某编书处仿行之，顾其状乃不同。当其治事之所摇铃以集众也，良久始齐集，极参差，主者不在，则停笔笑语，或吸烟，与塾中小学生无异。逮摇铃请赴食，则诸人久停笔以待，一闻铃声，咸蹶然起跄踉至食所，争先罄其盘餐，有如饿鸥。噫！无自治之能力，又不伏约束，如此而欲事之治，得乎？

向来信局寄信，必交信笺始取信资，故尚不大失误。自开邮局，凡不挂号之信，皆先贴一二分邮票，送到后不复取资，而邮差恃无质证，不送到者居多，甚至有掷池塘中者，见报章者多也。近北京一分之信，辄皆送到，推原其故，则虽贴一分邮票，而邮局皆以一簿书，每次收信人姓名，每处信收到，辄须取收信人之证，盖非是则不能使信送到也。

西人办事，功课之密，规则之勤，胜我国几百十倍。而我国人乃误认，反以为逸于我，辄曰：若西人治事，但须每日上午几点钟至几点钟，下午几点钟至几点钟，而礼拜日悉停工，是其赴工之外，余皆归自用，较之我国逸多矣。殊不知彼所谓几点钟至几点钟，此实在到工之时刻，而到工时又极辛苦，故晨起盥漱早餐，急赴办工所，已仅仅及时耳。午餐亦然，道远者大率不能归食，则就食于肆。日本人则往往自家送食，至往往冷食。至晚散归时，仍须视此日公事如何，倘有未了之件，或事虽毕，而丛杂须整理，则必须事竣方能归，故何时到工者，此限其迟到也。若何时散工，则并非限其届时必散，不过谓此时可散耳，辨之不明，一若散工时刻，必可离办事处而去，抑何可笑！且各国凡办公之地，为事皆极烦冗，诸人运笔如飞，尚恐不及。非若吾国近虽定入署时刻，而实无事可作，咸相聚谈笑，或薙发剃头，甚至任售什物者入，诸司员恣意看古董字画或珠宝也。

（载《刍言报》宣统三年正月初一日，《汪穰卿遗著》收录）

敬告（五）①

今弱国也，乃至理直之事，不敢自认为直。或他人无理有据，而徇彼掩饰之语，从而没之。此殆不得已欤？盖与其明标己之为直，人之为曲，而仍不能依理而办，则无宁含糊过去。此即善办外交者，于此亦不能不为权宜之计。此意通国人须领会之，若必一一揭破，则于事无补，不过使外交官以后办事格外为难，且益露本国之情形而已。

前时江西南昌教案事起，法使及梁尚书未至之前，赣省亦派员与法领谈判。酬酢之余，并招妓侑酒，此亦外交中平常之事，不意各报大为讪毁，并讥及法领，其不解事乃一至此。

言排外，言收回权利，又遇事欲操必胜，此自国民应有之心理。然投身政界、报界者，则须知今所处为何种地位，有当宽之此，而收效于彼者；有当示让步，而致谨于要节者。如张而不弛，则鲜不至败矣。

以上所言，固有然者，然亦有政府如此办理，而报馆偏声言之，以见国家虽弱，而民气未尽靡也；又以示彼之无公理，仅足欺我一时无备，而不足服吾全国人心也；又以示吾国如是乃为力屈，而心则未尝不了然也。然此等办理，外似与政府为异，实则呼吸相通，故命意措辞，亦须着意。

（载《刍言报》宣统三年正月二十一日，《汪穰卿遗著》收录）

---

① 《汪穰卿遗著》收入此文时，改题为《说外交》，现恢复《刍言报》发表时的标题。

论吾国人不通知外情

海通数十年，而吾国人之知外事，较之前时，乃不能以寸，此可叹也。内地之人，以为通商大埠之人，必与外人水乳矣；内国之人，以为曾至海外者，必洞知外情矣。不知即以上海而论，商家与外人直接者，百不一二。即直接矣，不过此以货样往，彼定若干货，则定期与之。一切交接，悉在治事之所，身且未登其堂奥，何水乳之足言？买办则实为西人之雇役，洋行中大班视之卑矣。彼之能与游者，惟二三等行中执事之西人耳。彼之于外人，方仰衣食焉，但觉外人之可敬可畏，无他思想也。余友苏人冯君曰：向来求金银消息于汇丰买办，可谓愚极。彼中消息，岂能泄与华人乎？西人之用买办也，以利饵之，使终身为之伥，岂有真消息与之哉？而欲闻西事者，顾求诸买办，不亦惧乎！

久往商埠者，所得盖皮毛之皮毛。吾辈住上海久，见西人盖无几，又不通语言，不过彼此通姓名，各知职守而已。即有酬应，不过同饮一杯酒，见时一执手而已。能西语者，宜稍胜矣。然后辈姑勿论，即其精者，往往亦为领事、状师之译人，彼亦卑视之也。故时有住上海数十年，而洋行中灵捷之器物，奇丽之家具，尚未得寓目者，他可知矣。

出洋之人，若从前使馆参领，穷闭使署，不问外事者，无论矣。即近来留学生，虽较有新得，然既限于课程，且以资格（有位分之资格，有国家之资格）、财力有限，欲洞悉政界、商界、社会之内容，岂能得哉！

（载《刍言报》宣统三年正月二十六日，《汪穰卿遗著》收录）

敬告（六）^①

近日俄国以六条迫我，云将实行光绪七年之条约，我外务部怵于威焰，遽行允许。其原文外间未见，无从置议。至俄国所要六条（据初三《帝国日报》），似有与七年条约不相符者。如第三条云：蒙古及长城之外，以及天山左右，俄人有权自由往来居留，及贸易货品。然七年改定条约之第十二款，仅言蒙古地方，范围无如此大，无税一层。原约固声明，俟将来商务畅旺，两国议定税则，即将免税之例废弃。意外务部接照会时，必检旧约之伸说，必不任其含混过去也。

现在新疆一带，俄人进口之货，值二百万，我外务部正应乘此与俄人商定税则，好在我即根据七年条约，俄人必无辞也。

报载，俄人在哈尔滨设蒙文报，为煽动蒙人之计。按此事看去虽小，实与兵队相表里。边防一事，筹措不易，若报章之抵制，似尚易设法，不知我政府亦计及否？

闻近日俄人对于我，忽又作强硬之态度矣。虽然，吾愿当轴者之勿怯也。前者忽有俄人之满意之说矣，今何忽有此？盖一纵一擒，固俄之惯技也。我惟据条约以从事，而以极婉转之笔出之，一面宣之于各国，俾知我于此，无开衅于俄之处也，俄何缘而生衅？否则一放松，而援例者麇至，将如之何？

（载《呜言报》宣统三年二月初六、二十一日，

《汪穰卿遗著》收录）

---

① 《汪穰卿遗著》收入此文时，改题为《论中俄之交涉》，现恢复《呜言报》发表时的标题。

评外交 （一）

或咎余为保护吾国之外交家者，余曰：怪矣，余但谓国民当此事机危迫之时，遇有外交事件，对于国家应如是耳，固未尝及吾国外交家也。若夫吾国外交家，复何足言乎？曰：既如是，盍显揭其弊病，俾其闻而改之。曰：病之浅者可改，病之深者，非伐毛洗髓，涤胃刳肠不可，他人何能为之？彼又不能自为之，可为奈何？

今人诟外交家，动曰媚外，曰卖国。嘻，冤矣！凡人稍有良心，何至如此。然而寻其历来之习惯，则实有不可解者。大者远者，不必言矣，即举数端言之，实足发人愤慨。一则凡事有见端，或以未雨绸缪之策进，此闲中布子之法也。然外务部必力斥之曰：不得多事，致启衅端；曰：人未言及，我不可先惹事。如是，则凡稍有生气之人，皆失气去，莫有敢多事者矣。一则地方或有案件，所司密陈理由，或详言办法，则必逆折之，曰：外人所言，与此不同，该督难保无受属员蒙蔽之处，须速查明云云。盖深愿曲全在我，则事易了也。又曰：静候办理，无许轻动，免授人以口实。故凡民间稍有抵制之策，必摧折之，然后已也。一则外人偶有所要求，非有必得之意也，然外部告之他部或各省，则必张皇其辞，于是闻者转相惊恐，则本可不允，或不必全允之事，亦必至全允矣。凡类此之事，盖非一端，今特撮举一二而已。此等事实非特别之办法，盖相习已久，而一概皆然，直视为外交之奇谋秘策。然自吾辈观之，则大似缚手足而与他人斗也。

虽然，据此而遽谓其媚外、卖国，犹未可也，良由若辈怯畏性过重，而又不考求于平时，于是其惟一政策，曰不许有事，曰姑求无事，曰但求了事。此三者，不得谓之大恶也，然而吾国之命脉，由此而澌灭者多矣。

（载《刍言报》宣统三年二月初六日，《汪穰卿遗著》收录）

宜知（四）[①]

近以云南片马交涉，于是有抵制英货之事，其事之有益与否，姑勿具论。然官及近于官者，必不可预闻其事。盖民间自为此，无可如何者也。若官而有预闻之迹，则责言至而交涉难办矣。即如各省督抚来往之电，于此亦不必有奖许之处，盖外交事，不得不如是也。

近人屡言收回海关，收回邮政，此言误也。吾国初未以收税之权归之外人，惟初通商时，无人能经理，因托外人为之。初为之者，既为英人，则安保其无畸轻畸重之事，于是有起而争之者焉。而《辛丑条约》，以海关为抵，不能不以外人办理为担保，此固暂不能归华人经理也。至若邮政，初以附设海关之故，后来全国开办，取其熟手，又取其开销之省简，于是遂仍旧贯。后虽积渐扩张，而算计犹入不敷出，故未议归华人办也。顾此二事，不在去西人之难易，而在归华人办之利害。盖此二事，与外人交涉至多，不审华人为之，尚能如前不变否？且吾辈所尤忧虑者，则此等相当之人才，不知吾国果尝有之否也。今吾国之人，与之财，则无不侵蚀；付以事，则无不窳败；对内国人，则无不欺凌；对外国人，则无不倾忱。试观各部各局之事，几无一足言者。即如京汉收回，行旅更为不便，亦一例也。万一代以本国人，而事大败坏，则更无补救之方矣。或难余曰：华人或不可矣，西人岂果无弊欤？余曰：固不能谓无弊，然彼治事有矩度，则虽有弊而事举也。归之华人，则不数年，机绪尽毁矣。其人大怒曰：如君言，则不特邮、税二事，终古付之外人，一切内政，将无不付之外人矣？余蹙额对之曰：吾国人不自淬

① 《汪穰卿遗著》将此文第一节归入"杂说"，第二、第三节则以《驳收回海关邮政之时论》为题独立成篇。现恢复《刍言报》发表时的标题与章节。

厉，不能大革其习惯，则大势所趋，且至此也。其人尤怒曰：如此，则不特国家之事，将民间工商一切，亦无不付之外人矣！余又蹙额对之曰：吾国人不自淬厉，不能大革其习惯，则大势所趋，且至此也。其人闻此，则奋然起而挥余曰：如君言，不特事然也，将人亦须外人办矣。余至此，不忍言，则又对之曰：吾国人不自淬厉，不能大革其习惯，则大势所趋，或竟不得不至于此也。

误以税权、邮权为已失，而时时发收回之论，此在吾国人或不自觉，而外人知之，则必大噱。或曰：此等事而为外人盘踞，则目为收回，亦何不可。曰：姑勿论盘踞二字之当否，然其人固吾国雇用人也。以华人易之，与平常易人亦何大异？而需用如此重笔，一若视为极难之事也。此其情，岂不为外人所窥乎！岂得为措辞之当乎！且事有实情如此，而措词乃不可直言之者，恶其暴露内情，而示人畏葸也。然则操笔之君子，可不重思之乎！

(载《刍言报》宣统三年二月十六日，《汪穰卿遗著》收录)

献疑（二）①

报载云南人以外务部不能力争界务之故，将自与缅之英官言之。吾不知此滇人之痫耶？抑报馆之呓耶？夫臣民遇有关涉外人之事，无论为个人，为公众，必须由国家所命之外交官与外人交涉，若贸贸然由一人或一小部分径与外人交涉，必无此体式，不特为外人笑而已，且使外人知我无尊重国权之心。幸外人素幼稚我，见之不过传为笑谈而已，若在欧洲各国，无人不知此等事理，若果有之，大为人奚落矣。且以是往，

---

① 《汪穰卿遗著》收入此文时，改题为《论云南人欲自争界务》，现恢复《刍言报》发表时的标题。

而外人但置之不理，害犹小；万一外人利用我国人之颠顶，乃好言谓滇省人若果以全省之代表至，吾当礼接，且当让步。若竟入其彀中，则是彼离云南于大清国之外，而渐收为彼之属地矣。近来国民程度渐高，遇事究心，自是佳事。然要之此等事，惟能与地方官或政府商酌，不能与外人直接也。近来诸事，如香山人欲自备兵与葡人战，亦此类也。

或曰：吾国政府及地方官遇此等事，漠不关心，何怪民之欲别行设法。不知办法之应如何，及事之办得到办不到，此二事也。办事者，万不能因办不到，而将办法错乱之理。盖一错乱，则惟受弊害而已，他何有哉！

（载《刍言报》宣统三年二月二十一日，《汪穰卿遗著》收录）

宜知（三）①

欧人于东方之国，藐之最甚，而忌之亦最深。故于从前中日之联合，则忌之；于中国多派学生至日本，则忌之；于中国新兵之整饬，则忌之。近者法国报章之大誉吾豆腐公司也，亦隐含忌意，此阅报者盖皆知之。噫，吾国新政新事业，一切无所短长，此一公司方萌芽耳，而人已相忌如此，然则吾国之求自立，且对付外人，宜知奋又宜知惧哉！

（载《刍言报》宣统三年二月初六日，《汪穰卿遗著》收录）

---

① 《汪穰卿遗著》将此文归入"杂说"，现恢复《刍言报》发表时的标题。

醒呓（四）[①]

近某报忽以中国宜速备战为言，此等人殆于今日作战之难，兵费之巨，军械之日出不穷，及本国之地位何如，均茫乎未知，辄欲轻议大事，亦可谓糊涂之极矣。

伊等必曰：与其忍辱含垢，不如起而一战，既可自立，且藉以作民气。噫，兵凶战危，亦可试为之乎？既云战，必须算定吾国之兵，果有若干能战，各海口均能守否？枪炮能合用，能敷用否？子药粮饷足支若干日，万一被敌人封海口，内地能不变动否？试使该报主笔一细思之，想亦自认为糊涂也。

伊等之意，又必曰：今日之局，战亦亡，不战亦亡，与其不战而亡，无宁战而亡，犹足为吾国历史生色。噫，此语则更奇怪矣。为此言者，率指大势已去，计无复之，姑为背城借一而言也。若夫边警叠至，而大局尚完，则正宜多方为图存之计。若不能为此，而姑求一逞，以置国家于必败、必亡之地，是吾辈自为名而大误国事也。倘谓国家虽亡，一战犹足生色，不知谋国事者，战与不战，咸以其时之宜不宜为断，非以将来史册上生色与否为断。吾甚愿持论者稳重以出之，勿为儿戏之言，斯可矣。

吾尤愿持论者，须知古来昏庸贪鄙之人，足以亡国，即意气用事之人，亦何尝不足以亡国？试取南宋、明末之史一为研究，当可得之。即如前之主持义和团者，其中亦大有慷慨激昂之人，亦何尝不以战足自立为言，后来成败若何？夫亦大可睹矣。

[①] 《汪穰卿遗著》收入此文时，改题为《辩中国宜速备战说》，现恢复《刍言报》发表时的标题。序号为编者所加，下同。

近留日学生忽欲组织国民军，其志可谓至壮，其气可谓至勇。内地各报，正宜激厉而思有以广之，使知今日吾国，断非能有国民军之时。诸君有此大志，宜各自充其学识，将来得为祖国之用，此时不必奋于一往，徒自危其身，而无益于事。此为正当之言。乃有数报不辨利害，从而挑拨之，怂恿之，此如家中十数子弟，不忍无赖之横于门，将出而与斗。在势必无全理，旁人宜呕令返，方为正理，乃故嗾使前，俾濒于危，此非至愚，则心术必不可问。何则？以其近于以人之生命为戏也。

试问此留学生之国民军者，留学生自为兵以前与俄兵战乎？抑大募兵而自为之将以前战乎？诸学生各自出其家财以供军需乎？抑募之内地富人乎？此等举动，良为吾辈所不解，徒见若辈跄踉奔走，各自抛弃其日力精神为可惜耳。

（载《刍言报》宣统三年二月十一日，《汪穰卿遗著》收录）

评外交（二）

二十七日《国民公报》论吾国外交之弊有云：

中国外交，素不讲信义。平时一味因循敷衍，姑求息事；事急则挞之无不从，索之无不应。即以英美借款问题言之，经年累月，不能议决，其害英美实业家之感情者，固甚；其害彼中舆论家之感情，尤甚。故此次之袒俄，非为俄也，实自为也。

又云：

然我尝闻今日鼎鼎有名之政治家曰：我国外交，唯祖习战国纵横捭阖之术，足以制胜。呜呼，所谓以延宕为本能，以一纸书为缓颊，以因循敷衍为得计者，宁非蹈袭纵横捭阖之旧说哉！

以上二则，不特洞彻外交症结，亦足药社会之蛮顽。盖外交家不知外交之作用，而遇事敷衍，以致失败。甚至许其不可许，而拒其不可拒，因应失宜，以致失欢召侮，此外交家之咎也。社会亦不知外交之作用，遇事以排外为主，以收回利权为要挟，而不知许此所以解彼，酬甲即以拒乙之妙术。甚至一事未办，而日腾口说，致外人皆谓我有意排外，此社会之咎也。且也主者顾忌舆论，遂不论如何，必试为驳拒，以见己非媚外。或姑且延搁，以见后之许彼，实迫于不得已，而国家大事，皆堕坏于冥昧之中，至可痛恨。今若能深知前失，而相与深讲切究，则将来或收其效欤？

至谓严惩一二以儆其余，则未必然。盖此等手段，伊等何尝梦见。譬如演剧，伊等但有唱高腔之技，忽责以唱京调二簧，何以应命？故今日整顿外交，直须脱胎换骨，方能从事。至若辈之应严惩与否，则别一问题，惟应择其不堪者，不许其再涉足外交界可矣。

（载《刍言报》宣统三年三月初一日，《汪穰卿遗著》收录）

评外交（三）

吾国外交之失败，以无可归咎之人也，以无今日可归咎之人也。无论何种失败，诘之，则其因必已种于从前某年某人与外人所订约及合同。若欲咎之，而其人朽骨已寒，安能起九原而咎之？若咎今日之外交官，则彼固有辞。虽然，安知今日之外交官，不又种后日之因乎？

前期报中引《国民公报》论外交，其言甚当，顾尚有未明晰者。盖吾国外交，一则迷信于狡猾，一则求脱卸于延宕。初则思以狡猾侥幸而取胜，迨至狡猾不行，乃转而为延宕，或冀事不由我手而失败。其心理如此，安有能取胜之理！

夫狡猾者，外交家不能免之事，顾狡猾仍应以诚实为主，以才略为用，狡猾者不过作用中之一种耳。如恃此为固，一为人所窥，必大失败。吾国因此而受亏损者多矣。

　　势利者，似亦外交所必至。虽然，何可然者，夫外交贵于包含重固，若显示势利之状态，畏强而慢弱，屈伏于强，而欺凌于弱，则形势毕露。外人窥其状，强者益相欺，而弱者以为怨。偶与弱者有交涉，以为必获胜利，殊不知彼虽弱而有党，且巧于外交。于是我所希望，悉成泡幻。吾顾吾外交家、吾社会之留意时务者，切意研究之。

　　　　　　（载《刍言报》宣统三年三月初六日，《汪穰卿遗著》收录）

质疑（六）①

　　近各报纷然载请废烟约，又谓烟约期满，宜即废去。又谓外务部何惜一纸照会英使，而各处禁烟会，又纷然有上英皇书者，有请各国领事求赞成者。此事吾甚不解。夫所谓烟约者，何约乎？若谓许鸦片进口之约，则中英并未因此专立一约，且亦无所谓期限也。若谓禁烟之约，则三年前已订矣，今尚有七年也。若欲即时禁断，则且勿问英人许否，应先问我之能办到否。今各省以贩烟、种烟滋扰者，不知凡几。能用强辣手段，即时禁断乎？吸烟者极多，非能一举而尽毙之也。若禁烟种而不禁入口，则全销洋药，出口之银愈夥矣。若禁入口而不禁种，则英必有辞。况乎十年递减，则禁种及弥补减少之税项，必已列入预算。若改为即时停止，英必起而相争，然则所谓废烟约者，果何约乎？

　　　　　　（载《刍言报》宣统三年三月十六日，《汪穰卿遗著》收录）

---

　　① 《汪穰卿遗著》将此文归入"杂说"，现恢复《刍言报》发表时的标题。

时事说新（六）①

　　吾国人于税务，深恨值百抽五，为外人限制也。顾尚有可恨之端焉：一则金镑之价日贵，而海关数十年犹准初定之镑，未尝增加；一则物价大率日增，而吾国抽值百抽五之税，只据初定之价为率，亦久未增加。直至戊戌、己亥间，始有酌中定价之议，而镑以酌增，顾犹未足也。二者并计之，殆至数万万。盖吾国于此等事，非畏而不敢过问，即恶而不屑研求，而外人遂获利于无形，此不能不归咎于同治以来，有心斯世之人矣。

　　近年上海市面大败，论时事者，亦一例嗟叹，以为民穷财尽之征。顾上海市面之败，别有二故焉：一则汉口铁路交通，内地之货或径由汉口出口，故汉口盛而上海减。夫汉口之商业，纯在吾国界中，而汉口又为吾国中心点，则减上海以益汉口，固吾辈所应愿欲者也。一则以金价大贵，而洋货滞销。近来我国百业衰微，而进口货独旺，而业洋货者，遂为上海商场之主人翁。故他业衰旺之影响于市面浅，惟洋货业败，则影响极大。夫吾国财源大涸，则进口货衰，而出口货旺，未始非一生机也，此尤不应引为忧也。吾愿忧世之君子，于此稍注意焉（按此条作于去年金融大恐慌之前，故未之及）。

　　近来金价大昂，吾国赔款及购军装及留学生学费，无不大增，计臣用是深忧之。然出口货之旺，亦实由此，此非细故也。民间生业，因此活动，而治新事业者，亦因此以劝，由死而活之机，实亦由此。国家失之于赔款，而得之于税项，于事一也。而民间则活动多矣，使于此而有

---

　　① 《汪穰卿遗著》将此文归入"杂说"，现恢复《刍言报》发表时的标题。第二节文末括号中的一句及最后一段，系根据《刍言报》原文补录。

大商业家、大财政家乘此而有所兴作，此固不易得之机会也。而或乃惟以金贵为忧，其亦舛矣。

凡主持店肆之人，于店中自售他货，或售与店中货物相类之货（如店中售山东绸，而附售川绸之类），又或于店外私设同等之店，又或己店必需之物（如机器局之于煤），自设一店以与己店交易，皆商家所忌也（杭中绸缎店准店伙售带，则以与本店无涉，特明许之）。虽无明禁，而向皆无有。通商以来，凡百事业，既非惯例所能范围，而又不严为之法律，于是奸匿滋多。于上列诸事，直明目张胆为之。又在西人肆中执业，以其事非外人所能察，遂公然为之。而华商肆中人，辄误谓为西律所许，即指彼为例，于是银行中人，辄于外自为钱肆，所在皆然，莫可究诘。

近闻上海有集股设大书肆者，以重金延一人总之，其人竟别自设一书肆，而以本店营业阴移往焉，此事真可笑人也。

（载《刍言报》宣统三年三月二十六日，《汪穰卿遗著》收录）

说明 （三）[①]

近英美之公断条约云，以后两国，如有争论不决之事，可交和平会仲裁。盖必先立此等条约，始能遇事求断于和平会也。今吾国人遇有交涉，动曰交和平会，无亦易言之欤！

（载《刍言报》宣统三年四月初一日，《汪穰卿遗著》收录）

---

① 《汪穰卿遗著》将此文归入"杂说"，现恢复《刍言报》发表时的标题。

宜知（六）[①]

近来各国备战日亟，器械日精，然相持莫敢先发，顾往往于其一二动作，而知其国力低昂之所在，正如货物之有行市。如近来法人在摩洛哥之举动，因德人一电，而不能不为改变。美人与坎拿大立关税互利之约，而英失其与属地各减关税之利益。日本虽雄心勃勃，而日墨密约，为美人侦知胁废，而不能不照办，至墨西哥现失日本之强援，而政府遂与革党议和。留心天下大势者，推前测后，亦可略得一二矣。

吾国凡百商集，均为外人所夺，惟典当一事琐碎烦杂，外人末由问津也。乃近某报载，法国人某寓我国多年，专门考求此事，已尽知就里，闻将集资至中国开办。此事若确，则吾国生计又少一大宗矣。

闻美国近见有华人至彼，疑其已在二十五岁之外，以曷克斯射光镜照其骨，始知尚在二十左右，乃许入境。此又苛待华侨之新法矣。

（载《刍言报》宣统三年四月十一日，《汪穰卿遗著》收录）

醒 时[②]

今有两国焉，声势相敌，而不相容，日伺隙而动，而皆于吾有关系

---

① 《汪穰卿遗著》将此文归入"杂说"，删去了第二节，现恢复《刍言报》发表时的标题和章节。

② 《汪穰卿遗著》将此文归入"杂说"，现恢复《刍言报》发表时的标题。

者也。或问余曰：以吾国之处势观之，两国果战，其胜负孰于我利？余曰：是皆无利于我。以吾观之，则不如日日言战，而终不战，永取相持之势，则居其间者，或稍得苏息，否则胜者挟大势以临我，败者又将退而生心于我，皆于我无利也。

（载《刍言报》宣统三年四月十一日，《汪穰卿遗著》收录）

说明（四）①

巴黎会议瓜分之事，此电不知何等狂徒所发，试观自近年以来，此等奇怪谣言亦多矣。如谓平和会议定各国派员监理中国财政，又谓日俄将在东三省实行强硬政策。当其时，传单密信，遍布各省，后乃寂然。然此等事，必有主动之者。闻吾国人在法国，心醉于革命之说，于是以种种之法，多方煽动，彼等志意或甚高尚，惜乎未知吾国今日时局，非欧美比也。若不究实际而骤发难，则祸我全国矣。

（载《刍言报》宣统三年四月十一日，《汪穰卿遗著》收录）

愤　言②

以内政而烦外人询问，而我又无辞以拒之，此可耻矣。报载领袖公

---

① 《汪穰卿遗著》将此文归入"杂说"，现恢复《刍言报》发表时的标题。
② 《汪穰卿遗著》将此文归入"杂说"，现恢复《刍言报》发表时的标题。

使问外务部，各省商银号滥发钞票，究竟有无抵当等语。按此事，实应于大清银行成立时，即将各省官私银号钞票截止。虽整理金融机关，不仅恃此，然塞此无穷之漏卮，亦是最要之事。今则滥发愈甚，为将来财政中第一棘手事矣。

报载江宁交涉使照会镇江英领事，请以后文书除英文外，另配华文，大被英领揶揄，谓办交涉，何至不识英文，且署中岂无识英文之人？此事不知确否。按吾国人有一最可怪事，凡何种语言，出口必大为笑柄，本人若绝不知此等事，官场如此，然正不独官场如此。

前各报载，议员易宗夔在资政院中大放厥辞，谓盛宣怀不经资政院通过，擅定四国借款，应由资政院以全体名义照会四国，谓此不经资政院议准，国民不能承认。噫！此等大不合规则之言，不料竟出自堂堂议员之口，吾不知各国议院能竟撇去国家，而自与他国直接否？并此不知，而欲论天下事，亦可怪矣。

又陆宗舆谓，美人以巨款赈皖北之灾，情实可感，资政院当另申谢。此虽仅属礼文之事，然余固未之前闻也。

（载《刍言报》宣统三年四月十一日，《汪穰卿遗著》收录）

宜知（七）[①]

报载，俄议凡东清沿线各埠，俱设庶务会，以联络中俄商业。乃此次哈埠选举会董，华人并未入会，遂致华董绝无一人。闻华商恐入会时，无人投票选举，反为不美，后禀关道，由商会自派三人入会，为华商代表。关道照会东清公司，乃公司及在会各议员群起反对，谓不由选举，径行入会，直是破坏会章。当将华人入会权利取消，以后便不得加入参预哈埠市政。按哈埠日商只七家，竟被选一人充会董，吾华上等商

不下千百家，反被拒绝，固由华人不识选举权之可贵，而俄人有心龉
龊，即此可见。按吾国人察利害不明，赴事机不捷，往往极要之事，败
于片刻狐疑。从前闭关自守，诸事尚可通融，今各国竞争，斗巇走捷，
我国人方在彷徨审慎之间，不意瞬息之间，事机已去，而利害相去至千
万。即如此事，于我国商务前途关系重矣，而推原其由，则在前此之恐
入会无人选举一语，吾国人自此当悬为炯戒。

（载《刍言报》宣统三年四月十六日，《汪穰卿遗著》收录）

警告（三）①

巴黎会议瓜分之说，实吾国人造之，而各报播扬之，可怪矣。而后
乃烦外人之解释，而西报之辩之者，尤不一而足。顾此等谣言，非偶然
也，实有人造之，散布之，以冀达其煽乱之目的。今虽奉禁，而设法传
于各学堂者，尚不一而足。兹觅得一纸，特将原文录下（又，误字亦照
原文）：

大国民阁下泣告者：忽得友人省城所来密电，阅下酸鼻搥胸。伏思
祖祖父父生于此国、歌于此国、聚国族于此国，何等乐土！凡百自由，
一旦为人奴隶，惨无天日。千望各伸民气，以作先声，速联义勇以图后
步。财产勿视为私囊，乡兵最足以自固，惟事关秘密，戒毋使野蛮者
知，恐突起闹教、交涉之祸，反生破坏。原电附前，顺候脑健。全国国
民公启。

初九、初十北京专电：监国因英法两使紧电各国商议瓜分政策，临
朝叹泣，拟大集督抚会议。故有电召瑞澂、李经羲、程德全、张鸣岐，
均令来京陛见之说。

闻提议瓜分中国之主谋者，东方一国，与欧洲某某两同盟。驻英法

---

① 《汪穰卿遗著》收入此文时，改题为《辨谣》，现恢复《刍言报》发表时的标题。

两留使电告政府，各国在法京大开密议，商定瓜分中国之割据范围，俄国分蒙古、新疆伊犁、甘肃、山西、直隶；日本分吉林、奉天、黑龙江、福建；德国分安徽、江北、山东；法国分两广、云贵；英国分江西、浙江、江苏、湖南、湖北、四川、西藏，留陕西、河南两省，安置一小朝廷。美国政府出而反对，事因发露。政府中人接此电相向而哭，连夜密议未决。

余所为录此者，一则使人知此项传单，实为乱民煽乱之具，一则使官府知近来人心之好乱，亟思消弭之策，勿徒恃侦探、兵队也。至若京外各报，鼓吹尚武精神，固时势所宜然。然而煽乱与习武，当严辨焉，否则求此而得彼，则为祸烈矣。诸君须知吾国今日处境至危，稍一不慎，即全国齑粉，慎无狃于目前苟安之假象，及各国不干预内乱之邪说，遂轻掉笔锋也。

（载《刍言报》宣统三年五月初一日，《汪穰卿遗著》收录）

质疑（八）①

中美银行向农工商部注册，得出钞票，鄂人谋所以拒之，而孟君森辩焉，以为汇丰、正金等皆出钞票，且本国商家银行亦准出票，何独中美之拒？于理不足，且伤感情云云。按本国不用外国钞票，此各国皆然。汇丰、正金等乘吾国钞法未定，姑为之耳，然如杭人前阻不用，彼无如何也。若中美之注册，则是定例许行矣。若各银行悉援例以请，将如之何？倘谓此中美合办也，则将来他国创开银行，亦可援华人出名合办，得此行钞票之利，则吾国币制，多一种阻碍矣，敢质之研究此事者。

（载《刍言报》宣统三年五月初一日，《汪穰卿遗著》收录）

---

① 《汪穰卿遗著》将此文归入"杂说"，现恢复《刍言报》发表时的标题。

说外交（三）①

今试问外交官，以能争执为尚乎？以审慎为尚乎？曰：审慎为之体，争执为之用。试观春秋时，郑子产最以能争执称，然事前之审慎，不知费若干布置。故惟无争，争则必得，若知其不可得，则绝然不争。盖恐争而不得，反以示弱，而后难为继也。即今日东西各国，吾辈但闻其今日要求何事，明日又要求何事，而未亲睹其形状，与深察其计划，以为彼称心而言，无所顾忌。殊不知，彼虽与弱国交涉，亦必再三算计而出之，盖或恐他国之援例，转于己不便也；又恐要求过甚，无以为将来地也；又恐大伤感情，得于此将失于彼也。故虽与弱国交涉，而迟回审慎，不下于对强国。然则弱国之办外交，其审慎宜如何乎？

吾国国民于国家外交失败，初不详也，及其知之，而收回权利之势，乃以大逞，且咸以能争不能争，为外交官之殿最。而以我国薄弱无能之外交官，从前但须对付外人者，今又须对付舆论，于是低昂茹吐，殆百其状。十年以来，风潮之起不一，以官力之不足，乃以民力济之。于是有争而不得者，有屡争始得者，当事之人，未始不自以为功。然以识者观之，则有名为争回，而得失才相抵者；又有明得于此，而暗失于彼者；又有今虽得之，而人已伺其后者。顾号为时流者，既未熟计于前，亦不研究于后，苟有藉口，辄姑鸣得意。盖始不究事之终始，而但尚意气；继则明知其不酬始愿，而姑求息肩；终则明知事实违反，而彼此相蒙。试取十年来之历史一一勘之，从可知矣。

吾国人办事，有一大病，凡一事之发生，不问我之职分应如何对付，而问吾必如何始能见好于上司，见好于绅士。故一事之起讫，而应然、

---

① 《汪穰卿遗著》收入此文时，改题为《评外交》，现恢复《刍言报》发表时的标题。

不应然之故，尚不能了然于胸，甚至明知其不可行，而意人之欲吾行也，乃姑行之，其行之为害与否不问也。逮至动见阻碍，而已悔不可追矣。

近各报载一事，甚足令人忿者，则上海道以设商埠审判厅，照会法领事，而不见答也，兹将原文录下：

> 为照会事，案准贵道照会内开，奉苏抚宪札行上海，应设商埠审判厅，饬照会商妥议，赶即筹办等因。此次上海商埠设立审判，期限甚迫，叠奉饬催，亟应筹议详办，照请见复等因准此。本总领事想贵道此次所奉札饬不应是真，查通商口岸裁判之权，租界独早。今中国与各国议定约章，并不知所定约章有所更张，亦未闻中国政府与本国驻京公使另有定议，本总领事于未奉饬知之前，断不让建设之审判讯理法租界华人之案，以及法国商人并法国保护商人各案云云。

噫，苏抚、上海道岂不知吾国使各国领事得有裁判权，为一绝大困难之问题乎？此岂一纸公文，即能发生如此大效力乎？此事以他国人观之，实为大耻。以如此大问题，绝无何等交涉，而辄欲一纸公文改变之，可耻一也；行政之官，何未知此事之关系，而贸贸然投此照会，可耻二也；以堂堂监司大员，举动不慎，而致受此侮弄之辞，可耻三也。顾未知受此者，亦自知其可耻否？吾国民亦以为可耻否？①

（载《刍言报》宣统三年五月初一日，《汪穰卿遗著》收录）

针报 （十）②

凡人痛伤本国之事，垂涕泣道之，可也；慷慨直陈，可也；婉转言之，亦可也；甚至微文刺讥，亦无不可也。若夫嘲谑轻薄，引为笑端，

---

① 《汪穰卿遗著》将此文自"近各报载一事"以下部分归入"杂说"，现据《刍言报》上的原文，仍归并于《评外交》当中。

② 《汪穰卿遗著》将此文归入"杂说"，现恢复《刍言报》发表时的标题。

则不啻为本国之罪人矣。而吾国报蹈此习者不少。前某报绘两人将屠一豕，而题其上曰："辽东豕。"呜呼，是何为乎？无怪外人谓吾国之报，不似属于一国，而为天空中人所作之报，愿报界人审之。

处弱国而言外交，不能不出于对付，势也，无可讳言者也。若羞此而鲁莽焉、横裂焉，则大祸立至，可必矣。至若不究事理而妄为招惹，其有害于事亦甚。凡明知其不能然，而姑为之以为谢责之举，至取戮笑于外人，与明知彼之将然，而不惮为之以挑动其心，使得乘势以进，皆所谓招惹也。余读上海道覆江督之禀，其言是矣，而惜乎言于已照会租界领事之后也。假使能于初奉札之时而言之，即力抗不行则善矣。

办外交者，于各国其不能无所低昂乎？虽然，为之不善，则为害极大。吾于吾国不肯送美术学生于义大利，其请赴赛会，又由驻使再三请，始许之。而前时某贵族至欧洲各国，外务部致各国驻使之电，误多列两国，两国方相企望，而卒不往。此等事，伤感情至深。且吾国观之，则各国之地位，有不同耳。若以与吾较，则相去犹远也，而吾待之乃有所异，倘从是不改，则不特见怒于诸国，且又见鄙于强国。讲外交之操纵者，宜如何加意焉。

（载《刍言报》宣统三年五月十六日，《汪穰卿遗著》收录）

敬告（十八）①

近有最可虑之一事，则恐吾国之外交，将由敷衍对付时代，而入于卤莽灭裂时代。夫敷衍对付者，其人无识见，无方法，见事办事，而于当时之利害，则尚知之也。若并利害不知，而至出于卤莽灭裂，则可虑甚矣。外交之事，顷刻百变，安有一定之呆法？而自近年以来，排外之

---

① 《汪穰卿遗著》将此文归入"杂说"，现恢复《刍言报》发表时的标题。

说日甚，而举全国社会，皆不研求方法，而惟以极端强硬为可贵，于是已失之权利，日谋收回，藉故要求之事，概以拒绝为贵，社会中几几以此为外交官之殿最，而利害不问也。此等大病，无人起而大声疾呼以救正之，而当事者又无以自持，致反倾倚于失当之舆论，以求暂固其地位。而欲夺人之位置者，又必以此为倾轧之具。万一于不宜强硬之事，而忽为强硬之态度，则陷吾国于悲境矣。

报载南京劝业会陈列漳绒，且以书说明织造之法，于是德法商人详细考查，归而仿造，居然乱真。此说倘果有之，直是自坏其生业矣。外人虽不吝以本国制造教他国人，然必有一二要端，秘而不宣，安有悉行宣布之理？

邦交之道有礼焉，有界限焉。故各国虽极相联合，而中无不存猜防之念，虽有芥蒂，而相待与他国无异。非若吾国，喜之则倾结万状，于必不可许之事亦许之，不为将来计；恶之则发声征色，若惟恐人不知，亦不为后患计。国人粗率如此，何以自存？

（载《刍言报》宣统三年五月二十六日，《汪穰卿遗著》收录）

傲告（二）①

外交之事，顷刻百变，当其事者，如宜僚弄丸，如痀偻承蜩，不能言喻，不可思议。故观其表面，容有联此疏彼之状态；而察其中藏，决无仇彼信此之痼见。故有应德之而防若蛇蝎，有应恶之而联若兄弟，或情亲貌疏，或甫离倏合，此古今万国皆如此，不如此，则不得谓之外交。又不特外交中重要之人如此也，举凡投身政界，及与外人交接者，

---

① 《汪穰卿遗著》收入此文时，改题为《论联美》，现恢复《刍言报》发表时的标题。序号为编者所加，下同。

皆宜知此。

异哉！近来吾国忽迷信美国，以为世界上各国之可信可倚，莫美若也。夫美之与我何如，吾不敢置一辞，惟是喋喋于人口者，乃极为滞相。其说曰：美坚守孟绿主义，不觊人土地，惟欲得商务利益耳。噫，彼岂不知商务亦有国防，与土地无异乎？假使美以财力尽占各埠商务优势，则我之情势奚如？彼不独较各国占优势也，且于我所欲办而财不能举者，彼将尽假其资，久之，则干与其事，而反客为主之势成矣。况乎彼不仅于商务也，彼之所冀在吾金融机关也。今组织中美银行，其嚆矢矣，而又在吾国七省通衢、三大铁路荟萃之汉口，固已踞我商务之中点矣，而又欲发行钞票，我之国家银行未定，新币制未行，钞票未发，金融机关大恐慌，彼乘此时为之，则我即急起直追，而以我之拙，遇彼之巧；以我之穷绌，遇彼之优饶；以我之新创，遇彼之夙练，能有幸乎？然则就如论者所云，仅冀我商务，已足仆我矣。

况乎孟绿主义云者，道德问题乎？实占领问题耳。实则曰：是中美、南美各国，皆天以畀吾美者，吾当徐徐处分之，他洲之国，不得染指也。虽然，彼但言美洲之地，不许建他国之旗耳，未尝谓美国之兵力，不能伸张于美洲之外也。若谓不然，则何以乘西班牙兵力之茬而取古巴乎？何以并能自立之菲律宾而取之乎？吾国人不知外交之道，而诚心颂之，得无为人笑乎！

（载《刍言报》宣统三年六月初六日，《汪穰卿遗著》收录）

敬告（二十）[①]

国与国交犹人与人交也，人不能无故而受人大惠，而谓国家乃可无故而受人之大惠乎？吾皖北大饥，美人赈舍巨万，其意至可感，吾国民

---

① 《汪穰卿遗著》将此文归入"杂说"，现恢复《刍言报》发表时的标题。

所当永矢勿谖者也。此虽无量之惠，然彼以救灾恤邻为辞，而我不忍灾
黎旦夕之命，且他国亦多有然，我国亦尝赈济他国，受之宜无讥也。顾
今乃闻美人以皖之患水，由淮之壅遏，遂拟派人测勘，而将为吾导淮。
顾此事属于内政，而乃听他人为之，在彼为行义，而在我为失职。况前
时浚黄浦江一事，载在辛丑之约，而犹争回自办，岂可以与通商无涉之
淮，而听他人治之乎？闻江南已派人测勘，绘有全图，意当急起自办。
或亦取彼所绘，用为他山之助，庶乎其可。此犹被火之邻家，怜我家中
人避灾，假我以衣，推我以食，受之可也；若并为我筑屋，则断不可受
矣。近《神州日报》导淮论中，反复说之甚详，因知此非过言也。

（载《刍言报》宣统三年六月初六日，《汪穰卿遗著》收录）

宜知（十一）①

近日世界最怵战祸，故各国咸一方面讲求战备，一方面保持平和，
其左顾右盼、跃跃欲试者，惟德国，而英、法等国所最顾虑者，亦惟德
国。今非洲摩洛哥之乱，观叠次路透电所载，兵祸难保不因此而兴。盖
摩乱，法国以利权所在，不能不干涉，而不意西班牙亦假此进兵，议者
谓西班牙之起，盖阴受德人之指挥。昨见路透电及柏林电，则德人已乘
机而起。此事能否由外交家手段速行了结，实未可知。万一战事绵长，
致变为德法交哄，则法必不支，法不支，则英必起而援法。欧洲列强既
入战域，则东亚亦必有变端，此事固未必然。然关心大局者，固不可不
知此也。

禁烟一事，吾国上下但注意于禁吸、禁种、禁运、禁卖膏，及限制

---

① 《汪穰卿遗著》将此文归入"杂说"，并略去后两节，现恢复《刍言报》发表时的标
题和章节。

入口，而于民间数百万家骤失生计，则甚淡漠也。幸吾国人畏官耐苦，犹未致乱也，然因禁种，而滋扰暴动之事，已屡见不一见。昨读《北京日报》载英员报告，乃注意于此，录竟，余甚为吾国愧也。

英驻津总领事谢立山君，奉英使派赴云南调查禁烟，日前回京报告，云现在云南全省办理禁烟，实办到七成有余。该省官吏办事认真，即此可见一斑。但莺粟为云南利源之大宗，今禁种殆尽，于祛除烟毒一面自是有望，然于小民生计一面，则攘夺无遗，大为可悯。要在政府设法另筹生业，以代莺粟，及早提倡，庶免滇民冻馁之患。查滇省柞树之多，几于遍地皆是。柞叶最宜养蚕，果能经营蚕业，则将来所产之丝可供全欧各国之需。约计其利，不仅可以抵补莺粟之亏，并可由此臻富裕。独是滇民不知柞树之利，弃而不用，殊为可惜。中国政府若能发给蚕种，导以养蚕，则滇民之幸福实无涯涘也。

日本近忽收买上海之英文《泰晤士报》，并将并购《新闻报》。按《泰晤士报》前数年为福开森君（各报有译为法喀孙者）办理，近福开森君以邮传部聘为顾问官入都，而售去此报。日本人以三万元得之，又以万元为办理费，又将购入《新闻报》，亦福开森君所管理也。日本于庚子、辛丑间，在北京设《顺天时报》，已而天津、奉天亦次第出华文报。福州、广州亦久经有报，今又购此向来畅销之华洋两报，其握我言论权不已周钦！

又，《新闻报》载一事，极言桂边之空虚，恐未周知，特录如下。其文曰：

桂边防中路、龙州西路，归顺直隶州，向恃陆荣廷总戎驻镇其地，亲督劲旅，筹办巡防。后路南宁一带又有龙济光全军驻扎，遥为声应。虽兵力未免单薄，而首尾相援，布置尚妥全。

自张鸣岐奏调龙济光全军赴粤，留于广州，改编督辖亲军九营，南宁防务空虚，于是陆荣廷由边关率勇四营移驻南宁，接署提篆。所有沿边千数百里，既少四营队，又无大将镇临，又失南宁后路大枝声援之，龙军其单弱危险情形不言可知。龙州、归顺，人心甚为惶恐，近日港粤各报，纷载革党多入越南，其乘虚蹈隙，窥伺龙州一带，固意中事。沈抚电请陆署提荣廷迅速招募新勇九队，以补龙军之缺。拟饬陆荣廷回驻龙州，而派右江镇总兵李国治统柳庆之师移扎南宁，现正往返商酌云。

（载《刍言报》宣统三年六月十一日，《汪穰卿遗著》收录）

儆告（四）^①

吾国至今日财源穷涸，国家举事运掉不灵，故吾于借外款一事，不敢竟谓其不可。虽然，借外款之可不可，视为之何如耳。为之而善，则足济一时之急；为之而不善，则大势随以去矣。然则吾国之废兴存亡，皆悬于此当事之人，可不益加慎重哉。

兹录本月初七日上海《时事新报》译《泰晤士报》记波斯事一段于下，以当炯鉴：

波斯议院于六月十三号提议美国财政顾问官之职权，既而全场议决，其职务甚为赅博。所尤注意者，则该院反对政府党亦一例赞成此议，于是而美人麦加歇斯德君，一变财政顾问而为财政总监督矣。该院订定者凡十二款，其第一款谓，一切经济及财政事宜，该总监有直接管理之权，而各项钱粮之征收或支用亦与焉。第五款与以总司国库之权，凡政府费用，必先请其画押，即有向人定购不须现钱者，亦应先由该总监批准。第六款谓，财政部之一切章程，总监有兴革之实权。第十二款许以统治僚属之全权。观此可知，麦加歇斯德君之品望，已深印于波斯人之脑府，而国会与以全权，亦未为失计。盖如此，则麦君得本其坚决、果敢及廉正、坦白之心，以治既棼之丝，而终达清理之目的。若仅仅与以顾问官之位，则麦君在美国时早已函谢，断不肯空劳往返耳。

记者曰：吾读此译稿，为之心惊，为之胆战，愿吾国政府、吾国疆臣、吾国国民引为殷鉴。

以吾国财政之紊，万不可借款，又万不能不借款，当大任者，惟有

① 《汪穰卿遗著》收入此文时，改题为《论借外款之宜慎》，现恢复《刍言报》发表时的标题。

破除情面，综核名实。而凡百在位，咸能廉俭勤苦，求尽其职，则国其庶几乎？①

（载《刍言报》宣统三年六月十六日，
《汪穰卿遗著》、《汪穰卿先生遗文》收录）

警告（四）②

今敢警告吾政府醒甦，勿以国事为儿戏。今敢警告吾政客醒甦，勿以国事为儿戏。今之汲汲者，盖欲就国家之现状，而思有以进之也。虽然，苟为之不慎，则大势一去不可复挽，彼时悔之已无及矣。夫今日之哓哓者，非外交政策哉？然而吾国今日宜与各国和辑，而乘此时机以修内政，若厌此之迟缓，而欲求捷获于外交，将以偿其不劳而获之奢愿，吾恐徒致颠踬而已，愿主持者之格外矜慎也。

为国者，莫患乎被击于此，则四望而求助于彼。一似己所应受之困难，得此则可卸之于人，而使人代受之。嘻，天下有如此之易事乎？吾恐其效果适得其相反而已。

吾所深虑，则恐凡此等云云者，皆有人以阴持之，彼阴主者，其目的或别有所在，而彼此狼狈以为之。或假言论机关以煽动之，彼先力掊其异己者，万一有反对之者，则劫之以极不可堪之名词，俾不敢自直其

---

① 《汪穰卿先生遗文》于此文之后附有汪诒年按语："南通张孝若所著《张季直先生传记》第四章第五节内载张先生实业宣言有云，当清光绪之季，袁氏任北洋大臣时，举国喧腾借外债造铁路之说。袁令杨士琦南下以外债可借否谘询汤君蛰仙、郑君苏堪及謇。汤君绝对主张不借，郑君绝对主张借，謇则以风气未开，国人常识不足，不尽知事业交通之利益，有力者徘徊观望，无力而徒然者不足济事，故外债可借，但借时即须为还计，用于生利可，用于分利不可，而用之何事、用者何人、用以何法，尤不可不计，此謇夙所主张云云。与先生所言固不谋而合也。"

② 《汪穰卿遗著》收入此文时，改题为《警告政府与政客》，现恢复《刍言报》发表时的标题。

说，而己之说，人遂不敢驳之，他人又畏其相加以不可堪之名词也，亦不敢辩之。一旦气候已成，已大得其所欲，而为之后先奔走者，均已得异常之酬报，而大局情形则何如，吾人试一研究之。

夫今之高揭名目以劫制人，使人缄口不敢言者，莫过于"李完用"三字。虽然，主此者可谓之"李完用"，主彼者独不可谓之李完用乎？吾甚无谓某国应联、某国应排之意，然如今之主持者，不深究可否，而妄认为足以相庇，我之望于彼者，未知何日偿也。而攫之我者，我且日涸焉而尚不自知也，岂非愚不可及哉！

（载《刍言报》宣统三年六月二十一日，《汪穰卿遗著》收录）

儆告（五）[①]

日英协约展限十年之计已成矣，而尤令人惕惕者，则何以当未距期满之时，忽汲汲为此也？（前约于一九一五年期满，今甫一九一一年。）且此约虽云依旧展限，而其中藏有不可思议之机巧。盖凡立攻守同盟之约，则无论何国与第三国开战，同盟之国，必应尽力相助，而开战之始，又必照会同盟国得其同意，方能办理，此通例也。今日英新协约之第四条云："第四款，设立约之一国，与一第三国订立普通公断条约，现在商允本约所有各款，不能强该国使其与共立公断约之国相战争。"所谓订立普通公断约之第三国者，即指美国也。今表面但云不能强英与美战，则日苟与美战，亦不必待英同意可知矣。且既有此约，则英虽不能助日，亦必不能助美，日之得益已多矣。其所以必及今预订展限之约者，则日之忌美最甚，而所尤畏者，则在巴拿马河开通之时（巴拿马亦于一九一五年开通）。万一届彼时展限之事不成，则日处于孤立之势矣。然而日本何以适于此时，而能成此大愿，则亦有故焉，盖有以阴挟英国

[①] 《汪穰卿遗著》收入此文时，改题为《论日英协约》，现恢复《刍言报》发表时的标题。

也。英人最忌德国，而近来以德与法关于摩洛哥之事，不能不出而处置，万一此时忽有德日协约出现，则英之大局，立陷于最危之境，故不能不降心抑志以从之。若夫最有关系之国，乃进则不能有所干预，退又无以为立足之地，其将何以自存乎？

（载《刍言报》宣统三年六月二十四日，《汪穰卿遗著》收录）

杂说（二五）①

外人欲结于我也，必视我所重者而重之；我欲求欢于外人也，亦视外人所重而重之。两皆求重于此人，则此人之权顿重。奸人知之，乃乘此为营私之计，此等事已不少矣。

上条为商界言也，若夫政府用人，则当视之为操纵，知外人以我之重而重之也。我当养成其重，以预备一日之用，此与受外人干涉而用之者，大有辨也。若夫不知此之为利也，于大臣名人足为一国重者，无端而摧折之，戮辱之。彼外人乃曰：吾辈以为若人者，为彼国之泰斗，今乃知不异犬豕。则外人见我国之人，无有足重者矣。无有足重，则国随以轻，各国知此故，咸以保全人之威望为要，虽或加诘责讥诮，而不遽毁之也。

抑非独此而已。一国有一国之人，一县一镇有一县一镇之人，国家之于人然，社会之于人亦然。保全人之威望如此，保全人之名誉亦如此。国家慎其予夺人者，舆论亦当慎其毁誉人者。吾国人士不少，而名闻诸国者，乃不得一二数，无亦此之过欤？语曰："猛虎在山，藜藿为之不采。"今必摧剥其威力，使为侮弄之具，谁则更以为意欤？

（载《刍言报》宣统三年六月二十六日，《汪穰卿遗著》收录）

---

① 《汪穰卿遗著》收入此文时，改题为《说重》，现恢复《刍言报》发表时的标题。

儆告（六）①

　　日英续展协约十年一事，余前已痛切论之矣。顾外间之论，虽同此痛切，而义乃大歧。其说曰：此事之起因，由于英美裁判约。英美裁判约，实缘美国耻于前此规划中国东三省之事，屡见失败，故亟迫英成仲裁约，以破《日英协约》之效力。日本亦知其然，则不得不提前与英商展前约，俾英不致竟改而助美，故协约同而效力乃迥不同。今日本民党咸大哗噪，以为日后可忧之道，咸伏于此云。更详之如下。

　　美国近年鉴于日本在太平洋日谋伸张势力，觊觎及美之菲律宾，因思所以扼之，而首先谋开通巴拿马运河，以备与日本争雄于太平洋。乃去年运动满洲铁路独立，及锦爱铁路，咸为日本所阻，遂大忿。因思日本所恃者，为英日攻守同盟。顾英之内情，实亲美而忌日，倘有术以破之，则同盟立归无效，而日本可立处于孤立地位。然欲令英弃日而亲美，亦非易事。会美与英属地坎拿大立关税互惠条约，坎之议院宣言，以地势论，坎宜并于美。美之下议院亦谓，依孟绿主义，实应坎，于是美大总统塔孚脱特宣言：我国与英有特别关系，并坎主义，即下议院通过，政府亦不允照行。此语一宣，大为英人欢迎，则一面遂与英人商订两国以后遇大事，宜付公平裁判之约。此议一定，各国闻者，莫不骇然。盖日美之将来，必出于战，此尽人所知。美既与英立此约，则日英攻守同盟，亦归破败，故日本不能不速与英展前约，而又不能不于约中提明其事。并闻法、德等国，亦欲加入和平裁判之约，并欲牵日本亦入此约，而日本不肯。近来日本民党咸大哗，谓此等举动，直是驱吾国于

① 《汪穰卿遗著》收入此文时，改题为《续论日英协约》，现恢复《刍言报》发表时的标题。

大陆之外，吾国须速设法云。

　　按：以上之说，吾国人亦有言之者，而此则采诸东报，与吾人前说虽绝异，然外交之道，诡变百出。且如吾人前说，则日本将以全力敌美，以徐图处分于我。今如此之所言，则各国协力抑一强国，而以和平之道处置我。然则无论如何，而吾国所以自处者何如乎？愿吾国上下一俯首思之。

　　（载《刍言报》宣统三年闰六月初四日，《汪穰卿遗著》收录）

宜知（十三）^①

　　以吾国棉花之掺水，又不急自检查，致外人公然在吾国设董事，专以检查棉花为事，已为吾国耻矣。乃所谓洋商董事者，竟公然寄告示于内地，幸公所中人以正理抗之，吾全国人不可不知也。

　　（载《刍言报》宣统三年闰六月十四日，《汪穰卿遗著》收录）

纠　误^②

　　近日上海道以会审公廨文案王博谦被刺，凶手未得，乃行文领袖领事，历指租界警察之疏慢，而以缉获凶手相要，且谓以后应添设巡捕。

---

　　① 《汪穰卿遗著》将此文归入"杂说"，现恢复《刍言报》发表时的标题。
　　② 《汪穰卿遗著》将此文归入"杂说"，现恢复《刍言报》发表时的标题。

其末则谓如不照办，则华官将干涉云云。按：此文甚失词，盖在吾国境内，治安之责，吾之责也。不幸而入于外人之手，吾之耻甚矣，抑亦不得已也。遇此等事，淡淡着笔可矣。今若所云，岂非欲重彼之权乎？夫彼则何难之有？得此文，藉此以重其力，且曰是承我之意也。上海官场，于是为不审也。

（载《刍言报》宣统三年闰六月十四日，《汪穰卿遗著》收录）

儌闻（一）①

今者忽有日本人所办亚细亚协会，震烁于吾之耳目。其地则自日本，中国及暹、越、韩分会约十余处。云谋商业之发达，西报乃谓实日之参谋本部主其事，筹开办费五十万，会中人咸陆军中人。日本报虽辩之，或有谓见日文原本者。此于吾国势关系至深，不知吾政府闻之，亦思所以对付之否？我国国民闻之，亦有所憬然于中否？

（载《刍言报》宣统三年七月初一日，《汪穰卿遗著》收录）

宜知（十五）②

近报载，前因甲辰战祸被亏损之华商，又向俄官索赔，俄官既谓为

---

① 《汪穰卿遗著》将此文归入"杂说"，现恢复《刍言报》发表时的标题。

② 《汪穰卿遗著》收入此文时，改题为《论国人作事之无规则》，现恢复《刍言报》发表时的标题。

时既久，且云此事无由华商向俄直接之理，故亦不便承认。按：此事外交官之懈玩，固不必言矣。然吾人须知，凡属于一国之商民，其与外人之交涉，必应仍由国家办理，否则彼可不承认也。假使承认，则彼直视我之民为无主之民。故租界华人为外人陵侮，而控于彼国之官，此为最失权之事。若以不得直而至彼国讼焉，则失权为尤甚，吾国人上下均不解此，辄以能自赴愬于他国为得计，而不知此一举，已以国权送与他人矣。

又如与外国开衅之时，竟有疆臣不告于朝，而向第三国假兵。又有国家已与人之土地，而疆臣设法谋助彼地之人。其谋之不臧，姑勿论，其事则已大为人讪笑矣。

庚子南方督抚与各国之互保长江条约，此事甚为外人所怪，不过此于外人为利，故亦相就。且幸后以主乱之事，专归一二王大臣，不作为朝廷之意，遂将大相刺谬之事，忽而连为一串，彼此含糊过去。此于吾国为极徼倖之事，亦为极可怪之事，要之非正理也，愿有志者一研究之。

又如前者德欲在胶州设大学堂，而求学部承认，由孙慕韩函请于张文襄，文襄遽许之，且允以助款。此事之应许与否姑勿论，然以部臣而擅允外人以干涉学务之事，于理法亦极不合。

大约吾国所谓忠臣者，所谓理学名臣者，所谓能吏者，其平日从不于规则上着意，遇事辄率其意而行之，而不自知其悖谬。故其发端虽不同，而事之棼乱则一，不过人震其名，无敢挑剔，且亦不知其为非而拨正之，故以谬奖谬，无有已时。

近日最可异者，莫如川督王人文之劾盛宣怀也。王督岂不知此事既经奏准，则已成为国家已定之事，纵使士民不平，督抚但有劝导调停之责，断不能以政府之一体，而忽然显与政府立异于士民之前也。此勿论其以此买名于士民，或但求解于士民，然以法理言之，则督抚断不能有如此行动也。昔春秋时宋太宰皇国父为平公筑台，司城子罕谏，谓宜俟农功毕，公弗许。役者歌颂子罕而毁皇国父，子罕乃自巡役甚严，役者乃不复歌。子罕盖以同为大臣，断无标异于君之理，准此言之，则王人文之为谬妄，亦可见矣。

（载《刍言报》宣统三年七月初四日，《汪穰卿遗著》收录）

评近事①

　　欢迎美舰，亦外交之一要事也。吾国所费至七八十万，而措备草率，诋之者遍道路，甚至谓美兵有饥不得食者。后来美总统宣言时，但述日本欢迎之美意，而不及我国，闻彼国所费，转不及我也。承办是事者，乃未得微谴，何哉？

　　　　　　　　（载《刍言报》宣统三年七月初六日，《汪穰卿遗著》收录）

儆告政府今日外交之危险

　　春秋时晋楚将弭兵，忽楚王以许君之请伐郑，郑将以兵拒之。子产弗许，谓晋楚将平，楚以许之故来伐，事出不得已，不如使快意而归，弭兵可易成，并云："夫小人之性，衅于勇，啬于祸，以足其性而求名焉者，非国家之利也。"（此五句系原文，余就原文檃括之。）郑人遂不出兵。此事若在今日，必大为诧异。盖郑虽小，而以强闻，子产之外交，又最强硬，何忽如此操论？然后知善治国者，于一切举动，必熟权

---

　　① 《汪穰卿遗著》将此文归入"杂说"，现恢复《刍言报》发表时的标题。

全局利害，曲伸变化，非人所料，大有炉锤在手，变化从心之概。试观子产之外交，记于《左传》者，大小凡二三十事，绝无沾滞执一之处，则知办外交者，当以随时利害为主，而其他不暇顾及也。

吾国人均知今日外交之危险，顾不知所谓危险者，非必至之危险，而吾国上下毕力致之于危险也。盖吾国政府，向无外交方针，惟知随时应付而已。然昔之时，社会犹在睡梦之中。近十余年，稍知外交之亏损，全由政府之昏庸，于是愤激之极，辄纷然并起，动则演说排外，而又举代表力请收回利权。然而往往以措辞之激烈也，而致人怒，以欲尽收已允外人之利权也，而致人疑。至其结果，则于实利无所增，而徒增外人防虑之心，促外人谋我之意，是则其妄可笑，其拙亦可怜已。

我国之外交官，向来但知敷衍而已，近来乃稍稍争持。其争持也，非出之本志，亦非有通盘之筹划，不过舆论迫我抗争，我不抗争，将为舆论所轰，故聊且为之。彼所谓舆论者，亦非果出于国民也，亦非有先知先觉之人主其事也，不过此省有西人在内地造避暑之屋，则大集会举代表而争之，而从前购地造屋，为时非暂，乃若未知也。彼省有人开一矿，则又大集会举代表而争之，而从前买山招工，为时必久，何无一言也？至其他商务、界务，亦无不如是。外务部中人患之，惟有四面敷衍，及其结果，则其事为外人所万不能舍，则取实而以名归我；其事为外人所不屑，或必无利者，则许赎取。如避暑山，则屋归我，而外人避暑如故，居住如故。如矿务等，则虽不能获利之矿，亦必偿以巨款。除运动及开办费得收回外，尚大有盈余。尝有外人谓余曰：贵国如此办理，甚为外人所喜，盖得利之事，彼既可永据；万一失利，又有贵国政府代偿，此等有盈无亏之买卖，孰不愿为云云。然吾外交中人方曰：吾外交胜利矣，某处利权赎回矣。代表又曰：吾辈不虚此行矣，利权赎回矣。本省之附和者又曰：吾省之办事，终胜于他省矣，利权赎回矣。虽一小事，而人人奏凯，而巨款之糜耗不返，乃无人计及也。

即以近日论，云南力争片马矣，且全省以死誓矣，甚欲朝廷用强硬手段矣。广东力争澳门勘界矣，维持会愤激之极，谓葡小国，方多事，不妨以兵力迫之矣。至日俄于东北，伏根至深，形迹显露，咸欲重满蒙之防矣。然则逞舆论之意，必将云南与英战，广东与葡战，满蒙与日俄战，此等办法，恐发论者自思之，亦将狂笑不止也。

近来国民知识，似又有进步，从前但知向各国敷衍之不可，近又似知向各国抗争之不可，因而思联此备彼，固外交之要策也。虽然，亦知积弱之国，则并此不能用也。须知以弱国而拥膏腴之地，犹之以孺子而拥百万之资，可危极矣。所差幸者，规计欲得之人既多，而莫能独先，分之又苦不能均，若以兵，则恐未得而先自糜。然则，弱国所能幸存者，惟恃此"莫能独先"四字而已。今若独与一国连结，则是与以独先之机会矣，他国睹此，能任其得而无所动乎？吾恐人人将接踵而起，以期无失此机会。故始之去虎而得狼，继则凶恶之兽，连臂并入，锦绣河山，将立时变为血海，甚矣！不求稳固，而但行险徼倖，思为不劳之获之不可也。

吾国上下所忧念者，曰：吾国惟兵力不足，财力不足，故不能与各国竞。然则假使有假我以财力，复假我以兵力者，则我目的宜达矣。不知此至危之道也，譬如人以利剑假懦夫使杀人，恐刃未及人，而懦夫已为人杀矣。须知为弱国者，实天下之至不幸，人与我交恶，固为我之不幸，人与我交好，亦未必我之幸也。

综言之，吾固非谓与外人之结连之不可也，夫吾国方生活于外交之中，吾何敢忽焉。然而联络之方法，不可不极意求其适宜。新兴之国，不能不与结也，而旧好尤不可慢。强大之国，不可不善事也，而弱小亦何可忽。小事虽争执，而勿伤感情。交涉虽棘手，而勿累大局，将之以至诚，出之以矜慎，于是以其间修饬内政，确定宪法，如是十年，或稍能改观也。

（载《刍言报》宣统三年七月十一日，《汪穰卿遗著》收录）

诘问（三）①

近日最可异之事，莫异于邮传部盛大臣调福□□②为秘书官。夫秘

---

① 《汪穰卿遗著》将此文归入"杂说"，现恢复《刍言报》发表时的标题。
② 即福开森（John Calvin Ferguson，1866—1945），在华57年。初为美国传教士，1896年被盛宣怀聘为上海南洋公学监院，1908年出任邮传部尚书盛宣怀的顾问。

书官而可使外人为之，用外人而用及福□□，此皆极可怪、极可痛之事。岂以其谄事之工，抑以其狼狈之便欤？其薪水之优厚，事权之重，无论矣。而尤可异者，又调濮□□①为顾问官，濮之卑谄异于福，而其巧滑之才，又高于福。且濮鄙吾国特甚，向来行事，从无求益于吾国之意。之二人者，吾不知盛大臣何意用之，岂非奇想天开欤？

（载《刍言报》宣统三年七月十四日，《汪穰卿遗著》收录）

宜知（十六）②

今人见夫各国之对于我也，恒以其强硬之手段，作无理之侵迫，交涉至是，至为棘手。若片马，若澳门，一问题而久不能解决，辄曰：此事可交海牙平和会公判矣，此时可与某国缔公判条约矣。噫，此始知其一而不知其二也。二十世纪，有强权而无公理之世界也，我国积弱至此，不能自振，欲乞人以求免，难矣。人其果肯为我而秉公判断欤？人其果肯与我而缔结条约欤？此理极易明也。即近日英美公判之约，以美国上议院之反对，且将作罢，而不能获成立（见《中国报》所载纽约电）。彼两强国之间，尚如此之难也，遑问其他！

（载《刍言报》宣统三年七月十六日，《汪穰卿遗著》收录）

---

① 疑即英国人濮兰德（John Otway Percy Bland，1863—1945），曾任职上海英国租界工部局。

② 《汪穰卿遗著》将此文归入"杂说"，现恢复《刍言报》发表时的标题。

诘问（四）[①]

上海公共公廨帮审员孙调鼎，近奉沪道调委公廨押所差，缴札力辞，以亲老回籍为言，并由英德领事函达沪道，请为留任，以资熟手。驻沪各国领事，以会审公廨帮审员如孙者，实难其人，故必欲达到挽留之目的。各领事又于新帮审员王嘉熙之到差，照会沪道，群相反对。呜呼，不幸而上海之有会审公廨，使外人得以侵夺我之裁判权，已大可痛，今且干涉我之用人权矣。涓涓不塞，将成江河，吾为此惧。夫孙一帮审员耳，固非公廨中之最要人物也。虽亦贵乎得人，而孙莅差以来，吾未闻其优异于他员也。今而外人对之如此，因要求孙之留，致反对王之来，吾不知各国领事为原动力乎，抑为被动力也？领事之一要求，一反对，吾已不能无疑矣。乃孙亦于调差之后，以亲老回籍为言，而力辞不就，何于充帮办员时，不闻有亲老之言，有回籍之请，不先不后，适此时而乃翁思归故里，孙即能顺亲心而乞退，纵无他意，其何能释旁观者之猜疑耶？

就此两方面测之，则此事之真际，不必燃太真之犀，已烛见无遗矣。我国人心不古，世道日非，政界中挟外人以自重，恃外人为护符，乞外人为营谋，倚外人为奥援者，固已数见不鲜，无奇弗有矣。苟仅关系私际及个人之间，则已无可恕，然犹可说也；今此事乃致外人干涉用人权，关系巨大。沪道若果依允，则以后公廨各员，但结欢乞怜于外人，即能保全其位，将置沪道于不顾，而沪道之命令，亦势必有所不行矣，奚可乎哉！

[①] 《汪穰卿遗著》收入此文时，改题为《论上海领事团干涉公廨帮审员去留事说论事》，现恢复《刍言报》发表时的标题。

吾深幸沪道未允外人之要求，而准孙之乞退也。以维持主权论，斯宜拒其要求；以整饬官方论，斯宜准其乞退。沪道于此，处置得宜，故不仅可为规避取巧者戒而已。

（载《刍言报》宣统三年七月二十一日，《汪穰卿遗著》收录）

痛言（三）①

《国风日报》载，瑷珲警官蒋卫平，以与俄人争黑河沿岸主权，被枪毙，投尸于江，吾国大府绝不过问。年余，其友陈明侯始赴俄阿穆尔省，与其外交司争，陈词强直，乃得偿八百元。蒋妻已殉节，仅一女雪舲，陈携至京抚之。蒋之尽职，陈之义，皆人所难能。顾吾甚怪临乎蒋之上官何为者，夫因此而与俄交涉也，抚恤尽职之官吏也，此二事也。蒋之死，纵不即争得于俄，然以国家待官吏之道，则夫若此之在职思尽，临危不避，固当有以荣其死而恤其生，何一切皆漠然乎！余更有异者，庚子之难，与联军力战以死者，有之矣，而未闻恤典之及也。夫误国者，罪魁也，惩之不为过；若将弁之战，是有所受之，不能以战为彼咎也。战而死，而无恩恤之及焉，此何说乎？尤可怪者，甲申、甲午两役，偾事者陆军为多，而惩之殊宽；海军固甚力也，而弃乃如遗。甚至船破凫水，九死一生仅得活，而当地既无周之之人，后亦无问及者，无可奈何，乃觅食四方，甚至受佣役于外人。呜呼，国家待人如此，其何以使人！

（载《刍言报》宣统三年八月初六日，《汪穰卿遗著》收录）

---

① 《汪穰卿遗著》收入此文时，改题为《论瑷珲警官蒋卫平被俄人枪毙事》，现恢复《刍言报》发表时的标题。

论西人之对待吾国

问西人之蔑吾国，至矣；顾亦有盛称吾国者，亦有盛为吾国谋者，何相异若此欤？曰：是大不同。彼之属于政府者，则皆本其政策为转换，无一定方针也。其他则有本其党派而异者，有本其教派而异者，有本其学问闻见而异者。其存心或有所为，或无所为，万有不齐。又有无关于我，而外国人闻之，则有欣戚之殊者。若政府言拒华工，而反对党言用华工，吾国必与其言用华工者。其实非厚于我也，彼反对党之政策也。政府不主张扩充兵备，反对党必主扩充兵备；政府注意近东，反对党乃注意远东，亦犹是也。我外交家因此而知所利用，亦甚善，若平常，则于此等处宜活看，不可涉呆相也。

（未刊稿，《汪穰卿遗著》收录）

论合肥相国

合肥为北洋，垂三十年，为国梁栋，西人至目为东方俾思马克。甲午战失利，威望大损，逮受俄之绐，订立密约，而外交之名亦坏，或者遂以是少之。余曰：就合肥而论此事，就吾国历史而论合肥于此事，诚

为公大玷，且非特大玷而已，抑亦为吾国之大罪人；顾如就当时吾国之
人物之国势言，则犹不能轻合肥。何也？试问彼时大臣，果有能胜合肥
者乎？不特不能胜，且万不能及也。又问上之在朝，下之在野，果有能
潜心研究，深知时务者乎？合肥一生，全恃威望，恃功业，恃资格，恃
权力，故与各国周旋，足以镇定一时；若学问、识见、阅历，固无可言
也，而又无豪杰以为之辅，一遇盘错，而底里即露，何怪乎？然试问能
胜彼者，谁也？（联俄之事，许竹筼赞之，张樵野赞之，自余亦无有觉
其非者，则今亦无能咎合肥矣。）

（未刊稿，《汪穰卿遗著》收录）

记赔款镑亏之争执

　　庚子赔款载于约章者，实库平银四万五千万两，然后来由上海道按
月付款时，仍须按金价伸算，如金价贵则须另筹款以益之，所谓镑亏是
也。于是江海关道今山东巡抚袁公起而争之，各督抚亦有电外务部争之
者。且与外人约，于此争执期内，按月应解之款暂存银行，俟议定再拨
付而认其息。后外务部与各国公使再三辩驳，卒不能胜，遂饬上海道如
数拨付。然因此波折，既须付数月息钱，又适当金价渐长之时，多付之
银，殆数十万，而各署所付电费尚不在内。一时闻者莫不扼腕，以为约
文明白如此，而吾外务部犹不能得之外人，为可恨也。后余入京，细访
其事，始知竟无从争且转为外人笑也。盖初写正约时，各国咸照其本国
币制书之，如英为若干镑，俄为若干罗卜之类。合肥相国曰："此真啰
嗦，合之吾国之银，究应若干。吾观之殊不了了，意两宫亦必不了了。"
于是各公使商量久之，各合成中国银数，攒凑并合，而去其奇零，始合
成中国库平银四万五千万两。告之合肥，又恐吾国之遽以银数计也，复
注曰：即英若干镑，法若干佛郎等语。合肥遂命书于约后。各使虑吾遂

以银计，见合肥必伸言之，合肥必唯唯曰然。各使终不释然，遂促合肥作一函与领袖公使，声明赔款载约章者，虽作库平四万五千万，然按约付款时，仍须以金价高低为伸缩云云。试问如此铁版注脚，尚何从争执？窃怪袁公争此时，外务部何不竟以此告之？岂袁知之仍欲固争耶？抑外务部始终未以此告耶？诚令人不解。惟因此一争，袁又得数月赔款之利息，又得大名，亦倖矣哉！

（录自《汪穰卿笔记》，1926 年商务印书馆铅印本）

记美国退款兴学始末

近来美国以退还赔款，大得感情于我国。顾其还我赔款也，尝虚悬以引我，而不遽予也。始则微示其意，而使我就之；既就之矣，则又限我以用此款之用途；又久之，则曰必用之教育；至去年则又进一步，曰：将设大学于美国，而使我之人往学焉。而由此德遂设大学于青岛，而使以我学生往；英亦设大学于香港，而使我以学生往。吾不知此于吾国前途关系何如也。而我朝廷感之，我社会感之，我学界、商界中人且舍近年工约之意见而感之。一似美之此举，义声直震天地矣。

抑吾有疑矣，彼其还我赔款也，非谓不取我赔款也，谓彼时误算多取，今划其多取之数，使我按期得扣还也。夫以理言之，则彼先时不应误算，今觉其误而还之我，谓之正直可矣，谓于我有加惠则不可也。吾外部谢其使，吾出使大臣谢其外部足矣，而又派专使焉，而又因是大施隆礼于其舰队焉。最奇者，当美之舰队至厦时，吾上海报界公议电致其统将，代表国民谢意，无乃使彼失笑欤！其奇之又奇者，则浙江洋务局员王某，忽擅请于浙抚，亦发电往也。夫各省之事，皆统于中央政府，中央政府已派专使往谢，则各省在其中矣，而忽然中间一省自行往谢，不知全球各国中有此规矩否？

以予所闻，美之还美款，别有因也。当辛丑和约将定时，庆邸以赔款为太巨，或献策请与美使商之，美使曰："此事宜再与一二国商妥，俟公晤时，贵王大臣先以此意相请，有二三国应允，则他国不能立异，斯事济矣。我国与贵国最亲睦，当首先应允也。"缘是之故，美国以此事当办到，暗中特续增其数，以备减削。不意庆邸未以此事告合肥，合肥已以赔款大数电告两宫，已得允诺，事遂作罢。然美人续增之数，则仍算入四万五千万两之内，故有核还赔款之事。

又所谓退还赔款者，非美人以现金若干还之我也，不过使我于每年应还之大数中，得减若干耳。吾国近年支持赔款，不足已甚，得减若干，殊未有盈余之可言（譬如每月应还人百金，而力仅能筹七十金，即使人允我每月少还三金，向之月短三十金者，今不过改为短二十七金耳。虽于罗掘之力少纾，而其为短绌则一也）。而吾国人都若已见为有此金者，或欲得以办东三省事，或欲得以治陆军，抑何可笑。转辗之间，而用此款之权，亦卒为人所限制，无丝毫自主权也。

（录自《汪穰卿笔记》，1926 年商务印书馆铅印本）

记道胜银行之存款

光绪二十一年，我假俄、法四万万佛郎，为还日本之需，其实皆法之款也。俄于其中划留库平银五百万两，为与我合开华俄道胜银行之用，并立约五条。约文粗略，并不言银行如何办法，亦不言俄出资本若干。时我户部中人有言，应定合办之法，并详细条文者。翁相国时为户部尚书，斥之曰："与外人交接，以少与作缘为是。"遂悉听之。顾俄人仍岁计其盈绌，而应得盈余归之我。彼时户部划作何用不可知。辛丑以后，张冶秋尚书办学务，以款无出，奏请拨道胜之息为学务之用。嗣后每年皆由道胜岁计盈而付之外务部，外务部转交学务处。推其数多少不常，多时为二十余万，少时止十余万或数万。近年乃几至无有，不知吾国学务将来又恃何款举办也。

甲辰、乙巳间（光绪三十及三十一年），忽有俄人已将此款干没不认之说，其事竟登诸《顺天时报》，而曾君敬诒亦力言之，且谓宜令各华报登载其事。余问诸学务中人，咸曰并无此事，如无此款，则年来何所取办。余以语曾，曾曰："彼等乌足知此。学务之需，出各省筹济耳。"余又以询学务处之会计杨君，杨曰："实取之道胜，以年年皆与外务部人接洽也。"余又语曾，曾笑曰："此或道胜补付庚子以前之款耳，若近年必无之。"余又询杨，杨不能言其详。后遇外务部饶君，始知确系道胜每年付盈于外务部，又转付之学部，而曾君必如是言之，异矣。后乃知中有利其事者，以讹传讹，而散此谣于外人，而汇丰与正金欲乘此挤道胜，故如此耳。

尤可异者，都中士大夫多谓道胜之五百万实系虚款，我国并未拨付，俄乃虚记此数，而岁拨所盈畀我，买我之欢耳。噫！彼岂知此款实在俄法款中拨付乎？且我之于俄法款也，按月付息四厘，今道胜则多时不过四五厘，少且无有，俄法款按限归清，道胜款既无归期，久且无着，是吾国即此一事，所受亏损已不可胜言，而悠悠之口，乃谓之虚款，怪矣。

（录自《汪穰卿笔记》，1926 年商务印书馆铅印本）

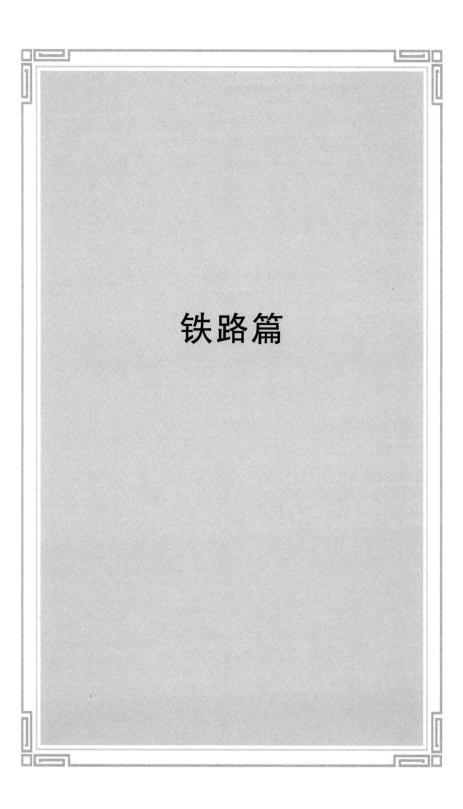

铁路篇

致吴佩葱先生书①

  闻林叔元办杭州铁路业已散去，不知确否？吾乡高□□②与孙、陈等四人，初欲开杭州铁路，继又开宁绍铁路，志意甚笃。兹事关系极大，然观诸人办事，奋往多而商榷少。近闻将与中俄道胜银行订借巨款，已定草约，闻其中颇有不妥之处，虽与弟不相涉，然以关系之大，不敢不闻左右，以转达中丞师，恐事一成，将不能复止也。

  （一）此事如成，不啻允俄人在南方开一极关形势之铁路；

  （二）招工购料均归借款人承办；

  （三）诸人皆年少不更事，不审将以何术制驭监工者；

  （四）诸人办此大事，并未闻请精熟洋务之人商订合同。

  有此四端，窃恐祸机之伏，将不胜言。虽以国势衰弱，无可挽回，然明知其必不可而故为之，则将来之局面更不可问矣。拟请廖帅电令该公司，先将合同底稿呈允，然后准行，庶无大悔。吾兄以为何如？又闻草约中有一条云：立合同后，如中国人翻悔，则罚银四万；西人银不应付，则罚八万。又闻公司中中国人谓，如有杭州铁路中止之事（谓如陈其璋奏），则当令洋人出面云。弟所窃怪者，此等事关系重大，必须身家殷实，或识力精敏，或工艺娴熟之人，今三者俱无一焉（虽有一二身家殷实之人，然非彼所能得主也），而辄令其承此重任，岂不可虑！闻各处承办铁路者，大率如此，甚至有以流氓而为之者。时事可叹，实可累欷！

  （光绪二十三年，《汪穰卿先生遗文》第三《书牍辑存》收录）

---

  ① 吴品珩（1856—1928），字佩葱，浙江东阳人，时任浙江巡抚廖寿丰幕宾。

  ② 原文如此。

呈商部文

康年等前于九月间，因连横妄出传单，捏词诬蔑，贻害铁路大局，呈请彻究反坐在案，业蒙钧部电致苏松太道查究。讵料连横辗转推托，既不将实在凭据交出，又不肯自认诬捏，致令局外之人咸不能知曲直所在。惟是连横此等举动，实系有意损害浙江铁路大局，若听其含混，必谓康年等心虚畏惧发露，故不敢呈请传伊至公堂审究，而仅以劝和了事，如此则益得逞其煽惑伎俩，且使全浙之人咸怀疑阻，不特康年等心迹不能明白，且于招股等事大有妨碍。夫天下之事莫患于是非不明，曲直不分，尤莫患于主持者徒怀苟且调停之见，不肯着实剖析，使凡事皆堕于昏暗之中，致有理者以诬蔑而不得自白，而无理者转以躲闪而得以自逭。此事关系实非浅鲜，敢恳钧部再电致苏松太道，立传连横即连文澄至道署，与元济面质虚实，如果实有凭据，则康年等万不敢逃宪典；倘系虚诬，连横亦不能不任其责。

（光绪三十一年九月，录自《汪穰卿先生传记》卷三）①

---

① 汪诒年在此呈文前说明："九月，忽有杭人连文澂（横）散发传单，诬先生与张菊生（元济）、夏穗卿（曾佑）、叶浩吾（瀚）三君借用外款办理浙路，经先生具呈商部，请电饬苏松太道查究。其后复又呈请催究。旋奉商部批：此案如果连横有诬捏情事，实与浙省铁路名誉大有关系，虚实均应切究。除再电催沪道迅即饬传审质外，仰即遵照云云。"

论杨君度之于粤汉铁路

粤汉铁路之废约，杨君度实主其事，而南皮张文襄董成之。而事变不恒，去年以来，复将定四国借款之局，湘鄂之人争之甚力，而文襄已于去年薨逝，关于路事者，急欲觇杨君之意向，而湘鄂之士商，咸视杨君一言为归宿。

乃杨君忽尽反前言，盖谓反国后，考察数年，计之于事，审之于势，决无能自办之理，与其虚延时日，无宁借款为愈。虽以此蒙嘲诟，遭危辱，亦不稍迁其意。论者或怪其反覆，或以为媚当事，顾吾则不谓然。盖杨君初以为自办之必成，则毅然主拒款；今深知自办之必不成，复毅然主借款，不设成心，不拘成见，岂不磊落光明也哉！

顾吾窃有说焉，今距废约时，无几年也，三省之人情如故也，其贫富亦未悬殊也，假使杨君彼时按抑其心，不逞意气，深察熟究，安知今日之见解，不行之于彼时？况彼时美以废约为耻，愿撤去用比款之公司，而更他商承办。吾国之人，亦有谓宜趁此改正合同，仍用美商。既联美情，复少纷扰。而杨君殊不顾此，叫嚣隳突，无所不至，使明白事势者，不敢出一言。今虽仍是借款，然而赎回之款七百万矣，延误时期，已六七年矣，债主为四国矣。昔之纯借商款者，今则有国际意味矣。使彼时依以美接美之说，则何有诸患！且大省糜费，则吾辈又不能不叹息痛恨于前此之杨君也。

今者杨君之阅历学识，则诚进矣，顾其致此者，则由吾国以七百万巨款，及各种无量数之损失为代价，仅乃得之。且进其识者，亦仅仅杨君一人，而他如故也。是则杨君一人之进其学识，乃致糜费吾国七百万，且无量损失也。

吾辈所望于吾国者，非人才辈出，豪杰并起乎？若求一人之成材，而需费至七百万，又必媵以无量损失，则虽化泰山为黄金，亦恐不任此也。

吾非敢有一言加于杨君，顾甚愿杨君及愿为杨君者，按抑其心，以深察世事，无徒以一时之意见，而率然以意气行之也。

（载《刍言报》宣统二年十月初一日，《汪穰卿遗著》收录）

杂辩（四）①

前者南皮至京，与邮传部断断争办鄂湘铁路，不允部办，而欲作为湖北之官绅合办。谓湖北贫瘠，既作为官绅合办，将来有余利，则以半津贴官场办新政，以半津贴地方办自治学务，以示虽去鄂犹有惓惓之意，鄂中人亦多德之。按：此则非愚所解也，南皮，大臣也，当以全国为心，不当沾沾专以一部分为心，况乎已入政府矣，则一切计划，尤当以全国为运量，不应但为湖北计也。且铁路未必果有余利，新政学务，自有正当筹款之法，不应取之于路。又粤汉路在鄂者甚短，亦不足供诸用。假如其法，于名义则不正，于法则则不完，于流弊必甚大。而今人于此，乃若视为当然，可异也。

（载《刍言报》宣统二年十二月十一日，《汪穰卿遗著》收录）

---

① 本文在《汪穰卿遗著》中归入"杂说"，现恢复《刍言报》发表时的标题。

醒呓（三）^①

或问：近日外人要求路事，假使邮传部真置之不理，彼将奈何？即不与订合同矣，而各省不售地，不委员与勘路，彼又将奈何？余曰：此法固矣，然不如前人谓撤去总理衙门，则外人无从要求之法之妙，而尤不如直行锁港不便外人入境更妙。吾向者极以为然也，但未识果能行否？不特此也，吾向者常病肝，因思吾若无肝何由病吾肝？吾向者常病足，因思吾若无足何由病吾足？已而又憬然曰：肝与足皆附吾身者也，不如无吾身之为妙。然筹之十余年，而未得策，而吾身官体之受病且不可一二数，则可为奈何？

（载《刍言报》宣统二年十二月十六日，《汪穰卿遗著》收录）

审疑（一）^②

初从事于赎回粤汉铁路自办者，杨度也。顾初不熟计其利害，鄂湘

---

① 《汪穰卿遗著》将此文归入"杂说"，现恢复《刍言报》发表时的标题。

② 《汪穰卿遗著》将此文归入"杂说"，现恢复《刍言报》发表时的标题。序号为编者所加，下同。

之人士，亦未之计也。收回数年，而辗转无所成，杨度无策，鄂湘之人亦无策也，已而将收为部办。南皮入军机，独创官商合办之说，而借洋款以济之，杨度无言，鄂湘之人士亦无言也。今则鄂忽有代表三人，以死要于部，湘亦续派代表，杨度于此时忽著论，谓不能不借款，而大受排诋。杨度至汉，几受湘人之拘捕。事之是非，杨度之心迹，姑勿具论，顾言论自由，今日公例也。因涉历之久，而意见前后有同异，亦时有之事也，而必诃使不得言，此何理欤？至于以强力禁制，行同强暴，则尤非理所应有矣。倘人人皆以此相吓制，而或行之地方自治，或行之谘议局，或竟行之议院，则岂非大乱之导线欤？

我朝有大事，固尝有令六部九卿会议矣，顾大率视执权者意旨所在而画诺焉，无有立异同者。吾人固极以此为病，而引为切戒焉，顾彼犹非以力禁约也。不可焉，不署可也，竟别奏亦可也，今则动以力制之，有立异者，立遭挫辱之患，此何说欤？

光绪二十二年与俄人所订合同，其末条有云：东清铁路开车之日，由俄路公司呈缴中国国家银五百万两。此之理由，姑勿具论，然既有此约矣，取之有益于国用，不取亦无裨于外交。而东清开车之日，俄国不之与，中国亦不之问，此何故欤？

吾国向以轻徭薄赋，为与民相安之契约，而重敛增赋，为国家厉民之大罪。近来湘省饥民滋事，幸所谓铁路租股者，出之绅士之意，假出之朝廷，则数激乱之原因者，不将举此为首款欤？

（载《刍言报》宣统三年正月初六日，《汪穰卿遗著》收录）

儆 告 （一）①

借外债筑路、开矿、及种种实业，为今日时论所不许。虽然，果得

---

① 《汪穰卿遗著》收入此文时改题为《论借外债》，现恢复《刍言报》发表时的标题。

忠实强干之人董其事，或可为也。若夫行政经费，练兵经费，则万无以外债为之之理。而去年维持市面，则借洋债。各省亏空，名虽非洋债，而实则借洋债。并闻长芦盐务，亦借洋债，某某银行，亦借洋债。其他如是者，尚不知凡几。以前则已矣，来年又复如何？此事实吾国根本上最可虑之事。若长此终古，不大为改弦而更张之，其势即成全国破产之现象，为状甚惨。吾知闻此者，必大诟借外债之人，虽然，无从归咎也，其积渐逼迫以至此者，千绪万端，不可殚究。假使政府及预闻政事之人，不急从救急上着想，而犹欲百道并进，顾此徇彼，则吾国之亡，计日可待。然则如何而可？曰宜移缓就急；曰宜将门面事全行芟除；曰宜思毒蛇螫手、壮士断腕之理。否则此方营营，而彼已倾覆，将可奈何？

（载《刍言报》宣统三年正月十一日，《汪穰卿遗著》收录）

敬告（九）[①]

借款以筑路，犹之可也，若以兴实业、开矿，已危险矣；至以办新政，则尤可危。盖款在必还，而实业不能必其获利，新政尤无利可冀也。且新政之如何不可知，而掷此巨款，是陷大局于危险也。况乎外人于此等事，至为周币，其必因此而握我财权，极可惧矣。倘谓假此而有所抵制，则人必觇破此意，而预为脱卸之计。吾所望于彼者，未必实行也，而种种危险，已于此大种其因。呜呼，吾当局者其亦思之乎！

张绥路路线早定，已经开工之局也。开徐海清路路线未定，未曾开工之局也。乃沈雨人侍郎在邮传部，忽主张停张绥路而造开徐海清路，

[①] 《汪穰卿遗著》将此文归入"杂说"，现恢复《刍言报》发表时的标题。

而移张绥路之经费为开徐海清路之用。工则停此而兴彼，职员则散此而延彼，其中耗费损失之数，又不知凡几。且张绥路甚要，安可中停？沈不足责，奈何朝廷过听而许之也。

异哉！苏路公司忽有借端而欲扣交通银行三十余万之说也。其事之理由吾不能断，亦不易断，但以扣款一事言之，吾良不解。就事论事，即邮传部有延误苏路公程之处，亦当诉诸法庭，视其应罚与否而判决之。且即谓亏损赔偿，亦决无三十余万之多。又以款已在公司，即不付还邮传部，其奈我何？此则恃蛮之言，持此以往，将益成上下睽离之象，于吾国前途大不利也。

（载《刍言报》宣统三年三月初六日，《汪穰卿遗著》收录）

敬告（十六）[①]

铁路之干路收为国有，质言之，则是将各省民办铁路之局面，全行改变，而另易一种办法也。各报于此訾论不一。窃谓与其竞空言，不如求实事，实事维何？曰审察合同之办法，及减少费用而已。减少费用以少用冗员为第一要义。吾闻津浦之合同，较京汉为有斟酌，而费用乃大增，是何也？冗人多，冗事多，于是冗费多，其害仍国家受之也。故余以为华官但须使司弹压、购地可矣，自余一责之工程司，如是则工速而费转省也。

（载《刍言报》宣统三年四月二十六日，《汪穰卿遗著》收录）

---

① 《汪穰卿遗著》将此文归入"杂说"，现恢复《刍言报》发表时的标题。

悲言（三）^①

　　或曰：铁道民有之说，君力持此说乎？余曰：吾无以言也。夫所谓民有者，谓其招股商办也。今各省皆于未招股之前，举绅士为总、协理，而学界中人为之羽翼。后即招集巨股，而前之总、协理盘踞如故也，虽有股东会，不能伸其意见也，是则与商办二字不合矣。铁路者，商业事也，既云商业，除招股外，无第二策也。顾何以租股、谷捐、米捐之纷纷乎？是又于招股二字不合矣。况各省筹款难，不能动工者，其总、协理以下坐耗薪水如故也。筹款易者，则争角剧烈，糜费尤甚。于是，七八年之久，集款一二千万，仅成路一二百里者有之；集款数百万，仅成路数十里者有之。而用人之冗滥、采办之侵蚀，与官办无异。夫如是，吾安能主持民有之说乎？曰：不主持民有，则必主持国有之说矣。曰：铁路国有，此于体势应然也，虽然，吾亦不敢主持也。盖今之奏铁路国有者，即是改绅办为部办，实则借洋款办也。以路事之要，财政之困，借款造路，孰曰非宜？顾必款无滥支，工无虚旷，行车收入，莫敢侵渔，如是，则可以每年溢利，归还借款。虽然，此可得之吾国官场乎？官场睹大利所在，必百端谋朘削之，必使大半入己之橐而后已。如是，则路之所入，永无余存，路款无余，则借款不能还，或别借他款还之，而新旧各债，如涂涂附，而吾国且亡于债。吾故亦不敢主持国有之说也。

　　　　　（载《刍言报》宣统三年五月初一日，《汪穰卿遗著》收录）

---

^① 《汪穰卿遗著》收入此文时，改题为《论铁道国有与民有》，现恢复《刍言报》发表时的标题。序号为编者所加，下同。

宜知（九）^①

报载湘人争路，而龙君璋谓须知俄人在东省修路之状，我华民种种痛苦，不胜枚举：财产为其所略，房屋为其所焚，性命为其所杀，尚欲逞其强硬手段，夺我土地。法人承修云南铁路，筑炮台，扎洋兵，着着进行，此可为湘路之榜样者也，云云。按：干路收为国有，及借款造路一节，其是非利害，姑勿具论，若龙君之举俄、法为说，则不可不辩。盖法于滇，俄于东清，为外人要求而得之路，主权几尽在彼；德之胶济，日本之南满亦如是，故名为交涉铁路。若其他之借款造路，则主权全在我，若京奉、京汉，何有路权落人手之事？岂可以俄、法为说？余甚恐今者既混为一谈，则始之妄以俄、法为戒，而以畏俄、法者畏之，万一仍用借款，则将误以俄、法为比例，而以让俄、法者让之，是将凭空使借款者为路之主人翁，岂不可虑！

（载《刍言报》宣统三年五月初一日，《汪穰卿遗著》收录）

诘问（二）^②

近来之事，有甚不可解者。各报诟国家将干路收为国有及借洋款，

---

① 《汪穰卿遗著》将此文归入"杂说"，现恢复《刍言报》发表时的标题。
② 《汪穰卿遗著》将此文归入"杂说"，现恢复《刍言报》发表时的标题。

至矣；顾于各省办理不善，何不一及？川之乔，湘之余，各报皆大以为诟病也，今乃并不论。岂以前承办者如此，以后决不至如此乎？鄂湘集股甚微，既不能筹于前，岂转能踊跃于后乎？房捐、租股非民所乐，时见于报，非可掩饰也。粤得股二千余万，善矣！然何以七八年之久，仅成路百余里乎？借款之事，起于张文襄，亦出不得已也。草约久订，不能撤废，报馆中人不应不知也，而乃为种种污蔑之语，非欲激成政府与民间决裂之局乎？假使果因此而起乱端，岂于该报独有利益乎？蒙有猜焉，请辩其惑。

各报载一论，大率谓造铁路，宜全用中国材料，如借外款，必用外国工程司，则必多用外国材料，一出一入，关系极大。按：此说极是，然事必权其缓急轻重。铁路事于我国前途，至为紧要，故所盼者，造成之速，工料之坚实，余事则第二事也。至总工程司，吾国人能当此任者，惟詹天佑，余则为副工程司，亦尚勉强。盖即所学完善，而苦无经验也。故即使不借洋款，而工程司独不能不借材他国。今人但看一面，以为不用外货之利，殊不知不用外人，不用外货，而工料脆薄，则于事甚险，且岁修必巨，或至须重造，则为损更多，论路政者不可不知。

长芦盐务，忽有官办之说，诚亦可骇，然处于不得已也。盖别招商，则一时不能得。若仍使旧商为之，是反以此付之覆车之人也。纵不顾政体，能保不更有变动乎？滥用侵蚀者王竹林诸人，非张运使也？何皆宽彼而责此乎？近各报始查得盗卖盐坨事，其人非他，即赫赫之孙仲英也，所得之赃，至七八百万，李文忠欲杀之，幸文忠薨，得免。后又为场面中人，而今之反对国有，亦靦然预其列，各报何以畏惮而嗫缩不言乎？此亦可异事也。

（载《刍言报》宣统三年五月二十六日，《汪穰卿遗著》收录）

忠告（六）[①]

南方之诮人者曰，拾石以绊己之足，盖笑夫人之行事不慎，一转瞬而适以害己也。吾观吾国上下，几大半如是，稍明白人，辄引以为笑。虽然，吾忍笑欤，吾将论之以告我国人。

政界远者姑勿论，溯十年来，如假变法而大兴土木，且多无谓之扩张，而致今日库款之大绌；又滥调人员，而致今日裁人之棘手；许各省多铸铜元，致金融界之大恐慌。凡此等事，几偻指难罄，姑举大端而已。

若夫社会，吾亦未见其善谋也，如抵制美货，而影响于商业者极巨，至今犹承其弊；抵制日货，而吾在日本之商人，多被倾覆。犹之倾水以泼人，而水乃大半溅于己之身，此不得不归咎于主持者之不慎，而愦愦盲从者之可恫已。

即如铁路之干路收为国有，其是非利害姑别置论，各省绅商果不谓然，向朝廷直捷辩驳可也。知事已无可挽，则思补救之方，使款不虚糜，将来清还较易，亦可也。且吾极知各商之断断以争，再三不舍者，其宗旨固在存吾国，而非在亡吾国也。今如粤之挤大清、交通两银行，湖南之拟停纳租等事，是直欲顷刻致国家于亡，而忘国亡于己亦不利也。且忘如此办法，转与本来宗旨不合也。昔有兄弟相争者，弟不胜而怒，遽毁其积聚，而不知兄不得食，己亦从而饥死也。且各省不知草约早定，无法能反悔；又不知自前年以来，四国至外、邮两部提不一提，皆托故延迟，以至今日，乃反以为旧事重提，遂为此自杀之事，岂不大可怪乎？

（载《刍言报》宣统三年六月初一日，《汪穰卿遗著》收录）

---

① 《汪穰卿遗著》收入此文时，改题为《忠告政界与社会》，现恢复《刍言报》发表时的标题。

敬告（十九）^①

干路国有及借款造路之说，余未以为非也。盖统观各省于路事，无不争竞延缓，各为其私，非改为国有，则此交通最要之事，何日能成？且此窳彼良，此贵彼贱，何能统一？所虑者，吾国办事人至难，商办固腐败，官办亦谁可恃？无已，则郑苏堪方伯包工之说为最合宜。虽然，吾赞成郑君此说，而非郑君之说咸在赞成之列也。意所不然者，不能不从容言之。前者吾读郑君四大干路之说帖，而聤眙不已，兹录其说如下：

时事急矣，欲以兵力自强，非五十年不能收效；欲以政治自振，非三十年不能见功；欲以穷困闭塞之国而为治兵修政之举，则又非三五十年所能就。^② 故为今日之中国计，十年之内，惟以吸收外资为救亡之要着；十年以后，惟以铁道尽通为图存之要着。约而言之，则借债造路而已。宜指张恰、伊黑、川藏、粤汉为四大干路，借债以十万万为度，包工限年以成之。世界诸国以侵略为主义者，德、俄、日三国是也。之三国者，其财政皆处于竭蹶，皆恃借债以行其发难之志。使中国速于一二年之内，大举借债，声言以欧亚交通之职为己任，则各国必将踊跃输资于中国，以成此欧亚交通之新局，则三国借债之谋必将大阻，而侵略之策，必将中挫而不能直前。且包工与借债并议，则所借之债，悉入包工之手，而无挪移吞蚀之患。包工既定，则包工公司以营业为务，其用人购料，必愿就近取资于中国，而不愿远求于本国。其工程之限期亦必务求迅速，而不愿延缓，以自贻亏折之害。虽有最长于工程之公司，得十之三，其赢利已为不资，所余十之七者，悉以易中国之工料。是借债十万万，外人得其三，而中国得其七也。中国既藉大工以活民力，而列国

---

① 《汪穰卿遗著》收入此文时，改题为《借债造路平议》，现恢复《刍言报》发表时的标题。信中的郑苏堪、郑君即郑孝胥（1860—1938），福建闽候人，时任湖南布政使。

② 《汪穰卿先生遗文》所载此文无此句。

之甘于发难者，又怀毒而不得发，此诚釜底抽薪之策。所谓十年之内，以吸收外资为救亡之要着者，此也。中国宣言立宪学新法者，于东西各国取其政治、法律、现行之制，将以试施于中国，然各国形势迥殊，机锋相对，且壤土狭而交通便，教育就而风俗成；中国之地，则荒廓而梗塞，中国之民，则鄙野而涣散。故学成而归者，纵有各国之知识，而未有中国之知识。盖以中国而言，立宪其政略之烦重，虽悉举世界历史之政治名家，其学识经验，断不足以决中国施行立宪之策。何则？形势不同故也。故使豪杰生于中国，其所以改革中国，必全为开创之理想，而决非沿袭列国现行之政治、法律，纯为保守理想者所可移而用也。所谓开创之理想者何哉？则大举以造铁路，限以十数年内，全国交通，使一国之势缩小而成一省，一省之势缩小而成一县。缩小之效安在乎？盖必至乎此日，而后全国人民可合为一群，即取列国之政治、法律移而用之，乃可推行而无碍。其尤大者，则养兵之费，与行政之费，不啻减十之九，而民间工商业发达，自有沛然莫御之势。故铁道者，实创造世界改革社会最灵之机械，其力量之大，功效之速，非他器所可比例。谓十年以后以铁道尽通为图存之要着者，此也。世有爱国而忠烈、而明达之士乎？吾愿其一纵世界之眼光，沉心竭虑于此策，庶几有悟于政治、法律之难于猝试，默然不动声色，毅然行之，以一年为期，借债包工之事可成议也，中国其不亡乎！

据此说，借款至十万万，亦可谓大借款矣。试问财政竭蹶至今日之中国，能任此艰巨乎？尤可异者，则如此大议论，而通篇未及还款之方法，与夫抵押之物业，岂外人不必抵押，不问还款之方法，而肯慨然以巨款相借乎？若果如此，则事更可虑。此文大言炎炎，而不思其究竟，余窃不敢附和也。

郑君为人，明敏捷给，能为大言，能坐摄贵人意旨于俄顷之间。虽于世界事未尝洞彻，语多漏义，特以口才之善，使听者不容得其罅隙，又能四面防御，使同坐者不及攻击。然其短处，则失之轻躁，一面自圆其说，一面又极意伺人意旨，故目动言肆，意态不宁，而神不足以自镇，气不足以自摄，故政府之对于郑君，于其言也，宜精择而用之；于其人，则参谋、顾问，诗酒从容，亦足有所裨益；若假以政权，视用柱石，恐非其伦矣。

余于各报谩骂郑君，甚不为然，其因郑君而论及名士，乃雅可论列。夫名士之类别不一，姑以六朝以后普通之名士言，则必雅有文采兼多艺术，寄情物外，不与世缘，顾有一至严之界，则名士者可以狂，可以怪，而必不可系情利禄，逐逐于富贵之场，顾其人代不数觏。今郑君拔于名士队中，一跃而为政客，镇以名士之号，则人已摄于先声之夺，加以口才捷给，则人必歆动其辞，而不能别择。故吾谓郑君之言非不可用，而择用其言之为难也。"①

抑吾闻之，为国家者，无逸获，无幸存，而尤无捷法，深思熟虑，循序渐进，人尽其职，官不徇私，或有冀也。若欲设何策以杜敌谋，为一劳永逸之计，是不啻挟泰山以超北海，有是理乎？吾国惟人怀此心，故拳匪之说，乘间而入。今种种之法，虽迥与邪说不同，然其中于求逸徼倖之心，则未始不同源也。此等政策，宁尽不可行，顾但可济一时，若长久之谟，实别有在。孔子曰："仁者先难而后获。"② 吾愿吾国志士毕心致力于此也。

（载《白言报》宣统三年六月初六日，
《汪穰卿遗著》、《汪穰卿先生遗文》均收录）

敬告川粤铁路督办大臣③

借款办路，闻郑苏龛方伯建议用包工之法，窃谓除此盖无他法矣。顾或谓不应从其议，仍留若干归中国自办。其详说则吾未之知，吾恐其表面必以权勿尽落外人之手为说，其内容实欲位置多人，可借以渔巨款也。盖果全用包工之说，所需华官无几，且无脂膏可润。虽然，私人之利，则国家之害。试观津浦合同，较优于京汉，然用人冗滥，以及采办

---

① 《汪穰卿遗著》、《汪穰卿先生遗文》收录此文时，删去了以上《白言报》原文中这两段评论郑孝胥的文字。

② 语出《论语·雍也》，原文为："（樊迟）问仁，（子）曰：'仁者先难而后获，可谓仁矣。'"

③ 《汪穰卿遗著》将此文归入"杂说"，现恢复《白言报》发表时的标题。

之侵渔，款项之亏蚀，殆有甚焉。欲杜此病，惟有全以路事委之外人，勿滥用一冗员，是在铁面无私，力除情面之督办大臣。

（载《刍言报》宣统三年六月初六日，《汪穰卿遗著》收录）

儆告（三）^①

近来吾国有至可怖之象二焉：

一曰对于国家，显然呈抗拒、挟制之象。各国民间不悦其政府，固亦时用强力为要求，顾一方面力争于政府，一方面又以保护国家为心也。今吾国乃不然。例如干路国有一事，各省争之犹有说也，乃百计以求动摇大局，旁溢横出。至如粤省，必求挤倒大清银行然后已。而操言论机关者，方恐其为之不尽，而历举湘汉、大清银行放存款项，嗾使依样轰闹，一若惟恐不即乱者。至政府不许电局递争路之电，以民气莫伸而争之可也，乃如川省，因政府将撤换电局委员，而相约抗拒，且以新总办至，必置之死地为恫吓。如此直是叛民矣！此等情态，逐渐加甚，则大乱成矣。

一曰交涉之事，民间不自揣量，不识轻重，而妄欲以力干涉也。例如云南片马之事，此交涉问题也，即谓外人过于强横，我不可不以兵力为后盾。然试思我国此时力能及此乎？国家不能，而谓民间能自为乎？假使果练成一二团，而轻以相犯，则乘机而入，彼且有辞，则此所谓国民军者，非召乱取亡之导线乎？况以素不知规律之人，忽畀以戎事，恐成军不足，而造祸有余。乃创始者忽欲假体操学堂之名，而实际直是民立陆军学堂，且省城为总校，则必将所在立分校。又欲勒戏捐，并勒商家派人入校，又欲提盐团捐之五十余万，以充练兵之费。假令一省如此，省省如此，不知将来成何局面？然无论如何，但适为外人干涉之资

---

① 《汪穰卿遗著》收入此文时，改题为《儆告社会》，现恢复《刍言报》发表时的标题。

料，而绝无他效果可言，则可必也。

（载《刍言报》宣统三年六月十一日，《汪穰卿遗著》收录）

纠　正①

俄要求加入四国借款并无其事。又，从前各报谓日本在奉天建总督府，亦属子虚。近某报又载，谓日本复提及此事，噫！该报等好为此等谣言，果何故欤？

近各报登各银行发行铁路债票，此即借款之后之办法也。须知凡借巨款，并非某国或大富家储此巨金出以借与我也，盖由主者订立合同后，即登报发卖债票，于是各资本家视其事之稳固与否，而相率购票，此各国皆如此。今各银行所售借票，即在借款范围以内，非借款之外又托其卖债票也。乃初四《帝京新闻》有评铁道发行债票之害数则，一似中国另有因铁道而发行债票之事，其言似是而非，故录于下而辨正之。

修筑铁道发行债票，此东西各国恒有事，似无害之可言，而独行之中国则有百害而无一利。今试即吾当职所及一为胪举之。

一发行债票而委托于四国银行，此在财政学上谓之一时募集。一时募集方法，即属国内银行执行，犹有垄断居奇之弊，况募集全权旁落于外国银行之手，操纵伸缩，中国将不能过问，而路权遂间接落于外人之手。

一债票发行既单纯属于国际的性质，则募集之最终结果，外国大资本家占路股最大多数，最初关系不过国家与私人关系，迨偿还无术，支付失期，信用一失，则外国各债权者必要求其政府与中国为正式之交涉，国际私法关系变为国际公法关系，交涉横生，国家立招破产之祸。

一债票发行年限促迫（四十年本利偿清），其性质近于流动公债，

---

① 《汪穰卿遗著》将此文归入"杂说"，且自"俄要求……"至"模糊至此"略而未录，现恢复《刍言报》发表时的标题和章节。

而非永远公债。夫流动公债之发行，近为东西各国所最忌，中国独毅然行之而不疑，恐铁道之生产效果未收，而此巨额之债务本利继长增高。财政上既无此来源，终必以全路悉数为抵押，据是，最初目的本为铁道国有，而其结果适尽为外人所有，路权丧而领地随之，国不亡于普通借债，而亡于铁道借债。

观报所言，殆如梦呓，不知何以模糊至此。

借款自造铁路，一事也；借款而即由有债权者造路，又一事也。至若被要求而许其造路，则更不同矣。吾国人乃并为一谈，而路亡国亡之说，噪于全国，不其怪欤？抑尚有打破后壁之言焉。假使吾国善自为谋，绸缪谨慎，虽借款无害也。若夫上下相猜，政法错乱，虽路矿尺寸不假手外人，而一旦祸发，则一切将全入外人之手。所谓"杀汝，璧其焉往"者也，吾国上下其重思之。

从前科场搜检，人犹以为诟病，至有不入场而去者。然不过摸索衣襟，未至甚辱也。后乡会试皆不行，即行之，亦有名无实。今禁烟公所之调验，至于迫令就浴，使人验视，甚至二三品大员，皆不能免。如此，是国家自隳廉耻之防也。夫岂无法可以变通，而必使大臣躬就裸露之辱？呜呼，吾以知朝廷之空无人也。

（载《刍言报》宣统三年六月十一日，《汪穰卿遗著》收录）

发微（三）①

读初八《政报》所载《论浙路之内容》一文，摘隐发伏，言人所不肯言，可谓朝阳鸣凤。兹录其文如下：

自拒款之议成而浙路之完全商办，遂为各省民有铁路之表率。斯盖

---

① 《汪穰卿遗著》收入此文时，改题为《论浙江铁路》，现恢复《刍言报》发表时的标题。序号为编者所加，下同。

出我浙人数万辈之心力，竭我浙人十数月之脑筋，聚我浙人千万股之血本，种此种种之因，始获此完全民有之结果。斯亦浙路之苦历史矣。虽然，争路之人非即能造路之人，造路之人非即能管路之人，此固无庸讳言之者也。浙路之不竞病，由于争路有人，而造路、管路则无人。非无人也，有人而以意气谋路事，以党派布路局，质言之，即以私利心营浙路，不以公利心营浙路，则浙路之欲期有利也，宜其难哉！虽然，浙路之外表固各省士民所崇拜者也，而一语其内容，则有足令人诧异者，何怪股东投资之观望也。夫路线之兴筑也及半，路股之收缴也亦过半，乃忽有中途之观望者，何哉？盖民有之铁路，乃商业之性质，以营利为目的者也。今主其事者，以商人营利之行为，为官场植党之举动，则私见胜利而公心衰，而得利之事业，或反为蚀本之事业，良可惜也。推原其故，厥弊有二：

一曰以名士理路事。昔之名士志在于盗虚声，今之名士兼在于获实利。顾利非吾人所禁言，惟必谋公共之利，而个人之利亦在其中；未可谋个人之利，而公共之利置之不顾也。若乃以名士自命，以路事自任，而于筑路之若何得法，开车之若何省费，营业之若何生利，一皆置之不问，其目的惟在于攫私利而来，得美名而去，甚或名去路事，暗领路权，则浙人汗血聚资之路局，岂仅供名士回翔之地哉！

一曰以游士预路事。铁路为营商之事业，尚实际不尚空谈，而路事之若何进行，路政之若何改良，路权之若何扩张，均须有实事之经验，非可以十数儒生操笔舌以论是非，而遂可期实业之发达也。若乃以无聊之士人，勃发野心，越俎而谋人路事，甚或从者后车，招摇于辇毂之下，以股东膏血之资，供游士干谒之用，试问环球商业，有此营业之行为否耶？由斯以谈浙路，民有既为国家所特许，则凡有股之浙人，正宜慎选主持路事之人，力矫从前种种之失，惟以谋公利为目的，获实益为结果，毋蹈前此掩耳盗铃之策，每处抽本以充利，欺股东而耗路资也。夫两浙素号财富之区，今乃缴股观望者，诚畏夫若名士、若游士者日日喧争。夫路事而于实际之经营规划置焉不讲，至以有用之资付之于虚耗也。观于浙路之内容，善后之策，有识者当知所从事矣。

呜呼，余读此文竟，余愧恨滋甚。方乙巳夏间，浙省自办铁路既定，将举总理，余以京官代表至上海，与孙问清君、沈淇泉君、张菊生君同莅其事，而王子展观察实为临时会长，金以汤蛰仙君朴实无华，且耐勤苦，又能取信于官绅士商各界，遂公举汤君为总理。中间虽屡有风潮，而汤君于杭甬路事，卒成部借部还之举。今并取销前约，成为完全商办，不可谓非惊人之举。然而虚声愈震，而实际愈危，吾辈于此事未尝敢过问，亦无能得其真相，但知股东会人人解体，而内外把持，咸在绅学界中人。前协理刘澄如京堂避而入京，或责其不尽心公益，刘君叹息言曰：君辈试思，吾掷资此中，及招戚友之股约近百万金，即不为公益计，岂能不为私计？而卒不敢留滞其中，诸君其亦可谅余欤？又或问某股东会员何故出会，其人恳切言曰：吾辈岂不欲尽心？无如有怀欲白，汤总理不之顾，则与其事败而去，不如早退为愈。又闻有人欲言事，汤君一见其至，即大发牢骚，谓此等苦难，非人所堪，吾必将脱去等语。俾其人不能发言而去。有某君知其伎，一见即曰：请与我五分钟时间，俾得毕所言，汤许之，才二分钟，已故态复萌矣。观以上情形，固可得其大概。至于事之得失，吾辈尤无从得其实际，惟闻汤任事之后，其弟即于杭设一钱肆。汤又暗招其党，立"旅沪学会"于上海，得左右路事。凡有另举总理之年，汤君自言必去，而其党人则相约留汤，甚至先日发传单，谓不留汤者，即为卖路贼云。又汤前被简为提学，犹群欲请为遥制总理，而去年虽奉旨不许干预路事，而其子乃为坐办。故首尾七年，波澜颇多，而路权始终未离汤之手。又去年发现公司孙某挪用公款巨万，其他则不能知矣。因感《政报》所论，聊举一二，俾社会于纯盗虚声之人，切宜留意，毋再蹈覆辙也。哀哉！

　　　　　　（载《刍言报》宣统三年闰六月初九日，《汪穰卿遗著》收录）

宜知（十四）①

　　近人习言曰：国民有监督财政之权。夫以吾国人情之懈弛，纵以此权与之，恐无一日能执守也。如浙江铁路公司，去年派六代表至京师，为时仅两月，而开支至九千九百余金，竟莫有言之者。股东虽甚恨之，

---

① 《汪穰卿遗著》将此文归入"杂说"，现恢复《刍言报》发表时的标题。

而莫敢抗。以股东与国民较，则关切孰甚？以公司与政府较，则势力孰强？以此视之，则他可知矣。

（载《刍言报》宣统三年闰六月十六日，《汪穰卿遗著》收录）

杂说（二八）

　　近日人情，有甚不可解者，如川粤汉铁路风潮，其事之应否，姑勿具论。顾此数省中人士，对于此事，轰轰烈烈，且有各种败坏大局之举动，大有国可亡路不可归国有之意。报馆从而助之，且设法诱导，惟恐其不速致乱也。顾洛潼、西潼，亦中国之路也，此数省人，非无血气也，何为见收为国有，竟无起而争之者？尤奇者，则各报于此，亦不置一辞。试问果如所言，借债办路，路亡国亡，而但争之川粤汉，不争之洛潼、西潼，则借债后，凡此沿路省分，咸致失去，则川粤汉不即已成破裂乎？况乎川粤等省，我国土地，河南、山西，独非我国土地乎？噪彼而暗此，实非吾辈之愚所能知矣。

（载《刍言报》宣统三年七月初四日，《汪穰卿遗著》收录）

敬告（二六）①

　　川省对待政府干路收为国有之事，近竟酿成罢市，驯致暴动，汹汹

---

　　① 《汪穰卿遗著》收入此文时，改题为《论川省争路事》，现恢复《刍言报》发表时的标题。

之势，未知所止。此事政府不于事前妥密筹备，而猝然发令，以致群情惊疑。及反对之形已成，而不谋晓谕解散之法，而惟以简单强制数语，而欲使川省乱机即由此而化为乌有，是犹南辕而北辙。综而言之，吾国政界中人，既不得不因大势之所趋而行用新法，然行新法而用旧手段，固未有不偾事者也。近事已急，为政府计，惟有不动声色，速派川省所最信服之大员，驰往慰抚，将朝廷不得已之故剀切详告，商一妥善办法，是为正理。倘不此之务，而惟思以严重之命令、威吓之举动，或禁止开会，或拘捕首列之人，则必致愈激愈固，且适与反对者以弹毁之资料，又畀匪徒以煽动之机会。即不至此，而皆能如政府之望，而人民屈于力而心不服，怨恨之心愈衍愈广，此在今日人心若离若即之时，尤为可虑。至此事所重，尤在派往之人，而其人未必即为政府所喜，然当此艰棘之时，政府岂可再蓄私怨，滋疑忌，误大局？政府以救急为上，必不至出此。

尤所切戒者，则当轴之人，万不可不详筹对付之法，而先内自相乱。我国向来习惯，于作事谋始之道，初未研究，发言者不深求可否，而辄言之；听言者亦不察其是否，而辄行之。若事机稍顺，则必争向人言，自以为功，而此数人之徒，亦各归功其所推戴之人；倘有不顺之处，则必速自脱于指摘，而尽移其咎于人，而人亦互相诿焉。此等情形，不特为局外人所笑，内既疑贰，则对付之法，益形松懈，甚至各求见好之方。至此，则或反为局外人操纵，而事局益陷于可悲之境。故凡值此事势，则主其事者，必尽弃同事之恶感，而协谋妥办之法。至事已弥平，然后取于事有碍之人，谋一处理之方。此办事之常道也。

（载《刍言报》宣统三年七月十四日，《汪穰卿遗著》收录）

记怪（十五）

川人争路，致起风潮，朝廷派大臣查办，不意所派之人，即参劾川督之端方也。向来从未有以原参之人查办其事者，有之，自今日始。毋惑乎端方之不欲往也。况更以督办路事之人，而往查办反对路事之事，吾恐适足以坚川人反抗之心耳。此可怪者一。

蔡乃煌一革职交上海道追款之人，上海道不严为防范，致其潜逃，事已可奇，而蔡乃遍登告白于各报，谓其交代已清，冀以淆惑人听。近更上书于监国及内阁总协理，诉其冤，尤为奇特。向未闻有以负罪潜逃之人，可以上书直达于上者，有之，自今日始。然在上者，即应立斥其诡谬，使天下之人，晓然于是非，而今亦不闻有此也。此其可怪者二。

前贻榖之逮京也，下刑部狱，而其案尚未成谳，乃自狱中遍发传单，力白其冤。近亦时有系狱之人刊发冤单之事。向未闻以身膺重罪之人，不待审判，而可以簧鼓其词，倒乱是非，冀见宥于人，以幸逃法网者，有之，自今日始。然而当事者，亦遂任其所为。此其可怪者三。

以上三端固可怪，然尚不过一斑耳。我国今日可怪之事，虽罄南山之竹，恐亦不能毕书矣，而其更甚于此三事者，亦不知其几何也。则斯三者，又乌足怪。

（载《刍言报》宣统三年七月十六日，《汪穰卿遗著》收录）

忠告（七）[①]

川中之事，吾辈至断绝意念。何则？欲民气之胜欤，则声势滋长，渐至四方响应，于前途至为危险；欲官之胜欤，则无论如何，至少必杀人千百。是皆不知所云，然而死者冤矣。且民气壅遏过甚，一旦怨毒之发，非国家之福。欲其解散而就和平之理处欤？则又处于万不能之势。

[①] 《汪穰卿遗著》收入此文时，改题为《论川省争路事》（第二），现恢复《刍言报》发表时的标题。

今乃闻有官兵屡胜之说，此事已成无可奈何之局。惟有一事忠告，政府须知，兵胜乱民，已不为荣，若持枪之兵，而击无枪滋事之平民，则尤为不幸。今无他法，惟万不可再开保案，升奖无数文武官员，至万不得已，亦惟将艰苦之下级员弁及兵役，略与犒奖可矣。未谂政府诸公以为何如？

（载《刍言报》宣统三年七月二十一日，《汪穰卿遗著》收录）

砭论（三）①

川中风潮，言人人殊，电信不通，故未由得其真相。各报所载，亦大都得之传闻，固不能据以为实也。即谕旨中言川人散布《自保商榷书》一端，《国民公报》且言系赵督之诬枉。然吾意则如此大事，赵督当不至以无为有也。况即以该报所言而论，该报不云乎，邓孝可要求赵督电阻端弗入蜀，以端若来，则川人必至倡独立，情词愤激。赵乃拘留于署中，则独立之说，是否见于《自保商榷书》，吾尚未窥其原文，不敢臆断，而其出诸邓孝可之口，如该报所言，则已无可掩矣。夫邓孝可，朝廷之职官，四川之士绅也，苟不幸而身陷于争路漩涡之中，为人民所推举，出而要求长官，其立言应知大体，宜如何审慎而出之，岂可有如是狂悖之言哉！宜乎赵督之拘留之也。入见长官，且有此狂悖之言，则其愤激之时，急不暇择，出署对于人民，势必更甚其辞。而一般无知之人民，见我所推举之人所言如是，其事必极正当，一呼百和，影响自易。加以乱党之乘机而起，其不酿大风潮者几希。赵督之拘留之也，未为无见。然吾意邓孝可乃朝廷之职官，四川之士绅，当不至此。吾深愿邓君之未有此言也，吾深望该报之所载不实也。

（载《刍言报》宣统三年七月二十一日，《汪穰卿遗著》收录）

---

① 《汪穰卿遗著》收入此文时，改题为《论川省争路事》（第三），现恢复《刍言报》发表时的标题。

忠告（八）^①

　　前日恭读谕旨，宣布赵季帅电奏，知川乱渐即弭平，稍舒目前之祸。惟赵电称为匪乱，并谓官兵力战七昼夜；而各报则多谓抗拒者实民而非匪，并未持枪械。虽各报亦有出入，而与官电则大相径庭。窃惟此事民与朝廷争，一省之人与国家争，为吾国千古未有之奇变，若不速查明实在情形，有以平川人之心，而释远近之疑，则后患正未有艾。合川督与各报所言观之，其为在事始终，咸良善之民，不过后来愈聚愈多，哄闹不散乎？抑匪徒乘机为乱，与良民不涉？争路者一种人，闹事者又一种人乎？又或川中本已预备乘此而起，彼此混合为一乎？又不然，则川人本欲以平和解决，激而横决，遂成暴动，前后遂两橛乎？更不然，则乱事或全由拘押蒲、罗、邓数人而起，罪全在川督乎？凡此皆应熟察审处，必不可据赵督一电，遽为处分；尤不可以力战七昼夜，为川吏大功，遽与以殊荣异赏也。

　　虽然，吾今者又不能不为吾国言论家抱歉矣。当干路收为国有之时，中外各报并不审察各省路事实情，且不顾及从前各报已将各路公司极力丑诋，又力言川省路股，非川人所愿，穷人持此路票无从转售，故益困苦。复不将此次借款缘何根由、有何历史，详加查察，惟见此事足以煽动人，或可借端生发，即极力诋诃，加以捏造，于是，盛大臣卖路也，路亡国亡也，九五之扣皆盛所得也。抑知草合同订于张文襄，能忽然抹杀不认乎？凡百借款，咸有折扣，为银行专人管理，及印票、登告白之需，非订合同之人所能得也。借款造路，若京汉一路已完全归我，何所为路亡国亡者？此等浅近之理，该报等宁不知之？特以不过甚其

词，则不能激动人心，而逞其好乱乐祸之志也。

且该报之言，亦大逾界限矣。夫民以不平之故，而出于上下相争，则必有争之之道焉。盖所以争者，为其事之失权利于外人也。倘以逾越界限之故，而公私丧失，乃大逾于所争，则亦无情理之甚矣！如粤之相约不用大清银行钞票，已为大逾界限，而各报反从而扬之，而罢市、罢课、抗租、抗捐之说起。殊不知此事实有万不能中改之势，纵使朝廷畏怯，亦无从屈从舆论。盖事基于七八年以前，即欲悔之而不能悔。今乃为此极点之煽动，假一旦实行，则直与作乱无异，而影响所及，将全国入于危险之域，而吾国立陷于至悲极惨之境。而吾国社会中人，平时本不研究，临事惟有盲从，不知其事之办不到底，又不知假使决裂，则转与从前之意志背驰。今则暴动旬余，无端死者已若干人，此等人孰杀之？盖直接则官吏杀之，间接则不得不谓不担责任之言论家杀之矣。

且谓今之哄闹者，非匪人、非乱党可也，而欲以良民待之，则恐有所不能。不忆前者饥民抢面粉公司，各报多谓饥民，而暴动即以乱民论，不能责公司以枪械抵御乎？又不忆前此各报盛责张安帅不于饥民初暴动时严办一二人，致酿成昆山杀饥民千百之惨祸乎？夫饥民抢掠谓之乱民，争路而聚千万人，四面团结，抗挠一切，独不得为乱民乎？盖聚集无数人，妨官吏之行动，阻社会之生活，即大乱之道也。

夫报者，主持舆论者也，引导社会者也，善，则大局蒙其福；不善，则大局受其殃。吾甚愿吾国之言论家，惩于前而有以慎于后也。

（载《刍言报》宣统三年七月二十六日，《汪穰卿遗著》收录）

针报（十三）[①]

川中之事，旬日之间，电信不通，风声所播，人心疑骇。而各报亦

[①] 《汪穰卿遗著》收入此文时，改题为《论川省争路事》（第五），现恢复《刍言报》发表时的标题。

振其如椽之笔，日日记载可惊可怖可悲可惨之消息，迨至日来印证其说，似无如此之甚也。然究之，争路欤？匪乱欤？攻署围城之举出自民团欤？匪党欤？蒲、罗之号召欤？同志会之鼓动欤？人民之聚集欤？乡团之自来欤？抑争路极守秩序，民人并无暴动，匪党乘其机而起，求逞其欲，大吏张其事以告，思掩其过欤？此至复杂、至紧要之问题，非得有真实可据之消息，远处数千里外，曷敢臆断也。

赵尔丰之电奏，各报谓其出于一面之词，吾不敢谓其非也。各报近日所载之消息，与电奏多不符，吾亦不敢谓其是也。总之，吾人今日而论川事，此一方面之言固不可尽信，而彼一方面之言亦未必皆确。身未亲历其境，欲求真实之情，持平之论，难矣。然而有言论之责者，固不可不详慎也，不可不公平也。道听途说，其事苟涉可疑，则与其登载而不实，毋宁缺疑之为愈也。尤不可略涉偏袒，而信笔书之，过爱新奇而率臆言之也。

不纳租税，宣告独立，不仅赵督电奏言之，各报亦记之矣。而近日各报，则力指为赵之诬陷。川人之有无此言，吾今未敢言也，即商榷书，吾亦未之见。吾深愿赵督之所言有误，而各报之所载不确也。然二十八日之《国风日报》、初一日之《帝国日报》尚有此类之新闻，吾阅之不能无惑焉。

《国风日报》曰：川人确已宣告独立，其所举之首领为金某云。《帝国日报》曰：昨据川人家电云，叙州、嘉定城已破，川人选出金某为民团长，招兵买马，节节驻防，势甚蔓延。又邮传部得川北官电局来电，亦与此同。据《国风日报》之言，则川人宣告独立，且举有首领，其迹已不可掩矣。据《帝国日报》之言，则选民团长，且招兵买马，节节驻防，岂尚保路之可言？况民团长亦金姓，与《国风日报》合。谅该二报之言，当非无因也。二报所载相合，似尤足征信。然吾卒不敢信也，即还质之该报，恐亦未能自信也。故吾以为此等大有关系之言，仍应缺疑而不载也。

日前之某人自杀、某人被戕之消息，均已不确矣，吾且深幸其不确也，各报亦当知其误信矣。然《帝国日报》前日尚言李稷勋被杀矣，想亦无其事也。吾深惟各报宜详慎，宜公平，毋轻信道途之言，而损于报之价值也，况事之所关系者匪细耶！

不特此也，尤有关系之大于此者。如二十七日某报所言某国之照会一节，姑无论此次川事并不排外，无伤于外人，见于外人之报告；即使外人实有此照会，政府亦必拒绝。似不宜显揭其事，使远近人心愈形惶恐，反足以启人民嫉外之念，陷大局于至危险之境。吾知该报必未暇一计虑也。

夫我国之今年，东西南北，水火、匪贼、灾异，不绝于书，正民不聊生，人心思乱之秋也。不幸而川中又有此事，正宜靖人心而弭世变，岂可摇唇鼓舌，而以骇人听闻、并不确实之消息布散于社会欤？无益于川人而有损于大局，吾未见其可也。

抑报纸者，代表舆论之机关也。既为舆论之代表，则其一言一语，皆将为社会所信仰。夫以社会所信仰，而不自保其名誉，自尊其资格，自重其价值，而信笔书之，率意言之，人将不信仰我。鸣呼！吾知各报必不如是也。吾因川事之所关系者大，而不自觉其言之哓哓也。

（载《刍言报》宣统三年八月初一日，《汪穰卿遗著》收录）

忠告（九）①

二十七日《政报》言，川京官以罗、蒲被逮，故拟电各省谘议局，俟九月开院，民选议员公同商议，一体辞职。鸣呼，其言果确，则是要挟政府矣。吾知川京官虽怨虽愤，决不至有此不正当之举动也，又安知各省之议员，悉能表同情乎？夫川省以争路而罢课、罢市，顶奉先帝牌位，偶有不纳租税之言，论者已谓其迹近要挟，在川人已宜一雪此言，岂可集合各省之议员辞职，而显示要挟之迹者哉！吾知其必不出此也。若以营救罗、蒲而论，则昨报所载，在京之资政院议员公举数人，往谒院长，请告内阁总协理大臣，不可偏听赵督之言，而早省释诸人，乃为正当办法，吾知其当易于达目的也。较之集合各省议员辞职，而为反抗

---

① 《汪穰卿遗著》将此文归入"杂说"，现恢复《刍言报》发表时的标题。

之要挟者，其顺逆难易，固不可以道里计矣。

（载《刍言报》宣统三年八月初一日，《汪穰卿遗著》收录）

儆告（七）[①]

《川人自保商榷书》，必非川人所为也，盖革党乘此散布以动人心。然此等语极足惑人，其后面条款办法，固是为乱之具，而前一大段，尤足动人。如谓：

> 凡军港、商埠、矿产、关税、边地、轮船、铁道、邮便与制造军械、用人行政，一切国本民命所关之大本，早为政府立约擅给外人，并将江苏、江西、安徽、湖北、湖南、四川六省与英国立约，不得让与他国；福建、浙江两省与日本立约，不得让与他国；广东、广西、云南、贵州四省与法国立约，不得让与他国；山东一省与德国立约，不得让与他国；自日俄战争和议以来，又与英国立约，不得以西藏让与他国；满洲三省则为日俄暗分。

大率影射捏造，而全国人何知，信为实然，则计无复之，惟有自保之一法。此等事流荡于人人之脑中，为祸不细。窃谓政府宜将其谬处，逐条细驳，又须将与外人所订之约，刊一全分，发行各处；另须作一简明之表，载明叠次损失权利之处，不可略为讳饰，并将何事现在如何办法，使全国人得释疑，而更起其希望之心，庶足挽救于万一。盖吾国上下之隔绝，民间之误会，全在秘密。彼以为秘密则即有丧失权利之处，人无从知，斯无从攻击。不知即使秘密，而所丧失之权利，仍不免人指摘。即并未丧失之权利，亦且为人疑猜，甚至人随意诬捏，亦无从辩

[①] 《汪穰卿遗著》收入此文时，改题为《论川省争路事》（第六），现恢复《刍言报》发表时的标题。

白，至今日而恶果见矣。

（载《刍言报》宣统三年八月十一日，《汪穰卿遗著》收录）

痛言（四）①

吾今者有甚悲焉，何悲乎尔？以吾国之大，而稍明白事理者，竟无有也，而犹且以言语相欺，以意气相凌。呜呼！天其欲速亡吾国乎？不然，何产出谬妄狂诞之徒如此众也！吾不怪川中之有《自保商榷书》，而怪以京师人才荟萃之区，而所谓文明之大报馆，若犹不知此事宗旨所在，犹竞为之解释，谓非欲为乱，岂以诸君子之识之学，乃并此而不之知也？夫保路则保路耳，何以阑入各种题外之文？官长，保护地方者也，何以须该会保护？地方治安，官长责也，何故须该会维持？且不作乱，何以僭收租税？何以欲囤钢铁制枪炮及各工厂？何以须立炮台？其言优给军人饷需，优待军警家庭，所以离军警于国家也；停办捐输，停止协饷，所以离民于国家也；节减办事人员薪水，此一班民人所愿闻也。夫其状昭著如此，而犹曰与谋叛有别，是犹杀人者曰：吾但欲使彼首与身相离，非欲杀之。噫！梦欤？呓欤？愚欤？诚使人不解也。

抑余更有切告者，书中前段谓我政府已将各省分订各国，全是凭空捏造。内有数端，闻各国曾有此议，今亦不然，且中国亦未理之也。亦有某某二国约中稍涉及者，我外务部已宣布不认矣。又有数事，虽已大失权利（如胶湾、旅大），然尚视将来外交之方法为转移。此则在吾国上下一心，黾勉以求之，非可以激烈将事也。至谓川有天险，足以自保，此真小儿语，果一旦如彼言，则即日有自印入藏、自藏入川者，有

___

① 《汪穰卿遗著》收入此文时，改题为《论川省争路事》（第七），现恢复《刍言报》发表时的标题。

自越入滇、自滇入川者，至由长江用浅水轮入川者，犹不知凡几。至此，则不特川省糜烂，各省亦糜烂，是诸人以热心而为敌之伥，吾不知各报何苦而犹袒庇之？

且吾疑此不特非川人所为，亦并非革命党所为。革命党宗旨不纯，然亦以存中国为名。今其计划即使极速，亦须在三年之外，而各国麇至，则不待三月而已大集。是则以此而成全国之惨祸，受千秋之唾骂，革命党人虽愚，必不至此。关心时事者，宜审思之。

（载《刍言报》宣统三年八月十一日，《汪穰卿遗著》收录）

诘问（四）^①

所为商办铁路者，以民间有殷实之商，集资办路也。现已无款矣，则何云商办？若借，则何必商人？又何得复名曰商办？按此事吾国上下皆未明白。夫所谓商办云者，乃国家许本国之商人，以此为营业。而路当以每一路起讫之地，为一公司所造之路之起讫，而非以省为断，以致东与东面之省割一路，西又与西面之省割一路也。吾国人眼光乃不然，不以此为商业之事，而以为国家赐与本省人之大权利。问其殷实之商人，无有也，问其能集股之有名望人，无有也，惟全省绅士中有权势、手段者，盘踞其中而已。由是生种种误会、种种争竞、种种恶果。今则有因路事而成大乱者，有以借款办路为应然者。继此而往，吾不知尚有若何变幻也。

（载《刍言报》宣统三年八月十一日，《汪穰卿遗著》收录）

---

① 《汪穰卿遗著》将此文归入"杂说"，现恢复《刍言报》发表时的标题。

记怪（十六）①

明明一著名滑头所开之银公司，而赣之铁路公司，乃敢与之借四百万之巨款，而犹曰：是华侨之资本也。犹曰：勿含糊签约。致仍蹈吴端伯间接洋债之祸也。嘻，其群聋聚处欤？抑掩耳盗铃欤？夫徐□□②为著名滑头，何待调查？华侨固未必肯即输资内国，且尤不肯付之素无名望之人。若云农工商部曾经批准，则批准之事业，靠不住者多矣。倘赣省而竟成此，真所谓捏着鼻子骗耳朵也。

（载《刍言报》宣统三年八月十一日，《汪穰卿遗著》收录）

纠谬（一）③

赣路公司向上海兴业积聚银公司借款一事，邮传部之不肯核准，为

---

① 《汪穰卿遗著》将此文归入"杂说"，现恢复《刍言报》发表时的标题。

② 原文如此。据宣统三年八月十六日《刍言报》的《纠谬》（一）（见下）所揭，即为徐景明。

③ 《汪穰卿遗著》收入此文时，改题为《论江西铁路公司借款事》，现恢复《刍言报》发表时的标题。

防流弊起见，宜其如此也。乃初十日《国民公报》载有赣人反对铁路部办一则，前月十六日开股东大会，到者百余人，多数反对部办。决议向上海积聚公司借银四百万两，先交现银百五十万，余者即由该公司代购材料。现闻公举董事陈小梅、罗朗山、龚梅生等，随同陈主政赴沪，与该公司经手人徐景明①磋商办法，一面咨请邮传部查核。噫，吾不意赣人之愚，一何至此！赣人其果愚乎，抑别有命意者在也？夫借四百万之款，而仅交百五十万，尚不及借额之半，复予以购料之权之利，而购料之款，乃逾于借额之半。姑无论是否间接洋款，有无流弊，而其表面上之损失，已不小矣。赣人岂不之知耶？而必欲决议行之，非愚而何？毋惑乎邮传部之不肯核准也。试观我国历来造路之借款，群诉为丧权失利者，有此办法否？故吾以为兴业积聚银公司之款，即使果为华款，而赣路公司亦不宜借入也。

赣路公司之竭泽而渔，已非一日矣。无米之炊，不能支持，不得不出于借款之一途，固人所共知者也。然华人股且不附，焉肯借以巨款耶？更焉有华人能借此巨款耶？舍借洋款，无他术矣。顾以商办之路而借洋款，既无此例，且易为人指摘，受人攻击，不如以间接之洋款而借之，既避其名，又能济用，赣人岂真愚哉！非吾好为苛论也，以上海著名滑头之徐景明之兴业积聚银公司，其内容殆无人不知，而谓赣人不知耶？赣人既欲向之借款，焉有不一考求之理！谓赣人不知其当为间接洋款也，吾不信也，赣人非愚也，盖别有命意者在焉。

今夫赣路不借款速办，则收归部有矣。断不能使其长此迁延，虚糜岁月，致构成不生不死、亦生亦死之怪现象，而妨碍交通之要政也。惟其然也，赣人即不得不借款矣。借款者，乃以抵制收归部有也，但知反对收归部有，不惜牺牲全路之权之利，而向徐景明借款也。吾诚为赣人不取也，恐非赣路全体股东之同意，而百余人之偏见也。以百余人之偏见，而贻害于全路，吾未见其可也。吴端伯之事，已误于前，岂可一误再误耶！况部办之说，刘绅景熙所开具之条件，部中已七允其五（见初八《京津时报》，初九《中国报》所载邮部致赣抚电：一、招股。货股请换股票。二、借款。一百万，由部代偿四，所换股票，每年官息六厘五。除官息外，如有盈余，按数分给红利六。股票可向大清、交通抵押）。股东无所亏损，与其损失权利于间接洋款之兴业积聚银公司，而

---

① 《汪穰卿遗著》收录此文时隐去了徐景明的名，兹据《刍言报》原文予以恢复。

受两层之朘削，不如由部收归，犹得保全股本，坐收官息红利之为愈也。吾恐部中尚须接受烟潍、漳厦，未必即收赣路也。然部中既不准其借款，虽欲不收，不可得也。

邮传部之收归与否，事尚未定，不可知也，而其不准赣路借兴业积聚银公司之款，则为防流弊起见，宜其如此也。不料初七日《政报》"阳秋新语"中，乃有"赣路借债草约，盛大臣驳之，已电致冯抚，未便核准。盛宣怀亦有不赞成借债之时，殊出人意外，想赣路借款草约，与四国借款合同，必有相形见绌之处欤？冯抚何不学盛老"之语，何其信口雌黄，淆乱是非耶！此次赣人借四百万，而实交百五十万，四国借款，岂如是乎？岂以盛大臣有四国借款之事，而无论何项借款皆应赞成耶？不赞成赣路之借款，即属意外，抑何发论之可笑也。至谓冯抚何不学盛老，不知赣路借款，操之公司总理、股东，而非冯抚所得主持者也，并此界限而未明晰，便欲评论，亦适见其妄而已矣。

（载《刍言报》宣统三年八月十六日，《汪穰卿遗著》收录）

敬告（二九）[①]

近闻人言，川之租股，无贫富皆一律科取，以五十两为一股，月给息；其不及五十两者，无息，俟凑成五十两，乃给股票，而与以息。小民欲得现银，多欲去之者，于是川之官场，竞以低价收取，有二十余金而得五十两之股票者。不意忽有变动，官场顿失利益，故附和保护。非有爱于川路，亦非求悦于川民，因己之失大利起见也。余谓此说极是。去年京城各报，皆言川民以强出路股，故遇年饥，困苦更甚。又谓川民多愿以低价售去股票，庶得现钱使用，以前证后，其说确矣。

（载《刍言报》宣统三年八月十六日，《汪穰卿遗著》收录）

---

① 《汪穰卿遗著》将此文归入"杂说"，现恢复《刍言报》发表时的标题。

论路股之不合法理

　　向来上谕，皆言永不加赋，故筹款而欲取之田赋，至难事也。即或可矣，亦当留以为自治之用，不能他费。今四川、湖南自办铁路，筹款无出，则均之于田，吾不知果得全省人民之同意欤，抑少数人民之决议也。然今日川湘人民之呼号，不可掩矣，何则？民本穷，鲜盖藏，适值灾歉，而又敝之于渺不相涉之路，安能须臾忍欤？而诸报中惟言路股之受累，而不深言路股之不合法理，何也？

　　川湘两省，既有路股矣。较之公司中之集股几过之，如是，则公司之权分，皆不能定。今湘省已有持是以责公司者，虽然，假使别举数人以担路事，而尽收其权，恐于理亦未合。盖既非出资之股东，而欲藉全省之田租，以为己之权力，恐一时即无言，后必有人起而推翻之者，正不可不慎也。

（未刊稿，《汪穰卿遗著》收录）

苏杭甬路始末略记

　　此路为许英五路之一，其原因极大（其故实难明言，去年始知其实），仅视为盛侍郎曾与立草约，或视为平常要求而以为可废，此实吾辈之大误。

当余居上海时，即闻盛与苏杭甬路约事。后报章又载，合肥相国许英人承办津镇、浦信、沪宁、苏杭甬、九广五路事。虽其原由外间未尽知，而共有国际之关系，则大概皆知之。

顾自订草约后，绵历至久。壬寅、癸卯间（光绪二十八九年），有浙商李厚祐，拟自办杭州城外湖墅至江干一段，而与银公司将来所造之苏杭甬路首尾衔接。盛侍郎回言不能。惟此时即闻盛之意，若全路自办，当可办到，不能截办一段也。

乙巳（光绪三十一年）春夏，汤蛰仙、张菊生二君在申，因美人倍次欲办全浙铁路，浙绅争之力，遂驳不许。于是与同乡诸公提议，浙江铁路归浙人自办。时余在京，以为苏杭甬一路，缪辕不清，安能谓之全浙路自办。时盛适至京，乃往商之，亦以为可。四月间，浙京官有大聚会，即宣言此事。已而盛对余言，彼为与银公司合办路事之人，则路约可废一节，万不能由彼说出。余恐事有翻覆，乃复函致盛，得其复书以呈同乡，并持至上海，示诸君为征。其信今尚存公司。然盛语甚圆，惟言可自办，而绝不提废约事。

按：盛亦非有意相欺，大约谓一面自办，一面再设法与英人交涉，或可得当，而后来事变，则非彼所料也。余彼时意，一面只自办路，而外交事委重于盛。彼既有前说，必不能中途恝置。然不料后来之风云如此怪异也。

彼时忽有一怪事，则杭人孙某忽集众开会，宣告废约，并电致各报。于是言废约者风起云涌，若山西之于福公司，若安徽之于铜官山，直东江皖之于津浦，江苏之于沪宁，莫不集会并演说，大放厥辞（几于无报不载，无一日之报不载），一若伊等之笔舌，可作炮火用也者。

按：此真大怪。夫经营此事者，我辈也。事既成矣，须伊等作此何为？然伊等此举若无关系，犹之可也，不知此事竟惊动外人。闻其时英领事谓人曰："中国人忽然如此凶法，不但要废已立之约，且欲并已开办之路而废之，此何说也？"

惟时余亦知朕兆之不佳，谓某君云："苏杭甬路之自办，试为之耳。而伊等如此嚣张，恐大为害，奈何？"某唯唯。余一人无如何，惟函致各省人之相识者，属其设法镇定之，然亦徒废笔墨而已。

尤为失误者，则京官同乡竟递呈商部，请废约，而朝廷亦遂下廷寄于盛，令废约。殊不知此事需委婉，而不能用强力以责成盛。盖责成盛而英不与盛商，则奈何？惟时盛在京谓人日："此事本来尚有法可想，自有此廷寄，而几微之希冀断矣。"同时李伯行在申，对余则云："有此廷寄大佳，如此则我处反放松，可以卸责矣。"李与盛二语虽相反，然其意一也。

是年九月，余北上，在津探询项城之意，知甚以为难。至京，闻外务部亦然，凡外务部偶然涉及废约一事，英使即日："此事我不知可否，请以公文来，吾当电闻吾国政府。"外部知其意不善，即无敢复言。唐少川至外部，说亦略同。然伊亦不肯言约不能废，但说英既未来催办，浙人尽做无妨。

其时有一事略觉可慰者，则盛奏中言，已限怡和六个月不开工即作废之说也。然奏中未言怡和复书如何。屡函询之上海，不得复。二月杪，菊生来京，余以此叩之。菊生曰："曾以问盛，盛谓怡和复书，谓耽误之咎由于拳匪，伊不任责。"余曰："然则此事成泡影矣。"菊生曰："盛谓伊必仍尽心此事，且尚有别法。至用何法，当时言之，今已不忆。"是时屡有言用别法与之商者，或购彼料，或请彼工程师，然无有敢向公司言者。

丙午（光绪三十二年）夏间，又有一佳耗，则有人（即订九广路约来京之龚君）谓，舟中偶询濮兰德君，曰："九广事定将何如？"云："即定苏杭甬正约。"龚曰："浙已自办，如何？"濮曰："此系据前约应办之事，不能管他。"龚曰："贵国何必与浙人争此路？"濮曰："此却有一法，因此路非吾人注意，非若九广也。然不能凭空废约，须以金赎回。"龚曰："须若干？"濮曰："二三百万。"此事余亦函上海，然未有理会及此者，而蛰仙尤以力拒外人为能事。英领与濮见浙抚张公，而蛰仙属张公勿见（后以外部电始见）。濮两拜蛰仙亦不见，并不答拜。于是补救之法，一无可施。

是年五月间，某君又至京。余问："废约事万无办理，而浙人以为必能，将来必大轰闹，如何？"某曰："此复何策，惟有听其所之而已。待大炮轰时，必有办法。"余闻其言，嘿然而已。

此时浙人以废约为必然之事，或为已然之事，而不知其影响全无也。

余自乙巳北行后，留心此事，凡外人之情形，政府之意见，以及补救之法，偶有所得，即函告某君，以达于蛰仙及公司中人。其不径达蛰仙者，以蛰仙慑，恐更无效也（亦偶有一二告蛰）。不意凡此等语，均未见复，亦未见有来函商议之处。余自觉没趣，故自丙午秋后，渐少言及，然犹时报告，直至丁未（光绪三十三年）七月出京时为止（计前后五六十封）。后风潮起，蛰仙总以伯唐不先相商为辞。余谓："伯唐虽不告，而我则于伯唐未与英使订约之前，屡函言之矣。"蛰曰："我不知。"余骇曰："吾历函托某君转达之辞，岂皆未达乎?"蛰曰："吾皆未闻。"

丁未春，政府召伯唐回国。凡英使来催订合同，外部即以俟汪使回答之，盖以浙江之棘手题目，应使浙人当之。

已而伯唐到外部任事，接办此事，时已六月底，甚秘密。余询之，亦不答，惟说甚难。余曰：蛰仙等皆持拒款主意，宜与说好方妥。伯良久但瞪目曰："如何说法?"

七月二十三日，余以《京报》被停，出京谋复举。八月初，伯唐使英，此事即日交梁崧生侍郎接办。盖伯唐经理此事，始终不过一月，而其合同，大与九广不同，已见所印《苏杭甬路事案》中。后来梁办，竟废去另订（此节予己酉入京始知之，亦深怪伯唐之不相告也）。

至八月杪，订约之事宣布，惟时余适自申至杭。或有问者，余以为伊已知近两年历史也，乃曰："上下因循至此，亦复何策? 惟有将合同情节减轻，少受害而已。"不意此语出口，闻者即已大怒，以为余之胡说。

于是杭中谣诼杂起。适有一工头邬某病虐，被业西医刘某药误死，方欲控刘（此事极确，以中外报得第一次新闻，尚说是病也）。值路事起，蛰仙即遣人属其家人，改说是殉路，则名美而有利，其家亦欣然从之。

蛰仙遂因此以激动风潮。后之汤工程师以他病死，亦置诸殉路之列。此次风潮之广博宏大，殆不可思议。于是遂有处汪以铸铁像、暗杀、掘坟、扮戏等之事。

最可异者，余至杭之故，蛰仙知之。盖余将恢复《京报》，蛰仙允助五千。适得京电促往，因赴杭索蛰仙此款，而蛰仙乃暗布谣言，谓余是替伯唐运动而来者。又吓余曰："君宜速行，人将暗杀君。"然余以办报故即行，非为蛰言也。

至数月中之大小设施，则已见各报，不必余述。惟时有三数人知不应如此办者，亦以被慑而止，不敢吐一言。最奇者，人人皆以为怡和已默许限六月不开工即停止之说，而盛绝无一言，亦无他人将实情言之者。此如见勇士误持中断之刀，任其挫衄致败而不一言也。盛至汉口，犹力言怡和已允，直至京，始吐其实。此真千古疑窦。

按：此系盛事，或谓盛后来所出之信为捏造者，则非也。

事势相逼既甚，乃有命派代表之事，遂公举四人任之。四代表及书记既至京，外务部悉以关此事之重要文件示之，代表瞠目相视，不复能有语，乃成部借部还之事。其历史由杨君廷栋宣布，详述自李、盛、唐三公及汪、梁订约之事实，惟以不先告同乡一层为汪罪。

至己酉（宣统元年）春，蛰仙忽有电及信致京中同乡，旅沪学会亦有电致同乡京官，大率皆言应逐汪、盛，勿得踞邮部。并言京同乡官有电致申属为之，然京官实无此电也。蛰仙又直致政府一电，均载各报。

四月初六，京官出知单，约同乡会于下斜街全浙老馆。余问提议何事，曰："无他，不过集股催股而已。"殊不知中有秘密布置存焉，故遍召同乡，而独不告汪。中有绍人田某，蛰仙之特派员也，然伊不认为蛰仙派，但云有事来京，适值此会，故来观盛举而已。而是日提线索者，则为翰林朱福诜桂卿，并挈其子至。俟诸大老至，则引田见之，俾先述浙路事。田乃言蛰仙如何劳苦，如何节省，如何任怨，故路非彼办不可。顷之集众演说，田乃言，今非急集新股不可，若蛰仙去，不特新股不可得，即旧股亦思抽回，甚可虑也。语至此截然止，若有人约定续其后者。果然，朱君言：吾辈本与汪某无意见，此事亦不能咎汪，惟吾辈为大局计，则应劝汪离邮传以保路。众叩其策，则曰同乡以函劝之，或面劝之，或递呈政府（朱有意见书，略与此同）。余即起言曰："按旅沪学会谓汪卖路，汤电则谓与盛捏造要函，是皆非仅仅离任所能蔽辜者，宜请派大员查勘，如确有其事，应与大罚。"众人闻余说，乃俱谓此决无有，大众初不疑及此，无庸提也。余乃不言，众亦未议决而罢。

余劝伯唐奏请解任待勘，伯唐先亦欲辞职，而庆邸不谓然，但言不必理他。余谓盍竟自为之，伯唐云不能，现邸不谓然，即强上折，亦必搁起。

蛰仙致政府电，实为可怪。盖攻盛、汪不宜在邮部，亦足自成其说。推此宜堂堂正正言之，乃抛荒正文，而别寻蹊径，指为袁党。又谓监国应念鸰原之义。读全文无非挑拨激怒，诬捏挟制之语，此真非吾辈俗见所能测者。

蛰仙之目的既不达，则无论党汤者，恶汤者，皆以为彼必力辞路事，而抑知不然。盖彼于杭开大会之前一日，忽至申坚约某君至杭赴会，并为临时会长。夫蛰仙果愿去，则何必有此布置。某君亦知其意，故答之曰："吾不能往，以吾若主张留君，则君固日言劳顿矣，吾安忍以此苦君？若不留君，则欲留君者方哗然，吾惟有谢不往耳。"蛰仙遂嘿然去。

顾开会之先日，已有人遍发传单，言不得另举总理。有不附和者，其人即为卖路贼。比开会，甫入座，即有千百人大哗，言应留汤。董事会众应之稍迟，即大见斥诉，谓汤总理为吾浙办事，如此勤苦，而君等不即留，岂尚不以汤为然乎？董事会无稍异言，亦极赞同。于是是会也，本以定总理为目的，而后竟不复提，以致副总理欲辞职，亦不能言云。

秋间，蛰仙得云南臬使之命，于是揣测纷纷，有谓彼必应命者，有谓不赴召亦不办路事者，有谓必始终于路者。蛰仙对人言，亦不一其说。而后来办法，乃皆出人意料之外。

有一事最奇。孙士颐者，于吾宗为疏亲，然素习于伯唐。戊申回杭，蛰颇与联络，然不过平常待友朋之道待之而已。今年孙又至杭，蛰乃极意相待，宴设优频。数日，蛰以事赴申，孙亦刻日将去。蛰至申，特电留之，云尚有所言，且候看潮。至期，蛰果至，日事觞咏。孙意蛰知彼将入都，必属其释言于汪，乃绝不及此。无几，又赴申，孙不日继至，甫入逆旅，则蛰已来约西餐，孙谓必将有命，而餐燕累日，亦都未及。一日酒半，约同车赴愚园，孙谓彼或择静处相语，亦无有。次日，忽约同至南翔。南翔乡野，无足观览，孙谓其有谋野之获，亦不然，但言明早返杭，再至京相见而已。孙谓无事矣，夜回客店，则又以名刺亲至辞行，孙次晨诣车站送之。孙时大悟，曰："我真愚，汤君之厚我，即暗以和解于汪托我也，岂待明言哉！"孙至京，即往伯唐处，且以汤雅意告伯唐，伯唐颔之。然汤至京，拜孙不拜伯唐。伯唐往拜，亦不见。对人曰："吾焉敢见如此大官。"孙至此，始知汤前此所为，全是空中布景。贤者不可测，一至如此。

今年劾盛一电，则尤失之拙。盖谓盛诱我浙人于拒款之途，是直自处于被绐之列，则从前之争皆为错误。此实自破藩篱，诚不解蛰仙之拙，一何至此。

以上皆言其对于朝廷、对于大局之未是。至其办事，以表面言，胜于他处多矣。其刻苦节省，决非他人所能及。惟有人言其办事错误之点，亦不妨略举之以供研究。一劳苦太甚，而实有过分之处。盖蛰仙性不能任人，无论何事，皆欲过目，于是分任之人既无专权，即无责任，而无事不待总理以举，既势有不能，即悬事以待，而延搁多矣。甚至一条子、一信面，亦须自写，每日之报，悉须览阅，徒劳敝精神，而为功盖寡；一则与商人太不接洽。自去年大会不举总理以后，而著名商董数人，均登广告辞商董之事。问之，则谓汤君贤劳，吾辈咸所敬重。顾吾辈欲陈之事，悉不能自达，与其将来坐误大事，不如早辞为幸。闻向来董事等，见总理欲有陈白，蛰仙即先自大发牢骚，以讫其去，人之言闷不得出。后有人请其以五分钟之时间容彼陈说，乃未及二分，而蛰仙已以语相隔断。而学界中人以极小之股，而专执其权，虽蛰仙亦不能自脱，可怪也；一则对于外人不觉隔膜，蛰仙本无外交才，故对于外人，惟以抗拒为唯一手段，而一无操纵之术。不见濮兰德固为错误，后来对付洋工程司亦是如此，故动辄龃龉。

总之，蛰仙之于路，究欲始终其事乎？抑欲借端自脱乎？其对于汪、盛，诚恶而思去之乎？抑以为题目乎？外交之为难，彼诚不知乎？抑故意示异乎？吾辈浅人，实不能测，唯有可断言者，则蛰仙之识见、才能、经验，实不能办此事，且相去甚远。观彼于对内对外，绝无可法，推知说蛮话，为种种挟制之计，亦足知其无能矣。

至政府对于此事，则尤无可言，并未尝以大局为意，以事之妥贴与否为意，惟知敷衍。敷衍不成，乃至决裂。于各方面之如何，亦极不研究，夫何足云。

最可叹者，则凡官界、学界、商界，以及事中、事外之人，至今无人肯彻底研究者，推随时上下而已。吾国人如此，何以自立？

以上不过言浙路近年之情状耳。至全国铁路自办一事，发起于浙，而踵于各省。今反复研究之，乃知其为大谬焉。试列其说如下：

一、全国自办铁路，非独中国无此财力，即各国亦不能如此。而勉强为之，耽延时日，转致糜费，且有各种影响。

一、我国实无办此事之人才，蛰仙固未足副其任，而已远胜于各省。各省则惟知攫金钱者甚多，故无一成绩可言。

一、分省之误。不特此宜以路分，不宜以省分，而因此益深分省界之习，且将来必致因分省界而各据其利益，事愈不可为。

一、冒称商办之不正。按此事应由国家划定若干路，若国家不自办而招商为之，则必以大商家数人主其事，而招股以足之，始可云商办。若凭空以一、二绅士主办，名曰公举，实数人主之，其后则渐落于全省有势力人之手，或为刁绅劣监，分头把持，则为祸更烈。今各省或未至是，然观此据彼攻之象，则距此亦不远矣。

以上四条，言前此主持之误也。而最误人者，彼将以招股为主，其辞或过激，谓借款办路即路亡，路亡即国亡。其实，善为之何至此？京汉、京榆固未亡于外人手也，更有打破后璧一语，则设如我不善自为谋，他人只一举手已为所得，何待造路、开矿之纷纷哉！惟数年以来，我国以自办铁路语言过激之故，外人遂指我为排外。不幸而与英交涉最多，于是中英之交遂疏，日本乘机益亲英，关系甚巨矣。

（录自《汪穰卿笔记》，1926 年商务印书馆铅印本）

议政篇

论偷安为贫弱之原因

国家何以存，存于忧患；国家何以亡，亡于安乐。处安乐，而恒自视为忧患，则其国家未有不存者也；处忧患，而恒自以为安乐，则其国家未有不亡者也。即使其国家偶然不亡，而其实际，则不过苟安旦夕，奄奄一息耳。竭生民之脂血，以供外族之牺牲，对乎世界，无国际法人之资格，于是其国内统治权之上，乃有无数强国之统治权架乎其上，驱使其国之统治者，束缚其己国之人民，受无数强大国人民之奴视，竭尽其己国人民之膏血，以供无数强大国政府之牺牲，而其国尚自以为不亡者，亦不过其国之朝野上下，醉生梦死，自以为目前尚无亡国之悲痛耳。呜呼！此其国岂尚有国家之人格哉？孟子曰："入则无法家拂士，出则无敌国外患者，国恒亡，然后知生于忧患，而死于安乐也。"呜呼，使我国人民、政府，而真以孟子为愚无知者，则此言诚不足思矣；使我国人而以为孟子当稍有智识也，则我国家之政府、人民，能无诵其言而汗流泪下也乎？历观今日，我同洲之国事，如日本者，乙未一战，大败我国，益土得金，诚可自以为安乐矣；然而日本国家之政府人民，自以为忧患也；乙巳胜俄，一跃而入世界头等国地位，更可自以为安乐矣，然而其国家政府人民，乃复自以为忧患也。兵战既胜以后，锐意商战，我国东三省之市场，直为日本国之商品陈列所。制造之事业，运输之事业，推广于我国者，去岁之中，骎骎驾乎德、法、美三国之上，舍英以外，无可方驾。兢兢业业，日从事于争竞上之生存。举其国之朝野上下，一若人人以为不争竞则必不生存者，此诚处极盛而仍自谓忧患矣。其进步尚可思议乎？今试按之我国，乙未之败，偿兵费二百兆，割地数千里，可谓忧患矣，然而和议既成以后，吾国政府，自以为又入安乐矣；于是乃有庚子之变，庚子之役，偿兵费八百兆，创钜痛深，可谓忧患矣，然而和议再成以后，吾国政府，又自处安乐矣。乃幸而有俄人不还东三省之举，我政府因此尚不能无动于心。乃日俄既战，日本胜而果还我土地，自今而后，我政府诚可以自为长治久安，天不变，道亦不变，卜万年有道之长基矣。呜呼！何日本善自处于忧患，而善贻他国人以安乐也？呜呼！何我国人已入于危急存亡一线之地，而酣豢高眠，朝野上下，盲然不知世界之大势，亡也而自以为存；忧患之至也，而自以为安乐，岂不痛哉！

（载《京报》光绪三十三年二月二十日，《汪穰卿遗著》收录）

庆亲王七十生辰特别赐寿记

庆亲王以亲懿之尊，受阿衡之寄，位尊朝右，则周召之隆也。望重四海，则管葛之任也。本月二十九日，实为王七十生辰，并闻两宫特恩，于二十二、二十七两日，赐寿二次，上方珍物之颁，深宫宠眷之渥，为近古所罕闻，亦昭代所未有。然则庆邸对于此，将何如乎？窃以为庆邸对此，必有踧踖忸怩而不自安者矣。何则？时平则归功于相，世治则上享其成。吾意王必自念近数年来，沈辽则疮痍未复，江皖则饥馑荐臻，萍醴之乱甫平，黔桂之匪又起，江南、浙江之帮枭，山东、广东之盗贼，随时而起，绵延不断。甚至上海之租界，白昼拦劫，辽东之马贼，绑票时闻。饿殍载途，民不聊生，至此何缘？成此何故？此王所踧踖忸怩而不自安者一也。

且夫成其功者受其福，劳于事者丰于报，古之道也。王必自念近年以来，内政外交，绝无进步。今年奉明诏立宪，纡回再四，卒无以慰天下臣民之望。用人则时被弹劾，行政则罕有成劳。职官枢机，而措置时多乖谬。任兼交涉，而卑亢时致龃龉。知藏卫将为英所窥，不能早防遏以弥其衅；知日俄将因我而战，不能速消弭以伐其谋。遂使西陲万里之地，英约一订而我受空名；祖宗发祥之区，日俄再占而我蒙奇辱。是则问之当世，实无可纪之功；笔诸史编，更无可书之绩。其踟蹰忸怩而不自安者二也。

若夫德盛而物斯备，实至而名自归。王必自念受命危乱之时，处身艰难之会，抚躬循省，何德可言？甚至以明珠薏苡之嫌疑，受脏污狼藉之弹劾，而周某以罪干籍没之人，骤得奉使绝域之命。事缘何故？道路皆知。外虽蒙宥于朝廷，内实自惭其衾影。盖固己位则易，箝人口则难，此王所踟蹰忸怩而不自安者三也。

王试自念当国数年，上答祖宗者何事？仰慰慈厘者何方？何以塞亿兆之望？何以执异己之口？某报谓王此次生辰，已定不受礼物，吾意王对兹宠命，犹不自安，何况广受货赂，自干法典乎？窃意王之贤明，必深以是言为然，故敢申言之如此。

（载《京报》光绪三十三年二月二十三日，《汪穰卿遗著》收录）

读连日罢斥朱宝奎段芝贵谕旨谨书

近以枢衡失职，宠赂滋彰，上下相蒙，惟贿是视，幸逢两宫明圣英断，连日斥罢邮传部侍郎朱宝奎、新简黑龙江巡抚段芝贵。踔厉奋发，内外慑息，正如云雾晻霭之时，离明继照，而狐鼠屏迹；寒冱郁结之际，震雷一声，而百物苏解，不可谓非数年来特绝之希望也。

自近来破格用人之说起，旧时资格班次之藩篱，一时尽破。由道员而得总兵、得副都统者，已屡见不一见，近且得侍郎，得巡抚，躐等骤升，海内骇怪。其中或素有才望，为众所推；或积有资劳，为人所谅；或以保荐之多，或以任事之久，尚为持之有故；然以名实不尽相副，已不足服远近之心。近数月来，则降而愈下，登进之故，多无可言，一言以蔽之，则非其私昵，即在纳贿之多寡耳。海内之人，咸知用贿之效，于是假贷鸠集，北走京师，以求弋获者，几于指不胜偻。而辇毂之下，几成为运动剧烈之场。其所以不被言官弹劾，报章摘发者，则以彼踪迹诡密，断不授人以柄也。

假使此等鬼蜮行为，竟无人过问，则无几何时，内外重要职任，必皆化为有早晚时价之货物；京师一区，必变为经营官职之市场；而挟巨资以赴市者，且将如水之归壑。尤可虑者，此等资本，多非己出，如竟出自他国，则于吾国之关系，尤不可意测。呜呼！值此国势日蹙之时，而犹贸然为此，吾不怪其心之贪，吾实怪其心之忍也。

夫谓吾国今日，用人不能尽按资格，此亦无可如何之事。然其用一人也，必有所以用之之故；而其人之登于位也，必有所以自见之地。则在他人，虽有积薪居上之恨，顾上之心既有可谅，己之才又实不及，固无可言也。倘人才相等，而惟以有奥援之故，躐而居己之上，则虽至平易之人，有不能已于言者矣，而况其得此也！乃不以他，而直以金钱乎！

今两奉严诏，虽尚未发见营求之实际，然使人咸知侥得者且将侥失，而求荣之反辱也。则庶几自兹以往，用人者必其有以相副，而无他途之从；求官者必思所以自效，而无苟得之心。吾国政界，或尚有大放光明之日乎？

惟近来人言啧啧，或谓倖进者非止二人，何二人独见黜罢？或谓既经误用于先，则不必骤黜于后，以彰用人之失；或谓但须问其将来任事之如何，不必追问其既往；或谓既未得其营谋之实据，何必遽褫其事任？此则互相容隐之言，予固无庸齿及者也。

（载《京报》光绪三十三年三月二十六日，《汪穰卿遗著》收录）

书越南人巢南子海外血书后

吾读巢南子海外血书，而不知涕泪之何从。曰哀越南也，然吾不暇哀越南，而实自哀吾中国也。夫越南已亡，中国尚自立，就所处之地位，固不得以之相提而并论焉。然吾对镜参观，则中国所现种种腐败之象，所受种种惨酷之祸，何与巢南子所言一一相吻合耶！巢南子明知其国之已亡，逆料其种之必灭，故为之痛哭流涕，大声疾呼，以冀警醒其百万万同胞于醉生梦死之中。乃吾中国所现种种败腐之象，所受种种惨酷之祸，竟与之一一相吻合，岂吾中国亦为已亡之国？中国之人，亦为必灭之种乎？吾一念及此，虽欲抑塞其涕泪，扪箝其口舌，而亦有所不能已。

吾足迹所到，至为狭近，然江海之汽船，京榆、京汉、沪宁之铁路，乘之者屡矣，习见吾同胞之在车中者，蜷伏于马溺牛粪之下，呼喘于煤灰尘土之中。冬为雨雪所侵，夏为烈日所毒，终日屹立，不得倚息。人或拥挤，几无插足，老幼妇女，麕束一隅。如触藩之羊而不遂，如入笠之豚而又招（此惟京榆一路为然，近稍改良）。"票"声一呼，（管车人收票，只呼一字曰"票"），惊相愕顾，稍缓交出，即遭呵斥。既受异种洋人之凌践，复遭同种洋奴之辱骂，低首下心，计惟隐忍。而其所收车值，较之东西洋各国，固有加无减也。他如德所建之胶济铁路，俄所建之东三省铁路，其不以人类待我，更何怪其然。汽船搭客，取资较贱，然或露宿于甲板，或闭闷于舱中，饲以饐餲之食，伴以臭腐之蔬，奔取一迟，竟日枵腹。彼怡和、太古两公司之如此待我，犹可诿之曰：彼固外人之营业也（日本大阪公司待客稍优，然彼为营业上之竞争，非重视吾同胞也），若招商局，则吾中国所创业者矣，乃其待客也，如出一辙。或谓若坐上舱，则甚优待，不知招商局此等权利，颇不易享。盖论其名，则为商家之经营业，而论其实，则为官场之势力圈，故每有给上舱价值，仍不得享优等权利。惟彼握有势力者，不费分文，转得任意所欲。然试问跻此分位者，能有几人？故吾谓招商局与怡和、太古，值同一以狗彘待我同胞而已。

欧人藉吾华人之力，开垦美洲，近以其民生齿日繁，虑夺其生计，于是特设虐待规则，使吾民之已往者，势不能居；未往者，望而生畏，计至毒矣。然英之开斐洲金矿，法之筑越南铁路，则又竞招我民前往，而美之通巴拿马运河，亦复有来华雇工之议。诚以炎酷瘴疠之地，艰深困苦之工，白种人不屑为，且亦不肯为，故甘言以诱我，重金以饵我。迨既陷阱中，则严定其课工程度，明示苛罚规条，呵叱不绝于耳，鞭笞不离于身。作苦之工资，屡许而不给，偶有之微蓄，一罚而即罄，是以幸得挟资归者，千不得一焉。幸得脱身归者，百不得一焉。而其殒身于蛮荒烟瘴，水深火热，以为豺狼蛇虺之食料者，踵相接焉。彼既利用吾民之手足，以辟无穷之利源，复残害吾民之生命，绝无穷之隐患，明知虽杀千百万人，吾政府亦不一问，即或迫于公论，而偶以空文相诘责，数语拒覆，即默而息矣。

　　吾中国人民所受之祸，如此其惨酷，其与巢南子所言，有以异乎？夫越南之受祸，以无政府为之保护也。乃以吾自主之国，而亦与之相等，则外人之视吾国也，若存若亡；视吾种类也，若有若无。何怪日本之在辽东，大书特书于华工之背曰："亡国之奴。"然吾中国，固拥数百兆人民，数万万方里，泱泱乎亚东第一大国也，岂已亡之蕞尔越南，所可同年语哉！夫物必先腐，而后虫生之；人必自侮，而后人侮之。今试观吾朝野上下之间，其与巢南子所云，不知有民，不知有国，种种腐败之象，直如以摄影器摄我之影而为我对照。是越南亡，吾国亦将亡；越南人种灭，吾国人种亦将灭。然一则已患必死之症，一息仅存；一则病虽危险，而补救之剂尚多。吾所最不解者，中国人亦自知病之危险，而急进以补救之剂矣。然仿行政策，徒耀外观，以致学堂、官制、警察、军兵之改革，转以演出种种腐败之形状。有更非从前意计所及者，是犹明知良方之足以愈病，恶其君药之苦烈而揭去之，仅服佐使诸味，以冀苟延残喘。不知病根不拔，元气日虚，不惟不足愈病，正恐从而加剧。中国之病，固可不死，中国之人，直欲其病之必死而后已也。噫！

　　夫越南当未亡之时，岂无一二仁人志士，热心爱国，如巢南子之痛哭流涕，大声疾呼者乎？使无其人，何于既亡之后，忽有一巢南子？使有其人，何不为之蘧然猛醒，而甘受夷灭之惨？噫！吾知之矣，此所谓言者谆谆，听者藐藐也。今吾中国之仁人志士，亦既大其声而疾呼矣，当局者将蘧然猛醒乎？抑听之藐藐乎？然腐败之现象若此，则上固不知有民，民固不知有国也，惟知营一身之利，偷一日之安耳。偶有闻言而为之一动容者，及考其行事，则依然如故焉。亦有居恒而为之一奋志者，及入乎社会，则与之浑化矣。循是以往，吾恐中国之仁人志士，亦将为巢南子矣。吁，其可哀也哉！

　　虽然，越南壤地小而人民鲜，故法人独据之后，列强不思争割。若吾中国，幅员之广，人民之众，固甲于环球者也，势不能为一国所独据，于是瓜分之议起。而自庚子以来，浸浸乎实行此政策矣。是越南人种，仅为一国之奴隶牛马；中国人种，且将为列强之奴隶牛马。以一国对一国，则国势有先盛后衰，或先衰后盛，事有可图，犹可团结人民，以恢复其故土。以一国对列强，则国势非此弱彼强，即此强彼弱，势无并绌，断难隐相联合，以驱逐夫外人。故越南虽亡，尚有一线生机，中国若亡，吾同胞其万无生理矣。

而吾于此，又有感于巢南子之言矣，曰：丈夫等一死耳，与其为可憎可厌之死，孰若为可钦可慕之死。夫巢南子之不得不以一死重轻感动其国人者，以其国已亡也。若吾中国，犹然自立也，使朝野上下数百兆之人，咸知处此争竞剧烈世界，吾国人已有必死之势，而齐心并力，以强固其国家，以争存其种类，则将不以一身之致死为可惧，而以同胞之乐生为可喜；不以一身一日之偷生为可幸，而以一身亿万载之名誉，常留吾国民纪念者为可钦可慕。且夫吾中国之土地如故也，人民如故也，志士仁人奔走而号呼于国者，固不乏人也。及今而团结之，正自易易也。国之必亡，种之必灭，鉴于越南而势已然也。既亡之后，而欲恢复其故土，常保其种类，鉴于越南而势又万难也。夫人莫不好强恶弱，贪生畏死，既已好之恶之，贪之畏之，则何不矍然猛醒，拔去病根，痛改种种腐败，免受种种惨酷，而使吾种类永得生存于天地间焉。巢南子知其国人之必死，而犹望死中求生；吾中国今日尚处于生死关头，而不肯为此一着之争，将吾同胞其好弱恶强，畏生贪死耶？抑果如病者之恶服药，而讳言疾耶？将一日之偷安，远胜于亿万载之名誉耶？抑种类虽灭绝，而一身仍得幸生耶？将已死者尚求生，而未死者反不欲生耶？抑必死后始有可生之机，而促其速即于死耶？吾言至此，为之气塞喉咽，声嘶泪竭，虽欲哭之，而无从哭矣。惟恐后之读吾书者，非复如吾之哀越南以哀中国，且将目笑之曰：以如此之国而不亡，以如此之种而不灭，是无天演之公例已。

（载《京报》光绪三十三年四月初一日，《汪穰卿遗著》收录）

论札派黄开文为东三省森林总办事

呜呼！吾今日而知东三省森林之权利，中国其用放弃主义矣。于何知之？于所派之总办而知之也。或曰：黄观察系学生出身，习洋文，谙外情，则在派之者，为用得其当，而在受派者，必能不负所知，子何所见而云然也？曰：吾就黄观察之办理北京电报、电话两局而决之也。夫两电局为中国所设立，主权宜握于总办，乃黄观察之为总办也，电报局之事权，则委托之于洋总管矣（北京电报局之有洋总管，自庚子乱后始）；电话局之事权，则委之于洋工师矣，黄观察遂成为形式上之总办，而于其事实不顾问，且亦不暇问。入则筹划钻营之计，出则奔走权要之门，此固中国官场之秘诀。黄观察竭力揣摩而运化之，昼夜焦劳，心无二用，于是洋总管，洋工师，遂成为事实上之总办矣。是黄观察与外人交涉，固以退让为主义者也。而又以学生出身为之门面，是又具中国无上外交家之手段者也。以学生为门面，则必为华人所信用；以退让为主义，则必为外人所欢迎，此子所谓谙外情者也。黄观察又能挥霍公款，以博上游之欢心，以营一己之私利。今日得一保奏，则升官矣；明日又得一札文，则兼差矣。上游争相器重，喜信纷至沓来。又子所谓用得其当，不负所知者也。

今夫东三省森林，非日本所欲独握其权利者乎？费无限之心力，无限之唇舌，无限之文牍，以争执之，而始得有此中日合办之约。日本岂一刻而忘独据之雄心乎？是彼固用竞争主义者也。今吾以素不问事、甘心退让之人为之总办，而当其冲，则我之事权必失。事权失，则利益亦随之而失。盖权、利有密切之关系，容有有权而无利者，从未有有利而无权者也。黄观察或能保个人之私利，必不能保个人之事权；不能保个人之事权，即不能保国家之事权，又安能保国家之利益？且东三省名虽中国地，而已在日本势力圈中，则所处地位，非北京比。森林营业，正当创始，绝无成规可寻，更非两电局比（北京电话局虽为黄观察所创设，然不过电报局之分支）。夫以如此艰巨重要之事，委之于抱定竞争主义（所谓竞争者，乃就营业言之，非无理取闹也。至于所定合办之约，务使彼此率遵，不得稍逾分寸，且国际交涉与个人异，故东西各国无不抱定此主义）、热心爱国者，或可挽回权利；若仅知保守，已不胜其任。黄观察于两电局固有之事权，且以运动之忙，而不暇顾问，则于东三省森林之权利，有不迎合外人，而甘心退让者乎？夫退让之在个人，固为美德，然以个人而为总办，则所司权利，实对于国家而担责任。若一退让，则就对于国家一方面言之，为辜负责任；而就国家受其影响言之，则为放弃权利。然合办之约，固费全力以争之者也，固用竞争主义者也，乃忽委其事于最能退让之黄观察。夫以退让之人，总办竞争之事，则其放弃可决。始也为形式上之竞争，而仅得空言合办；终也为事实上之放弃，而札派如此总办，则国家之立意放弃又可决。故吾敢以一言决之，曰：中国于东三省森林之权利，实用放弃主义焉。或聆予言毕，谓予曰：形式上之办事，外交家之退让，固吾中国惟一无二之主义也，乃子忽欲破坏之，子真不足与有为者矣。予曰：谨受教，请勿复言，以观黄观察之放弃，以观中国人之一一放弃。

（载《京报》光绪三十三年四月初五日，《汪穰卿遗著》收录）

读初五日谕旨谨注

杨翠喜之事，腾播远近，万口喧传，京津两地各大报馆，均先后录入报中。旋经言官奏劾，奉旨派醇亲王、孙中堂查办。昨读谕旨，知两钦使已以查无实据覆奏，而赵御史得严谴，仰见朝廷优礼亲贵，保全名誉之至意。而钦使仰体慈仁，委曲求全，抑亦有可意会者也。惟是朝廷之德意愈隆，则臣子之报称愈难，此次道路所传，是否实有其事，吾侪既未亲睹，又无手据，则虽有实见实闻，亦安得执为凭证？然事之有无虚实，作者自知。既经湔雪，即可付之过去。然位愈高，则责备愈严；任愈重，则谤毁愈集。近来以来，政府之经弹劾，业已三四。蒙朝廷宽大，悉置不问，而言官被谴，轻重有差，意者彼二三小臣，或果好为溪刻；而被劾之人，或竟无瑕可指，此则在柄政者扪心自问，果否克副斯语？何则，天下事大，政府责重，一二事之举措，一二人之任免，而国之安危，即系其中。试问近五年来，国事之进步如何？民生之休戚如何？此则有实事可指。在当轴者，断无可自谊。夫受其利害者在全国，而酿其端者，乃在一二大臣，则何怪全国国民之对于政府，时致不满，此即能谊责谴于一时，而必不能逃公论于天下后世。惟望处是任者，追维既往，顾念将来，以任大责重为惧，以娄货贪贿为戒，庶几晚盖之力，足掩前愆；桑榆之收，足恢荣誉，此固吾人所倾望者也。

（载《京报》光绪三十三年四月初八日，《汪穰卿遗著》收录）

读初六日上谕谨注

前日谕旨，以醇王、孙中堂覆奏段芝贵事，查无实据，当将原奏官革职。仆尝仰测高深，著为论说。然都下人士，未能尽喻朝廷意旨所在，有不能尽释然于怀者。逮次日，又读准振贝子撤去一切差使之请，乃莫不钦佩皇太后、皇上之圣明英断，而贝子之克自抑畏为不可及也。

夫九重至高，万几至繁，使必一一而尽察之，势实有所不及。然果但据臣下所言，即为照办，则实难保竟无偏徇之事。伏读历朝圣训，于王大臣被劾之事，有虽派员查办，而后来办法，直有出于宸衷独断，而不尽如原派大臣所奏者，一则以示刑赏之不测，一则以示王道之无偏。此次覆奏，虽竭力洗刷，然以一女伶而买为使女；买一使女，而需数千金之巨，实有令人不能无疑者。朝廷既罪赵启霖之妄言，而复许贝子辞职，一以保全皇室之尊荣，一以养成贵胄之才望，而又以平天下人之心，意至深也。

至贝子此次辞职，或谓实预虑台谏之哓哓争执，故为此以遏其锋，此则浅之乎测贝子矣。谨按：振贝子为皇室最有名望之人，尝奉使至英，所过各国，咸博欢迎，意其胸次之高旷，眼界之广阔，有非他人所能及者。矧今以国事艰棘，不遑启处，断无玩细娱而忘远虑之理。此次所传一节，即使果有其事，难保非命侧之徒，百计蛊惑以相诱，一时不觉，遂堕其术中。今之遽辞要职，就居闲地，盖欲假宽闲之岁月，研究物情，以成远到之器，其意志之不凡，固足令人钦佩不置也。

夫人情奇幻，诡变百出，盖莫官场若。吾辈生长艰难，一旦与若辈遇，已如堕入云雾。盖其心思之诡变，手段之狡猾，有非吾辈意计所及者。况乎天家之子，安富尊荣，彼等百倍其伎俩，以相对付，稍不及察，固有入其中而不自知者矣。贝子盖惩艾既往，预虑未来，遂去剧要之地，入清旷之域。譬之久在局中，则一切胶扰纷纭，未由自见；一旦忽抽身局外，回首前尘，则局中情事，一一了然，从前之是非得失，亦一一了然。气以敛而静，识以炼而深，才以养而坚，数年以后，复入局办事，必不至蹈从前之覆辙，所谓能自得师者，非欤？

夫乐处要区，恶就散地，俗情也；耽居闲适，不喜繁剧，惰人也。若夫有意用世之人，不妨迭处要散，出入繁闲，其身可隆可污，其心可动可静，庶几操纵由己，而不为物累；得失从心，而不为境圃。仆前者痛官场之窳政，不惮痛切言之，以冀当轴之一悟，而于贝子固无所容心也。今见贝子辞职之奏，准其开去差使之谕，以为必有合于此者，故略论之如此。

（载《京报》光绪三十三年四月初八日，《汪穰卿遗著》收录）

论驻使固请仍用旧制之非

自来言用人者，有至高之说焉，曰自辟僚属，曰不避亲故。至近年而实行之，行之而不免于弊，且或大见其弊，于是争之者又起。又或心拂其说，则又与争之者互相诋排，而说愈纷不可解，吾故取其说而细辩之。

夫使处位者而悉为上德之人欤，则何嫌疑之可避，举亲可也，举仇可也，固何庸以法限制之，使彼习知者，乃不能用，而用者乃非所知。

虽然，处位者果皆为上德之人欤？吾恐此为亘古无有之事。既无有矣，而乃明诏之，使得用其私，则凡得权势者，不贤之择，而私是崇。匪特如是而已，又将选其尤私者为之，则天下将劝于私，人才之瘝，官事之坏，将百倍今日矣。

人曰不惟其私，惟其贤，吾恐将不惟其贤，惟其私。人曰因其贤，不妨用及于私，吾恐将因私而后及其贤，则贤之见用者几何矣？且此例一开，则凡在官之人，即认此为准用私人之据。而从前顾忌之心，嫌疑之说，皆可弃之不顾。而攀附夤缘之恶习，与夫勾结舞弊之情态，必有为今日所未梦见者。

且为此说者，特未思及施诸实事之不可耳。夫政界之事，前后相接续。若前之大府，尽率其僚属去，而后之大府，又别率其人至，必于从前之事，咸茫然莫措手足，即略知其成迹，而于事之精神意向，全未解晓，而长吏得因缘增损其间，则害于事多矣。

夫国家现制为用人之法，则于监督、防范、纠察之事，皆所不能免，夫是乃为法也。今一切脱去之，而任使自举其人，假使有不肖者，相率为奸慝诈伪之事，复何人能举发之乎？

吾国之法，颇病牵掣，惟驻各国使臣，乃大异于此。参随以下，任令自举，咸以为此必与古人所期者相应矣，不意所用之人，庸滥几居其大半，贤者十不一二，两言以蔽之，曰：非用己之私，即用人之私而已。

外务部知其然，又审知各国皆不如是。去年乃采各国之制，重为厘定，奏请施行。复设储才馆，罗致外交人才，以供任使。近又恐未尽适宜也，复请得由出使大臣，选其合宜者，请于外务部而任使之，以为如是，必无不可行矣。

乃近闻驻英李使，与驻德孙使，驻美梁使，请于外务部，欲仍规复旧制。其意必谓部中人才之不合用，不若自行选用之合宜。嘻，其用意果如是欤？

以余所闻，其他姑勿论，若李使，则将用其妻舅刘某，妹婿周某，婿杨某。周为瀚如方伯之子，杨为星伯太守之子，其名誉固无待予言，而从前在台湾，以办军火侵蚀，被刘省帅奏参将正法，后改监禁之某人，实巍然居其列，所谓人才者，盖如是！吾不知李使果视使事为重要之职乎？抑视为可任意营私之事乎？虽然，吾犹冀传闻之不确也。

噫，近人每言政法宜取法各国，今外务部所定，固各国之法也，何又竟以为不可？吾前尝闻某随员言，我辈至外国，见外国之法，便利于己，即曰事宜从俗。现在外国，即用外国之法可也，若中国之法，便利于己，即曰吾中国人，何为用外国之法，宜仍用中国之法，诸使所言，得无若是欤？

夫诸使如实谓外务部之人不可用，则亦宜设法以斡旋之。如阳托于公，而阴便其任用私人之计，吾意诸公苟有人心者，当不其然。

或曰任用私人，此吾国之旧说，各国无是也，则何以前日路透电所载，德国各报，攻击当道，即有任用戚友之言乎？

（载《京报》光绪三十三年四月二十九日，《汪穰卿遗著》收录）

任用私人说

　　前以新简驻英李使等，请于外务部欲依旧制，凡使馆所用之人，仍由使臣自行辟举，特著论说，力为驳辩。余之意，非谓外务部所派之人，必皆上选；亦非谓使臣自举之人，必为污下。盖一则以外务部现定新章，宜当共守，以期改良，不应破坏而仍前失；一则谓既已自举，亦必所举之人，足餍人望，不可授人以口实也。

　　李使以名臣之后，负海内之望，外人之对待，国人之期许，迥与他人不同，则李使之举动，亦必有大异于人，方足以相副。乃今观所用之人，则琐琐姻娅，多在提挈之中；龌龊小人，已在罗致之列，而稍餍人望之人，乃无一焉。从前著名阘冗之使臣，尚不至此，吾辈实不解李使嗜痂之癖，乃有若是者。

　　意者李使别有化腐朽为神奇之手段，使此辈至英，必能斫磨自新，力争上流。如此，则非所余及知，否则，恐但能蛰处馆中，制造笑话，已为佳事；过此，则更非余所忍言矣。

　　前所特指之人某人，其人生平历史，啧啧人口，苏常人言及，无不先为眉蹙者。李使竟举及此，无乃以廿年前在英伦之情谊，有不能割弃者欤？

　　惟是吾国近日，处势至危，几无以为自立之地，故全国命脉，不能不仰之外交。英之于我，关系尤重，我辈所望于李使者，在能惩前人之违失，联彼此之情愫，不特使两国交谊弥缝无间，且遇他国违言，亦可藉以解释。不意李使所用之人已如此，则所以慰人望者何在矣？

　　或谓欧洲各国，并无迥避亲戚之条，顾吾谓欧洲各国，亦未闻有准用私人之说。盖西国并无得用私人之机会，凡诸有司，大率由于考取，及其后，则皆循资而迁，计功而升，不能由大臣随意调用也。至政党中执事，则概由公举，断不能由会长自派。既无此弊，夫安用防？且西国政治修明，大臣所用之人，即有为其戚好者，亦必其素娴此种学问，乃能举用。又监察之人至多，必不能以不肖之人，滥竽其间。吾国则从前惟部中最讲资格，督抚则缺可酌补酌委，差则尤为任意。军兴之时，则武员之用舍，全由大将主持，而后来派驻使，亦遂任其奏请，不设制限。既大开此方便之门，自不得不峻彼防闲，惩兹流失。然试观各直省所用之人，势压情干，几居大半，其下者乃至用赇，于是请托夤缘之风大盛，而官场反以勤于职务为耻，以廉静自守为迂。近日破格举人之说起，几举全国为运动之场。夫风气至如此颓败，而操论者不知推原利弊之所在，而反欲力破任用之私人之禁，夫亦慎矣。

或又谓论大臣之用人者，但须论其才不才，不必问其私不私，果才也，虽私何害？若其不才，非私何取？不知论其效用，则二者无择；论其功罪，则二者不能不判言之。盖用人不当，罪在不能别择而已；至因亲戚之故，而致所用非人，则于不能别择之外，又加入徇私一层。朝廷之赏罚，社会之毁誉，必不能不讨论及此，不得谓其过刻也。

吾所甚望于李使者，睹国家之危迫，思所荷之艰巨，而无以朝廷之职事为栽培亲昵之具也。

（载《京报》光绪三十三年五月初三日，《汪穰卿遗著》收录）

论政界趋势之所定

近以政纲宽弛，奸蠹萌作，朝廷赫怒，登黜频烦，臣下窥测，罔识底止。于是朝而相见，则颦蹙相告曰：政界风潮如此大，奈何奈何？夕而相见，则颦蹙相告曰：政界风潮如此不定，奈何奈何？虽然，政府者，无古今，无中外，无专制、立宪、共和，皆为竞争最烈之场，无五年、十年而不变，变则必出于争，或争于明，或争于暗，或和平而争，或激烈而争。其究也，则或争而定之于君，或争而定之议院，皆争也。且奄奄一息之政府，则方患其无变。无变，则日即销磨，无可救药；变则必视归宿之所在，以卜政事之善败，犹有可希望者存焉。

顾平时国人对于政府之变动，惟用人当否一方面之观念耳；今则于用人当否之外，尤有能否改革政体之一观念存焉。兹事重要繁难，宗旨正矣，趋向定矣。又必观其识见、气魄、力量之何如，而后乃能得信用于民。邦之臧由此，邦之不臧由此，然则此十余日之变动，而吾国前途之祸福存亡系焉，可不重视之欤？

虽然，吾为朝廷计之，亦有甚难焉者。夫国家者，重器也，公器也，政柄所归，非一人所得私，亦非一人所得轻掣以与人也。付托谁乎？倚重谁乎？欲求一正直明达，而畀以改革齐一之重任，询诸众欤？断诸独欤？其机甚微，其事甚危。吾侪小人，睹国事之甚艰，体枚卜之不易，则苟其不大背于舆论，而从而司其辅翼匡直之职，赞其所可，而辅其不及，斯亦草野之所有事也。

且夫今之屑屑焉謷謷相告者，其果出之何意乎？为其所党耶？悯其见败耶？为一己地位之变动耶？为政界运动之易方耶？甚叹吾国人对此，往往舍是非得失之正，而本于一己之好恶，或由于一人之利害，断言之曰：非为己之私，即为人之私耳。夫既已私矣，则必造作种种言说，以簧鼓上下之人心，使朝廷之赏罚，社会之毁誉，皆失其正而后快于厥心。慷慨直陈者，可谓之密承意旨；立身为国者，可谓之自谋优地；甚至不斥宵小之乘机窃位，而反斥纠劾者为紊乱国是；不斥奸蠹之坏法乱制，而反斥黜责者为用舍靡定。不特形之口舌也，且有报章为发表焉，欺朝廷，欺社会，而社会对于此，亦大率吠影吠声，各于其党，各从所好。于是一事，而论者且二三其说焉。呜呼，如是而欲定立宪之基础，得乎？

吾故谓政界趋势之所定，关于朝廷者半，关于社会者亦半。吾甚愿继自今，吾社会中有志于是者，先舍其利害之私，继舍其意见之私，终则舍其好恶之私，而一切朋友情谊之私，皆不与焉。宗旨正矣，则博其听采，精其审察，公其评判，然后虑其方法。一人如是，千万人如是，京师如是，各省及府县亦如是。立宪之基础在是，地方自治之基础亦在是。往者已矣，吾不能不冀夫来者。

（载《京报》光绪三十三年五月初十日，《汪穰卿遗著》收录）

论暗杀之误国

取不适之事，不深虑其难，贸贸然此劝彼勉，以为有如是之事，则国顿兴，否则亡。呜呼，是何所见而遽操如是之论欤？

吾国政府，阍于时势，钝于机宜，拙于应付。吾民之起争之，争之不得而固争之，宜也；若夫出于暴动，成于流血，甘为戎首，而使乱机由是而发，祸患由是而滋。且也无有要求之目的，无有仇杀之主名，若曰是有权者，是有责者，吾杀之，则足以震动全局，且以成己之名。是其所为，有如欧洲无政府党者，徒乱秩序，扰治安，是在欧洲且不可，而吾国少年欣欣然慕之，前日遂演此惨剧于皖省。

呜呼，吾甚悲当此困难之时，而犹见此也。夫吾国上下社会之情形，与欧洲绝异。吾国在位之人，方病疲软畏葸，矜而导之，强而就之，犹可也；急言怖之，则反而却走，深闭固拒，而不敢复与天下有志之士通问讯，则必愈隔绝，愈废弛，愈衰颓，而国事愈无可希冀。自戊戌以来，朝廷之于国民，方近而遽远，欲前而忽却者，屡矣。而考其故，则大率由新党急于自用，不肯稍忍须臾，引之过甚，而遂至相绝。呜呼，吾国所处之地至危，而可如是欤？况乎一有是事，则在官场，势不能不加防察，一省如是，各省悉如是，是必减布设新政之经费，而费之于警察、侦探，分办理新政之心力，而用之于稽查诇候。且也警察多，侦探多，则不能无捕杀；捕杀多，必不能无枉；枉则人心惊；人心惊，则乱愈滋，防愈甚，而枉愈多，是以乱召乱，而循环无已也。且如是，则上下愈相疑，疑则上下不敢用度外之人，行度外之事，采度外之策。必至人才无一登用，新政无一举行，上下坐以待亡，而莫或拯之也。呜呼，是岂为之者所及料欤？是不明于中外异情，彼此异宜，而贸然为之，以召祸于当时，遗憾于后世，如是亦何为欤？虽然，是言也，为自欲为之者发也。若夫受人之指使，轻于一掷，蒙大戮于身，而成人之大欲，则又大愚所为，不以此论矣。

（载《京报》光绪三十三年五月二十九日，《汪穰卿遗著》收录）

公私辩

公私二字，对待之词也。然以中西文义而言，其分别界限，则各有不同。中文之公私也，有不必缀以他名，而已为善恶之定词者，如言其人行事极公、极私之类，则为西文所无；有为善恶未定之词者，如言公事、私事，则近于西文之言公德、私德；有缀以一定之恶名词者，如言公罪、私罪之类，则西文亦有之。然虽同一言公罪、私罪，而其实则异。就中文言之，凡行事之失，而由于一己者，则为私罪；若不由于己，而行事之人，应受己所监督者，则为公罪。以西文言之，凡事之损碍及于一群，而初不专为一己计者，则为公罪；若本为一己计，而影响及于一群者，则为私罪。至于公事、私事、公德、私德之言，则更有异同之处。中文类于事之涉及政界者，方称为公事；而于个人之交涉，则概谓之私事。西文不然，必其事之范围仅在于一己，而于人绝无关系者，方称为私德；若己为个人之交涉，则彼一方面已受其利害，推之一群，亦可受其利害，故必概之于公德。是以中文之言公私也，专就其事之为一群、为一己之原因言之；西文之言公私也，不兼就其事之为一群、为一己之效果言之。此其异同之起点也。然就原因言，则本可谓之公也，得以辗转遁饰而入于私，私之范围，较大于公；就效果言，则本可谓之私也，得以反复推阐而入于公，公之范围，较大于私。然中文一语及私，即已邻于恶，故每不肯昌言之；西文则以评论个人之私德，即为侵碍个人自由之权，故一言私德，即可任其自便。自欧化东渐，吾中国人乐其言私德之可以自便也，争截用其名词，惟惜其于两字之界限，每不细加研究，吾请姑举一二事以证之。

立宪之国，行政长官，对于国民，担责任，受俸给。其自称于国民也，曰公仆，仆之受雇于主也，虽有自由之权，然当受主人之监督，而不能专顾其私。行政长官，既自称曰公仆，则视国民为主人，而当受全体之监督。夫受众主人之监督，必更严于一主人，则万不能借口私德，而逞其自便。且其素行，必为国民所钦仰，始从而推举之，责任之，以为全体表率。夫人之对于己也，既有监督之权；己之对于人也，复有表率之责，则不特不能败坏公德，使人受其损碍，并不能败坏私德，使人或有瑕疵。诚以其握有政柄，私德一失，则于国民有直接或间接之损碍。故西律有收纳商税之责者，不得自营商业。凡此之类，则并限其自由之权，岂有任其私德之失？且以此等人而为国民表率，必致全体之私德，尽行败坏，乌得不严其监督乎？故吾谓立宪之行政官，虽有私德之名，然已包于公德范围之内，而不能割分。

乃吾中国政界诸公，凡于招权纳贿之事，往往欲藉私德二字以自解。然既曰私德，而为人毁损，则按立宪法律而论，应由被毁之人，向法司控告，而请律师辩护。若在旁人，既无律师分位，又不当受彼嘱托，故断不能为之辩护。盖以其既为行政官之私德，虽于国民有直接或间接之损碍，然辩护而当，只保全个人之名誉；辩护而不当，则以不能辩护之人，而受彼属托，于己名誉先有损碍。若谓吾悯其被屈，则彼可自行伸诉。若曰吾所争者公论，则何以多数人之不言，而独一二人言之？然立宪国之行政官，必无此等腐败之行为，故必无此等腐败之纪载，亦必无此等腐败之审判。惟就宪法以推阐之，则必应如是处置，方为适当耳。初不意中国政界诸公，于己腐败之行为，争欲以私德自解，而旁人又必以公论为词，吾不知其界限应如何分别焉。

个人之行为，仅在于一己者，其为私德无疑。若出而与人交涉，则已入公德范围之内，类如以事属人，或以函致人，日后彼此一方面或有失信之处，在己言之，似不过私德之失，而在人言之，已受己之损碍。一人可受其损碍，即一群可受其损碍。且使人人而效己之行为，则其损碍尤大，而己亦必受其损碍。此如行路然。按警察章程，行必由左，谓由右而与人误撞，而曰此吾自由之权，此吾私德之失，可乎？盖曰私德，个人固有自由之权；曰公德，则己以个人而入一群，即必须为守法之自由，人己既有交涉，安得谓之尚未入群？彼此或有失信，岂得谓之守法自由？若己以事属人，而令其转为函致于人，则己有第三人所处之地位。己而失信于人，则并令人亦失信于人，社会则受其影响，更甚于两人之交涉。设处于第三人地位者，以所与之函，登揭报章，在己自反，而实无其事，当诘问与函者之系何名姓，然后约同第二人至第三人处，互相质证，则非第二人之污蔑，即系第三人之捏造。似此争执，实与一群之公德大有增进，而于一己之私德，亦无所损碍。若竟认在人之事为公论，而曰我必争执之；在己之事为私德，而曰我可恝置之，是以人己之事，分公私之界，则必一己独处于一群之外，而后其说可通。且即曰私德，而我不争执，然在己虽可自信，在人必不能无疑。人既疑其私德之有失，即不能信其持论之必当。何也？天下人从未有私德不可信，而能主持公论者也。矧此私德已入于公德范围，乃以好持公论之人，而曰真伪不必论，吾不知其界限又应如何分别焉。

（载《京报》光绪三十三年六月初一日，《汪穰卿遗著》收录）

读开复赵启霖革职处分上谕谨注

舍尊尊亲亲之常格，行屈己下贤之特典，此盖中主以下之所难，而我皇太后、皇上能毅然行之，以重离之照，为不远之复，遂令全国之人，如拨云雾而见青天。《论语》曰："君子之过，如日月之食，过也，人皆见之，更也，人皆仰之。"①《易》曰："以贵下贱，大得民也。"读昨日谕旨，赵启霖加恩着开复革职处分。钦此。以妄言褫职之人，不转瞬而开除处分，仍覆朝列，呜呼，可不谓之至圣至明也乎！草野之臣，寻绎谕旨，窃欲导扬盛美，俾天下臣民，共晓然于朝廷之用意焉。

一则以见朝廷虽不能不尊隆亲贵，而尤以能容直臣为尚也。我朝故

---

① 语出《论语·子张》，原文为："君子之过，如日月之食焉：过也，人皆见之；更也，人皆仰之。"

事，臣下无有以言获谴者，恭读历朝圣训，尤谆谆以罪谏臣为至戒。盖专制政体，一人独立于上，恒以臣下蒙蔽为患，所能讦发私弊者，惟恃有直言敢谏之臣，故特准言官风闻言事，虽虚不咎。盖以鼓敢言之气，寒金壬之胆也。赵启霖所奏，既据查办大臣，以查无实据复命，维时以原参情节过重，实非亲贵所能任受，自不能不略与惩处，以全亲贵之体面。既审其心之无他，而孤忠之足尚，即复其职，以示朝廷之无私。此皇太后、皇上之圣明一也。

一则以见朝廷虽用独断之体裁，而仍视舆论为从违也。君主统治之国，以一身肩全国之重，自应权操自上，俾政纲无坠弛之虞。然使专于自用，而不能取诸人以为善，则下之情既有所壅遏，而左右近习之人，皆得阴挟以自固。今则一夺一予，既以见恩威之柄，全本于宸衷；复以见是非之公，仍决于清议。此皇太后、皇上之圣明二也。

一则以见朝廷于一时奸慝，照察至深，不能任其把持也。近来金邪滋长，群飞刺天，大率宵小恃亲贵为阶缘，亲贵恃朝廷为拥护，几于所求必成，所欲必从。此辈私党连结，踪迹至诡，若果偏听其言，实非社稷臣民之福。今则乾纲独断，于群排众挤之人，一旦可出诸九渊，俾若辈知事无可幸。一旦情节败露，则朝廷不测之威，亦可施之于己，用是戢其邪谋，阻其恶意。此皇太后、皇上之圣明三也。

窃谓今日事势，至危极迫，中外大臣，果能仰体皇太后、皇上宵衣旰食、孜孜求治之苦心，用能革其回邪，勉于忠实，以时艰共济为首图，以竞进贪婪为至戒，吾国其庶有豸乎！

（载《京报》光绪三十三年六月初八日，《汪穰卿遗著》收录）

论汉阳枪炮厂不应停废

汉阳枪炮厂，经南皮张宫保一手筹办，无部款之拨付，无各省之协济，经营困苦，垂二十年。自筑造地基，营建厂房，延雇技师，购办机器等事，无不经宫保之意匠营构而成。中间尚经无数曲折，始克至今日地位。即如炼钢一事，铁厂中之炼钢厂，现迭经改良，又以不适于制枪炮之用，复于黑山改建一厂，计用款至百万之多。今枪炮厂所制德国八十八年枪，颇称精良，如再添五十余万，则每日即可出一百二十枝。苟能加以整顿，虽驾于日本之炮兵工厂可也。

乃近日忽有将停废之说。据闻，现在厂中作工之人，五分中已停其四，推原其故，鄂中近年款项已极支绌，而陈雨苍尚书前时至鄂省查铜圆局事，遽将铜圆余利，提归京中，而鄂中新政诸事，遂大半停减，固非独枪炮厂，而枪炮厂其一端也。

中央集权之说，吾非不赞成，然非徒曰括各省之财，尽置诸中央也。夫既将收各省之财权于京师，则必须担任各省之费用。今于各省用度之需要，及其历来之状态，一不过问，而独各省辛苦筹积之款，悉举而归之京师，其说可通软？况各省之款，既尽取之矣，而各省所摊任之赔款，兴学、练兵各费，仍责成各省自筹，则非竭泽而渔，即束手待毙而已。

夫开办新厂，不如保存旧厂，此意凡略知办事之理者均知之。近议在萍乡等处，设立制枪炮厂，造端宏大，创始维艰。鄙人之意，则以为与其再费若干巨款，以创造新厂，不如即以所筹之款，支持汉阳厂之为得也。

吾国之人，每喜自以为功，又好轻诽前人，故喜居创建之名，而不乐为因袭之事。如是，则事将百败而无一成。殊不知创办则需款既多，且用人、购料，种种皆费经营，不如扩充旧厂之为得计也。

或者颇议张宫保用人多有不当，糜费亦甚多，不知纵或如是，然今日之成绩，则已有如许矣。况今即别令他人为之，未能必其用人皆当，款不虚糜也。而成绩之能否如此，尤不可知，何不注全力于旧厂之为得乎？

吾甚痛吾国之持论者，非失之过宽，即失之过刻，而综其数，则刻者必多于宽，此犹是闻善则疑、闻过则喜之恶习。然当事者既入其说，则遇关于此事之利害，遂亦忽不如意，听其自败，然揆之大局，则为害甚矣。

（载《京报》光绪三十三年六月初十日，《汪穰卿遗著》收录）

论海军正副使宜慎选其人

国家有至艰极巨之事，坐而不为，则不足以自立；起而强为之，则既困于无财，而又苦于无材，孰有如今海军者乎？中国海军，虽既成立矣，甲午之役，熸于日本。非器不利，兵不敌，将之者非其人焉。夫以千百万人之生命，千百万金之器械，付之昏懦贪鄙小人之手，致使穷年累月、殚心竭力所经营者，一旦竟以赍寇兵之用，此其罪不专在将，而在选将之不当。今当局者内顾己，外度人，而知其关系之极重也，于是皇皇然谋复之。夫复之诚是也，然帑藏空于上，脂膏竭于下，加以借款之清偿，赔款之输出，每岁动以巨万计，何幸东罗西掘，而犹得此整顿海军之资乎！其财之难得也，十倍于前；其军之难成也，亦十倍于前。其筹之也如此之艰，故其行之也不得不慎。今之附设海军使于陆军部者，即此意焉。虽然，今之海军使，即异日之海军部也；今之海军正副使，即异日之海军尚、侍也。海军尚、侍，虽不若大将之亲履行阵，而平时有选任之权，临事有节制之责，若再以付之昏懦贪鄙小人之手，则当此时局，一误何堪再误！即以属诸绝无资望、绝无才学之人，则上之既不能统一图维，下之又不能发纵指示，极其效果，亦不过为形式上之敷衍，而于实际全无所用。海军而全无实用，则与无海军等，且犹不如无海军。盖与其设之以赍寇兵，不如不设以示国弱；与其复之以多妄费，不如不复以纾财力。语云：两失相较，取其轻者。前军既覆，后必鉴之。今日而不图复海军则已，今日而苟图复海军，则当以慎选正副使为第一要图。慎选之法，首资望而次才学，诚以资望者，积劳绩得之，而于事已有实验者也。即使其才稍逊，亦足以获上而信下。才学者，由学问得之，而于事未有实验者也，即使其才果足胜任，恐无坚在上者之信，而无以服在下者之心。故海军正使，才望俱优者，上也；其次，则莫如用望深而才稍逊者，而用望浅才优之副使，以为之辅助。夫有正使之资望以坐镇之，有副使之才学以辅佐之，则相须相用，相与有成，而后财不虚糜，而后军可成立。或曰，中国举行各新政，每苦于人材缺乏，而海军为尤甚。将何从而得有资望、有才学者乎？则应之曰：昔之立海军也，先设水师学堂，其中岂无一二才智之士？惟以无才者为之将，而使有才者屈其下，遂致不堪一战耳。然其机械虽已予敌，而其人员犹多脱归，且以学生出身，而不与是役者，固尚有人在，若就其中慎选之，必有可用之材。倘舍此他图，而竟以素不知兵之辈，滥膺斯职，吾恐日后所贻之恶果，且视甲午之役而尤甚。何也？天下事容有学而不能者，未有不学而能者也。故吾有一言以正告当局者曰：欲复海军，必先选材，若难其选，莫如勿复。

（载《京报》光绪三十三年六月十一日，《汪穰卿遗著》收录）

论西报之言警告政府与国民

噫，今日吾甚愿阅报诸君，暂且屏其各种之念虑，略减尘俗之事务，取西文报所记载之事，而深维熟思之。吾不知阅报诸君对于此剧烈之问题，以为如何也？

其一，则《巴黎晨报》所载，法前驻日使哈尔孟君之论日法协约也。日法协约之深意，余前固言之矣，今观所论，在法，则领土如保险之安；在日，则财政无后顾之虑，语意已甚满足。虽然，此但就目前言之，但就浅处言之，其包藏之内容，固不稍露也。今则日俄协约又成，俄且以外蒙古为说，呜呼！天下无有以己国之疆土，而倚人之保全者；亦无有闻人以保全己国疆土为说，而不愧且奋者。而吾国政府听之，吾全国之人安之，噫，亦可怪已！

其一，则英报谓日本于吾国革命党乱事，不能担责任也。夫向之优容国事犯者，非日本耶？悉力保护革命各报，并准其开会者，非日本耶？故党人甚喜，以为日本不爱我现在之国家，而爱我未来之国家。且有谓我如有事，日本能以兵船相助者。今则固已宣言不任咎矣，且非特不任咎而已，必有随其后者焉，则代平祸乱之说是也。

试思如是，则将来之情形又如何乎？而下之人，犹津津然以革命为至计，上之人又以捕杀为要图，而不知伺后之螳螂，旁观之渔父，已侵寻而至，将今日相持之鹬蚌，即异时同尽之虫沙。吾不解吾国上下之人，何苦竭力以趋于此也。

以上二者，不过偶指西报所言以为忠告，然吾国将来之大祸，实已括于此，且有相为首尾之势，而吾观吾国之人，非抱薪以救火，即袖手以待亡，不知对于斯言，亦稍动心否也。

（载《京报》光绪三十三年六月十五日，《汪穰卿遗著》收录）

论高丽告中国

高丽皇遣使臣于荷兰弥兵会，日本以之为罪，而迫其禅位于太子，是非禅也，直废耳。夫以一国之君，任人废置，而绝不敢一抗，则已不成其为君，而国已亡矣。虽然，高丽之亡，不亡于受日本保护之日，而亡于离中国而独立之日。夫高丽，素属于我者也。甲午之役，日本逼我许其独立，不十年，复以胜俄之威，收之为属国，而高丽遂亡。当其独立也，遣使臣于各国，用敌体礼，君臣上下，意气扬扬，其德日本也，实甚。庸讵知十年后，其君一举动触人怒，即被废，而举国之人悉为奴隶牛马乎！嘻，言之甘者，其实苦；味之美者，其毒多。日本之雄心，固早蓄之于甲午之役矣。说者谓此其失仍在高丽，以如彼之疆土，如彼之人民，乘独立之机，十年中发愤自雄，何遽暹罗之不若！此其说固是，然抑知高丽人无国家思想，无独立性质乎？日本惟知其然焉，始则以甘言诱之，而令失所倚；继则以余威逼之，而即取其国。不然，高丽有何德于日本，必为之糜财费，涂肝脑，力争于中国，而令坐收渔人之利乎？吾故曰不亡于保护之日，而亡于独立之日焉。且夫高丽独立之名，故犹在也，遣使臣，固独立国应有之权也，固弭兵会所应承认之者也。然而荷兰竟不认，日本且加罪，而高丽皇卒以废者，何也？曰：按公法，凡受人保护，即为半主国。半主国无外遣使臣之权，违之，保护国即得据公法而罪之。则高丽非独立之国也，实受人保护之国矣。夫与人并立为国，俱称帝王，不能自立，而欲人保护，此其名，已为豪强有志者所不屑居。而究其所谓保护者，内政则无权，外交则无权，甚至欲罪则罪，欲废则废，是以保护而受灭亡之惨矣。何高丽君臣，尚不知国之已亡，不究公法，而贸然遣之，贸然赴之？吾于是哀其愚，谓其昧于时势焉。吾更重哀其志，谓其于既亡之后，尚欲以独立之国自待，则何不于未亡之前，而发愤自雄乎？

乃返观吾中国，其疆土之广，人民之众，远非高丽比。发愤自雄，则其富其强，远非英、日、美、德、俄、法所可及，何以日法协约，竟明目张胆以宣布之曰：维持独立，保全领土。今日俄、英俄之协约又将成矣，其大旨要不外夫此。夫中国固独立之国也，无待维持。中国领土，中国自能保全之也，无待于人。乃彼竟曰维持之，保全之，则竟视吾为不能独立者矣；视吾为不能独立，则竟视吾为受彼保护之国矣。且中日之约，高丽不与闻，日俄之约，高丽亦不闻。今日法、日俄、英俄之协约，中国亦曾一与闻之乎？吾恐随而蹈高丽之覆辙者，亦不十稔耳。夫高丽于既亡之后，尚欲以独立之国自待，乃吾中国于未亡之时，偏乐以保护之国自居，岂吾中国人之无国家思想，无独立性质，犹高丽人之不若乎？今奔走而相告者有人矣，大声而疾呼者有人矣，以视高丽当日之君臣上下，冥想罔觉者，固有间矣，独不解政府诸巨公，漠然无所动于其中，一若彼曰保全，吾国从此无瓜分之祸矣；彼曰维持，吾国从此享独立之权矣，则曷弗取今日之高丽而一鉴之？鉴之而早图之，吾所哀者只在高丽也；鉴之而不早图之，吾所哀者不只在高丽已。

（载《京报》光绪三十三年六月二十一日，《汪穰卿遗著》收录）

再论高丽告中国

高丽使臣之辞于皇也，皇谕之曰：我即被日本杀，尔等勉之，必往，必复我独立。吁！其言惨，其志决已。乃德报竟以梦呓诮之，且为之词曰：以此求助于美、法、德，其如系内政何？其如外国无干预之理何？此其言，何不仁之甚焉。夫高丽之必求助于三国，其意以美之倡独立，法助之，而德日之交不睦耳。然彼亦曾即今昔之时势而一审之乎？法之助美也，嗛于英，今法之于日，有何嗛？德日之不睦，以争利，复高丽，于德有何利？美之战西班牙也，曰扶斐列滨独立，而卒占据之，诚以处此竞争时代，利于己则图之耳，乌有以情动者。且彼亦不思之甚矣，夫国至受人保护，则其不能自立也明甚，乃复自愤其权之失，而求助于他人也以复之，姑勿论其必我拒，即不我拒，则不属于此，即属于彼，其相去不能以寸。德报以梦呓诮之，非过也。吾所最不解者，高丽皇耳。人之最自私者莫如身，苟以一死决之，则何事不可为？匹夫且然，况国君乎！高丽皇而素蓄此志，则足以乘独立之机而自强，足以抗日俄之约而自立。即不然，而能于临遣使臣之际，自刎以属其行，亦足以震动天下之人耳目，而稍戢日本之雄心。乃举不出此，仅发区区数语，身被幽废，卒为天下笑。以此言之，则高丽皇直懦夫耳。懦夫而忽有此激烈之言，则以被压久，不胜其苦，时或为之一发愤，然所志不坚，故有其言而卒无其事。

虽然，高丽亦不足责矣，责之亦嗟何及矣。所尤不解者，吾中国政府之对于高丽事，漠然无所动于其中耳。徒拥此广土众民，不能发愤自雄，而甘列于受人保全之国，其以保全之名为甚美而可居乎？则高丽之事可鉴；其以受屈于此，可求助于彼乎？则德报之言可鉴。夫高丽与日本，就所处之地位界限而论，固明明两国也，明明两国，则以第三国出而干涉之，亦向有之事例也。乃德报则竟认之为内政矣，且竟认之为外国无干预之理矣，是何也？则以受其保护故。受其保护，则已不成为国际之交涉，而竟可认为一国之内政，公法然也。其或出而干涉之者，必有所利焉。故保护之与灭亡，其名异，其实一也。以吾堂堂中国，不转瞬且灭亡，而政府诸巨公，犹不屑一动心，必其国亡之后，能独超于群类之外焉，不则即金人亦当为之下泪矣。且吾中国之受人保护，犹非高丽比，保护高丽者，只一日本耳；保护吾中国者，则列强共擅其名而沾其利。观于日法、美、俄之三协约，其事显然矣。夫人于无利可图之事，犹惮一援手之劳，且出一冷语以诮之，岂于人与己共利之事，独肯舍弃之，而并为力争之于人，此必无之事也。故今兹弭兵会，不认高丽使臣，则后兹弭兵会，必无复认中国使臣之理，且恐预禁之而令不得外遣。噫，今日之世界，强权世界也，亦列强均势世界也。强权，则必不容弱者一置喙；均势，则必不愿复有一强者，及素所弱者崛起于其间，以分夺其已得之利。吾中国当今之时，处今之世，犹沉酣于睡梦中乎？其亡可翘足而待已。予心恻恻，视天梦梦，尚何言哉！尚何言哉！

（载《京报》光绪三十三年六月二十二日，《汪穰卿遗著》收录）

三论高丽告中国

今政府诸巨公，亦曾一见日韩之约乎？亦曾一闻林董之语乎？此而犹诿之曰不闻不见，则真所谓泰山崩于前而不变，雷霆发于上而不惊者矣。借曰闻见之，亦曾即其言而一为利害计乎？夫国之亡，种之灭，吾明知诸公者，方日殚其心力，争竞倾轧于利禄之场，固不敢以此漠不相关之事，强聒而不已。吾今之所亟欲言者，实为诸公之一身利害计焉。夫日韩之约，其前数条不过关于国耳，民耳，吾姑置之弗论；所与诸公有直接之利害者，最后一条也，其言曰：高丽官吏，须简日本人。而林董即继之而语人曰：中国当鉴于高丽，否则必有效法日本者，为之整顿其国家。其言盖隐以自居也。此约颁行，今而后居高丽之政界者，将悉为日本人矣。不数年而推行于中国，则居中国之政界者，亦将悉为日本人矣。政界而为日本人所扰，吾不知政府诸巨公，将置身于何地乎？抑将肆其争竞倾轧之手段，以与日本人角逐于利禄之场乎？吾知诸公力有所不敌也。昔鲁连语辛垣衍曰："将军又何以得故宠？"于是辛垣衍蹶然而起，再拜而谢。岂诸公之聪明，犹辛垣衍之不若？若谓吾之富贵极矣，彼不畀吾政权，正可纵情于声色狗马，以及时而行乐，则缅甸之庚纹，波兰之白尔肯，已事可鉴矣。吾意诸公不为吾国计，不为吾民计，断无不为一身计。计之而不顾国之亡，种之灭，岂竟甘以平昔极注意之利禄之场，一旦举而赠诸异国人乎？抑吾国既亡之后，异国人必不以待高丽、缅甸、波兰者待吾，故诸公泰然行所无事乎？夫诸公苟以争竞之心力，用之于内治；顷轧之心力，用之于外交，而与列强角逐于二十世纪之世界，则吾国足以雄长全球，而此极注意之利禄之场，亦即因之而永保。不此之图，徒为同类之忿争，而使他人得以亡吾国而灭吾种。是致此灭亡者，诸公之争竞、倾轧也。以争竞、倾轧，而使所以争竞、倾轧之物，沦于异人之手，而无所得，而且有大害，诸公之计亦左矣！或者曰：否否，夫有图人之志，而先昌言以使人知之，非大愚必不出此，故林董之言，实欲警醒吾也。噫，此真昧于时势之言也。中国而能警醒，则甲申败于法，甲午败于日，庚子乱于拳匪，以如此之内忧外患，创巨痛深，犹不足以致其警醒，顾于此轻轻数语，乃能瞿然觉而勃然兴乎？林董之言，其用意至深且远矣，一以示交好于吾国，若欲吾国之立时警醒者，而明知吾政府诸巨公，无国家思想，无独立性质，与高丽诸大臣等，则日后以待高丽之法待吾，有诘之者，则曰：吾先明告汝矣，汝不醒，吾固不得不代为整顿之；一以正告于列强，若曰：吾击之不醒，唤之不醒，此等种族，固天演公例中所应淘汰之类也，速瓜分之，无使冥顽恶劣之政俗，长留于天壤间。昧者犹为之解曰：欲以警醒吾，此亦德报之所谓梦呓耳。然吾政府诸巨公，漠然无所动于中，泰然行所无事矣。吾国民慎毋为日韩之约之第一条所愚焉，其曰：改法律以保民权者，饰词也，欺高丽人之愚耳。几曾见亡国之奴，得与独立国民同享其权利者？《传》云："嫠不恤其纬，而忧宗周之陨。"① 诚以宗周若陨，

① 语出《左传·昭公二十四年》，原文为："嫠不恤其纬，而忧宗周之陨，为将及焉。"

虽嫠之贫且贱，亦被压覆其下。某今者实有类于是，故不自知其词之繁，言之痛，旁引曲证，以告吾政府，以告吾国民。

（载《京报》光绪三十三年六月二十三日，《汪穰卿遗著》收录）

敬问东三省借外债四千万之理由

　　夥颐！钦差大臣某公至东三省，乃有借外债四千万一事之闻于吾耳也。呜呼！某公岂不知今日借外债，乃为上下所诟病乎？夫借外债以兴实业，欧美强国，多有其事，否则以政策之所定，而不妨出乎此。抑亦有以自白者也，而某大臣对于此事，吾不知彼所自信者，果何在矣？

　　鄂督借款办新政，则为外务部询问而止；他如闽督、粤督之借洋款，或许或否，然皆政府咨之于前，而舆论榜之于后。且诸省实以竭蹶之故，不得已而处于此。若奉天，则除经常入款外，有赵次帅移交之现银六百八十万，度支部拨付磅余三百万，尚有他种款项，约得一千数百万。然则即有经济之深谋至计，亦当稍缓之，而必亟亟于成此事者，果何故欤？

　　既假此巨款，则约券一订，即须起利。外人借款于我，利必甚厚，度不能少于五厘。至付银时，则为若干折扣不可知，度不能少于九五，吾不知将取偿于何事？取偿于银行欤？则银行断不能有如此既多且速之巨利。取偿于实业欤？则实业效缓，又不能尽得利，则偿款之所在不可知，而先须担认此巨利，亦可怪已。

　　伊等所最得意者，则为借款不须抵押之说也，不知各国今日之于我，别用一种对待之法，岂烦抵押之屑屑乎？彼只须东三省总督一印，即已足矣。且彼之所云云者，只曰不须抵押也，非曰不须还也。吾所甚惨痛者，则此四千万到手，势必半费于挥霍之补偿，半费于经营之失败，而本息偿还之责任，则均之于十八省数万万生计窭寂之人民，而其事皆出于某公一人之赐与，痛乎不痛！

闻政府近对于此事曰，责令东三省自筹自还。噫，天下有此掩耳盗铃之言乎？此事不必问东三省之果能偿还否，但问东三省如不能还，各国能不向政府饶舌否？此三尺童子所能辨者，而政府乃竟出此！人以为糊涂，或以为搪塞，吾则敢特下一深刻之断语，曰：彼政府中人，终以此掩饰朝廷而已。

吾是以不能为某督解，吾尤不能为政府解，吾所尤异者，如某督等之政策，实出于正，且以为实有把握，则何不早奏明于上，公议而行之？乃状极诡秘，并外部堂官不使知，直至外人询问而始知之，度不能隐，乃始陈奏，又为度支部所驳，则政府又与以慎重从事之一电，使仍得晌然执行，是果何为欤？呜呼，吾言及此，吾更不忍言，吾心为痛矣。

噫，吾知之矣。东三省所有之利源，若矿，若盐，若森林，既以外交方针更变之故，不复可恃。而风闻此次运动之宏多，挥霍之奢阔，实为吾国向所罕见，则以此为弥缝挹注之需，抑亦事所或有。虽然，某某诸巨公，天下所仰望也，处盘错之会而大图改革，又天下所祷祀而求也，而吾辄以此相测，吾殆为浅人也夫？

（载《京报》光绪三十三年六月二十七日，《汪穰卿遗著》收录）

论政府近日政策

国家有一事也，因则害，革则利，议者必曰速革之。又有一事也，积则害，消则利，议者必曰速消之。且欲革之以尽消之之利，必先消之以除革之之害，议者必曰速消之以速革之。然曰议，则第托之空言而已，则固无其权者之责焉，若有其权者，则必以事而不专以言。夫既事权在握，乃不以所行之事，取信于人，顾仅仅与无其权者，同托于空言，适足以启从旁之口实，而其言卒归无效，此有其权者之所以必于行事验之也。吾中国今日之所亟欲革者，政体是焉。政体何以必革，则以专制而君上独任国家之责，不如立宪而人民共参政事之权也。独则私，私则偏；共则公，公则平。然欲政治之公平，而以种族之私见横梗其间，必不能实行改革，则中国今日之所亟欲消者，满汉界限是焉。夫以种界之不消，而使革命之说起于前，暗杀之惨演于后，且恐以之阻立宪进步，而受瓜分之实祸，则其害于国家，岂浅鲜哉！于是朝野上下，争起而言曰：速消之，速消之，且为辩论之，推究之。然究其实，不过以言耳。在下者之以言，吾固无责焉，乃在上者，亦若以此而尽其责，此吾之所隐忧深恨，而不能自已者焉。何幸政府竟有实消之之政策，发布于近日。此虽一二事乎，而其影响之及于国家者甚大，吾故推阐之，以为中国前途庆。徐锡麟案起，江浙督抚，以搜捕党人，株连无辜，为献媚之计，为属吏升官发财之地。肃邸、铁尚书力陈之于庆邸，而突起之风潮，遂以熄灭。此即一事也。自铁尚书任陆军部，而论者以不肯授兵柄于汉人訾之，乃近日之保授丞参及军谘处、海军处正副使，汉居其六，而满只一，然管理则庆邸，而尚书则犹然铁任之焉。此又一事也。夫国家之用人，固当论其人之材，而不当论其人之族。汉人有材，则用汉人；满人有材，则用满人。若必预存消之之见，而曰：吾汉人之无材者亦用之，满人之有材者亦摈之，过犹不及，其失等耳。则此次陆军部之保授丞参等职，亦事之适然者焉。以适然之事，而即谓之可消满汉界限，吾言似失当。然试思即此保授而论，则人特患无材耳，不患其为汉人也。且可见朝廷之以陆军部任铁尚书者，亦初无成见于其间也。訾之者，得毋自悔前言之适当乎？且徐锡麟案，江督之力主其议者，固不免于种族之私见，若浙抚，则明明汉人也，乃遍纵其极顽恶、极凶暴之官吏军兵，四出滋扰，以视江督之行为，有过之而无不及。此其意以为吾固汉人，若罗织不力，必见疑于政府，且使所私之官吏军兵，得以升官而发财。苟非庆邸、肃邸、铁尚书力反之，浙人其有噍类乎？故由后之说，浙抚为徇私之小人；由前之说，则直以小人之腹，度君子之心耳，其无耻无识亦甚矣。夫庆邸、肃邸，皇族也；铁尚书，满大臣也，皆满人之表率也。以满人之表率，而实行消之之政策，则凡为满人者，皆当效法之，而排汉之谬说，可以尽泯。苟汉大臣而亦效法之，以为汉人表率，则排满之谬说，亦可尽泯。夫物之生反激力也，必先有激力以致之。然不随其激而反激之，则彼之激力，不挫而自消，理固然焉。故本此政策，而充类以尽之，则害可除，利可尽，种界可消，政体可革，革命暗杀之风潮无自而起，十五年实行立宪之期，可坐而致。慎毋谓一二事之甚细微，而置之于不论不议之列焉。慎毋再以空言出之，而使在下者观望生疑，致贻无穷之隐患焉。此则吾所日夜望之者矣。

（载《京报》光绪三十三年六月二十九日，《汪穰卿遗著》收录）

杂说（二）

近数年来，申汉之银号钱庄，倒塌至巨。推其原，则皆因架空太甚所致。以正理言之，应令悉改从外国商业银行规则，方可持久扩充。顾有甚难者，则吾国大小商业，全恃钱庄挹注。惟以信用为抵质，而钱庄仰给于银行，丝茶两业，其表表者，若一旦使改从新法，则商业立时衰减。全国机关，皆为不通，小民失业甚多，不知筹大局者如何处之？

向来经手官款公款者，皆责成经手之人。然如近来川汉路致倒百八十余万，即责成施某，又进而责成乔某，然决不能原款归清可知也。往事已矣，以后公款之存放，似宜立限制，或限令存国家银行，或限令质押相当之产业，否则动遭此酷，民何以堪。

国之有谣言，犹人家之闹狐鬼，不知其由来，顷刻而四播。流俗谓人家闹狐鬼为不祥，非狐鬼之不祥也。闹狐鬼之不祥也，凡闹狐鬼者，家中营业必为停搁，应出者不敢出，即小儿之读书，亦必废业，而奸盗事且由此起。顾可疑者，则始言睹狐鬼之人，果出于迷眩欤？抑故为此以便其奸欤？谣言亦然，而影响尤大。大约遇有极奇之谣，则其时必有一事以应之，而谣言不久亦息。吾不知有谣言而始有此事耶？抑欲为其事者之以谣言先也？故今之主持政务或研究时事者，必自能辨谣言始，而欲辨谣言，必自能不为谣言所动始。

（载《刍言报》宣统二年十月初一日，《汪穰卿遗著》收录）

杂说（三）

　　某省设习艺所，观其目，则毛巾、肥皂之外，有景泰蓝焉，此大可笑。盖景泰蓝之为物，为之甚难，工甚费，而又不易精；质重，则不便携带；工本巨，工价不能贱。故为之者，甚难获利。而各省言工艺者，尚津津言之，此何故欤？况工艺一层，各省当就其物产，就其向来所习，俾其精益求精，使得各有以自见，俾收万汇分呈之效，何必动相蹈袭。原推其故，盖缘各省以有此名目，不能不办，且得安置冗员，乃随意派一人为之。充其任者，于此本亦惘惘，乃遂随意填写名目，为搪塞之计。既不考求于平日，亦不研究于临时，至将来之一无所成，虚列报销，已在意计之中。从前闻有满人为将军者，属其书记作对，寿同官之太夫人，犹恐其未达，乃随意指一二告之，已而拟就，即遣人送往，主人展视，乃曰："福如东海，重帘不卷留香久；寿比南山，古砚微坳聚墨多。"彼时闻此皆大笑，然今思之，则官场何事不如此？宜其事事败坏，不可收拾也。

　　至贫民习艺所与罪犯习艺所事，亦大难办。精巧之物，既不易习，且亦非救急之道，则董其事者，尤难其人。闻西国于此等，皆令制造官中粗用之物，此于情理较合，似宜仿而为之。

　　　　　　　（载《刍言报》宣统二年十月初六日，《汪穰卿遗著》收录）

杂辩（一）[①]

　　向来电报及招商、轮船两局，皆归北洋大臣节制，已不可解，而如漠河金矿在黑龙江，而利权亦归北洋大臣，此尤极不可解。良由中央政府无统治之能力，而新事日起，悉由疆臣奏请。权之所属，以势为断，势大力厚者，虽非所辖治，亦可得之；反是，则虽本省之利，亦坐视为人攘取，无怪外人谓吾国各省如各国也。

　　报载，有闽人缪某禀宁藩，谓其父于发逆乱时，埋巨金，后又为贼迫令移置，即在今善后局屋下。乱后，其父曾禀官掘视，未得，今请以千金押于官，许发屋觅之，得则分若干于官，不得，则以所押千金，为修屋之用云云。已而樊藩司批驳之，其辞甚多，中有谓发逆未至，岂不能运回闽而埋诸地下之理。按：批中他语故勿论，此语则甚可笑。彼时兵乱，能运此重金乎？陆行、海行，皆有路可通乎？即使付汇，能汇此巨款乎？吾国官场中，于此等事，辄随意下笔，以为彼必不能驳我也。故可笑处，触目皆是。又，此事若以为妄，或以从之为非体，则斥之可矣。然后竟治以递解回籍，不知据何律治之也。

　　（载《刍言报》宣统二年十月初六日，《汪穰卿遗著》收录）

---

　　① 《汪穰卿遗著》收录此文时，归入"杂说"，现恢复《刍言报》发表时的标题。

献议（一）^①

近日资政院议员，有建议今日财政宜注重于学校、实业、交通者，此知要之言也。顾余则谓三者之中，尤以交通为急，交通便利，不特工商业发达，即他事亦缘之以起；学务固根本之计，然不若交通之为要；至实业，与其官为之，不如使民自为之，国家但勤劝导，又能以法律保护之，管理之，可矣。若必由国家发巨款为之，无殊倾水海中。数年来余见以官营实业者，拨官款与商家营实业者，其收效无不如此。盖官既无营实业之能力，而商之能得巨款于官者，必其人平日无他技能，专以联络为事，始能得之。其习气亦必甚重，故收效与官办同。不如听商人自为之，犹稍愈于此耳。

从前官俸綦薄，故论者皆言增俸。近则京官之月入骤增，然内之各部，外之各省、各局，互相比较，相去几倍蓰，而例外之钱无论矣。故近日皆言均俸。顾余又有说焉：凡制俸之道，必应视其事以为之食，则必应定一起率之处，以为之比例。故王制孟子，咸以下士代耕之禄为起率，而自君卿以下，皆视此为比例，此法最为妥当。窃谓今日各省物价，贵贱不一，丰啬亦异，则各省之俸，亦决不能同，似亦宜取一事以为起率，而互相比例，其事惟何？则莫如以粗工之价为率，较有准绳。譬如甲省粗工每日工钱一百文，乙省每日二百文，丙省每日三百文，则甲省之官，月薪十二元，乙省必二十元^②，丙省三十元，如此较为公允。否则，若一例三十元，则甲省嫌太优，一例二十元，则丙省又嫌太啬，均有所不便，望当事者审之。

（载《刍言报》宣统二年十月初六日，《汪穰卿遗著》收录）

---

① 《汪穰卿遗著》收录此文时，归入"杂说"，现恢复《刍言报》发表时的标题。序号为编者所加，下同。

② 此处在《刍言报》为"十二元"，《汪穰卿遗著》收录此文时做了更正。

驳招商局为纯粹商办论

嘻，招商局也，可名之为商办乎？嘻，招商局也，可目为纯粹商办乎？假其为商办也，而结果乃举未到任之邮传部堂官某巨公为总理，天下之商办，有如此之奇特者乎？

吾非正名从前之招商局为官办也，然而吾决知从前招商局之非商办也。吾绝不以邮传部收归部办为然也，然而吾亦不能以从前招商局办法为然也。

试观历来之总办，何一非挟巨力之大官乎？各船之买办，何一非某巨公之私人乎？盖不特其私人而已，其私人之私人，亦靡不充满其间，至若用人之冗杂，又不待言。最可笑者，尝有一年，总办至七八人，人吸万金以去，而莫之过问也。若夫船中买办，牌子之大几过道员，其呵斥下等客，几同犬豕。至各买办之吞食船客水脚，管舱者串通吞食装载之资金，茶房之私带货物，此则人所尽知，无待余赘者也。

夫是故，以集款之雄厚，又加以每年漕运之津贴，而进步极缓。前数年购造新铭船，尚系借款为之，本国江海间，大率以钝旧之船，勉强行驶。前十年之船，尚目为新造，"江孚"、"江永"，早已疲老不堪用，而强曳使行，几有十步九踬之象，以此而目为商办，吾为商办二字羞颜[①]矣。

或曰：招商局年有账略矣。又设两商董以监督之矣，此非商办之据乎？不知账略一事，苟涂耳目，何有官办、商办之分。若夫商董，则始终皆陈、唐二人窟穴其中，与官相骖靳，而各得其所大欲，于股东何有哉？于商办更何有哉？

---

① 《汪穰卿遗著》收录此文时，此字缺漏。

最可异者，则上所列，尽人皆知，而各报于此，乃大为之抱不平，而断然以纯粹商办之名归之。彼但知为非商办、非官办之招商局抵抗邮传部，而忘实际所在，不可诬也。

质言之，则吾国之商务，实无所谓商办，无所谓实业家。三十年来，悉是一种棍骗之徒，假借名目，上则领取国帑及公款，下则招集股份，随其才力之大小，为所得之厚薄。其事则炫于前者，旋仆于后，其人则屈于此者，又伸于彼。大约股东之财易尽，而彼之为术不穷。而其中推断某巨公为巨擘，其魄力雄厚，其手段灵敏，故使之管招商局，不久而握招商局大权，且为招商局之大股东。使之管电报局，得握电报局大权，且为电报局大股东。驯至今日，尚能一方面为邮传部右侍郎，一方面又被举为招商局总理，而又得各报为之鼓吹，某巨公诚人杰也。

虽然，吾亦期期不以部办为然也，若果改为部办，则恐此数十朽败之船，亦不久化为乌有也。

（载《刍言报》宣统二年十月初六日，《汪穰卿遗著》收录）

质疑（一）①

《北方日报》有一段云，资政院因度支部所交预算案，凭空结撰，无关实际，拟派员亲往该部详查，以期造出真正之预算案云云。此固非事实，且度支部固凭各部各省之报告，坐以凭空结撰之罪，度支部不任咎也。该报此言，殊不明豁。

按：预算表察查则綦难，无论该报所列闪展腾挪等，固属难知，即系实用实销，而止须三千者，用至五千；止须用十人者，用至二十人；凡事一年可毕者，缓至两三年，何从一一辨之？故综核二字，在今日为

---

① 《汪穰卿遗著》将此文时归入"杂说"，现恢复《刍言报》发表时的标题。

最要，而实最难。

（载《刍言报》宣统二年十月十一日，《汪穰卿遗著》收录）

时事说新（一）^①

各省州县，近以铜元赔累，极形困苦。然有大不可解者。近来各省官报，动辄派销一县至数十分，甚至作为公款，列入交代册。又如各种彩票，亦复派销，是疆臣明知州县之亏累，而又以此重困之也。

国用不足，而设彩票，奇矣；商业而为彩票，则尤奇；若博山玻璃公司，办理不善，并恣侵蚀，而以彩票济之，尤奇之奇。若汉口三怡之亏倒，北京福寿全倒闭，以彩票售其剩物，即取其资以还债主，此等理由，不知取法何国？如此，则人人恣意侵蚀、恣意亏空可矣，以可使他人代还也。而存款者，亦不必斟酌，以该行店即闭，亦可取偿于彩票也。

自元以来，西人之游历吾土者，大都盛致夸美。自通商以来，稍窥内情，则渐异矣。近则尤甚，人皆谓盛衰之见存焉。余读新译《鲁滨孙绝域漂流记》，末记其至中国江宁等处，其详列中国社会之堕落，军备之窳败，掎摭利病，不少宽假。其时我国犹是全盛之时也，江南又繁富之地也，外人于我，绝无他意见存，且绝无盛衰之观念也，而其言乃如此，吾人可速自反矣。

向来臣工奏折，除留中外，凡外折皆发抄，内折从前多不发抄，近年始发。凡发抄之折，交至内阁，由内阁抄送大小各京官宅中者，为抄报；由报房印出，售于京外官场者，为京报，然十不过二三。十年以来，有《谕折汇存》、《阁抄汇编》之刻，号称全报，顾尚不全，然皆印

---

① 《汪穰卿遗著》、《汪穰卿先生遗文》均将此文归入"杂说"，现恢复《刍言报》发表时的标题。

者患纸叶太多抽去，非政府干预也。自《政治官报》印出，而此事全汇归官报馆发印。顾亦有明明发出，而竟不印者，如某某参折，久未见印，各报亦时言及。又某部员亦谓时有交去之件，至今未见印出者。问《政治官报》中人，则谓宪政编查馆搁不发出。然则，自政治官报馆设立，反多一重阻碍矣。

（载《刍言报》宣统二年十月十一日，《汪穰卿遗著》收录）

杂说（四）

我国定例，作官者不得置办产业，外国则为官者不得营业，宗旨不同，而以是为闲，则一也。近来凡百更新，而此例并未削除。顾京中各部员，往往自办商业，公然亲莅其事。且逢人辄相揽劝，一若新法准其如此者，吾不知新法果能如此否？

壬辰，余在都城，闻卖帖之陕西人言，陕旱，乡人皆归咎洋人在田中所插之木杆铁线，故竞焚毁。余曰：此国家安设，所费巨矣，奈何毁之？其人骇曰：此国家物业乎？吾辈咸以为洋人物也。大咨诧而去。余深叹吾国诸事，皆不晓谕而遽行之，大致凿枘。虽然，今之不晓谕而即行者，犹如故也。

日之有昼夜，岁之有春冬，人之有生死，国之有兴亡，其相类者乎？顾有大不类者。日之何时而暮，岁之何时而冬，此有定者也。故达暮则为入息之谋，经冬则为改岁之计。若夫人虽必死，而生命可以延长，故人生一日，必宜为不死之事，不得妄谓已将死，而事事皆不向前也。至于国，则国中上下，能竭力扶持，直可以不亡。故凡国家存在一日，人人皆应为存国计，不能预为亡国之计，此固甚显之理也。而今人动言厌世，动言欲觅桃源，何也？

（载《刍言报》宣统二年十月十一日，《汪穰卿遗著》收录）

敬问（二）^①

　　各国监督之机关，下议院而已，吾国于下议院未开之先，乃设资政院。资政院若上议院，而半出民选，与下议院无异也。而又于其先，设谘议局于各省，近又由宪政编查馆奏，各省督抚署均设会议厅审查科，而以绅士主之。凡谘议之议案，必应交审查科审查，是则督抚须听命于谘议局，又须听命于审查科。而现在之资政院，将来之下议院，亦得遥制之，此于事为可欤？余疏于研究，而又未瞭于近事，窃用为怪，特识于此。

　　闻资政院第一日集会，忽议员周君谓美商团来京，议员当全体出迎，而彼日自议长以下，亦均赞成。夫我国创立资政院，而第一即议及此，亵资政院矣。若谓全体议员当出迎美商团，吾不知于事有合否？又不知他日有似此者或胜于此者至，亦将悉全体往迎欤？倘其然也，则我国至尊重、至有希望之议员，乃仆仆为送外宾之资料，吾不知自视为何等矣。

　　前者港督至京，而梁君士诒燕之邮传部衙门，而约贵命妇三人同席，盖港督携其夫人来也。顾梁君以旧谊而燕港督，可也。大清国邮传部衙门，岂部员燕客之地！至男女杂座燕饮，吾国前未之行。其间语笑容止，必有不能合式之处，且亦未必以此为外人所重。或者设燕他处，专燕港督夫人，而请诸贵命妇作陪，不情礼两得欤？

　　（载《刍言报》宣统二年十月十六日，《汪穰卿遗著》收录）

---

　　① 《汪穰卿遗著》将此文归入"杂说"，现恢复《刍言报》发表时的标题。

质疑 (二)①

　　近来筹善举者，筹铁路股份者，辄有使上下官幕各出月俸十之一二，以应人之求，此法所得殊不多。顾吾有不解者，夫薪俸者，使办事之人得之，免内顾之忧，得专心于所事也。审其多欤，则初不应定此过厚之禄糈，致糜费公款；如其少欤，则方仰事俯蓄不足，复令出此，将何取偿？徒徇他人之请，而不顾其后，诚不智矣。若以一有权力之号召，使全局不敢不应，则大众损其利，而一人市其惠，独可为训乎？此于事有碍，而世无以为言者，何循名而不责实之多乎！

　　　　　　　　（载《刍言报》宣统二年十月十六日，《汪穰卿遗著》收录）

发微 (一)②

　　议员某君，初时对于政府，机辩百出，后忽噤若寒蝉，于是各报有笑其为政府买收者，有谓其得某处乾修及京堂，即甘心弃其天职者。按：此实轻视某议员矣，抑知某议员者，某党之先锋也，其运用之道，筹之熟矣。盖以为非能辩折政府，则不能使政府畏我；非能与政府熨

---

　　① 《汪穰卿遗著》将此文归入"杂说"，现恢复《刍言报》发表时的标题。
　　② 《汪穰卿遗著》将此文归入"杂说"，现恢复《刍言报》发表时的标题。

帖，则不能使政府亲我。故始之清辩滔滔也，非为其所辩也，欲使政府知己有可畏之具也。后之静默也，非不欲自表其意见也，然欲使知己之可亲，且知己有可畏之具而不用也，故人愈噪，己愈默，人愈激烈，己愈和平。务使政府深感己，而欲相联络，欲相倚仗，则目的必有大达之一日，而全党之形势定矣。如是，则人之喧噪，人之激烈，皆适为彼之用，其用术可谓极巧，其应机可谓极灵。虽然，若常此而不一言，未免单纯而无变化，将为人所窥，则将来之或稍有变计焉，未可知也。

（载《刍言报》宣统二年十月十六日，《汪穰卿遗著》收录）

论中国振作迟缓之原因①

气节者，国之元气也。廉耻者，气节之本也。全国人无廉耻，虽谓之无人可也。而近来乃无人究此，故余出入数十年，未见有以此自名者，亦未有以此为人所称者，更未见有以无廉耻之故，而为社会所不容者。故无耻不廉之事，恣为之而莫笑也。

近有江南某翰林者，久浮沉于北洋，欲干进而无路，乃忽发奇想，谬为选诗者，盖假此以贡谀，亦不自量足当选诗之任否也。一时大老，皆得在大家之列。前直督杨，亦巍然羼入其中。已而又夤缘得拜张文襄之门，遂充然而为大学堂文科监督，以吾国最高尚之位置而居此辈，殆所谓金盘玉椀而盛狗矢者欤！

近廿余年来，若张佩伦，若吴大澂，若唐景崧，殆人中最下劣者欤！张为名翰林，以直言敢谏魁其曹，后值张静达署北洋，则嗾人说静达奏己为北洋练兵大臣，已而知事不谐，则又嗾其党劾静达以掩其迹。中法事起，绝不自揣量，遽受督师之命，马江丧师，自到谢天下可矣，而竟偷生以迄于终。吴大澂解小学，工篆书，而不肯以文人自居，志立

---

① 此文在收入《汪穰卿遗著》时，标题被改为《论国人之无廉耻》，现恢复原标题。

边功。尝阅边辽塞，所至刻石，欲比汉班超、唐李靖。甲午之役，大为天下戮笑，而犹靦然回湖南巡抚任。唐景崧为台湾藩司时，台已岌岌，唐方幸邵抚内渡，己得为巡抚，遂乘机位置私人，无所不至。台既割让，唐忽奇想天开，辄为总统署置官职，征集兵饷，且以义举扇动内国。既不揣事之宜否，亦绝不自量能办到与否。逮至大溃败决裂，则括库中金，扬帆竟去，而在台之兵民枕籍死者若干万，唐勿恤也。顾犹有大异者，此等人若在他国，即不被人刺死，亦必猬缩一隅，无人顾及矣。乃张得赦回，犹赘相府称姑大人，出入大有光耀，优游江湖以终。吴以丧师之帅，犹使回巡抚任，议和时，忽发奇想，谋诸文襄，欲以所藏汉印抵若干赔款，为文襄所阻而止，后回籍作大乡绅以终。唐以括金既多，回家居然作富翁。其家宅甲于桂林，后某党以得丐余沥，推崇之甚至，亦不顾其前此之丑也。夫国家之存立，所恃者何也？朝廷之赏罚明，社会之好恶正也；晦于上而正之于下，尚得其半也；今则上下皆然，复何足云！

庚子，联军既入京，吾辈以为始祸诸人，其必北向自到以谢朝廷，以谢天下矣。何则？彼诸人者，愚塞而倔强，既偾事，惟死而已。而后乃不然，犹随扈西行，犹屡求免于罪魁之目。自余则有求减轻罪名者，有欲求脱其罪名者，并有觇知机会，仍欲不失其权荣者，甚至谋诸外人，谋诸教士，不惜以国家权利易之，不惜以国家帑项买之，吾不意峥嵘之民族，乃脆软至是也！

（载《刍言报》宣统二年十月二十一日，《汪穰卿遗著》收录）

质疑（三）[①]

今已许外人入籍矣，且定章程，印券据，为永远遵行之法矣。顾一

[①] 《汪穰卿遗著》将此文归入"杂说"，现恢复《刍言报》发表时的标题。

方面，则尚未许外人杂居也，然则偶有以内地杂居为利者，群使入籍，而入我奥区，购我物业，夺我生计，探我秘密，则如之何？

疆臣临危，而以印付属官，而己飘然不预其事，而属官者，利于得长官之印，亦遂受而不辞，此于理为可欤？而今年湘省滋事，岑抚辄以印付庄藩，而庄藩亦遂坦然受之，而竟无有议者，何哉？

（载《刍言报》宣统二年十月二十一日，《汪穰卿遗著》收录）

敬告（二）[①]

今有一事，至要至切近而又至易，非若定官制、立责任内阁、颁新刑律、开国会之烦难也。是何也？则凡新简督抚及行政长官，不可使因简放要任，而增巨大之债务也。盖债务增，不特筹还有碍于事，且以负债之故，须分心于无益之地，而因债主之多，复须位置其私人，则害于事大矣。此事惟政府能处分之，往者不可谏矣，来者其犹可追。

开平之事是非明矣，办法得矣，此人人所知也。而至今乃反，族人皆知有梗之者矣，且知梗者之所为矣，而独一二人若未知。权不足欤？是者不能不求助于利剑。

二十二报有谓，将起前津浦铁路总办吕公为外务部尚书者，意其说为讹传。虽然，吕公为人长厚，顾非外交之才也，若谓其当使德国，而即以为有折冲樽俎之用，则是未知彼在德之历史矣。吾辈既有知，不敢不言也。

（载《刍言报》宣统二年十月二十六日，《汪穰卿遗著》收录）

[①] 《汪穰卿遗著》将此文归入"杂说"，且删去后两节。现恢复《刍言报》发表时的原题，补录删去者。

问题（二）①

　　今论者盛言满蒙垦务矣，然内地荒地尚多，而卒未尽垦者，则土客之说为害也。近闻安徽宁国等处荒田荒地，定议不许外省人着手，此事于理实未为合。然在彼实为两难者，盖来垦者，未必杂出于各地，而由一处之人逐渐招徕，且姻戚相引，或乡里相援，团体坚而备御固。不十年，凡本地之实田实地，咸入彼处人之手。始但强宾压主，继且反客为主矣，此大非土民所乐也。惟如不许外县人来垦，则本处人少，或人太文弱，或利途太多（如上海、苏州之类），孰则肯以田为事者。如此，则荒田无成熟之日，而国与民交受其弊。然则谓宜拒外省人赴垦耶？抑否耶？宜有以主持之。

　　江南数省，土客争讼之事多矣。情形县县不同，亦时时不同。总之，客民大率春来秋去，不肯土著，其大较也。其所以然者，一则当其至时，但有求利之心，并无移家之念。盖吾国人不忍轻去其乡，且亦不知所往之地安适否也；一则土客之不相容，当其初辟草莱，土人视若无睹，及数年成熟，则忽有自称田主，控其占垦，或以土豪恶霸，迫令移去，使数年之功，沦于乌有。于是客民黠者，垦至成熟，辄故坏之，移垦他处。故数十年来，客民糊口于垦荒，不知凡几，而荒地仍布满于各省，职是故也。

　　今上下皆言提倡实业矣。顾近来海丰公司，以饥民肆抢，守卫者枪毙数人，今已受误伤人命之罪矣。顾如永丰等面厂，则以保护不及，又全被抢毁矣。然则以后遇此等事，厂家应力自保卫欤？抑任其抢掠欤？地方官遇此等事，应以保实业为重欤？应以顾生命为重欤？国家当此奖

---

　　① 此文的第一、二节在《汪穰卿遗著》中题名为《说土客》，独立成篇，第三节被归入"杂说"，现恢复《刍言报》发表时的章节和标题。

劝实业之时代，又将如何调停而处置之欤？此为今日至要问题，不知亦有研究及之者否。

（载《刍言报》宣统二年十一月十一日，《汪穰卿遗著》收录）

问题（三）①

近来裁防营、裁绿营、裁差役，皆正当办法也。虽然，若辈食于此久矣，一旦失业何所为？去而为盗耳。防、绿姑勿论，但以差役，每县殆至数万，不知主持事者如何处之？

（载《刍言报》宣统二年十一月十六日，《汪穰卿遗著》收录）

记怪（四）②

十四表决剪发问题，汤议员未到，而忽有赞成票，奇矣。且明知汤反对而票乃赞成，更奇观，此足知议员不视表决为重要之事，而随意为此狡狯也。其尤奇之奇者，则易议员于此等诧异之事，不细为详考，辄草率以反对者所为一语了之，试思反对者施狡狯而多一赞成票，乃谓无

---

① 《汪穰卿遗著》将此文归入"杂说"，现恢复《刍言报》发表时的标题和篇章。
② 《汪穰卿遗著》收入此文时，删去了第一节，第二节则以《论政界及时流之怪现象》为题独立成文，现一概恢复。最后一段按语，是后来编入《汪穰卿遗著》时所加。

足轻重，又于议员，则以若查出时，必应加惩罚一语搪塞过去，此等举动，与旧日官吏何异？

近来吾所至怪者，有二事焉：其一，吾政界中人，皆若能作黄金也。何则？自辛丑定赔款四百五十兆以来，外人咸为我虑，谓国家将破产，且意我国必设法使货物多出口，而用度当益溪刻。不意近年洋货入口愈多，而流出之银，较前几倍也。若购办军械也，若各省铜元局之购机器也，皆一去不还之款也。而尤奇者，则于此大小臣工，无不大加公费津贴，至添一新署，则调人必多，而薪水必大优。至各新衙门及学堂，余若工艺传习所，若模范监狱，多者数十万，少者亦十余万，至少亦必三四万，吾怪其多金之不翼而至也。一则时流及议员，似竟忘人之必待食而生，不得食则死也。又若人虽自知将死，咸能束手待毙也。试思近来提议裁驿站，裁防营、绿营，裁书吏、差役，都计其数，失业者已至数千万；若夫冠服改，而织工不得工作者，又不知若干；盐务改就场征税，而盐务中倾家者，又不知若干；至于禁烟、禁赌，咸属正理，然以生计论，则皆入于缩减，非有所优裕也。意者是皆能安于饥饿以死，而不敢稍有抵抗者欤？

按：此论之意，非谓防营、绿营、书吏、差役不当裁，烟、赌不当禁也，意谓当先筹安顿之处，不当听其就死也。

（载《刍言报》宣统二年十一月二十一日，《汪穰卿遗著》收录）

警告（一）[①]

各报载，日人雇我测绘生张某等四人，潜行测绘东三省要地。按：如果有之，则我当局不能置之不问。且测绘生，我所培植之人才也，其

[①] 《汪穰卿遗著》收入此文时，删去了第三节，第一、二节则归入"杂说"，现恢复《刍言报》发表时的标题和章节。

情形与马贼尤不同，若迹得之而絷以归，日人固无如我何也。

前者吉林之西南路道颜世清被陈抚劾罢，为大豆公司事也。其折未发抄，故外间未知其详，说者谓其中有隐情焉。盖颜革道初以囤买大豆，有大利可获，遂抛盘无算。方自喜，谓有数十百万金之获也，不意去年大豆收成极歉，颜将大不了，乃伪为代农业公司为之者。而又谓大豆之涨值，皆农业公司之总办所播弄，遂由陈抚将总办某劾罢。久之，复劾去颜，以遮饰人耳目。然颜仅去官，而数十万之负担，归之官矣，不知政府亦知之否。

近闻警厅以京城俗例，凡店家欲修改其屋者，屋主必索增租，于是下令令店家欲修屋者恣自为之，不许屋主增租。按：此事殊不公也，盖向来房主受困于房客者重，房客受困于房主者轻，房主之足以制房客者不过修改屋宇则增值而已，房客则有一特享之利权，凡迁入时房租若干，永不能加，且不得退租。于是租时每月房租二两者，至数十年后市面大盛，而房主仍月得二两而已。尤可惨者，则房客闭店后，可不将屋交还房主，而据之以招新租户，擅自取金若干，名曰"倒铺底"。其实只以空屋与人而已，无所谓铺底也。其取之若干，而视地及时为差，一日不招得新租户，则一日不让。迨第二租户闭店，必依原出之数，又添若干至第三、第四，无不由此累加，故房且不过四两、八两，而铺底累至千百金，此等狡猾把持之法，实各国所无，且适与各国之市法相反。故京师土著之人不克兴盛，此亦一大原因。今警厅尚助房客以压制房主，吾不知是何理由也？

（载《刍言报》宣统二年十一月二十一日，《汪穰卿遗著》收录）

醒呓（一）①

近数年来，哗言大赦党人，大开党禁者，不可缕数。其创言之者，

---

① 本文在收入《汪穰卿遗著》时，改题为《论大赦党人及大开党禁》，现恢复《刍言报》发表时的标题。

挟有意思者也；而从而和之者，且惘然莫之辨焉。吾辈若于吾国近事，一无所知者，则必以为吾国中以力争国事之故，锢诸黑狱者不知若干人；流诸烟瘴，罚作苦工者，又不知若干人；流离海外，九死一生者，又不知若干人。盖必如是，始足与大赦党人，大开党禁之说相称也。顾大索之，乃无有，戊戌诖误之员，大率赦回，或复其官职，甚至擢居重要之位置。其庚子汉口案中人，有组织日报者，有为议员者，然则所谓赦党人，开党禁者，究亦何指？无已，则侨居海外著名之一二人耳。夫既仅一二人，而此一二人又甚为人所指目，则何不举其姓名，而必以赦党人，开党禁之大题目，为之前提，此何为欤？徒使此报曰赦党人，开党禁，彼报又曰赦党人，开党禁，而街谈巷议之士，又无不曰赦党人，开党禁，彼此相蒙，如梦如呓，抑何可怪！

夫首创此等呓语者，彼有目的焉，将使人呓，而己固不呓也。今奈何随人之呓而亦呓之，且将率天下而群出于呓之一途。呜呼，是亦不可以已乎！

（载《刍言报》宣统二年十二月初一日，《汪穰卿遗著》收录）

献议（二）①

裁厘加税之说，言者屡矣，此事今日大约不能办到。且犹有一疑问焉，假使厘果悉裁矣，税果照加矣，然自此而抽税之权，全在税务司手中，而各省官场绝不能干涉，遂有无数不便之情形。尤可虑者，则彼于洋货、土货，虽有定章，而暗中仍可施其操纵之术，而于吾国新出仿造外洋之货，尤有关系。此一层亦不可不虑及也。

若降格以求，则莫如与税务司商酌。第一，各口须设验货所，以免

---

① 《汪穰卿遗著》将此文归入"杂说"，现恢复《刍言报》发表时的标题。

精货报粗货之弊；第二，则货价不得估定，应按时值估计；第三，则磅价应照当日计算。此三者果能实行，则税务必大有起色。

又，关税之弊，往往华洋同一货，而华货税反重，其有华货价格不如洋货，而税反重者，此则税务处之职，诚应力加整顿者也。

（载《刍言报》宣统二年十二月十一日，《汪穰卿遗著》收录）

醒呓（二）①

壬寅、癸卯间，广西匪乱，号为革命党。一时谣言大兴，谓彼党已得法国之承认。于是无识之徒，一时有若狂痴，一似已得新立一国者。不久而匪败，则并非革命党。且伊等殊不审天下有绝无资藉之匪徒，而列强肯认为友邦乎？且果使有之，则祸乃尤烈，盖彼国欲我国之自相残杀，则必利用此法。英之于印度固如此矣。隋唐间崛起于西北之盗魁，无不与突厥相联，突厥亦无不声言相助。足见利用邻国之乱，从而互斗之者，固古今一辙也。

（载《刍言报》宣统二年十二月十六日，《汪穰卿遗著》收录）

敬问（四）

近日之事，最不能服人者，莫如开平矿务。此事亏失之巨，受绐之

---

① 《汪穰卿遗著》将此文归入"杂说"，并删去了第二节，现恢复《刍言报》发表时的标题和篇章。

离奇，无人不耳熟能详。且个中人辛苦经营，已有办法，而结果竟如是，何足服直隶人之心？何足服天下人之心？若谓处势使然，他人所言，皆为虚愿，则试问张某以此中偾事之人，且现在尚且冀得绝大利益之人，何以必使预闻，使得恣意掣肘？今更听彼一面之词，致全局大败。假使有人诘问政府，谓此次失败，实缘政府纵张某操纵其间，则政府其何说之词？

又近日事最不可解者，莫如周某赏京堂一事。谓其为实业家耶，则周京卿始终未办有何等实业；若谓其集股办信成银行耶，则数十年来似此者，不知几千百。且信成之有何成绩可言，未可知也，而猥畀以至高之爵赏，朝廷之爵赏，不太轻乎？若谓其允了玻璃公司之事，故暗以此酬之，是则使彼筹垫若干万，而以京堂抵若干万也，有是政体乎？且名则谓其兴实业，而实则奖其了结公司之事，亦为名实相诡，使远近闻之，实不能解。

（载《刍言报》宣统二年十二月二十一日，《汪穰卿遗著》收录）

忠告（二）^①

今年吾国最重要之事，其在改定官制欤？此事范围至大，内容至复杂，非一时所能尽。惟最要者，则在中央集权及各省分治之说也。太偏于中央集权，则势必不能举，且各省权力顿减，督抚之气概，才如道府，不足镇压一切，于内政、外交，有无数窒碍之处；太偏于各省分治，必至省自为政，各不相顾，且渐成藩镇之状态。故欲斟酌二者之间，有其利而去其害，方足巩固吾国之新基础也。

近来案件，除汉口洋人枪伤华人一事极难办理外，其最难者，昆山

---

① 《汪穰卿遗著》将此文归入"杂说"，现恢复《刍言报》发表时的标题。

乡民烧死数百难民一案乎。若究难民之骚扰凶掠，则彼人已尽死，且死至如此之多，而不为伸处，其何以对国民乎？若究乡民之妄杀，则有种种原因，处之极难。官吏固应惩处矣，然不足蔽此事也。从前错谬，无可追矣，是在以后办理之手段。

（载《刍言报》宣统三年正月初六日，《汪穰卿遗著》收录）

审疑（二）①

吾国钱庄之架空，巧极矣，亦危极矣！是欧美所未有也。然犹以其积年之信用，挹之此而注之彼，以取息焉。苟得老成朴愿者为之，而又不遇意外之恐慌，则或得以弥缝无事，未可知也。今者银行之风大启，官私开银行者，蝟毛而起，甚则以旧日之钱庄，合而为银行，其开销酬应之费，殆十百于钱庄。是何也？曰：可以出钞票也，可以值十余文之纸，易他人十元、百元之现钱也。度支部欲限之，而实无从限之，且亦不足以限之，是直与白昼劫金于市者何异？逮至铜山东崩，洛钟西应之时，则全国之财政，且有亏倒之虞。而今者人人知其不可，而无起而力阻之者，社会中亦瞠目袖手，坐待大患之及，是何为者？

大清银行者，国家银行欤？非国家银行欤？非国家银行，则固以国家银行之名义，号召全国矣；则固以国家银行之势力，笼取财利矣。其尤巧者，则明明自居于国家银行也，而以官商合办为名。盖如是，则商办之名不足者，以官之力压之；官办之说不足者，以商之力抗之。而所谓商者，大率部中要人也，其他则创办之时，市井奔走之人也。而尤巧者，则各分行皆以有势力之人为监督，禄糈优厚，而实无所事。平常则假此以慰安诸势要之心，且使欲弹劾者多所顾忌而不能行。万一银行有

---

① 《汪穰卿遗著》将此文归入"杂说"，现恢复《刍言报》发表时的标题。

被人讦发之事，此监督者，虽不详察于平日，亦必庇护于临时，是直以监督为盾也。尤可奇者，此省官款汇至彼省，犹之主人之款由此汇彼也，而乃一律索取汇费，视同平常交易，此何说欤？

（载《刍言报》宣统三年正月初六日，《汪穰卿遗著》收录）

宜知（二）^①

昆山烧死难民之事，伤惨极矣，事后办理尤极为棘手，此由于吾国平时法度之不整设，官吏之不干涉，放纵宽弛，致酿此大案。今日办此，宽严均有所不可，不知若何结束。兹将余生平所闻二事，录以告世，亦足资研究也。

当甲申、乙酉间，余居于杭，时卫公荣光为浙江巡抚，有人自嘉兴来，告余曰：近碛石镇出一大事，今乃无下文，殆以不能办搁起矣。余诘其说，曰：淮徐之难民，沿途骚扰，至碛石，向铺户人家强索米柴，掩掠鸡鹅，乡民怨恨甚至。其人约五六百，麕聚一庙中。碛石民情，素称蛮悍，遂相约乘风猛之夜，人秉一炬，围庙而焚之，老弱男女，无一得免。中有一妇，颇饶姿色，向乡民娇啼求活，而旁人不许。此乡民手为妇所援，不得脱，旁人乃并此乡民斫死。所遗尸骸，焚烧掩埋，一时俱尽，直无形迹可寻。次日，地保飞报县。时卫公阅兵将至，县官诣府商请办法，以此事若通报，则必成大狱，且极难措手；若隐不言，万一卫中丞已别得报，则更受欺隐之罪。久之，不得策，乃拟姑勿言以觇之。卫公至，竟未询及，府县官遂亦不言，于是杀死数百人之大案，竟如云消烟散矣。

---

① 《汪穰卿遗著》收入此文时，改题为《论昆山县烧杀难民事》，现恢复《刍言报》发表时的标题。

　　又前十五六年时，吾杭戴君为江苏吴江县之盛泽镇县丞，忽秀水县乡民飞报，难民至彼处占人家屋，抢劫食物，请派兵弹压。盖其地距秀水县城远，而至盛泽仅七八里，故就近请救。戴君甚难其事，以此事不特越县，且系越省，若干涉而无事，未必有功；万一蹉跌，则反为罪，筹之莫决。然盛泽之防营，则两县事皆在职司之内，营官以事他出，哨官请行，乃以八人往。时难民索米人若干，乡民与之，又索薪，乡民与以束草。至乡人所留御冬之风鸡腊肉，一为难民所见，即擅取去。已而又欲得屋住宿，乡民无以应，遂至相斗。盖此辈凡至县城或大镇市，大口给钱若干，小口给钱若干，夜指宿庙宇，皆有定例，此次所至，适系小乡镇，安得有大屋。既与乡民相斗，盛泽之哨官至，亦助乡民，然众寡不敌，哨官所携八人，皆被伤。怒甚，亟返调百余人，以枪械往，遂枪毙五人，伤十余人。难民乘势愈横，则以尸至盛泽，声言非使哨官抵命不可。且陈尸县丞所僦屋中，群聚喧扰。戴君大窘，视开枪之哨官等，已不知所往。无已，乃人给以钱，并使伤科医伤者，犹不肯行，且不肯将尸棺殓，则潜使人以金与为首者，乃呼啸去。遂舁棺至苏，言欲为死者求雪。时巡抚为赵公舒翘，闻之，言此辈直是乱民，若至，当将为首者请令正法，余人递解回籍。为首者闻之，逸去无踪。所遗老弱，以船十余，载至淮海等处，散归其乡，事遂已。

　　按：淮徐海等处向例，每年必有自称难民者数百，赴各州县求乞，其为首人，且携有文书，上亦有印，每至有文武官员驻扎处，除照例求赈外，必请一印以为征。或查其第一印伪也，后乃真者。实则三五无赖生监，相约为此，且多邀诸乡民，诱以甘言，使从己行，以厚声势，各处所得钱，则任意给发，余悉归己。故其至，率以秋冬，至春，则田事起，必须归矣。其实于饥荒毫无关涉，如戊戌岁大熟，淮安等处，麦粉每斤仅十二文，而此辈以难民至各处如故，直视为营业矣。此等恶习，不知起何时，所在地方官，但求无事，不一追究，致屡酿祸事，且涓涓不遏，将成江河，可虑也。

　　又按：江南一带地方，枭匪肆横，贼虐无忌，推原其故，由于官之畏事而酿成者半，由于官之慈祥而纵容者亦半。闻前二十年时，枭匪盘踞各处，肆行奸慝，地方官几不敢过问，或有控者，偶派差往捕，辄被戕毙。有某县令李姓者，独强健，自率多人掩捕，得匪首若干人。解省时，奎公俊为江苏巡抚，性仁慈，或乃言于奎曰，此辈皆穷民，卖私盐不得，乃食于赌，今又绝之，则逼使为盗耳。奎入其言，乃尽释之。时李大令方在舟中，即有人以枪击舟，凡二发，幸未中。嗣后匪胆愈张，谓上宪许令为此，甚至诱人入赌，输则更以钱供之，至累数百金，负者不能偿，乃使人至其乡，强其亲串，分摊多少，各视其家资。有时亦牵其妻女去，盖有甚于盗贼矣。乡民报案，官不复能理，则相率不报而为仇杀，乡民为匪杀，匪偶至乡，亦时为乡民杀。于是江南号为文弱之地，而此时则残忍酷烈有过他省。已而赵公舒翘为苏抚，有杭人刘君者，亦健吏，言于赵抚，非重惩不可，不能复拘文法。赵许以格杀勿论。刘迹捕之，枪杀七人，而统带皖人韩庆云，以所杀多不辜，言于赵，刘闻之几疯，以格杀勿论，赵虽口言，而未见明文，万一追究，则身家将不保。然赵中丞不背前言，谓如此肯为地方出力之人，若反为罪，将来孰肯为国家办事者，乃以优差委刘，谗言乃息，而地方亦暂宁。

此次江南之事，实缘去年正月间，难民连劫店肆十三家，而官绝不之问，至各处滋扰，亦往往以难民无食可念。且无兵械，不许辄有伤杀，甚至令面厂即以面粉赈之。故此辈胆愈张，势愈横，一旦激而成此，而善后难矣。

吾国向来有一大病，则误以法律及慈善并为一谈是也。夫民遭饥馑而赈之，此慈善事也，不许民取非其有，及强入人家，此法律事也。二者万不可偏废。然就二者言之，与其废法而为善，无宁废善而全法，以一日无法，即大乱以起，吾国人多不明此，致误大事，可痛也。

（载《刍言报》宣统三年正月十一日，《汪穰卿遗著》收录）

<h1 style="text-align:center">醒呓（五）^①</h1>

近外城左二区薙发匠，以警厅所定条款，每人须预备长衣两套，并

---

① 《汪穰卿遗著》将此文归入"杂说"，现恢复《刍言报》发表时的标题。

须用洋磁盘等语，实有不能遵循之势，遂群聚至警厅轰闹。观于此，则今日持论家，但顾说得，不顾行得行不得；但知铺张，不顾财政。诸君亦可有所省悟于中而知变矣。譬之人方半菽不饱，而我乃强以食牛奶若干，鸡卵、牛肉若干，此可乎？人方住茅屋，仅蔽风雨，而我乃强以屋之高大须若干丈尺，四围须限种若干花木，可乎？闻有一薙发者语人曰："吾辈岂愿着此秽衣？顾不着此，则更无衣可易。倘民政部能人给一衣，则我辈甚感矣！"此虽寥寥数语，然颇足砭今之顽不知人事者。

（载《刍言报》宣统三年正月二十六日，《汪穰卿遗著》收录）

评时事（二）^①

凡督抚以本省出有大事变，而以长电通告于各省督抚，并宣之报纸，此事向所无有。去年袁海帅于广东兵变，孙慕帅于山东莱阳乱事，今年李仲帅云南边事，始有之。盖一则恐事迹不先宣布，后政府对待致误，而远近不察，反致归咎于督抚也；一则恐报馆先据一面之语登载，专归咎于官，腾播远近，而官场虽自白，人且不信也。此事于政体非合，然而势所迫而事遂以变，殆有不得已欤。

近报中载，陈筱帅保举唐宝锷，有"宅心端正，器局深稳"之语，是固见诸《政治官报》矣。又谓陈明远将派全国铁路稽查，则未知然否。若果然也，亦可谓羞朝廷，而辱当世之士矣。

鹿文端病，人皆知贻谷案未结也，有待也。鹿文端死，人以为贻谷

---

① 《汪穰卿遗著》将此文归入"杂说"，并删去了后两节，现恢复《刍言报》发表时的标题和章节。

案将结矣，而未也，有持之者也。逮廷尚书死，人皆以为贻谷案结矣，而今也果然矣。且三年极自由之监禁，亦可改绞监候为发往新疆矣，噫！

（载《刍言报》宣统三年二月初一日，《汪穰卿遗著》收录）

时事说新（五）^①

中国素有重农贱商之说，盖秦汉间趋势，有不得不出于此者。顾以史考之，则商人之势力，固非农家所能比拟也。海通以来，鉴于商力之薄弱，乃亟言重商，不意近来凡官场之富厚者，及贪官之暂失势力者，与夫狡健之辈，竞于官则不足，乃思退而竞于商者，于是以其为官之伎俩，折而用之商，于是官督商办也，官商合办也，官股商办也，凡平常商人不能得之官款津贴，则彼得之；平常商人不能运动之贵族股分，则彼得之。逮金钱到手，能定期开办者，已为幸事，否则屋建矣，章程定矣，机器则定款已付，而货则不能出也。工程师则重薪延请，而以无事可办，虚受薪俸也。逮至力竭不支，或坐以待毙，或一逃了事，或先行卸去。承其敝者，则国家与股东也。噫，重商而官即为商，以受重商之利，而糟蹋吾国至可宝贵之金钱，惜无重法以随其后也。

（载《刍言报》宣统三年二月十六日，《汪穰卿遗著》收录）

---

① 《汪穰卿遗著》收入此文时，改题为《驳收回海关邮政之时论》，并将第一节归入"杂说"，现恢复《刍言报》发表时的标题和章节。

箴时（二）^①

　　今既决意于舍旧谋新，则不能无主张；有主张，则不能无袒护，此处势然也。所为者大，不欲其以小节败也。虽然，有辨矣，果小节也，护之可也；腐败之极，则正宜改弦而更张之，无庸为之讳也。何则？以光明正大之心，行光明正大之事，始终保护之使底于成，与屡更易之而卒底于成，其为事一也。盖吾保护其事，非有私其人也，若夫明知为之者之不可，而必出死力以护之，且设种种不正当之法以护之，则吾所不解矣。前年苏抚以征兵剿盐枭，兵至昆山，闻夏家桥有赌场，整队往，赌徒逃，而枪毙者皆本地之人，可指数者也，无有枭也。于是劾征兵者曰：是托剿枭而实劫赌，是枉杀平民也。为征兵辩者曰：是侦知枭匪在赌场，而误杀平民也。此其实际何如？昆山人知之，无庸余赘矣。顾可异者，辨污之禀，罗列二三十人，大率搢绅与夫名士也，而第三乃为前山东沂州府知府丁立钧。是时丁死数年矣，遂为某报指摘。已而有电至，曰实丁之兄立錾也，而丁立錾之电亦至，然前山东沂州府知府八字何为乎？岂书者误錾为钧，而即冠以丁立钧官乎？报馆固已疑之。未几，而真丁立錾之信至，言罢官乡居，不与时事，非特征兵滋事一节不知，即夏家桥在何处，亦未知也。顷闻人言，乃知被人假名，进禀发电，一再不已，属为声名云云。是知丁氏之名出假托，则他人之名确否，亦未可知矣。吾不知出死力以为此者，为国家乎？为征兵大局乎？抑别有所为乎？真不可解也。

　　　　　　　　　　（载《刍言报》宣统三年二月二十六日，《汪穰卿遗著》收录）

---

　　① 《汪穰卿遗著》收入此文时，改题为《说袒护》，现恢复《刍言报》发表时的标题。序号为编者所加，下同。

杂说（十六）^①

吾国政府，人皆目为畏事，而吾独以为大胆。无论何等重要之事，辄随意委任一人为之，此真冒险之至者矣。如大清银行、交通银行之事，吾不怪张伯纳、李佑三二人，而怪夫用张、李者。试思二人本不习商务，亦素无综核之名，二人皆纨绔，而李尤甚，张则益以颟顸，李则官气极重。以吾辈思之，则无论如何，必不能选及，乃竟贸然畀之，不谓之大胆，得乎？往事已矣，吾愿用人者之慎其后也。

各报甚不以贵族握权为然，此说是也。顾谓不居要任，可常保贵族之尊荣，则殊未然。盖吾国有一极奇现象，则无论亲王之尊，苟不当权，则人视之若无睹，几至并其人之生存与否，而亦不之知。至平常世爵，更无论矣，绝无人以其为亲王为贵族，而有敬仰之意也。汉人得爵者寥寥，然亦不足动观瞻。假使百十人之聚会，中有五等之爵，人亦只平平视之，不觉其特异也。此事各国均不然。然惟无尊荣于彼，乃不能不争权势于此，殆亦有所迫而然欤？

各报有怪京城自治会尚无影响者，不知吾国京师，乃无贵族，无大家，无富室，无大商，无土著。与外国都城绝异，则孰有关心于自治者。试观贵族，既绝不被社会尊仰，则一切地方之事，自无过问之权。都中人皆四面凑集而成，官则皆来自各省，商则皆山陕江南等省人，亦不问之地方之事。其可名土著者，寥寥可数，然亦大率为官吏等之后人，大率略有资产，杜门度日，无有相连合者也。且人之高下，籍之南北，错杂不齐，亦何从连合。亦有官吏后人，流落在京，一二世即归消灭，更不足言。总之都中人虽多，除满人外，十之三四为官吏，十之三

① 《汪穰卿遗著》谓本文发表于宣统三年三月初一日，查当日该报无此文，存疑。

为商，皆外来之人，其余皆流寓。亦有自居于土著者，皆散漫凋零，不能自成团体，何有于自治。故京城自治，反不若各省犹有萌动之机，盖为此也。

（载《刍言报》宣统三年三月初一日，《汪穰卿遗著》收录）

记怪（八）①

从前王文勤督云贵时，上海人姚自梁观察文栋，与于勘滇缅界之事，条陈无算，力陈边疆大计，文勤置之勿顾也。姚愤甚，后著《勘界筹边记》。其书如何不可知，顾吾国此等书少，则亦足贵矣。然似闻外部尚未得此书而研究之也，且姚既熟于彼中情形，似亦宜在询访之列，而外务部乃漠然，此亦足怪也。

天下无论何等人才，不过办一事受一事之薪俸而已，而吾国独不然，官场中红员得兼差得挂名者，指不胜偻。今且有顾问官、谘议官名目，动辄月送二三百金不等。尤奇者，如詹君天佑，本办张绥，已而为川汉铁路所请，则往川汉，而仍占张绥总工程师之位置。已而粤汉路固延其至粤，则又应粤汉路之聘，而仍占张绥、川汉之位置。夫詹君天佑办京张铁路，工稳而期速，诚足为吾国之光。然詹君亦人耳，办如许大工程，安能以一人而兼三数处？况此三处分占三边。詹以一人指麾，实有鞭长莫及之势。是则徒耗詹君之心神，而大碍两处之工程。若谓劳詹君已久，不便停其薪俸，则詹君之薪俸，本缘于职务，既离职务，公司固不必滥与，詹君亦不能滥受也。其实受人之聘，应始终其事，詹君不宜舍张绥而之他，公司亦不能听其他去也。虽然，詹君之兼受三处薪

---

① 《汪穰卿遗著》将此文归入"杂说"，现恢复《刍言报》发表时的标题。

俸，余仅得诸报纸，而未得其实，今姑取而论之。

杂说（十七）

西报论中国事，有云："中国今日，须有一沉毅果敢之人掌握朝政，方克有济。盖不能扑蚊而图吞象之政策，本无益于国事，一旦遭遇强逼之举动，则力弱不堪抵敌矣。"韪哉是言！殆除此无以救国矣。然吾国政界及社会，大率不肯扑蚊，而徒言吞象，盖吞象名美，而不成则有辞可藉，非若扑蚊之无可名，且不成反为人笑也。

报言，美之社会党某号于众，言己若得市长，必使失业工人，均得生计。已而某果得举为市长，不意彼处失业工人，至二万之多，均盼为荐工作之事。某一时安能觅如许位置，于是工人大怨恨之。按：社会党持论似高，而实必不能行，足颠覆人而不能自立者也，故其以是说求众人之悦也。犹吾国向来作乱之徒，以划富填贫之说欺贫民也。

报载志将军奋然至伊犁，言誓以一死报国，此说不知确否。按：此等语，在从前则目为忠壮，在今日则且目为卸责。盖人既居于有关系之地位，则虽千百挫折，必致达其目的而后已。至死之一事，非至时穷势竭，万无可为，不能计及。盖死者，志士仁人最为失望之事，若谓此足保国，则大误矣。

（载《刍言报》宣统三年三月初六日，《汪穰卿遗著》收录）

说　官

吾国无所谓法律也，官样文章而已；吾国无所谓命令也，打官话而已；由是而挈官腔也，摆官牌子也。合是种种，而成十足官气。官气之所聚，凡非官之人，无不厌苦之，特有不能不与为缘者，勉往就之耳。

人有恒言，某人一味打官话，言其不体贴人情也。又曰：不过官样文章，言其无可玩味也。又曰：某人好挈官腔，好摆官牌子，言其嚣然自大，不能与人接洽也。合数者观之，凡事一涉于官，而取厌恶人也，有如是夫。

推原其故，凡但求形模之备具，而无真诚之心以运之；但求语之好听，而不计其能行与否；但逞己之喜怒，而不思人之对于此何如，影响之所及何如。盖无实心，无方法，无手段，乃成此现象。上下奉是为依归，而国是堕于冥冥者多矣。

试观去年国家所以对待浙路者，所以对待资政院及国会请愿者，所以对待大清银行及其他发表大政之文字，无不挟有官气，致上下益睽离，财政益恐慌。盖以从前之法，而以御今日之时局，鲜有能合者矣。

吾尝谓《东山》之诗，周公劳军士之诗也。诗中专就军士家中着笔，末章忽言及军士回家后之成婚者，又因新婚而及已有妻室者。末二句曰："其新孔嘉，其旧如之何？"[①] 略带调笑之意，何其委婉而动人也。假使以官样文章为之，则只须出一告示，曰："所有随从兵士，勤劳已久，现在军务已峻，着即回籍，与家人团聚，以示本帅体恤下情至意。"如是，岂不冠冕堂皇，且包括一切乎？然而味同嚼蜡矣。故吾谓吾国苟欲兴起，必先将稍涉官气之事，痛行削改始。

（载《刍言报》宣统三年三月十一日，《汪穰卿遗著》收录）

---

① 语出《诗经·国风·豳风》。

砭论（二）①

　　去年报中有言：太监不去，于是昔有李某，今又有王某云云。按：此说误矣，所为去太监者，以残人支体，非人理耳，非谓一不用太监，而如李某、王某者，遂能无有者。

　　又报有指摘度支部牟利之巧者，谓近来每银一元，易铜币一百三十枚，今改为百枚，是度支部发银币万元，而赢铜元三十万枚，为制钱三百万也。此说直令人失笑，人即极不懂财政，亦何至作此呓语！试问度支部发出之银，是以铜圆买之否？假其然也，则以百三十万买万元，而以仅值百万之银元出之，或尚可谓其牟利也。

　　乙巳年，余告某甲言，与美议路事之交涉，事已将成，惟美人不愿用废约字样，而欲以中国收回权利为词。不意其人乃怫然，谓外人但讲实益，不似吾国之好讲虚名。余无以应之也。然近报载，荷兰以我派员至爪哇，有抚慰华侨字样，荷兰不愿抚慰二字，啧有烦言，改为考察商务，始认可。然则谓外人不留意名词者，岂其然乎？夫名与实附丽，名苟不妥，则实亦将随之。吾见外人之辞命，虽对于敌以下之国，亦必再三斟酌，盖不欲以字句之参差，致生枝节，某甲之言，未免粗疏矣。

　　（载《刍言报》宣统三年三月十一日，《汪穰卿遗著》收录）

---

　　① 《汪穰卿遗著》将此文归入"杂说"，并删去了第一、二节，现恢复《刍言报》发表时的标题和章节。

质疑（七）①

报载，度支部书吏某乙，以不慊于同事某甲，乃以匿名信发其私弊于堂官，经勘知为某乙手笔，乃斥出之。按：某乙诚不能无罪，然其所发私弊，则公事也，正堂官所欲知而未得者也。今幸得此机会，正应即而勘之，以期一清积习，乃寂无所闻，而乙则被斥，岂不可异欤？前数年浙江粮道李傅元被属员用匿名信控诸仓督，经发浙抚行查，乃不查弊之何如，而转指摘属员擅用有印文之纸，即拘捕几置死地，而李则坦然无事，且迁官焉。吾国政事向来如此，无怪日趋腐败也。

报又载，粤以抵制赌饷之不足，将加抽数种货物，议局不允，而欲全省官捐数月俸廉以足之。此法余殆未前闻。夫俸者，所以供官之日用，俾无内顾之忧，得专心于公事也。且从前官场有捐廉之语，然彼时官之岁入，大率丰裕，非果捐廉。今于官之陋规，既和盘托出，公费等悉有限制，而于此等又觊其解囊，于义不相背乎？愿吾侪共参之。

（载《刍言报》宣统三年三月二十六日，《汪穰卿遗著》收录）

杂说（十八）

以如是大国而无相，即有相，而不担责任，此殆惟吾国然欤？以如

---

① 《汪穰卿遗著》将此文归入"杂说"，现恢复《刍言报》发表时的标题。

是大国，又值事会之艰迫，而无国会，即欲开国会，而无组织政党之党魁，亦殆惟吾国然欤？或曰：上无责任内阁，下无有力量之政党，真遥遥相对也。将来惟见盲人瞎马，互相角逐而已。

报馆诘责政府之腐败，讦发政府之种种不良，政府不理也，亦绝不为之悛改，何也？以虽被攻击，而地位如故也。他人诘责报馆之腐败，讦发报馆之种种不良，报馆不之理也，亦绝不为悛改，何也？以其虽被攻击，而地位如故也。是亦遥遥相对也。

禁米出洋，反对者历举学理，千百其说，且谓各国无此办法。余见一译本小说名《大除夕》者，内有德之度支大臣代一大商家求德皇子言于德皇，请暂弛米类之禁，愿以数十万马克为寿。德皇子诺之。惟谓如弛禁后，万一米麦腾贵，致谤议群兴，则仍惟该度支大臣是问。以是推之，则禁米粮出口，亦各国常有之事，安能谓各国无有？且吾国与各国情形不同，亦无容据彼难此也。

（载《刍言报》宣统三年四月初一日，《汪穰卿遗著》收录）

记怪（九）^①

近度支部撤张允言大清银行正监督之任，而以叶景葵代之，顾甚不可解者，则仍使张允言为银行帮办也。夫所为以叶代张者，非以银行中积弊丛生，使叶清理之乎？乃使张犹得坐视其旁，是使叶监督银行，复使张监督叶也，其掣肘甚矣。若谓将以保全张之信用，则张已身败名裂，何从保全？若谓以此羁縻张使不得脱身，则吾未闻欲羁縻人者，须以荣名羁之也。且张果欲脱身，亦岂帮办名目所能羁縻哉？此与前令张翼预闻开平矿务事，皆事之至不可解者。

----

① 《汪穰卿遗著》将此文归入"杂说"，现恢复《刍言报》发表时的标题。当日该报未见末段内容，存疑。

粤东禁赌之为难，固昭昭然也。近人徒知归咎从前请开赌禁之督抚，又归咎从前因贪赌饷请开赌禁之督抚，而彼中官绅所斤斤者，则在抵赌饷之有着无着。吁！岂彼中官吏竟不知此事症结之所在乎？须知此事有一要节焉，则从前督抚，实因赌不能禁，始从而抽饷，非因筹饷而开禁也。盖粤人之嗜赌，及其赌场之阔绰，赌徒之声势浩大，真有非外省人所能梦见者。禁赌之难，即恐其变而为盗，及托庇外人耳。或谓虑开赌者失业为盗，独不虑赌输者之为盗乎？不知赌输之人，大率愚蠢，即为盗，技亦有限。且其人散漫不相联络，为患尚轻。开赌场之人，则爪牙众多，声气联络，苟为盗，即不易捕治。故粤中禁赌之难，不在筹抵赌饷，而在若辈无所存活，此固一棘手问题也。

（载《刍言报》宣统三年四月初六日，《汪穰卿遗著》收录）

痛言（一）

初七《国民公报》，对于张坚帅大致不满，其大意则谓张抑新军而称防营也，且谓张直是离间新军。余以此事关系极重，不敢不痛切言之，固不仅为《国民公报》言也。今日吾国乱机之萌，随在皆是，吾辈处此，惟有考求遏抑消弭之法，万不宜再用推波助澜手段。粤东新军之不为官场信用，去年军警冲突一案，固已见端。须知吾国军队，尚在幼稚，而一般好言革命者，方且百般煽动，则偶有一二小部分为其所惑，实亦难必之事。倘于官场之指摘新军者，必欲袒庇新军，而反坐官场以阻挠新军之罪，则恐贻误无穷矣。

近来主持扩张军备者，必不喜人指摘新军，以为如此足以阻挠新军也。不知果欲扩张军备，必须从严行管束始。今吾国练新军未十年，而弊病已不可偻指数，将领之刻扣，兵弁之滋事，几所在皆然。然则苟欲吾国兵队真有军人资格，非从严处着手不可。

《政治官报》宣布张督之电，而去其言新军事，盖政府之苦衷也，乃某报特为补出,吾不知彼等居心,将使新军恨官场欤?抑欲使新军与防营相恶欤?①

(载《刍言报》宣统三年四月十一日,《汪穰卿遗著》收录)

评政治②

凡论兴利者,动曰蚕桑,顾绝不问土宜之合否。疆臣以命属员,亦唯唯如教,而买桑秧,买蚕种,所费不资,率同虚掷者多矣。且若各处皆出绸,不知安所得如许着绸之人,然则必滞销无疑矣。前时山西办纱厂,后乃知山西无棉花,安能纺纱?乃置机器于天津直省商会办之局。前年新疆亦是如此。吾国人好为雷同之论,甚可笑也。又如开设商埠,以为欲集商旅,必以开戏园、设妓馆为先导,不知不甚交通之地,即此亦无大益,徒坏风气,涸民财而已。不深维本源,惟末是趋,诚无当也。

(载《刍言报》宣统三年四月二十一日,《汪穰卿遗著》收录)

敬 言③

日前报载不许卖卜一条,盖有人禀外城总厅,请准设卜肆,厅官以

---

① 《汪穰卿遗著》收入此文时,删去了本段文字,现根据该日《刍言报》补录。
② 《汪穰卿遗著》将此文归入“杂说”,现恢复《刍言报》发表时的标题。
③ 《汪穰卿遗著》将此文归入“杂说”,现恢复《刍言报》发表时的标题。

事属迷信，饬令改业。按：此事余以为不然。夫辨别迷信云云者，学说问题也，请准设卜肆者，此生计问题也。以今日民生之穷蹙，苟非大有害社会，不妨听其自然，若种种禁绝，则小民益致穷迫，为患亦非浅鲜。至江湖之以一材一艺谋生者，都计各省不知凡若干万，倘一概禁绝，夺其衣食，是驱之使入于为乱之途也。若云改业，吾不知复有何业，足容如许人养家活口之资？警厅之言，无乃近于俗所谓打官话欤？吾愿今日为政者，先注意于民间生计，无徒以高尚为也（按：欧美科学大发明，迷信之事宜无有矣。然细考之，则一切技术所在多有，亦未尝禁，盖生业自由，原不必过于干涉也）。今地方官于卖艺之流，动辄驱逐出境，甚至民间祭赛演剧，亦复禁止，其亦稍昧于治理乎。

（载《刍言报》宣统三年四月二十六日，《汪穰卿遗著》收录）

敬问（六）[①]

吾国二千年独立于世界，无相与竞进之国，然犹能巍然于世，而不至遽化为蛮野者，盖古昔圣哲，垂训立教，所以植国基，限君权者，其事至多。余尝欲聚而疏证之，以示吾国，尚未及也。即如古人有言曰："天下者，天下之天下，非一人之天下。"此语之范围君上至矣，故天位天禄，皆与天下共之，无能自私也。自古及今，无有言权要之官，专归皇族把握者，纵有一二破格为之，然上之则不能垂为法制，下之则不能著为学说。隋文帝怒杨素曰："我是五儿父，若如公意，何不别置天子儿律？以周公之为人，尚诛管蔡，我诚不及周公远矣，安能亏法乎？"[②]

[①] 《汪穰卿遗著》将此文归入"杂说"，并略去了第二节，现恢复《刍言报》发表时的标题和章节。

[②] 《隋书》卷四十五，列传第十，《秦孝王俊传》。

以是观之，皇子与庶民，盖齐等也，而顷者忽以大权属之贵族，此何说以自解乎？

中国政府以无信用名，则致谨于信用尚矣。皖芜湖之万顷湖，为江宁驻防牧地，前数年中，江宁将军奏，放与民间，收银三元，然承受者垦辟、作堤，所费不赀，至今未能偿也。而今者江宁将军忽欲每亩增收六元，否则依原价收回。于是昔之受此者，舍之则垫费何出？补缴则力难为继，且吾恐官中亦不能获利也。盖民决不能现出资，收回则重放必无人受，自办必至多耗而无获，吾恐徒有失信之名，而无得利之实，不知当事者何苦为此？

（载《刍言报》宣统三年五月十一日，《汪穰卿遗著》收录）

杂说（二二）①

闻度支部允中美银行开设矣。按：设中美银行，可也；若许出钞票，则不特妨害主权，且吾国金融机关，亦必为所夺，而国家银行及钞票，均大被逼。汉口商会之言极是，务恳当轴者鉴之。况今虽称中美银行，而人才我不如彼，权必尽归于彼。且吾国集赀极难，将来必由伊垫，则不啻美独开之银行。此事极险，敢望注意。

疆臣劾属员，若特参，若因案而参，若到任甄别，若年终甄别，若大计，均所以澄叙官方。若谓虽有罣误，而其才可用，则以他大臣之力保，复审焉而后用之。若谓事实冤抑，准其自列，亦必察其实而后复之，然不轻易用之复之也。近年忽公许被参人员自诉冤抑，于是不职之徒，复跃跃动，群谋开复。其实被参当者十之七八，不当者十之一二。今一概得邀特典，俾著名贪猾之流，复得脱颖而出，徒开邀倖之门，奚

---

① 查本文未见于该日的《刍言报》，录此存疑。

裨明扬之用，坐使一行官吏，无不亵视朝廷勒法之大典，轻藐上司举劾之大权，为害极大。然往时犹饬令覆勘，今并不覆勘，则更倖之倖矣。

（载《刍言报》宣统三年五月二十一日，《汪穰卿遗著》收录）

质疑（九）①

近津人以盐归官办，闹风潮甚矣。其实度支非视为利薮，实以一时无办法，从权为之也。顾余有疑问焉，此次风潮之起，虽有种种大名目，实即旧时总商为之主动，故能轰动如此，否则必不能成此大风潮也。近来持论者，不言就场征税乎？然今以小部分之总商失业，而风潮激烈尚如此也，则各省改章，其激动又不知若何。虽就场征税与收归官办，其法迥然不同，而总甲商之失业则一，且殆有甚焉。然则风潮之大，又当如何乎？今之反对盐归官办者，大率又坚持就场征税之人也。此是则彼非，彼优则此绌，时贤其熟思焉。

日前某报谓，邮权仍未能收回，其说谓此次邮传部收回邮政之折，不过由税务处划出而归之部，至在法人权力中，则与前无异云云。噫！斯言也，可谓易于由言矣。夫吾国何尝有正式之文，以邮权与法人耶？既无之，则何所谓收回不收回耶？且吾人宜知，凡较弱之国，其与他国周旋，引而未绝之事，不知凡几。须俟事机之至，再为方便断理，未至其时，惟有维系之，使未遽绝可也。若各报云云，是恐人舟之泊系未定，而代之固其锚缆也。

（载《刍言报》宣统三年六月初一日，《汪穰卿遗著》收录）

---

① 《汪穰卿遗著》将此文归入"杂说"，现恢复《刍言报》发表时的标题。

敬问（八）①

国家以官职筹款，此为极不正当之法，然犹得曰：用途急，筹款难，不得不出于此也。顾既忍大诟而就小利矣，则于此一部之信用，亦宜保全，勿如市井苟且诱致之为也。如从前甫经开捐，选用者无几，忽又以要事开捐，使出资少而得缺易，坐使新者欣欣，旧者怏怏。当轴者绝然不以为意，亦可怪矣。今者大改内外官制，据个中人言，则京官之须沙汰者，无虑二千以上，即外省亦将同此。乃筹赈大臣，犹请捐款若干，奖何实官，吾不知所谓实官者，将来果有以酬之否也。

（载《刍言报》宣统三年六月二十六日，《汪穰卿遗著》收录）

质疑（十一）②

各国有风景之地，无不许人拍照者，而北京之农事试验场乃不然，

---

① 《汪穰卿遗著》将此文归入"杂说"，现恢复《刍言报》发表时的标题。
② 《汪穰卿遗著》将此文归入"杂说"，并略去前两节，现恢复《刍言报》发表时的标题和章节。

其为说曰：恐无赖子专照人家眷属也。今南京劝业会亦如此。或曰：是实董事中有笼其利者。且如东洋车等，其利益亦入于若辈之手，吾不知伊等以堂堂大商家，乃察及鸡豚，至此，吾不知以有利可牟始尽此义务欤？又不知伊等欲牟此等利，乃以公款组织此会而群舐其余润欤？

凡京居之人，应有特别利益。于国乃不然，凡诸货物，皆由崇文门重税一次，始得入，较之外省厘税尤重，此足异也。而电报亦每字加五分，真不可解矣。或曰京例，凡主人购物，阍仆例得向店取门钱百之四，至有两分、三四分者，此为应然，不以弊论。然则处高明之地，而反受税之厄，亦吾国风尚哉？

电报之用，取其速也，故道远者宜用之，甚近者则不必矣。其辞亦简，以费重，且过长则译时延长反久，殊无谓也。而近来官场虽相距甚近，无不用电。甚至长篇大论，亦以电达，即无关紧要之事，亦辄发电。如前数年北洋大臣致政府及各部，无不用电，其实以两处译电之时刻计之，尚不如邮寄之速。又张文襄之奏新政，其文极长，亦系发电。闻发电时译至一日余，电到后译出又须一日，不如交快车尚较速，且不误也。盖吾国发电，别有见解。一以为接电者当重视，一以接电者必即覆，不至有延搁之患。至于糜费巨款，则固不计及也。

（载《舆言报》宣统三年六月二十六日，《汪穰卿遗著》收录）

敬问（九）[①]

农工商部中人，动以款绌事不举，故曹官无所事事，徒忝重糈。不知农工商部之责任，在振兴实业，尤在管理实业，故一面为之保障，一

[①] 《汪穰卿遗著》收入此文时，改题为《论农工商部》，现恢复《舆言报》发表时的标题。

面又担其责任。岂于凡请办大事业者，一批准之后，即可谓已卸仔肩乎？譬如银行、保险等事业，人之敢与之往来者，以部中人之曾验资也，确信其为殷实商人也。然如京中之公益银行，其来历人多知之，试问其所登百万之股，果切实乎？徐景明兴业有限公司，人皆知其闪烁不可信，而农工商部含糊不问，试问果有蹉跌，其所负之款，农工商部一置之不问乎？抑推诸商会之调停乎？自设部以来，凡诸大商业递呈得批准者多矣，有干没官款而中停者；有干没股东及众人之款而中停者；有设法骗取批准，将藉此招摇不成而中止者；有外称华股，而实则洋股。而部中一置不问，亦从未专派人稽察。无怪部中人员之多暇也。

（载《刍言报》宣统三年六月二十九日，《汪穰卿遗著》收录）

质疑（十二）①

凡以宗旨而立党会者，盖实见为应如此，而毅然行之。可以独立，可以众辅，非待助于他党会，亦非以之助他党会也。乃今之和平家，见有急进党起，则曰：有彼而后吾之说得行，吾不忌彼也。今之急进党或曰：吾非果以急进为然，惟不言急进，则和平之言亦不行矣。是一则待人以达己之目的，一则以己之力，成他人之目的也，岂不异乎哉！

前者袁海帅抚山东，请停铸铜元，朝廷许之。已而督粤，请添铸铜元，朝廷亦许之。顾尤异者，各省方虑铜元充斥，何不运各省羡溢之铜元至粤乎？而必新铸，此滋令人疑怪。

（载《刍言报》宣统三年六月二十九日，《汪穰卿遗著》收录）

---

① 《汪穰卿遗著》将此文归入"杂说"，现恢复《刍言报》发表时的标题。

敬告（二二）^①

　　国家筹款，赋税而已，盐烟等类之专卖，抑其次也，公债又次之。若谓自营实业，以津贴行政，则于古于今，皆未之闻，而吾国之筹款者，几以此为口头禅。去年度支部之预算表说明书，屡言某省款项虽奇绌，然林况甚繁，苟能办理得法，行政经费不患无出。又近来滇省李仲帅请款数百万，其说亦如此。殊不知此等办法，实于理财原理不合。一则国家筹款，万不能待无限期之款；二则行政官于全省正务已极劳心，若分心于此，必致疏忽于彼；三则官场中万无能办实业之人才；四则矿务赢绌不定，万一大绌，是不能得其用，而反须筹款以弥其缺，不更为难乎！况吾国官界之人，办事之才绝少，而舞弊之术乃神。大府欲营此等事，正如肥肉自天而降，虫蚁聚食，不尽不止。试思近二三十年来，所谓官办者，所谓官商合办者，所谓官督商办者，都计奚止千百，果有一二犹能存其名否？大约始之尚有招牌，其后则招牌亦随其事而销沉，或且析而为薪矣。

　　或曰：欧美各国，不尝发国帑奖励航业、实业为要政乎？曰：此为发达实业之计，与今之以筹款营业者宗旨迥殊，且必严择其人，不能任其侵蚀也。至发达之后，公司等或有以酬报国家，然初非待是以为用也，二者不可相混。

　　（载《刍言报》宣统三年闰六月初六日，《汪穰卿遗著》收录）

---

① 《汪穰卿遗著》收入此文时，改题为《论政界不宜自营实业》，现恢复《刍言报》发表时的标题。

评时事（三）①

　　庚子以后，都城大官小吏，及京外各司局，禄糈大从优厚。尤可异者，颁糈之数，定自官长，或由长官命人次第。居然有自予极多，而分于人者少，无乃厚颜欤？

　　向来被参之员，案未奏结，及被控有案，决不能他有委任。而前有粤路被参之案，未经查覆，而主要之人，已得出使大臣之宠命矣。以丞参显官被暗昧不明之控案，不敢居京，而又得南洋大臣之委任矣。又如浙之粮道，被人攻讦，其讦之之人，已摭其他罪，弋而禁之，而所讦之事，未尝追问。去年江南警察总监，被人告讦，以向例言，则此总监者，应自请派员查勘。今乃得自拘而治之，殊不意自由行动，乃于官场为甚也。

　　（载《刍言报》宣统三年七月初一日，《汪穰卿遗著》收录）

敬告（二五）②

　　国家政纲不肃，罪人轻纵，则其国未有能振兴者。蔡乃煌以亏蚀三

百余万之巨，虽叠奉严旨饬缴，而督抚既无严切之办法，地方官亦绝无何等之防闲，任其在海上逍遥年余，突然逸去，虽亦严旨饬缉，然论者谓此等官样文章，不啻教之远走高飞。诚不料朝廷之优容贪蠹，奖劝罪恶，一至于此也。

尤可异者，则蔡乃煌于逃走之时，忽有与上海道之函，并登告白于上海各报，将各押户之切结，登报宣布，示人以交代清楚，并无亏欠之证据，上海《时事新报》特揭三款诘之：

（一）各户所押之地产及股票等，是否足抵所借之款，实系有盈无绌？

（二）所开各押户，有已破产者，有因款项不清，尚押于官署中者，今此已束手无策，日后能否有归还之能力？

（三）各切结中言，将来如有不敷，均惟某某是问云云，所谓将来者，不知有无界限？所谓惟某某是问者，是否确能承认，不致徒托空言？

由以上所言观之，则蔡乃煌之是否交代清楚，是否可脱然无累，挟资远行，不待烦言而决矣。其最有可疑者，六月二十三日，江督、苏抚会衔电请内阁代奏《蔡乃煌经手沪关款项现在清理情形》，二十五日奉旨："张人骏等电奏，将蔡乃煌沪关亏款一案现办情形，先行电陈等语，现既据称交代清册，抵押件据，陆续送齐，即责成张人骏、程德全迅将此项款目，逐一清查，核实估计，勒限一个月完结。如逾限不清，着张人骏、程德全即将蔡乃煌严行监追等因。"此事之可疑者，盖蔡乃煌如果能将款项清理，则时逾一年，不为不久，何以但有令欠户具结之办法？而于去岁上度支部电所云，非实在殷实庄号不放，既放亦不难立提之语，竟不能践言而实行，则蔡之深意，已可思矣。今谕中但有勒限一个月完结之明文，而不言勒追之办法，而又明诰以逾限不清，即严行监追。为蔡设身处地，清理款项，既非可望诸彼，而束身司败。又岂其所愿？则除远飏高飞而外，更有何策？是则测微见远，政府之对于此案，殆可以两方面之意思测之：以为督责疆臣，勒限严追，可也；以为张皇虚声，俾蔡乃煌自定去就之宜，亦无不可。则夫蔡之一往不返，其咎又岂独在彼耶？

该报所言如此，窃谓轻纵蔡一人，其患犹小，若人人以此为法，不知任国家财政之责者，又将如何？

（载《白言报》宣统三年七月初九日，《汪穰卿遗著》收录）

评政事^①

商家有分红之法者，以诸执事人月给既少，而或司会计，或司转运，或司发售，于事有功，故以此酬之。从前都城《政治官报》，排日编辑，初无劳勚足言，更无勋劳可述，而职员之多，月糈之厚，不特非商家所及，亦并非外省官场所有。且报由派销，尤无人力之可言，而岁终必提所赢若干为诸职员之酬金，是何说欤？闻各省官报，亦多如此，北洋为尤甚。

度支部监理官，以各省向来报销虚浮太甚，不得不派员亲厘也。而各省亦各自设局，岂非自认为财政紊乱，将逐事从新稽查欤？又向来有军务，则各省派员至军务近地为探访员，此犹可说也。而甲辰、乙巳间，军务在东三省也，而东三省反派探访员至京师，宁不怪欤？

（载《刍言报》宣统三年七月初九日，《汪穰卿遗著》收录）

辨　政^②

十一宪报论蔡乃煌，深切微至，如见肺肝。惟中有云："上海道之存款余利，官物也，而历来上海道窃以为奸利，此甚非法。政府亦知其

有此矣，当亦知其非法，奈何令与农工商部瓜分之？今也卒以存款败，所亏倒至数百万，填之者，国帑也。国帑所出，民脂民膏也。昔之存也私，亏倒则上海道必负其罪；今之存也公，蔡乃煌曰：是部章也，是奏准也，责我以存，未曾责我保证之令不倒，我实无罪。"云云。似微有误。盖上海道以库款生息入己，始前任邵□□^①。逮至辛丑袁□□^②莅任，月得各省所解赔款巨万，亦存庄生息，故上海道缺骤肥。时振贝子为商部尚书，费用无出，有谓赔款之息提为部用者，即札袁，而袁不肯和盘托出，隐隐有示部中，如此项生息独由部收，则上海道不能任亏倒之责。部中为所挟，乃不敢悉提，惟十取若干而已。或谓袁道表面虽已分若干与商部，然与商部者，以寻常官利计，而袁道自存于各庄者，较之官息，奚啻倍蓰。而袁在任最久，故管囊之肥，为先后各任所无。始时，商部特派员在上海董理其事，不知何时裁撤。然此事既由上海道经手，则派员一层，本赘设也。赔款生息，不得谓之奸利，惟不应归上海道，亦不应归商部。至上海道既肩经手赔款之责任，岂有不担责任之理？彼时商部不于允袁分润之时，即责以担保之凭据，致蔡可藉词于未有保证之责，足见吾国官场办事之疏漏矣。

（载《刍言报》宣统三年七月十一日，《汪穰卿遗著》收录）

杂说（三一）^③

凡治事之患，莫甚于理路不清，其次则条理不明。所谓理路不清者，谓于事之应然、不应然，可行、不可行，全无把握，是之谓谬；所

---

① 原文如此。即邵友濂（1841—1901），浙江余姚人，1882 年任上海道台。
② 原文如此。即袁树勋（1847—1915），湖南湘潭人，1901 年任上海道台。
③ 《汪穰卿遗著》收入此文时，改题为《说治事》，现恢复《刍言报》发表时的标题。

谓条理不明者，谓于事之次序类例，不能分别，是之谓乱。今之治事者，于此二事，大率不能免，何况其他！闻数年前，贵州某学堂学生，出观城隍会，以拥挤为巡兵所鞭，归诉诸监督，召弁兵等至，令服礼而罢。弁兵遇武备学堂数人，恐被辱，乃相与语。学生等以为笑己，殴弁，弁回营，呼其曹偶，共殴学生，学生逸去。中丞闻之，乃大奖此弁，谓其不畏强御，即升为营官，而将被鞭之学生某革去，且咨学务大臣。学务大臣甚怪之，覆文驳诘甚至，且令撤消保案。夫以武备生殴人，而革被鞭之学生，又武弁滋事，而与优保，岂不可怪？又，浙有办捐务者，以捐事移文上海日本领事，而误引旧时条约，领事谓现行用者，为乙未新订条约，今所引者乃废约，不足为凭，托人函告之。乃某官非特不引咎，且反谓我处只有旧时条约，外部未颁新约，我安知之？幸先致函者，以此言不可使外人闻，乃寝之。又，浙省有某县一寡妇，贫甚，控夫生前借与甥三百银币，至今本息无着，请为催督。令辄批曰：汝夫假甥此款，足见笃于亲谊。汝夫尸骨未寒，而即催索，何不知体夫心如此。呜呼，不明事理，一至于此，亦可怪矣。

（载《刍言报》宣统三年七月二十一日，《汪穰卿遗著》收录）

敬告（二八）[①]

监国摄政王大阅禁卫军礼成，盛典也，亦常典也，乃恭读谕旨，将与保奖，此事实非草莽臣所能测识。夫军旅之士，以习劳为天职，操练乃其常事，此而须保，则遇战事，出生入死，辛苦百倍于平时，将何以待之？吾国保奖，滥而且优，而近于皇室者，则优滥尤甚，此盖为万国所无。今新政方始，宜极力划除，盖侥幸太甚，则朝廷将有不能驱使臣

---

① 《汪穰卿遗著》将此文归入"杂说"，现恢复《刍言报》发表时的标题。

下之患。古人谓有国家赏不僭，刑不滥，今则赏僭太甚，为害亦匪
轻也。

（载《刍言报》宣统三年八月初一日，《汪穰卿遗著》收录）

为新疆拟借洋款办实业
以为行政经费事^①

　　开矿、采木及一切创办实业，万不能指为行政经费，前已屡言之
矣。至借款为之，并借洋款为之，尤为危险。盖营业之事，赢亏极难
料，而矿则更无把握。十矿有一二见苗，已为大幸，而苗之旺否，殊
不可知。万一布置已妥，而矿遽尽，则折蚀甚矣。藉使竟得佳矿，而
延雇洋工程师、购订机器，所费不资，持此办事，正如望梅止渴。何
况官场办此等事，本属外行，而吾国官场人物经手此等事，必以侵渔
入己为第一主义。然则，借外款以办实业，不啻借外款以资中饱，尚
何行政经费之足云。近闻新疆巡抚袁行帅，拟借洋款五百万开发新疆
实业，以为行政之费。虽不知其确否，然近日持此等论者甚多，极似
有意，而甚违于事实，故论之如此。若夫为发达实业之故，而国家特
筹巨款，以助诚实可恃之商人，此则又是别一问题，然非所论于国家
经济困难之时也。

（载《刍言报》宣统三年八月初六日，《汪穰卿遗著》收录）

---

　　① 《汪穰卿遗著》收入此文时，改题为《论新疆拟借洋款办实业》，现恢复《刍言报》
发表时的标题。

悲言（五）[①]

　　吾见李擢英之请开缺，旋被禁烟大臣严参革职，而叹今日吾国人不知廉耻，一至于此也。夫李擢英者，大臣也。大臣者，不可辱者也。以烟瘾闻致调验，已足羞焉，而匿膏于内，狼狈掩藏，既被察出，乃思以先请开缺，冀免参劾，为将来复出之计，而抑知不能免也。既失官，又重为天下僇笑，吾不知作官之乐有如许，而至失己以求之也。

　　　　　　　（载《刍言报》宣统三年八月十六日，《汪穰卿遗著》收录）

敬告政府

　　今以谋之不臧，致为起事者所利用，然急则治标，惟有以收拾人心为第一要务而已。或曰：是宜下罪己之诏。虽然，是应参酌时措之宜，语语足入人肺腑，而尤必以实事随其后。若不能开诚布公，而徒用官样文章，则人弗信也。开诚布公矣，而言行不相顾，则人以为诳己也。今日政府，正宜吐弃从前一切习惯，而别出手段为之，庶其可也。

警耗四面而至，但言镇定，未足有功也。虽然，镇定其最重要矣，欲以镇定人也，必先镇定己也。凡在当轴，须自知己之身即国家之身，不能离中权一步也。岂惟身不能离，即心亦不能离也。夫如是，乃能责之诸大臣，乃能责之诸有司、百执事。若始则怀诿卸之思，继且存畏怯之志，甚至渐怀退志，规作自全之计，不特弛百僚之体，抑且为外人所哂。意吾公忠自矢之王大臣，必不出此也。

事急矣！犹在萌动之时，顾恐在事之人，智短而意怯，则或有援用戈登、华尔之往例，而以乞师邻邦为请，若果许之，则不特贻患无穷，且大为外人所笑，而种怨于国民益甚。然则，处今日事局，非求诸己不可。

（载《刍言报》宣统三年八月二十六日，《汪穰卿遗著》收录）

杂说（三二）

此次谴责瑞澂之谕旨，论者咸以为责辞重而办法轻，顾以事前不能防范，为瑞澂罪，则尚可为之解。盖彼非绝不防范，至张彪部下兵变，则非彼所及料也。虽然，瑞澂之罪，有极不可恕者也。事未发，先遣眷属离鄂境也，前数日已宿于兵船也。省中兵队非全变，不能镇定而徐收为用，而遽潜逸，致不可收拾也。兵船乃泊于租界，以堂堂大员，而求保护于外人，以丑吾国也。是数者有一焉，以膏斧锧，不为厉矣，而瑞之电文，乃尚以身任克复为辞。嘻，以遇事先逸，求庇外人之大员，而乃敢为壮语以欺朝廷，吾盖未之闻也。

电报者，交通之利器也，承平时紧要，乱作时尤要也。且全国交通之利器也，政府官厅，恃此通消息，各省商民，亦恃此通消息也。今但发一等电，而余并停止，不特大失设电报之本意，且使全国之人，皆处于聋闭之地，使人父子夫妇兄弟，彼此皆不能探知踪迹，而有商业于乱之区域者，欲有措置而不能，则厉民甚矣。若恐匪人假以通线索，则除明电外，其密电须以电底呈验而后为发，夫何惧之有？而一概闭绝，何欤？且尤有异者，夫既不肯发，则明告以不发可也，而今电报局大率收其报费，与以回单，而停搁不发。于是各处见电去而无覆电，则以为彼处已罹险数日，谣言之多，半亦为此，是与不许报纸登载，同一错误，所宜亟改之也。又电局收此等报费，不知是否退还，若至事平始发，则欺商民甚矣。

（载《刍言报》宣统三年八月二十六日，《汪穰卿遗著》收录）

论土豪及讼师

　　吾国政权，尽出于上，人以为压制力极重矣，然所在皆有所谓土豪者，所谓讼师者，甚为地方之患，而力亦足与县官相抗。广联络，盛声气，一呼而聚千百人，此土豪之为也；结徒党，伺短长，动挟官之短长，而唆耸他人以为己用，此讼师之为也。顾二者均有所短：恃其力之能压制一切，而力所穷，则有情见势绌之忧；恃其智之足以运用一切，而智所穷，则有求进不得之苦。盖其顾前而不顾后，知进而不知退，两者固如出一辙也，而其原，则由志量狭小，黔驴之技，不过如此。今将与各国竞，而士夫之能出而与闻天下事者，其脑中所贮之思想，仍不出此二者，而欲求其能立盖世之功名，难矣。然则欲求有以立于今之世，正当扫除故见，别辟新蹊，此则各人当自于灵府求之矣。又，吾国人能洞知法理者极少，而上二种，则在在有之。今各州县皆办自治，不知地方公举人员，果能以其全力撤去前二项人，而举公正绅士乎？抑即就此辈而姑与之乎？此一问题，吾不知如何解决也。

（未刊稿，《汪穰卿遗著》收录）

论农工商部不许商人借外款

农工商部近牒所在商会，令商人不得辄借外款，其语殊未圆融，报中訾之是矣。所惜者，未将此事中边洞彻，而但苦责农工商部，不能使之输服也。

夫所禁者，而为垦、矿、行、厂欤？则此为近日社会所深许，然则报馆所诟者，其指平常商人假银行之款流通者可知矣。虽然，此事固必不能禁，然在今日，固宜饬商家审慎矣。不观频年各大钱庄倒塌，动涉洋款，虽亦可以商律与言，而彼挟国力以相临，必不能降而与诸平常债户同其折阅，然则与其滥假而贻患将来，不如戒饬之使知慎也。

商人私债，不涉国际，是固然矣。然使以此而恣为架空之举，致所负者有亿兆之巨，而谓外人即能谨遵向例，默尔而息乎？故此等议论，但可于报纸对外言之，而商人则不可执是为盾也。

（未刊稿，《汪穰卿遗著》收录）

论某公之被劾

近来国会代表谒军机大臣某公，言早开国会事，某公谓此事我极赞成，然上面实有所难，未能即行也。事为赵尧生侍御熙所闻，遂以入奏，谓其诿过于上，某报亦从而责之。余曰：哀哉，某公之以此被纠被责也，夫固官场中相习为此，而不知其大背于理，大怫于情也。盖直道之不行久矣，已以为然，则曰然；已以为不然，则曰不然。已以为可行，则曰可行；已以为不可行，则曰不可行。古人或有之，而今讵可行乎？于是求不得罪人，求能当于人之心，而力求一趋避之法。其初以最善之心行之，则求不碍于事而已。甲推之乙，乙推之甲，辗转之间，而事已办矣。久之，但求脱己于怨谤之府，则纯乎为己矣。间尝致思焉，则甲乙于此，非夙订定也。于是人诘甲曰：乙言此君之意。而甲怒乙矣。人又语乙曰：君谓甲然，而甲乃诋君。而乙又怒甲矣。又有己短此人于彼，而见其人，则隐己意而谓他人使然。又有同短人于上，及其不效，则又互讦于所短之人之前，而因此致疑致败者多矣，吾故曰不若从直。

又案：吾国官场，专以狡猾为生活，遇有不能言者，辄诿之同事。诿之上，诿之下。其诿之之辞，或空言，或实指，则视其人之巧拙。在彼以为甚巧，而不知于理不可也。盖同办此事，自必共研究其是非得失，亦必共担其责任，如此，自必认为同意，然后可。否则同决一事，而此则退而咎彼，彼又退而咎此，岂不可笑之甚，此由不分内外之故。

互相推诿之故，亦有二因。一则己本同意，欲避人之面责，而聊以他人为盾；一则己本不审其如何，一经人言，又觉为是，忽觉主持之在他人，而因归咎于我。二者心术不同，而其为不谙事理，无二致也。

因此之故，而彼此生衅者多矣，于是有告之被诿之人以取悦者，被诿之人，亦不暇研究其相诿之故，而以其使己受谤，彼此遂相隙，故此事言者几以为口头禅，不知其关系之深也。

（未刊稿，《汪穰卿遗著》收录）

记总兵谢宝胜治盗事

河南，北倚太行，南亘伏牛，其山脉皆承秦岭正干，婉蜒于黄河两岸，而豫西山菁丛密，宛洛之交，尤号盗薮。盗之群曰刀匪，其魁称杆子首，名者以十数，尤以洛阳张黑子、篙县王天从、汝州董万川、南阳王八老虎最称剽悍。比年豫中吏治不修，政敝民困，贫者从盗以为生，富者奉盗以苟存。白昼剽劫，掳人勒赎，吏莫敢谁何，而防营将帅中，其卓然治盗有声者，推河北总兵谢宝胜，数歼除群丑，为军民畏服。

谢宝胜，安徽人，以武生从征关陇，为左文襄识拔，积功至偏裨，隶宋庆、马玉昆部下。甲午之役，转战辽沈，屡濒于危，事平以撤勇事致所部哗噪，玉昆遣责之。宝胜谓咎不在己，恚怒，尽焚其衣冠及所得奖札，入某寺投身为道士，人咸称之曰谢老道。既而复出督军，遂至河南，旋任巡防营分统，驻军嵩、洛、陕、汝间。前抚林绍年、吴重熹赏其廉勇，先后列保，宣统元年升授河北镇总兵。宝胜之初军豫也，官不过参将，不十年超擢节镇，感朝廷恩遇，则益锐厉奋发，以平匪为己任。每深夜率轻骑易服间出，驰数十百里以为常，小窃巨匪，辄踪迹而得之。怀庆为节镇驻所，城内居民尤有夜不闭户之象焉。

当是时，匪首张黑子、董万川、王天从出没豫西，悍不可制，而张黑子尤桀黠，劣绅奸胥，皆其党羽。宝胜悬重赏购线，一日知其出掠，取道洛阳之殷司沟，乃伏兵沟旁，俟其过。噪而乘之，贼猝为谢军所逼，相持既久，徒党皆死，张黑子匿沟中，不得出，官兵四面环攻，身中数十伤，行垂毙矣，坐地骂曰："狗奴，徒持枪远击，老子已至此，有死耳，不趋前生缚，何怯为。"军士挟长绳短兵争进，黑子出不意，枪伤一兵，大笑就缚，时元年十一月也。黑子既就歼，而董万川一股，亦为谢军格毙于汝州产庄地方。二贼平，河洛之民庆安枕焉。然王天从尚在，宝胜锐欲灭之。侦天从道出某处，率兵要于途。天从与其左右二三人遁入店中，持手枪跃登屋顶，告官军曰："汝众且视吾枪法，塔上第几铃吾能去之。"弹发，铃应声落。又指一高树曰："吾将射其某条某叶。"指挥如意，每发必中。军众方瞠目咋舌，天从已偕其党冲击而出，众皆退舍，遂遁去。宝胜愤甚，持枪跃马追之。天从遥语曰："老子枪法非不能杀汝者，但汝为朝廷命官，吾不欲妄加害耳。"宝胜方举枪，忽敌弹自前飞来，止去其冠顶。宝胜不顾，紧追之。俄又一弹击中马首，马倒不能前，而天从遂遁去。

自张、董二匪平，豫西群盗之首以王天从为著，而王八老虎在南阳，为后起之袅桀，与天从并峙，号南王、北王。南阳总兵郭殿邦，亦淮军宿将，然老迈不视事。王八老虎得益肆剽劫，南、汝、浙之民被其荼毒，无所得诉。宣统二年冬，以郭殿邦调河北，移宝胜镇南阳。王八老虎闻谢军至，知为己也，召党集议，欲遂与官军决胜负。部署定，下战书，约以本年正月初八日决战于某所。宝胜复书如约。值大雪，潜以正月初三日率师捣其巢。贼不意官军先至，仓猝无备，持枪据庭中，官军入屋者七八人，皆死。宝胜短衣持械，奋自进搏。甫入门，其营官自以身蔽之，且挈宝胜使退，曰："此非大人所宜亲入。"言未已，而营官已中弹仆。部属睹状，争入门相攻。王八老虎退入屋，就窗格中发枪，互攻良久，卒禽之。是役也，虽平巨憝，军士死伤亦数十人，豫中刀匪之凶狡如此。

初，谢宝胜在河北，王天从虽悍，犹敛迹。比宝胜去而郭殿邦来，天从无所顾忌，其势复振，立寨于嵩县山中，党羽布全邑。其妻乃上海女学生，天从假名候补道，持印札赴沪办军火诱娶之。至河南，女始知其为盗也。然女有智谋，劝勿显与官吏为难，设学塾山中，聘汴中师范生教之。天从且立公堂，三、八放告，集听讼狱，附山之民，听其指令勿敢违。或有遁官粮勿纳者，天从出示戒之，则立输于官。嵩县令在其掌握，惴惴惟以结欢为事，幸旦夕之安而已。天从视嵩邑民，煦妪燠咻之，但取偿于邻邑，择村户之稍有资畜者，持片纸假名贷借，索数千金。不如期送者，攻毁其村，或掳人责赎，及期不偿则杀之。环嵩邑如汝州、伊阳、鲁山、宣阳、永宁诸州县，被其害尤烈。永宁有小村，苦其勒借，悉索以供之者数矣，而意犹无厌，不得已，集众御之，卒为匪所败，全村荡为灰烬，闻此乃本年夏间事。呜呼，惨矣！近政府调马金叙镇南阳，以谢宝胜回河北本任，意盖为此也。然天从威行嵩县，志不在小，所据地又绝险，而山径四达，蠆之急，惧成流寇。此其道在以术诱智取。马金叙于时将中亦称贤者，豫人今所期望者，在谢、马二将，且欲藉此举行守望，为官民合力之计。金叙方成行，未知比于宝胜又如何也。

令公曰：余读宪报载盗侠王天从事，以询吾友张卓君。张君籍怀庆，慷慨善说论，备言谢宝胜治盗事。其于张黑子及二王之役，口讲指画，勃勃有生气，惜余笔钝，不能尽举其状也。君又为余言，宝胜年五十余，朴野如村愚。其侦盗尝诡服作卖刀匠，刀有钩距者必匪所用。又或为卖浆者，行沽于山乡村野之间，因以往来匪巢，识其行事。及率众往捕，则身自前驱，部曲有劳，不吝重赏，故士皆为用。余以证三月间豫抚奏请赏谢宝胜银两一片，所谓轻财仇贼者，信然。磋乎！干城之将冒白刃以薙群丑，故地方之所倚以为安也。然一盗去而一盗复生，甲仆则乙植，顾此者失彼，东驰西击，虽有名将，劳且疲矣。故论除暴安良之长策，要非整饬吏治不为功。虽然，抑岂敢过望于今日彼中之大吏也哉！

右记总兵谢宝胜治盗一事，为冯令之同年巽占录其所闻以示余，以言彼中被盗情形特详，故列入报中。虽然，若此者岂特河南一省已哉！尤可异者，河南迫近畿辅，近且交通便利，声息相闻，然盗风若何，都中士大夫多不能详言之，而治盗恃何人，民所依恃何人，尤不能举其名。从前但恃奏报，近则又有日报，然日报即不能得其详，且以阅报者之不能举正也，益肆意害之，甚或捏造于其所不满者，且诬蔑之，而真情形、真是非益莫能得。噫！人心麻木如此，何望其他。

（录自《汪穰卿笔记》，1926 年商务印书馆铅印本）

论世篇

为人为己不分为二事说

　　人有恒言：曰公；曰私。曰公则兼为人，私则专为己。人皆为己，则必将分散离绝，而国几于亡。于是世有专以为人之说劝人者，以成仁取义之说动之，以因果报应之理劝之。噫，是虽毕殚其说，而人终不为所动也。夫人己非有二体也，为人为己，非有二事也，请博喻以明之：今使同处一室，而人所居之墙圮，尚谓能不坏及己所居乎？火焚南里，而北里之人不救，则火必延及北里。寇攻南城，而北城之民不救，则寇必攻北城矣。火山喷于国之东，则国之西必震动，此必然之势也。乡有善兼并者，能以贱值得人田产，未几，乡之富室尽亡，而己亦无与居矣。有设肆与城者，能以心计倾他人之肆，俄而城中无大肆，而己之业亦衰矣。有为官而归者，横行于里，后进效之，而己之后人亦被其害。然则，爱人之即以自爱也，害人之即以自害也，岂不彰彰然可睹哉！一曰报复，一曰仿效，一曰递加，有是三者，则施受循环之理，斠然可知矣。里有妄挞人者，其子外出，适亦为人所挞，谓此人即自挞其子可也。见人之急难，而漠视不救，已而己之子孙急难，人亦从而漠视之，谓即己漠视其子孙可也。有肆横于路者，甲往救之，人谓甲好行阴德也，甲曰：是之不救，则将肆横于我，故我之救之，为我也，非行阴德也。有购物而抑价者，同业之人阻之，或尤其舍己而芸人，曰：非芸人也，我之物价，亦恐为所抑也。西例，行道之人，见车栈执事之懈惰，则得告于其长，盖以火车为人人所乘也。富人设义塾以教育其里，里之子弟，学成有为师者，己之子孙，亦因以成立，则谓之为子孙教师可矣。昔有达官而贪者，已而寇至，曰：吾将脱吾家而身死以塞责，人讶其前后之异行，不知彼始则将瘠人而肥己，不知一人之不能独肥也；继则思杀身以谢众人，而不知身虽死而无救于众人也。是皆离己于人，而不知人己之相连属也。圣人以天下为一家，中国为一人。吾谓非独圣人然也，凡人皆当存是心也。今使一人之身，而右手为人所伤，左手反自庆其无恙焉，可乎？一家之人，而其弟为人所挞，其兄反自倖其得免焉，可乎？推是言之，则他郡利害之即关于己郡也，他国兴衰之即关于己国也，皆是道也。然则，全国之人皆能为人，则谓之人人皆为己可矣。全国之人皆工于为己，则谓之人人皆为人可矣。然则，今之不能为人者，皆由于不知为己也，果能为己，则固能公其心以思天下之事矣。

（载《时务报》第 11 册，光绪二十二年十月十一日，

《汪穰卿遗著》收录）

致吴绶卿先生书①

去冬自东还，诸友人咸称足下成就益进，志意益坚，不禁拊掌雀跃以喜，深冀将来翱翔天衢，有所建树。世事变换有若浮云，不须顷刻，恐即改观，正不必以一时之事为意。至鄙人所望于足下及留学诸君者，在能在黑暗世界中办事，若以得离黑暗世界为乐，而转恋他人之琼林玉树，瑶草琪花，则岂鄙人之素志哉！来书为留学生辨诬一节，阅竟不胜怅惋，盖诚恐报中之言，偶一不慎，有误吾国文明之机，而阻游学诸生之意兴也。因复取十二月十四日报章阅之，则其指称之中，实寓分别之义，且实参诸众说，并非偏信一人。其行文中，期望之意甚多，诋諆之词绝少，末复有存疑之语，无吹求之文。窃意留学生人数既多，自难画一，小德出入，或亦不免。且所指之过，皆系意气、情欲之事，少年跳荡，殊无足怪。报中之所以指摘者，盖欲诸生于此事自加防检，免为

---

① 吴禄贞（1880—1911），字绶卿，湖北云梦人。1898 年赴日本留学，后成为同盟会会员。

外人所轻视，贻异己之口实。且即使无之，而存此以自鉴，亦复何碍？盖吾辈所厚望于留学生者，在能刻苦力学，为有用才，其尤者，更能恢廓志意，以卓荦之姿，成绝特之才，能乘时机，著大功业，非仅以其名目之可听，能作一二新学话头已也。颇闻此次留学生中，有若干人因日报之语，勃然□①怒，诋诟百端。殊不知日报之职，在能纠弹全国之非违，激发大家之志意。故上自政府，下逮黎庶，苟有不然，无不尽力抨弹，直言无隐其意，无他，欲尽日报之天职而已。故虽遇大力压制，未尝稍贬。今留学生中，于此等郑重期望之议论，犹相诟怒，试问此等骄亢浮嚣之气，亦何足以凝意气而成事功？此之关系殊非浅鲜，因足下之函，聊复直言，切望足下与诸留学生，能以此相勖勉，不胜大愿。②

（《汪穰卿先生遗文》第三《书牍辑存》收录）

致藤田剑锋先生书

　　昨承宠召，珍甘骈罗，半席以后，兼出雅奏，使弟亦得在倾耳之列，甚致欣感。顾弟窃有献疑者，古人设教不废丝竹，然是以此使生徒习之，足以陶写性情，非欲以娱宾客也。后汉马融设帐，后堂有丝竹之声，此则出师所自办，非令弟子作也。至若宾主之间饮酒欢乐，欲以音乐相娱，则当主人先自奏，然后请客奏。又或客自欲为之以毕欢，此皆燕游亵狎之所有事，不足为怪。若谓乐器新异，贵帮人欲一验视，则当可择日相约诣其处，同肃听之。师弟之间，虽不必拘此，亦当于友朋清谈时，使之出奏。若夫酒阑客醉，忽使列坐座隅，奏其新伎，是直以优

---

① 原书如此。

② 原编者谓此信"未详年月"。查信中汪康年谓"去冬自东还"，而汪康年1897年12月底至1898年1月18日（光绪二十三年十二月期间）在日本访问，因此，此信当写于光绪二十四年（1898）。

伶蓄之而已。呜呼！今敝国当衰微之时，上之教化，下之师法，皆稍衰息，故弟等延阁下来兹土，为东文学社教习，方冀阁下以贵国师范之道表率后进，而阁下平日所自处，及敦厉后学者，亦颇足使弟等起敬。今乃有以优伶蓄弟子之事，则于阁下声望似稍有碍，倘讹传稍甚，必将谓弟等优伶生徒以娱东友，则弟等之罪尤万难辞矣。然以阁下事出无心，又平日颇不薄弟，故敢贡其区区，自附于朋友规过之列，不知阁下亦许之乎？①

（《汪穰卿先生遗文》第三《书牍辑存》收录）

致唐□□□□两君书②

敬启者，弟等去岁与蒋、罗二君，设东文学社于上海，承荷不弃，翩然来学，弟等颇相欣重，虽未得握手，然固心仰久矣。然窃有异者，昨夜教习藤田君饮客，社中弟等亦得与座。酒半，忽见贤昆仲携笙箫奏于座隅，再三不厌，试问此等举动，贤昆仲果以何等自待乎？又试问贤昆仲，离家来习东文，抑将即是以进学日本各种学问，以效用国家乎？抑将以音乐娱师及师之友乎？凡人必自侮，然后人侮之，度贤昆仲平日举动，必有轻亵之处，乃有此非礼之命，否则师不宜以是命，即命亦不宜应也。又人必以礼自处，乃能有以自立，若不问应否，而率然以应命为乐，且以诸客见赏为荣，不审将来应事接物，将何以自立乎？呜呼！吾中国人见侮外人久矣，然要之自有启侮

---

① 该信日期见下篇注。藤田剑锋（1869—1927），名丰八，日本德岛县人，1896 年应农学会聘请，担任译书和教授日文工作，在中国工作长达 17 年。

② 此信及前、后两封致藤田剑锋的信是就一件事情连贯而写，原编者均谓信之年月无可考。查此信中有谓"去岁……设东文学社于上海"，按东文学社设立于光绪二十四年（1898），因此这三封信当写于光绪二十五年（1899）。

之处，乃至见侮如此之甚。凡人皆然，非独国家也。弟性拙率，窃谓两君盛年向学，不宜有此俳优自待之事。以尝与闻学社之事，故敢贡其区区，当蒙见容不相责也。

（《汪穰卿先生遗文》第三《书牍辑存》收录）

再致藤田剑锋先生书

　　前日罗先生来传阁下意旨，弟深佩阁下之能屈己以容弟，而又恨弟之褊狭，遽以微事开罪于阁下也。日日欲过学社致谢，而近日事颇冗，不及走谒，罪罪。礼俗同异，致启疑怪事常有之。拟研究贵国风俗，著之简编，以便将来民间交际有所依据。今日又奉手书，深责弟不应别函责备唐生兄弟，以为弟不识事体。弟愚阁发于一时之躁怒，遂峻辞以责两生，弟之冒昧，事诚有之，敢任其咎。惟阁下以两生为无罪，则弟未尽谓然矣。阁下以使弟子侍坐奏乐为可为之事，则在阁下命之，心中光明，无可为责者，弟之妄言误矣。若夫彼唐生者，年在弱冠内外，且尝读书，固知吾俗以奏乐酒座为可耻之事矣，而欣然乐从，不谦辞以谢，是可谓忘廉耻矣。夫两国人相交，当各从其国俗，是公理也，亦公法也。譬如敝国妇人以着衣为敬，西人则以袒为敬，假使吾国妇人与西人周旋，亦相与袒焉，得不为旁人责备乎？弟深恶近日华人，惟势利是趋，而廉耻荡尽，故欲借此以惩之，想先生必以为然而许之也。倘阁下不谅其苦衷，而犹欲峻责之以为快，则非弟所望先生矣。

（《汪穰卿先生遗文》第三《书牍辑存》收录）

致高□□先生书^①

前闻吾丈办理农工商矿局，将考究利弊所在，详审而布行之。将来浙民得以裕衣食之源，而免饥寒之苦，咸君家所赐也。惟近日某报载有刘□□与意大利人订办浙江全省矿务一语，未知确否？窃谓朝廷设矿局之意，盖欲为小民裕衣食之源，而免利源之外溢也。谓宜先鼓励华商合股办理，必不得已而招洋商，亦宜予以限制，若官设局而亦将全省或数府包与洋商，则何以上对朝廷、下对全省商民乎？各省办矿之法，自以湘省为最善，而江西次之。浙省绅民宜不后于二省，仿照办理，宜无不可。若订与洋商，名为合办，实则卖矿也。以一人权力，而包揽全省之矿以售之外人，则优为此者多矣，何用官局为之乎？且金衢四府已包与外人矣，一之为甚，其何可再？吾丈承斯重任，实宜力争上游，为子孙造福。前□□大兄尝谓，今华人既无巨资开矿，与其轻弃地利，不如使外人办理，犹得于国课、民生两有裨益。康年谓此说诚然，然以正经矿法而论，即使准许外人开采，亦宜详采各国良法，每矿限若干地，每商限若干矿，庶少流弊。今若由私家得其厚酬，而辄将数府之矿包与一洋商，不特大失利源，且于外交上亦大有关系。且洋商所以肯出此厚酬者，必其所得之利什百倍于此而后可也，如贵州之矿，由陈哲甫订与戴玛德，陈之所得不过一二十万而已，逮转售与瑞记洋行，除获得现银数百万外，月得酬薪数百金。准此以观，则瑞记洋行所得又不知当有若干

---

① 原编者谓此信"未详年月"。查此信收信人高□□当为杭州士绅高尔伊，信中提及的刘□□应是刘铁云（刘鹗），所论之事是 1903 年（光绪二十九年）《北洋官报》披露的，由刘铁云谋划，高尔伊以开设宝昌公司的名义，获准开采浙江衢、严、温、处四府矿产，而暗中则以 250 万两银价将四府矿产出卖给意大利商人沙彪炳。据此推测，此信当写于光绪二十九年（1903）。

万万。然则吾国之人何苦而为此乎？此如不肖子以家中宋板书，窃售与人，每箱得一二十元，自以为妙策，而不知书贾所得辄有数千也。康年在申亦时时有洋商来絮聒，欲订约办铁路、矿务，其所允酬资，无不甚厚，然而终忍而不为者，盖谓与其得资财而为子孙之羞，贻家门之玷，无宁守其寒俭之素也。康年栖迟海上，本不欲多事，以夙承贤乔梓之爱，特贡其愚，不知得蒙采择否？

（《汪穰卿先生遗文》第三《书牍辑存》收录）

论吾国今日人心之大病

先哲言治，皆必以正人心为首，良以万事莫不根于人心，人心不正，虽日日言救弊，徒空议耳。挽近吾国人心日即于凉，虽言治者先后代出，未尝不于此事三致意，而根本已倾，将欲挽之而入于正，断非一时所可遽致。益以祸患频仍，乱离无已，培溉之时少，而摧折之日多，其奄奄仅息，以酿成今日之景象者，何足怪焉！呜呼，商周而降，吾国言治者，莫不曰：正人心，正人心。夷考其由来，盖亦非一世矣，宁独责之今日？然而某所不能已于言者，以昔之与今，其表观固无或有殊，而根本之亡，则未有如今日之甚者也。顾宁人有言："救民以言，此亦穷而在下位者之责也。"某不敏，谨承此旨，略贡末议，以冀言治者之有所鉴择焉，倘亦识者之所不我鄙弃者耶！

曰：今日人心之大病，病在无恒，谋一事也，见著效不远者，则欣欣然就之，倡导呼吁，不遗余力。在人视之，以为此真热诚君子之流软，乃不知其所刻不去思者，惟在于事后之荣名，其所用独一无二之方法，惟在于舍难攻易，避坚就瑕。既而其事效隐暗迂慢，不可遽见，而为其所不及料，则退念因之萌矣。人或议之，则皇皇然出而自辩曰：我知难而退也，智者不违时而动也。呜呼，不谓古圣之格言，乃适为今日盗名者之利器。故吾国自来举事也，其始莫非堂皇正大，烁烁人目，而卒乃以谋者之无恒，中道横决而不可收拾。而彼创始者流，方欣然矜其先识，腼然语人而曾不自愧。呜呼，全始全终，患难不弃，本至难事，而欲责之此辈明哲知几之才，亦南北背驰之甚也矣。虽然，此于吾国今日，犹其上之上焉者耳。请更言其次——

曰：今日人心之大病，病在罔公。罔公者，其思想能事，至为单简，无事时，则尔为尔，我为我，彼不倚人，人亦毋思倚彼。迨地方中一有公益之举，此其事必待食于斯、居于斯者之合群力以图之，固不待言也，乃至此辈则独不顾一切，告者自告，彼则终生守其财不外出之大旨，汤可赴，火可蹈，此志则万万不可移，于拔其一毛，欲获其一钱，直不异步天之难。至其甚者，则且阻挠百端，彼其意，非以为公益之不可兴办也，若曰谋事毋近己而已。呜呼，苟使举国人人而无不若此，则公益之兴办，其俟诸何日矣！是其意固知非真欲阻吾事，而吾事之被阻，宁非此辈首尸其咎耶！虽然，若此者，犹可言耳，乃不谓更有进者，请竟其说——

曰：今日人心之大病，病在假公。凡能出而谋社会之公益者，必其人之信实诚笃，为一世之所信仰者而后可也。而吾国之谋公益者，则何如乎？后公而先私，不计其谋始之匪易，而首图其日后之进益。故如开一路也，则事未成议，而请托者已蜂集蚁聚，主事者又必先自计其异日之俸薪花红，必万善无缺，而后方为力。苟有一于己不利者，则宁百方以求脱，而事之成败是非，非所问矣。呜呼，设一公司也如是，设一学堂也如是，乃至凡谋一公共事业也，亦莫不如是。异哉！今日吾国之所谓谋公益者，其道乃一至是也。虽然，急公好义，后己先人，其事本非易易，乃欲责之今日之人，毋乃太苛，则请姑舍是，而更言其进者——

曰：今日人心之大病，病在贼公。假公者，其罪犹可恕也，彼其人或家计艰难，谋生不易，不获已而藉公以营私；乃至贼公者，则明明有家资巨万，不必外求，而亦必出此者，其心果何居也？贼公之种类，其大要有可言者，曰：盗矿也，盗路也，引狼入室也，同类相残也。凡此诸事，皆今日吾人之所指不胜屈，最寻常最普通者也。行者行之而自得，举国习之而无怪，滔滔江河，何日而源绝流息耶！呜呼，吾言及此，吾不自知其悲之从中来。庄生曰：害群之马，不可以不去。此所谓害群之马者，非耶？吾日望有圣人者之起而去之矣。

综此四者，一曰无恒，二曰罔公，三曰假公，四曰贼公，我国今日之人心，其病之显见而可指者，略具于是矣。呜呼，举第一事，则公益之既成而中止者，实此辈尸其咎；举第二事，则公益之待举而不成者，实此辈为之因；举第三事，则公益虽举，而内容腐败不堪问者，实此辈垄其利；举第四事，则无可言矣。曰：我有土地，我不自居而居人；我有财产，我不自利而利人。乃至其流毒，则我有民人家国，我不自爱保，而反被爱保于人。倒行逆施，逸乎天道人理之外者，宁有过于此辈者耶！横览六合之内，其国运之弱于吾国者有之矣，其人心之不德，若今日之吾国者，未之有也。孟德斯鸠之论治制精神曰：尚道德者，必出民主；崇礼法者，必于君主；重刑威者，必于专制。然则，吾国人心之所以有今日者，殆所谓由礼法以至刑威，日即日下者耶？呜呼，欲救其弊，诚非一言之所能了，一时之所能措。况以某之学浅才陋，更何敢妄有所陈，以自欺欺人。然而自其至切实、至易晓者言之，则固莫急于首定教育之方针，必教育达乎尽善尽美，完全无缺，而后可以言道德，言富国强兵；苟不此之图，而日哓哓然议其末，窃未见其可也。

（载《京报》光绪三十三年三月初八日，《汪穰卿遗著》收录）

书崇实、振华等学堂募捐启后

曩者，吾闻人述济宁张丐之行而多之，以为丐之微且贱，而积五六十年之心力，集款若干，卒达其教育之志愿，立志之坚，操行之苦，殆振古无足与拟者。惜其时奖掖之无人，而大府请旌之已晚也。

顾吾执此以求诸今人，而十余年来，绝未之睹。庚子，余闻王君小航自海外冒险归国，求见聂功帅，不得，又徒步数千里至海上。后隐京数年，奋自湔雪，卒使官话字母得布行于时。于是余心目中又有王先生。

余居京数年，颇闻闾巷中多赴义若渴之士，盖犹存古燕赵慷慨之风。已而闻人述东城崇实、振华等学堂之事，则又奇之。嘻！家中人方嗷嗷以待饘粥，而乃奋然不顾，强力以从事于学堂，乃至三四，而犹不已，而卒集大困于其身，殆于世所谓痴者。

吾闻彼等所设淑范女学堂，学生八九十人，皆不收学费，教国文、历史、工艺、音乐、体操，而月所出不过二十元，自余惟送日本教习车费少许而已。学堂办事人之刻苦，殆无过此者。其崇实、振华，虽收学费，而不足殊甚。识一学堂，虽有识一女士捐款，而不足亦甚。去年岁余，债家麕集办事人家中，办事人几以死谢。或稍以金助，仅而得免。此事东城一带之卖米家及卖煤者、担水者多能言之。以此等人，即诸学堂之大债主也。

今则又已至债家麕集之时期矣。盖办事人多贫，不能多出资，学生之学费，又或不时得，遂使学堂日处于艰窘之中。教习或引去，办事人又品位稍下，不能求乞于人。然皆以死自誓，不欲生见学堂之停闭也。余闻其事而悲之，故书之以告都中之人。

惟吾国人好善之心绝缓，又重以疑，当前之事，即有动于中，常恐为者之非诚，而传者之未实，遂相与徘徊观望，熟视而未之睹。盖其眷恋既往之情多，而扶助目前之意少，逮至人人信为实然，相与吟咏而凭吊之，则已在白骨久寒，青山长往之后。此其故，固由向来社会之情态使然，非尽由人之不好善。然而事之无成，亦大半由此，吾甚愿社会之有以改之也。

（载《京报》光绪三十三年四月二十八日，《汪穰卿遗著》收录）

艰贞无咎说

微风飘拂而草靡焉；朔风怒号于沙碛，则人止而驼伏；狂飙奋迅，则拔木发屋，是外力与内力相较之差别也。然而数十围之木，数十丈之石，亭立孤峙，常千年不变其状态，是何也？是有以贞于其内，而不为外物所夺者也。

人之欲事于斯世也，何独不然。小行小阻，大行大阻，终其身焉在阻之中，靡之醉之，撼之乱之，挠之夺之，千形万态，皆所以为阻也。遇其阻而阻焉，未遇其阻，而心以为阻焉，气激于外，而神丧于中，则吾之行，终无能至之日。是非外物之败我也，我自败也。

夫行事而恶夫阻者，犹行军而恶敌之不自退也，语之可笑，盖莫此若。夫敌之不欲舍我久矣，行事而欲无阻，犹之行军而欲无敌。持是论者，要可谓之痴。敌千万而我一，敌应援而我孤立，求无敌，求使人不为我敌，是惟求诸我。

太上无敌，未始见有敌也。我欲行，行；我欲止，止；我欲左，左；我欲右，右。人皆我也，无有敌我者也。其次，则因敌而筹所备，见敌而多其防，虑敌而筹所处，与敌为缘者也。其进行时，与敌偕者也。其下，则终日见敌，随在见敌，终其身居敌之围中，而不能自出。何则？自己之外，见非己者，皆名之为敌。有敌虑敌，无敌树敌，敌少增之，敌弱张之，己则瑟缩抑郁，常尾敌之后而扼于敌，于是无己而犹见敌。是故怒不可长也，激烈过，则外越；喜不可久也，愉悦胜，则神散；悲不可常也，消铄甚，则内阻；急欲求胜不可也，硗硗非所以为坚也；急欲自白不可也，皎皎非所以为洁也。

是故善治事者先治气。气之舒若青云；气之宽若虚谷；气之浩浩荡荡，若江河之流而不息也；气之蓬蓬勃勃，若蒸釜之发而莫遏也；气之劲若长风，气之坚若金石，能如是者，其始足以处盘错之交乎！

风波乎，阻挠乎，险难乎，是皆事所当有，而不足为异者也。吾辈当求所以处之者。

呜呼！创大业，释大疑，夷大难，事待人欤，人待事欤，吾未足以言是也。吾愿语之有志于是者。

（载《京报》光绪三十三年五月初九日，《汪穰卿遗著》收录）

责己说

声之起，必有所由发；谤之来，必有所由召。吾人于横逆之来，正吾人反躬克己之日。悍然置之而不顾焉，非也；以为不屑意，而与之淡忘焉，亦非也。《论语》曰："躬自厚而薄责于人。"《孟子》曰："行有不得者，皆反求诸己。"范良曰："自胜之为强。"① 圣贤之言，固足为吾人药石矣。

不然，以忧危穷蹙之身，处淡泊枯寂之境，其所据者，非人人之所争也；其所冀者，又非人人之所贪也。而蜚语之来，忽出意料所不及，一如举平日哀痛迫切之情，适用为梯荣牟利之物，此岂人情所忍受者，而必欲借以自砭，此何故欤？

夫谤，可勿辩也，若致谤之故，则不可置之淡然。盖诚不足以动物，斯由疑而得毁；识不足以知几，则由屯而得困。此盖势有必至，而无庸曲自为讳者。

古人曰："何以止谤，曰：无辩。"夫名之必不可受，而事之涉于嫌疑者，固不可不急辩也，外此，则何庸焉？惟是详察其事之由来，而思己所检点不及之处，以为后来之借鉴，斯亦于实事大有受用者也。

吾人好为论议，于古今人物，动辄加以雌黄，然而其人其事，固非皆能亲睹而目察之也，则语之刻核有尽情，及事之影响不相涉者，固不知几何。夫己则不能无刻核于人矣，则安能禁人之无刻核于我？己则不能得影响于人矣，则安能必人之求影响于我？吾人于此，正当用心自责，无可怨尤也。

且吾人以孤落无容之身，持其一意孤行之说，绵亘十年，而不能一试其术，以暴其效于人人之前，则其为笑于世也已久，而于己亦无可以

---

① 据《史记》卷六十八，列传八，《商君列传》载，此说者应是赵良，其原文为："反听之谓聪，内视之谓明，自胜之谓强。"

自解。既如是矣，则人随其所往而浼之，而亦无以自解也。何则？迹有显晦，则明者难用其察；事涉疑似，则公者难用其断也。

吾故曰：吾人之于意外之毁也，无畏也，无怒也，亦无辩也，自责焉而已矣。

（载《京报》光绪三十三年六月二十四日，《汪穰卿遗著》收录）

驳论（一）[①]

《时报》剪发易服说，筹绸缎布帛之销路，曰：仿造外式，而为西服之需，则织业且可由此进步，而销行于国外，如副绸一物，其明证也云云。按：此真书生之见也。无论改织之甚难，织之合宜又甚难，即合宜矣，能必西人之爱，爱而购用乎？吾国丝织品物，无虑百十种，而西人才销一种，足知其取之之狭矣。而所取者又为最薄之副绸，其不为上等之用可知也。而欲其一旦销我绸制之西衣，此能必乎？即使能矣，而舍固有之利，以待难必之利，则枵腹者不知若干人矣。吾虽至愚，然知人腹之不耐枵，吾愿操论之徒，亦宜先计及枵腹否也。

该报又有或谓剪发而不易服，则中国固有之风俗、礼节、习惯，可不必改。曰：此真中国人苟且之习也。若犹是恋恋于中国之风俗礼节习惯者，何必谈剪发云云？按：吾亦不知作是论者，何厌恶中国之风俗、礼节、习惯至如是也。且凡言变法，必剪发易服，盖以不适于时宜，而非有恶于旧也。若如该报所言，则对于本国，大失忠爱之意，且厌恶本国既至如是，则归化外人可矣，何必更喋喋为也？至厌恶于此者，必有所歆动于彼，吾意纵其意为之，必且开设接吻学堂矣。

（载《刍言报》宣统二年十月十一日，《汪穰卿遗著》收录）

[①] 《汪穰卿遗著》将此文归入"杂说"，现恢复《刍言报》发表时的标题。序号为编者所加，下同。

琐辩（二）^①

　　凡称谓名词之间，有极大关系存焉。沈子培方伯憎日报之不识内外之分也，曰：与其称中国，不如称"我国"，犹有内其国而外诸夏之意。余闻其说大以为然。又新名词百凡皆可通融，惟吾国人自称为"支那"，乃至无理。此二字盖外人亦据转辗传讹之字而书之者，譬如蒙古等处称十八省人为汉人，欧洲等处之人称吾国人为唐人。若吾国人亦自称为汉、为唐，可乎？又如吾国前亦称美为"花旗"，德为"茄门"，彼亦自称为"花旗"、"茄门"，可乎？吾国旧籍，向称日本为"倭"，试问日本亦将自称为"倭"乎？凡此若视为新鲜，而用之也。昔有见人署名之上，用制字者，大喜，仿用之，不知书制字者，为丁忧之故，大为人笑也。又如北京、南京，此明代之名，今语言中沿用，不能遽改。西人初至吾国，见吾国人语如此，因亦书北京、南京，吾国人竟无起而正之者，公私文字，反从而效之，异哉！^②

　　有邮差私拆人信，或将诉其长而治之，旁一人曰：不可。今不视为重要，此等人无知识，犹于人及见处为之，倘有涉要务者，犹易发觉也。今日见即治之，则伊等必于密处为之，发觉难矣。余曰：此不知法之言也。法者，以使人人心中知孰者为应为，孰者为不应为。使之为不应为之事，人人自觉为犯法之举动，则犯者少矣。假其有焉，则以校核之严御之。今若放纵不治，先使人疑惑于应为不应为之间，而轻于犯法之念生，且如是，已若默许之矣，将踵之者蝟毛而起，何以待之？此理甚明，固不独此一事为然也。

　　　　　　　　　　（载《刍言报》宣统二年十月十一日，《汪穰卿遗著》收录）

---

　　①　《汪穰卿遗著》将此文归入"杂说"，现恢复《刍言报》发表时的标题。

　　②　此节在《汪穰卿先生遗文》中被收入《正名说》。

问题（一）^①

近有二事，极有关吾国经济之前途，顾无策挽之。其一，存款外人之银行者日多。从前已极多，而今尤甚。闻前月汇丰所收存款已至二千万，而他银行不在内，此"正元"、"源丰润"倒账之结果也。然苟劝以勿存外国银行，则彼反唇相稽曰：然则何处最可存放？吾何说对之？再劝以营实业，彼问何等业为最妥？何人可为经理？吾又何说对之？其二，则闻河南人民以近年大豆出口之故，民间颇致殷实，顾其余金，既不存银号生息，亦不以营他业，但埋之地中，闻数颇不少。然亦无说可使改也。噫，若他国处此，则大足为实业之基础，而吾国乃不能也。

（载《刍言报》宣统二年十月二十一日，《汪穰卿遗著》收录）

记怪（一）^②

前日《中国报》忽载一文，曰《讨豨文》，此真可怪之至矣。凡今

---

① 《汪穰卿遗著》将此文归入"杂说"，现恢复《刍言报》发表时的标题。序号为编者所加，下同。

② 本文第二节《汪穰卿遗著》未收录，现根据《刍言报》原文补录。第一、第三节则被《汪穰卿遗著》归入"杂说"，第三节也被《汪穰卿先生遗文》编入"杂说"。现恢复《刍言报》发表时的标题与章节。序号为编者所加，下同。

之所为欲改章服等等者，为其不适于今之用，而非有恶于其旧也，而尤非为有害于事，而将从而罪之也。而此文第一句即谓"本朝辫子"者，吾不知其讨本朝而及辫子乎？抑讨本朝之辫子乎？二者于理皆未有合也。吾见各国人民之于其国家也，苟非在所宜争之事，则无不含有忠爱之义，何则？凡言一国者，无不欲其团结也。忠爱也者，团结之主要物也，而吾国独处处示忓慢骄肆之状，是何为者欤？

昨日《帝国日报》之插画，忽绘若辫若尾两条，题曰《辫子与豚尾》，实为悖谬狂肆。

近来百忙中，忽有所谓佛教研究会者出现，吾甚惑焉。今日吾国之人，犹有谈空说有之工夫欤？佛教闳大，吾知之矣，然果适宜于吾国今日社会之用欤？或曰：佛教仍以救世为心，非离世独立者也，吾辈研究之，将为救世地也。噫，是则欲救涸辙之鲋，而求水于东海之说也。且倡是会者，果犹能静其心，凝其思，看一卷佛经欤？其于佛之学说，果贯串而有心得欤？其终身行事果依佛说，无违反欤？至列名之人，大半治实业者，否则亦各有所事。吾意，以彼之才力之精神，仅治彼之事，已不足矣，又能分其才力精神，以研究佛说欤？如其然也，是自误以误人也；如不然也，是姑为此以相蒙也。二者其何居焉？

（载《刍言报》宣统二年十月二十六日，《汪穰卿遗著》收录）

杂辩（二）①

前人谓六朝衰乱，故佛教得乘机而入，此语适倒置矣。彼时佛教灌注之力甚盛，幸吾国犹力崇儒术，不至大中其毒。盖天朝虽兵乱频仍，而士大夫家，雅崇礼教，不为彼说所变，虽聪明子弟溺于其说，然不过

---

① 本文第一节未被《汪穰卿遗著》收录，第二节在《汪穰卿遗著》中归入"杂说"，在《汪穰卿先生遗文》中被收录于《正名说》，现均恢复原样。

资为谈助，用为学说，而决不能以此变其门内世传之礼俗。即朝廷奉民间顶礼，虽亦极盛，而决不能与向用之儒教客主易位也。且不特不能夺儒教之席而已，反以为儒教之所用，故人子超度父母，则用经忏；为父母冥福，则造寺院，岂非不能独立而反为儒教用乎？

抑余更有所考。佛之被逐于婆罗门而东来，所过之国极多，无不传其本教，绝无移改。已而至中国，知中国已有数千年之古教据于其中，佛教虽极闳玮，决不能反客为主，故将经典仪式均有改变，以就中国纲常之说，忠孝之经，如是始得见客而遍布于各地，然而与其本教则异矣。此说余偶然得之，惜余法书不多，而精力又衰，后之君子必有起而证明之者。吾国之不即流而为印度，堕落而为今印藏三民，或犹恃此也，海内同志其试详之。

今人惑于外人之说，则以为吾国之皇帝，自小亚细亚来，吾国之人种，皆由彼来也。虽然，吾窃有一疑焉，夫黄帝以前世所传帝皇之名，谓之渺茫可也，若伏羲、神农前乎黄帝，固不诬也，既有帝必有人民，得无谓黄帝胜神农之裔，又逐蚩尤，而吾国古代之民族咸被诛逐乎？如是，则既依外人之说，承认黄帝为西北来之人，又必平空添出黄帝杀尽古汉族之一段血史，而后其说可通。吾不知若辈何乐而为此？按：黄帝为少典之后，古书言之多矣，虽不尽符，而要不能谓之无因也。今一概抹煞，奇乎不奇！

（载《刍言报》宣统二年十月二十六日，《汪穰卿遗著》收录，其中第 3、6 节《汪穰卿先生遗文》亦收录）

敬问（三）[①]

闻欧洲各国，于储蓄银行管理特严。以此等银行，专储琐屑款项，

[①] 《汪穰卿遗著》将此文归入"杂说"，现恢复《刍言报》发表时的标题。

其来存者，悉是苦工人等，故特加保护。故他银行可破产，此等银行，则必扶持不使倒闭。一则加惠穷人，一则以穷人若被亏倒，决不能控诉，故非以国家之力扶助之不可。今吾国凡新开一银行，必兼储蓄，亦以加惠穷人为说，不知吾国家亦有从严管理之法否？虽然，前此附信义银行之储蓄银行，亦随信义俱倒矣，未闻国家有何特别办理之法也。

凡民间以资财付商家，不能立时结账，而能深信不疑者，一则以商家之信用，一则以法律之管理也。此例如银行及保险行，尤为落落大方者。盖假使无法律，则彼等吸收既多，即托词亏空，倒闭而去，孰能禁之？今有某银行，自命为基本金百万，实则不过二十万，且为存款而非股本。然其举动，与他银行无异，不知与商民亦有直接之关系否？

（载《刍言报》宣统二年十一月初一日，《汪穰卿遗著》收录）

质疑（四）①

近来时有团体中首领，或公司总理及有名望之人被人控诉，辄有数十人或百余人，联名电请受诉之官厅，谓诉者挟嫌，不必受理。近者皖之铁路总理，亦是如此。按：此事是非，吾辈自无从揣知，然若事关控诉，辄可由团体中设法遏抑，不令上达。万一控者实有理由，而可以一小团体之人，抑不令伸，是公事可常为此等人把持也。此事关系非浅，而常常有之，而各报亦不辨其是非，而率以大字登载，此为可欤？

（载《刍言报》宣统二年十一月初一日，《汪穰卿遗著》收录）

---

① 《汪穰卿遗著》将此文归入"杂说"，现恢复《刍言报》发表时的标题。

记怪（二）^①

　　近忽有药材公司者出现，真非吾所解也。吾国旧用药材，何尝不精选，每年各省贩药材者，会于某地，交易所有，以灌输于各省。又视各省用药之程度而分输之，未尝误也，何必设公司，又何烦禀请批准？推原其故，则主其事者，觊药材之利厚，而思有以垄断之，各省商人不知情形，见其为农工商部批准也，则色然以骇，而彼乃得行其术，否则新事业多矣，何为忽作此欤？为此者何人？曰：前邮传部尚书陈璧之子也。陈璧之所昵丁惟忠也（按：公司章程不知如何，故未论及）。

　　　　　　　　（载《刍言报》宣统二年十一月初六日，《汪穰卿遗著》收录）

时事说新（三）^②

　　验疫，文明事也，而上海租界乃大骚动，卒之西官听华官、华董之

---

　　① 《汪穰卿遗著》将此文归入"杂说"，现恢复《刍言报》发表时的标题。文末"为此者何人……"句，《汪穰卿遗著》录入时删去，现恢复。
　　② 本文的第一节在《汪穰卿遗著》中被归入"杂说"，第二节也以《论上海租界华人之请减房租》的题名独立成篇，现恢复《刍言报》发表时的标题和章节。

调停而止，足知政俗之不同，虽西人无如何也。或曰：西人何惮于华人，而不厉行其禁令？曰：西人筹之熟矣，华人他虽无能，然罢市、挈眷至内地、流氓乘机滋事，皆所能也，故西人亦只得讪然而止。曰：则西人究尚讲公理。余鼻笑之曰：公理乎？彼固知厉行严律与败坏市面，利害不相抵也，公理云乎哉？

上海某报讥租界华人请减房租，不上书董事会，而乃求诸商会，求诸上海道，求诸南洋大臣也。其说似矣，虽然，吾不知吾辈应承认外人于租界有统治权乎？抑否乎？如其否也，则无宁于其地方之布设，若为不知也者，而遇事因吾国之旧习为之，或尚为可。犹记八年前，租界中因巡捕妄捕体面商人一事会议，初亦言递禀上海道，忽沈观察宣言曰：与其禀上海道，不如具公函致工部局。须知上海道即欲行此，须照会领袖领事，领袖领事须遍知各国领事，于是始能照会工部局。为事烦矣，而得请否，犹未可知。况上海道对吾辈极慢，不知彼视为要事否也。若公函致工部局，则大不同，彼必于三日内恭恭敬敬作一覆函，为事异矣。众皆耸然，独皖人孙君起立，力辩其说之谬，即谓如是，是吾人承认西人为有管辖之权，我国人有愿受西官管辖之据。此说极明晓，然众人乃皆觉格格不入。余闻其互相耳语，一人曰：此发言者，面颇生，何人欤？一人若轻之者，曰：此孙中堂之侄孙也，何怪其自命不凡。余闻此，知此辈乃全未知香臭，何足复与语，乃悄然出。然后来似仍用禀道之说。

或曰：君之言，亦自骗自之说。我不能收回，则西人之权，月深日固，何待吾人之承认乎？余曰：然，固也，然使吾人处处能留此视彼为客之形状，较之直承认彼有统治权，其为事乃大不同，固不可一语抹煞也。

请房东减房租，与请不许巡捕拘捕商人之事不同，似以函商房东及请商会商诸经手房租最多之洋人为较妥，然恐无大效耳。

（载《刍言报》宣统二年十一月初六日，《汪穰卿遗著》收录）

记怪（三）^①

　　近日之嘲诟发辫者，意兴愈高，丑之以囚虏，极之于枭斩。吾意各国之报，嘲诟他国之章服，其刻酷丑厉，尚不至此，而我国辇毂之报章，竟敢明目张胆而出之，奇矣！而有管理之责者，亦纵其如此，视若无睹，不尤奇之奇乎？或曰：彼有恃焉，无惧人言也。

　　剪发，一问题也。全国之对于国家之制服，应听中央政府之命令，此又一问题也。无论专制政体、立宪政体、共和政体，皆不能越去范围，否则为乱国矣。今不敢剃发，而谨听中央之命令，此于法合也。而各报嘲之，而于任意剪发者，反从而赞扬之，甚至于学部禁止学堂学生剪发，反诟为野蛮，何其糊涂悖谬，一至于此！呜呼，此等极浅之理，尚复不知，遑论其他！

　　再，若以剪发为必要，尽可力向政府要求，报馆则发激切有理由之议论，此皆当然之事。若夫嘲诟焉，唆怂焉，此乃小人之道，非堂堂正正之行为也。

　　各国固有所谓机关报矣，大率政府也，政党也，一种大团体也。其目的大，其气魄厚，其论议足为一时轻重。我国之人，闻其风而悦之，亦有所谓机关报。顾其事乃大异，或以一二在政界略有势力之人为之，或以一二有名望之商人为之，甚至有以土富思入政界而为之者。尤奇者，则有赃案已发，身在囚籍，亦有一报为之机关，呜呼！异矣！

　　（载《㐌言报》宣统二年十一月十六日，《汪穰卿遗著》收录）

杂说（七）

改历之议，吾于是绝无反对也。何则？便多而不便少，有利而无害，从乎大同而行之又易，何为不可也。且每月仍注节气，无伤也。若谓民间恐从此不识月之朔望，则于历之下方，仍注旧历月日，而著其朔望，俾民间仍不误其玩月之期，此固并行不悖也。日本用阳历已久，而乡间仍有用阴历者，固于改历之政无碍耳。顾欲以此为减省薪俸计，则不可。假如是，则从前五年支薪工六十二个月者，今乃止六十个月，用人者便矣，其如被用人之有所不乐乎，此事宜有以消之。

上海借洋款维持商务一事，各报诟蔡乃煌。近又由谘议局诘问张督。按：诸人似忘偕蔡赴宁者，有商会之总理周某其人欤？余此言，非谓商会总理亦在应责之列也，盖以吾国商人，实无集会之资格，尤无立商务总会之资格。故无论何处商会，其总理往往非商人而为绅士，甚至为外省绝无名目之人。其所办之事，不过为商家料理债款，及地面上酬应迎送而已。其视官乃极惶悚，始也视官如帝天，中且恃官为生活，受官之指挥，终则与官为狼狈。则周之与蔡至宁也，其受指挥欤？抑与为狼狈欤？吾弗知之矣。

（载《刍言报》宣统二年十一月二十一日，《汪穰卿遗著》收录）

评时事（一）

近事有最使吾欣悦者二焉：一、山东人发起布衣会也。此事有二好处，一则少销洋货；一则取近来侈靡之习，而大敛之，足以改风俗，振人心也。一、有人提议，于大商埠设立公司，专售本国仿造物品，及各种美术品也。盖近来出品极多，而无术流通，甚有本国已制成适用之品，而外间均不之知者。今专设公司为之，则物既流通，造者得利，而继起者多矣。二者相反而实相成，使吾国振实业，塞漏卮，吾乌能不为之喜而不寐哉！

然而又有一事言，使余闻之懊恼不置，且并前二者之欢欣，亦化为泡幻也，则以今日都中有人创议，以第一楼茶店为新舞台，递禀民政部，已得批准。鸠资二十五万，业已大集，自官商优伶之股皆有之。呜呼，前之二事，实事求是也，此则消费品也；前之二事，奖实业，厚风俗也，此则崇侈靡也；然而前之二事，议而未能行，即行，而效果甚难见也；此则一禀而事成，一呼而款集，业之大昌，乃意中事。且继此而起者，尤源源未已也。然则吾国之人，当尽葬身于此醉生梦死中乎？

吾知车马而入新舞台者，其必不肯布衣，可知也。其必用金丝眼睛，口衔雪茄，或外国纸烟，必不屑用内国仿造之物，可知也。则两者适为反比例也。

余甚怪自庚子以来，都城若此等事，无虑数十百，或禀农工商部，或禀民政部，顾无不得当以去，未有驳不行者，且从而得文明之誉，是何欤？或曰：所谓官股者，即有部中人之股焉，且或为干股也。呜呼，是又一可痛事也。

（载《刍言报》宣统二年十二月初一日，《汪穰卿遗著》收录）

警闻（三）①

　　某报谓奉天同志，以彼中人均怵于危亡之祸，拟利用此时机，派人四出演说，并告以宜请速开国会，惟当兵、加税之义务，则暂勿言，恐人闻之不愿也。呜呼！吾国将来之大祸，其在斯乎。夫吾国之人，离国家而自为生活，几一二千年矣，一旦而欲合之，速告以宜人人牺牲其身以为国家，以杜将来亡国之惨祸，如此，犹恐其不动也。今匿其所不欲闻者，而先言所欲闻者，吾恐不欲闻者，彼等固绝未之知；即所欲闻者，彼等且未必置之耳。且吾恐彼等将误以此已为义务，则一旦而告以正当之义务，彼等且骇而却走，安复能就我之范围哉！

　　近来吾国有新发生之危机，不可不察也。一则学堂之学生，不受管束也；一则兵队之兵，动辄违犯也。而苟其滋事，亦但迁就了事，未有执正法律以治之者，而美其名曰和平了结。见之报章者，已指不胜偻，其不见报者，无论矣。吾闻兵队中人曰：军人偶有例外之要求，将领辄枉曲从之，如此尚保全面子，否则彼等直自行其意，将领亦无如何也。

　　学生宜服从，凡阅书报，宜听校长之准许。学生不得集会，此各国普通之规则也，而我国竟不能，且报章又从而鼓吹之。军队宜服从，尤过于学堂，而报章之论，时复违反。然则报章者，鼓吹祸乱之法螺也。

　　（载《刍言报》宣统二年十二月初一日，《汪穰卿遗著》收录，
第二节《汪穰卿先生遗文》亦收录）

---

　　① 《汪穰卿遗著》将此文归入"杂说"，现恢复《刍言报》发表时的标题。

警告（二）①

　　近闻自南中来者，言徐州府南城一教堂，北城一教堂，咸放账与人，须以地作押，往往期满，则地入教堂，地方官亦绝不过问。按：无论新旧教，凡教士，不得营业作买卖，亦不得放款生息，此为该教堂最严之例，无论如何，必应遵守。地方官实应严行禁止，否则流弊何堪设想。

　　时势变换，世人注重之点，渐与从前不同，而在位贵人，亦罔审所措。于是稍分其承迎权要之心力，而觅所谓志士者，所谓新党者，所谓义侠者，而注意焉。不知此等人，真者不多。即真者亦必不愿时近贵人。而一般占风望气之流，已乘机捷足而至，布满中外，时得要任。实则其人驽庸，固无异于旧时诸人也。其最新异，则有以马夫而为侦探者，有以戏子而为武弁者，远近闻之，指为笑端。前有一牙医生，以轻滑著，而善事过往贵人，不知何人援引，得商部檄，查南洋商务。后此人即假此为旗，托事招股。噫！教猱升木，有如是乎？

　　向来营大事业者，其初发起时，惟登广告而已。后病广告之仅能自白也，乃以来函等羽翼之。近则更长篇累牍，登诸新闻。虽然，主持报务者，于斯宜审矣。盖其不惮烦劳而为此，其深有赖于报馆可知矣。报馆而肯以此资藉之，不啻假以羽翼也。事果正当，犹之可也，万一出于诈绐，则不啻报馆助之陷人，何苦而为此欤？从前信义银行，时时以自表扬之语，寄诸各报，各报从而登之，则又以各报所登，汇印以衒人。人见为报馆信赞如此，亦遂信之。然后来倒款至巨，受累者不少，则前

---

　　① 《汪穰卿遗著》将此文归入"杂说"，现恢复《刍言报》发表时的标题。序号为编者所加，下同。

此为登报者，不得不任其责矣。近来如橡皮公司，如兴业公司，其利用各报亦大率如此，窃愿主持报务者深慎之也。

前时有名捕之会党中人，伏租界不得遽办，或致诸界外而捕之，此不得已之策也。乃行之既效，遂多踵而行之，此甚非宜也。盖此中奸人多，必且增饰其辞，以激怒有权利之外人。外人以我暗夺其权也，则复责言于我，而我之权利，益见薄弱。夫外交不能不用巧，然用巧太过，反致为害。小巧者，大巧之贼，愿当事甚念此也。

（载《刍言报》宣统二年十二月十六日，《汪穰卿遗著》收录）

杂辩（六）[①]

向闻人言，西人办事与交情截分为二。常见在议院中，彼此论事，几欲相殴，逮后同赴餐饮，则欢然如常。非如我国，一语不合，动相怨恨也。余谓此真皮毛之言，殊不知世界上凡在场面中人，动相交接，万不能直露其好恶之真，故貌合而情离者，在在皆是。吾国官场中人，亦大率如是，惟有私仇、公怨之分，又有大相憎恶及微有意见之别耳。盖彼此相争，或一时之是非，无大关出入者，犹可事过即忘；倘所争而关一党一乡之利害，及一己之荣辱，而一以口舌偶钝之故，为彼机牙所轧，而谓事过之后，彼此交欢，无稍芥蒂，此安能之？盖近人述西事者，每不详察而贸然言之，贸然信之，恐无当也。

余在上海时晤一西董，偶述及近日某富室控告逃妾之事，西董曰：贵国风气与吾国异，吾国人遇此等事引为大耻，方讳匿之不暇，安肯从而扬之。余念此西人大约居吾国久，沾染吾国习气深，故言乃如此。已

[①] 《汪穰卿遗著》将此文归入"杂说"，并删去了第二节，现恢复《刍言报》发表时的标题和章节。

而憬然悟曰：此非西人沾染吾国习气，实吾国错认西国习惯之故也。盖人同此官骸，性情好恶，岂有东西之异？惟以地位习惯教化不同之故，故觉有异，若言性情，固不甚相远也。

（载《刍言报》宣统二年十二月十六日，《汪穰卿遗著》收录）

纠　谬[①]

近日《帝国日报》附唐耆途中杂咏诗，题后附小序十数语，署名为"天民"，盖耆之子也。中云：家严唐耆，以送留学生至美，在途中作此云云。噫，此等称谓，实为吾目中所未见，不知何物野蛮，辄敢如此。或曰：称谓一事，任人自便，孰得禁之？不知既为一国之人，即应依一国之礼俗，否则即为野物。况各国称谓，从无直呼人姓名之理，何况施诸尊长？何则，此等称谓，既不合吾国体裁，亦不合他国格式，试问自居何等欤？又，父既署名，而子但称别号，亦不合。

凡人与人之交也，必有礼焉，此全世界皆然，非特吾国也。闻英国之报，凡于其人分位，应称"爱克什伦西"（Excellency）者（若我国称"大人"），必称以"爱克什伦西"；应称"格雷司"（Frace）[②] 者（若我国称"老爷"），必称以"格雷司"。于爵及宝星亦然，否则称"密司忒"。若法、美民主国，则概称"密司忒"，无直呼名者。即或因事相责，而称谓必如常。今吾国报章，辄随意称名，而于遇事相诋之时则尤甚，此何礼欤？

前者吴禄贞办延吉边务，无大臣之名也，而报馆乃称大臣；吴振麟

---

① 《汪穰卿遗著》将此文归入"杂说"，并删去了第三节，现恢复《刍言报》发表时的标题和章节。

② 原文如此，疑为 Grace。

为日本参赞，值汪使未到，斯时吴君但可称为代办耳，而某报馆乃称为吴公使。而近以不慊于南北洋大臣，则直呼陈某、张某，噫！即谓该报有扬之开天、按之入地之力量，然岂在此称谓间乎！

（载《刍言报》宣统二年十二月二十一日，《汪穰卿遗著》收录）

驳论（二）①

近日上海各报，盛诋米商不应高抬米价，致贫民食贵米。按：此不通之论也。盖视物之多寡，以为价之低昂，凡贸易皆然，即米业何独不然？若谓米商者，必应受限制，则试问米跌价之时，亦有人补助之否乎？倘不能然，是必甘心折阅者，始肯为米商。吾人于此等事，往往不深研究，而辄据平常人之言，发为论议，而不知有碍于理。且不特米商裹足已也，即农民亦由此而无所劝，是大害于农业也。即如所在禁米出口，其弊亦与此同。或者值米贵之时，不许人囤积，又严出洋之禁，或于事为稍合欤。

近上海居户，以市面日败，求减房租，屡起风潮，驯致罢市，至今犹汹汹然。按：此事情或可原，而说则不通。盖建屋以待赁，与储货以待售，其事一也。购货者不能以己之贫乏，而求售者减价，则租屋者，岂能以业之衰颓，而强使减租乎？且以供求相应之理言之，则租户或相率移出租界，或迁移于贱租之地，或互相并减，则赁屋者，自不期而竞减租值，何容屑屑相求乎？且此为私人之事，非官所得干与，纵欲求减，但可与屋主相商耳。今乃求诸官长，并求诸南洋大臣，又求诸商会，甚至以罢市要之，试问岂有可得之数乎？

（载《刍言报》宣统二年十二月二十一日，《汪穰卿遗著》收录）

---

① 《汪穰卿遗著》将此文归入"杂说"，现恢复《刍言报》发表时的标题。

记怪（五）^①

　　近年以来，上无耆硕以主持风会，下无良师儒以率导后进，于是后生小子，无可师法，各因所习而与为变化，不幸值异说争鸣之时，遂为所眩惑，而与为推移，与为腾挪。而试反诸本心，则于应然、不应然之故，绝无可言。溯十余年来，聪明子弟掷废于此，往而不返者，不知凡几。言念及此，实可悲也。兹举其现于动作，发于言论，偶举数事，以见其症结之所在，甚愿后之人咸能平心静气，慎择所从，勿为是无意识之事也。

　　前者以种族之故而思明，以思明之故，而推崇明末之人物，于是大搜罗明末人之遗籍而刊布之，此已为无聊之举动矣。顾犹得曰搜刻书籍，表章人物，亦风雅事也。顾近忽大刻钱牧斋之书，则更奇矣。夫钱以失节丧志之人，即有文采，何足表章？尤近者如明之李贽，以猖狂妄谬著，而或且扬其余焰。又如金圣叹其人，逞其小慧，致蹈法网，其谈文论史，实为邪魔外道，乃今忽有遍搜所评之文而刊之者，窃恐后学不之辨，将习非成是，则吾国文字，且受其祸矣。^②

　　近来以某党人之煽动，于是反而追念夫从前反对之人，而思及已被诛戮之某某，因而奖及其党，而于是生存之湘人王某，亦在尊仰之例。不知此君以谈经说史及文字渊懿为旗帜，实则外洁而中秽，所至咸得好利之名。近虽忽得社会之崇敬，遂乘此亦出干预世事，然性习不改，凡所举措，无足动人敬仰者，于是一班延伫之人，扫兴而罢。

　　凡于人而特加崇敬，必审其有足以当之者，始可以是加之，否则是

---

　　① 《汪穰卿遗著》收入此文时，改题为《论风俗之怪妄》，并删去了第五节中的两句，现恢复《刍言报》发表时的标题和篇章。

　　② 此节在《汪穰卿先生遗文》中被收录于"杂说"之中。

疯也，妄也。而前者戊戌某某事败出走，此二人者，即不以兹事论，以其平日之行诣，亦无足令人起敬。而昧昧者乃呼之为□□，呼之为□□①，此等称谓，入无识之耳中，一若某某果为当代之大人物，传相惊叹，亦不一考其在海外之事，而推原其故，则由此等无意识之称谓为之也。

自新说流行，吾国人始知"革命党"三字，为各国之所尊崇，于是遂亦不胜其希望摹拟之心，至于此事在西国究为奚若，西国人对于此等事奚若，于吾国情形奚若，皆不之究，惟于某处匪徒起事，辄曰：是中国之革命党也。某处民间罢市，又曰：是新发现之革命党也。闻前者广西匪乱，上海辄有人以新说嗾之，不意无因至前之事，反被惊疑，谓为官之侦探，乃狼狈而返云。

又，俄事急时，留学日本之人，忽言将结义勇队，此本不值一笑，乃上海一班无意识之人，忽在张园开会，遥为欢迎，各人排列东向三鞠躬，以祝其进行，是时旁观之人，无不失笑。

暗杀者，亦若辈所欢迎也。乙巳都城东车站之事，实一无意识之人所为，而无识者辄跃然喜。余曰：君辈所病于吾国者，谓不肯立宪也，今派大臣出洋考察宪政矣，而于此首发难焉，此何说也？其人犹不认错，犹曰：吾国有此等事，究是进步。又，恩中丞被戕，余在京，忽有人见贺，曰：究竟浙人强，竟有实行暗杀家。余曰：此语吾良不解，即谓暗杀为是，亦必施之大民贼，吾未闻恩中丞有何暴政也。顾自近年来，戕贼之事不一而足，徒启乱机，无裨实事，不知若辈亦尚以为进步欤？

秋瑾者，一流浪妇女，癸卯、甲辰间来京师时，与三数名留学生游，状至狼籍，其得祸咸有据，非冤也。即或不然，但可谓应加详审，不应即正法耳。乃忽有一班无聊之辈，大为伸气，攻此诉彼，一若视为女界真英雄，且为捏造诗歌，而影响乃颇及政界。又有某者为之造坟西湖上，复遍登各报，以示其慷慨，此则不谓之风狂不可矣。

近来尤有一事足奇者，则尊隆倡优是也。夫以赈饥之故，演剧以筹款可也，乃推广及于平常慈善事业，又推广及于男女学堂，及女工传习所，则倚赖于若辈重矣。倚之重，则应之者渐骄，此必然之势也。于是，有以优人而登台演说者焉，有以优人而称为先生者焉。至如都城，

---

① 此两处原文如此。

则又假义务之名，而得卖女座，演夜戏，人且称之曰文明。若辈何知，遂亦庞然自大，称为艺员。教猱升木，有如是者。（前数年上海诸人忽以恭维优人为事，有一小善辄大为表彰，优亦以此相昵，遂有贪其酒食，受其资给者。已而日久，事淡，遂彼此相忘。某优人谓人曰：吾今始知若辈亲我之故，今我财尽，若辈亦不来矣。噫，自忘其身份而昵优，后乃反为轻，亦可哀矣。）

有某妓者，实此中下材，嫁人复出，乃名为□□□□①，或为作计，乘办赈时，以珠饰号万金者助赈，宜得志。已而果然，其实物果出于谁氏，不可知；中有何手段，亦不可知。乃忽有某某者，盛崇奉之，称为汤女士，请之至家，待以上宾，不知者闻之，以为是慷慨豪侠之女子也。然某者，遂假是扩充其妓业，不数年，嫁一纨绔少年去。

以上数事，殆如癫痫，而一时为之者、闻之者，乃如不觉，亦可怪矣。

（载《刍言报》宣统二年十二月二十六日，《汪穰卿遗著》收录）

慎　听②

《荀子》曰："流丸止于瓯臾，流言止于智者。"③ 言谣言之贵于能辨也。《周礼·大司徒》以"乡八刑纠万民"，"七曰造言之刑"④。《诗》

---

① 原文如此。
② 《汪穰卿遗著》收入此文时，改题为《论谣言之不可轻信》，现恢复《刍言报》发表时的标题。
③ 语出《荀子·大略》。
④ 语出《周礼·地官司徒第二》，原文为："以乡八刑纠万民：一曰不孝之刑，二曰不睦之刑，三曰不姻之刑，四曰不弟之刑，五曰不任之刑，六曰不恤之刑，七曰造言之刑，八曰乱民之刑 。"

曰:"民之讹言,宁莫之惩。"言讹言之起,必有奸人主之,宁早杜绝之也。《诗》曰:"强御多怼,流言以对。"言衰乱之朝,无辨正流言之能,辄据为信也。故世不能无谣言,赖时有人辨正之,使人不为所惑,否则传愈远,而波澜重叠,俗语不实,流为丹青,不特认伪为真,甚且以非为是,为害于事甚矣。

人当知谣言之起,起于无识之流传者,十之三四而已。而起于有意捏造者,盖十之五六。或借是煽动,或有所倾陷,百品千名,莫可究诘。惟有识者,闻言必稽所自出,必问其所据,审之于事理,参之以事状,不劫于耸慑之词,不惑于媒孽之语,斯变乱之言,无自见容,若雪之见晛矣。

轻信妄谬之言,辄据为真,此在平常则可,若夫位处崇高,事关交涉,而所据之词,乃率系子虚乌有,使邻国闻之,引为笑端,此等事实为大辱。如前者鄂督言禁烟事,内辄引谰言,谓政府前与英约,如十年不能禁绝,则吾国当任赔偿印度之损失。事为汉口英领事所闻,照会鄂督,言其不然。此事已登日报,事决非虚。鄂督此言虽误据各报之谣传,然此何等大事,而不加考究,辄据为实录,宁不谓大愚!

谓各国将协商监我财政,而谓出之使臣之警告,事腾远近,莫不信为实然。顾信此说者,亦太不思矣。吾国于各国虽强弱大判,各国亦极谓我财政必有大败之一日,其从而生心,亦未可知。顾各国于此,殊不能无步骤。我国财政虽未清厘,然于按月赔款,无丝毫缺也,各国何词以干涉乎?夫此等极蔑视我,极蹂躏我之事,各国未之齿及,而我各报辄随意登载,若登他国事者,岂不被人怪笑乎?若我所在人士愤此,而群起谋抵制,则是无端自扰,近于痫矣。若闻之群若无睹,则为麻木人矣。痫与麻木之名,均非吾国民所任受也,况乎若果有此,则路透电报及各种日报,论议沸腾,不知凡几,何皆寂然乎?此事后来公私论议,多据为实事,真令外人齿冷。

己酉冬初,余由汉入京时,大有谣传,谓日俄将实行瓜分吾东三省,且谓某抚为俄所窘,某督潜入京,并谓政府禁止各报登载,故无敢宣布者。鼓煽万状,且有刻传单遍寄各处者,于是人心皇皇。湖北某学堂之学生,至因此不肯上堂。比余至京,则亦有此谣,惟略有改变,盖内有数节,都城中易为人测,则隐而不言。然信者已甚多,或问余,余曰:此事太离奇,况各处谣此,而情节乃不同,是必有人播煽无疑。况如此大事，岂西报有如此静嘿之理？久之谣始息。顾彼时京中之报，罔辨真伪，亦竟有微载其事者，真可云无识。且既如此，则奸人更得指此为证，以达其目的，甚有关系也。

凡奸人之造谣言，各报馆误信而为之播扬，固计之得矣。万一各报馆不登，则彼告人时，必曰报馆被警察预禁，不敢登。近来则更进一层，凡捏造外人谋我之事，知人必以西报不登为诘，则曰：他国于此，将从而生心，故各戒其国之报勿即登出。此等语，甚易惑人，留意时事者不可不知。

（载《刍言报》宣统三年正月初一日，《汪穰卿遗著》收录）

杂说（十一）①

夫所谓名士者，必其有能人所不能之技，而又有不随流俗之品格，此所以可贵也。若夫以己为名士之故，而滥取不应得之钱，至多而不厌，即或指事猎资，而于事一不之顾，甚至以陪从贵要，为羁縻此多金之术，士而如此，为羞甚矣。远者勿论，吾观明中叶以来，所谓名士者，大抵不出此科臼。至其甚，则包揽公事，关说辞讼，为官场说合差缺。又甚则把持局面，淆乱是非，而为祸愈烈矣。

江右蒋心余先生九种曲中之《临川梦》，虽诟陈眉公，实骂当时袁子才及诸名士，可谓朝阳鸣凤。

近德清俞某，以翰林放学差，被劾罢官，求复无术，则一变而为名士。时军务事竣，湘中将帅，颇占声势，俞乃极意阿附，自谓曾文正目之为拼命著书，以比合肥之拼命做官。其实文正有无此言，何人能质证

---

① 《汪穰卿遗著》收入此文时，改题为《说名士》，现恢复《刍言报》发表时的标题。

之？又不知如何笼得一彭刚直，而一生遂恃此为活。自以经学为标帜，然《群经平议》、《诸子平议》，则人皆谓稿出某寒士。某将死，以稿贱售于俞，俞遂据为著述之基，而附益以他著述，遂裒然成巨帙。其实除一二考证书，略有可采，余皆无足取。诗文亦庸滥，至袖中书（皆刻贵人与彼书札），则此老心术之鄙陋尽露矣。尤可耻者，则一生步趋随园，而书中多诋随园，亦见其用心之回邪也。前年逝世，其讣告特辟新样，先印己之诗数十首，大略言世缘已尽，顺化归真，其列辞某辞某，至辞西湖，辞俞园，而殿以辞俞樾。又夹一片，于名之旁印"即辞行"三字。其讣亦诡诞不经，不知者必以为此实能洒脱一切，合仙佛而一之者，实则一生卑谄笼络之伎俩，不如此，不足与其平日所言，互相印证，欺人生前不足，又欺人死后，此老诚狡矣哉！

　　姚惜抱先生于袁子才亦颇致不满，已而子才死，杭人多起而议论者。惜抱深致不然，谓不声之于生前，而言诸死后，足见杭俗之薄。余谓姚谓杭俗薄，是也。然欺世之人，生前既无人言，死后言之，又受薄俗之诮，则欺世者永无人发其覆，为计得矣。况乎为社会计，则是非必欲其明白暴著，犹之犯罪之恶人，为国家计，必以早发早治为贵，不必问其发之之人出何意也。此是两种问题，而吾国人辄混为一，致多含混，不知阅者以为何如？

　　　　　　（载《刍言报》宣统三年正月初六日，《汪穰卿遗著》收录）

杂辩（七）[①]

　　吾国从前以八股取士，世人咸谓所学非所用，固矣。今各国学堂课

程，可称美备，然精而求之，则尚不能谓其所学皆所用也，但可谓其所学皆有所用耳。试观其小学课程，其中历史、舆地，犹人人应知之事也，若至高等、中等学堂，政法、理化，无不毕备，科目既繁，且渐趋精深，各门课程，甚费脑力。然将来学专门理化者，此时何必及政法；将来学专门政法者，此时何必及理化，岂非虚糜心力乎？又如文官考试，凡大学堂毕业者，皆得与考，然理化等毕业，初与文官无涉，其亦人才既多，无可安插，乃权宜而出此欤？案：教育之道，本自难言。第一，不能考核学生性质之所近，而使学相当之学；第二，不能分学生灵钝之等级，使施教不多费力，而受教者易领会。然则从事教育者，其尚宜精加研究乎！

近人每以八股精深，使人徒费脑力为病，殊不知八股之精深，非法制然也。古之经义，不过欲其解说明白而已，然为事既易，则无以自见。试官既难取择，举子亦不能争胜，而人心灵幻，乃于平坦之中，力辟新途，递相嬗衍，愈变愈奇。试取后来八股文字，使初行八股时之试官、举子等见之，必且不解其所谓，此亦甚异之事也。

至吾辈所病于八股糜费脑力者，非为学生爱惜脑力也，不过谓不应以学生有用之脑力，虚掷之此耳。今八股废，此等糜费免矣。然试问近来青年之脑力，已用之何等有用之学乎？念及此，使人怦然矣。

马眉叔观察尝为余言，人皆病吾国小题文字，以为太费脑力，殊不知凡于小题文字，曾用一番苦工者，则动笔时即致谨于连上犯下等病。故移之以治事，界限自然清楚，犹之外国学堂之学几何也，几何与政法何涉？何必学之，然曾学几何者，心思自然静细，于治事之道，大有裨益。此语颇深，亦足为教育家进一解也。

总之，政治为国家第一要事，然政法学不过其迹而已。至于治事之道，千变万化，何从作为教科书，使人诵习，故尽欲所学之致用也，有势所断不能者。

（载《刍言报》宣统三年正月十六日，《汪穰卿遗著》收录）

悲言（一）[①]

十三《帝国日报》有"中国人惟一邀奖之法门"一题，内载派往临榆之卫生局员，报有奉天小工二千余人，联合团体，硬闯入关，由委员协同营县解散云。后察之，乃并无此事，不过二三十人，散行入关，无所谓团合也。按：报中所言，足见吾国人心绝灭亦已至极。闻派往东三省之医官等，禄给之丰，奖恤之优，亦由邀求而然。盖先时诸人相约不应，迨觇知主者惶急，则使人言，非重加奖励不可。主者不得已，乃以极优之格许之，始行。其状如此。

哈尔滨之疫，究为鼠疫否？吾未之知也。鼠疫之应如此防范否？吾未之知也。然而吾民之死于药，死于检验，死于拘禁，死于饥寒流离，已不知凡几。国家糜失之款项，亦不知凡几。而外人因此为种种之干涉，当其事者，已至不堪。而本国之人，犹忍乘机施其要挟之伎俩，是真怪现象也。

东三省防疫苛严，我国人啧有烦言，不知他国方利用此也。疆臣不得已，急起直追而自为之，以杜外人之口实，此其苦衷，吾国人当共体之。若夫承行之人，不能仰体此意，专以邀功射利为意，则罪实不可道矣。

（载《刍言报》宣统三年正月十六日、二十六日，
《汪穰卿遗著》收录）

[①] 《汪穰卿遗著》收入此文时，改题为《论哈埠防疫事》，现恢复《刍言报》发表时的标题。

杂说（十二）①

　　吾辈平日好操论议，然追覆前事，则论之错误者甚多。亦有吾辈以为如此，而后来偏不如此者，往往自幸未尝论及，或论而当局未行也。其故，一由事理本难尽料，一由吾辈平时研究未精。故吾尝谓取从前错料之事，一一考求其故，亦是进益之法。如去年湘省以饥滋事，乃群主禁米出口，然岂料后来又以新米多，以禁出口，民不能售，以致大闹。而湖北以湘米不出口，而采买暹罗米，亦正办也，而后以新米贱，暹罗米贵，又不合民食，遂大折阅。此岂始料所及乎？

　　通州布，向销于东三省极多，近乃阻滞，咸谓日货灌入所致，通之人亦谓然也。后来特派人往查，乃知一系生计艰难，一因前数年溢销，非日货之故也。此事极浅近，而彼此误会如此，而况其他。

　　乙未以后，俄人规我东陲，事已彰著，而彼中官场矫矫者，力谓俄无此心。偶有一二见端，则谓华人不善处置之故。直至庚子七八月，俄兵几占全辽，犹有人抵余函，谓俄本无此事，皆上海各报迫成之，其迷而不悟如此。

　　拳匪事，自吾辈观之，不值一笑。然往北中士大夫，十九倾信，不独人所指目诸人也，特后来隐不言耳。且乱时避难至海上者，犹多奖许此辈，甚至久游各国者亦如此。有人谓余曰：若辈何易为所迷，若吾辈，必不至此。余曰：此甚难言。余即不能自谓必能不信，或仗一二明白友人提撕，吾能择而信之，不至迷而不返，则或有然耳。须知能不迷之故有二：一平日于此等事，知其不然，此以理言也；一临时四面煽

---

　　① 《汪穰卿遗著》收入此文时，改题为《论议事之不易》，现恢复《㕥言报》发表时的标题。

扬，人人信服，又多方蛊我，我犹能识定于内，而辞气不屈于外，是则非独恃学识矣。曰：然则何恃？曰：恃平日之修持。古人曰"炼识"，夫是之谓炼也，否则数语可了矣，岂非人人皆识者乎？

（载《刍言报》宣统三年正月二十一日，《汪穰卿遗著》收录）

论吾国人心习①

余尝见向来包工之人，往往至大破产。若包土木工者，甚之兜揽刻大部书籍者，其后辄大致亏倒。被控而拘押者有之，四面被逼，致害生命者有之。谓其经理之不善，经手之侵蚀，或得钱滥用欤？皆非也。盖吾国人向有一牢不可破主意，以为人当有实在田地，凡商业皆一时苟且糊口之计。故既得巨款，则即托人以若干置田宅，其不足，则用克扣偷减之法行之。至若款则早支而迟发，料则早取而迟付，皆为千篇一律之事，逮其不效，败矣。

前时有工手术者朱姓，欧人挟之至美洲，名大噪，获利过其望。会期满将归，主者劝之，曰：汝得此名，甚不易，当再留此与吾游，何如？朱不可。请大增雇值，亦不可。有为朱计者，谓盍别树一帜，朱亦不可，遂归。数年，复欲赴美，美报乃谓手术亦工作之类，宜与工并禁，朱遂不得行其术。盖吾国人还乡之心，远胜其求利之心，此亦未可尽非。研究办事者，于此宜致意矣。

（载《刍言报》宣统三年正月二十一日，《汪穰卿遗著》收录）

---

① 《汪穰卿遗著》将此文归入"杂说"，现恢复《刍言报》发表时的标题。

记怪（六）[1]

吾国有至可怪之事，则凡资本家，不欲入于大见明效之公司，而愿入于新创之公司，如汉阳之铁厂，业已大盛，而续招股分，乃并不踊跃。盖吾国于求利之思，虽与他国无异，而营利之法，则茫乎未知。其以资入股也，非本有此意，而多方考求始入之也。大率一动于劝诱，一动于激刺。若夫久经成立之公司，安肯劝诱，亦何必以言相激，故入股者转寥寥云。

近来有一可怪之事，曰凡持时髦之论者，不注意于奸慝之如何划除，盗贼之如何消灭，而转愁虑罪犯之不舒适。于是犯人之食宿，有优于平民者矣；监狱之构造，有优于衙署者矣。然则人而犯罪，不过罚作苦工，而起居食息，反更优饶，人何乐而不作奸犯科哉？或曰：泰西固如是，试问泰西之贫民，其享用较吾国何如？不以此为比例，而惟犯罪乃使同于泰西，吾恐吾国之人，将相率而为罪犯矣。

（载《刍言报》宣统三年二月十一日，《汪穰卿遗著》收录）

杂说（十三）

孟子不以万章以诸侯比之盗为然，且指此为"充类至义之尽"之

---

[1] 《汪穰卿遗著》将此文归入"杂说"，现恢复《刍言报》发表时的标题。

说。① 孟子此语，于理至精。盖凡一时加甚之辞，必不能竟据为典要。譬如诟人者曰："此人不如畜生！"平心论之，则人即异常凶恶，必不能侪之畜类，以其知觉固异也。西人亦谓劣政府犹胜于无政府。吾国之人不明于此，动以盗之偶然救济贫人，以为远胜于官，于是为盗者，亦俨然假仁假义之名，以逞其劫略之技，而不知者犹取其小善，而忘其大恶，是奖乱之尤也。即如近来报载山东曹州之盗，迫人出财办小学堂，各报津津言之，一若假盗以兴学为得计也者，夫不思策地方绅士使之兴学，而转望之于盗，亦可谓颠矣。又如近日各处或用旧法，或用新法，虽未必善，然犹有法也，而或者乃欲破除而鲁莽灭裂以为之，亦可怪矣。

（载《刍言报》宣统三年二月十一日，《汪穰卿遗著》收录）

记怪（七）②

以本国人而不知本国之物产，至为可怪，而吾国人乃多有之。盖由上之人汩于利禄，下之人困于衣食，夤缘奔走，尽丧其神明，更何暇研究及此也？如下流社会人，多认海关为洋人之关，异矣。而上海有水巡捕，从前咸以为租界所设也。近有与工部局理说盐事者，始知水巡捕属于海关，犹中国所设也。如此类甚多，何怪粤东之东沙岛之几入外人手哉！

以同一国之政治，而彼此不相关照，犹之一人之身，而手足痛痒，不相知也。从前总理衙门，于此等事，尤为疏忽，各省与某国有交涉，

---

① 语出《孟子·万章下》，原文为："（万章）曰：'今之诸侯取之于民也，犹御也。苟善其礼际矣，斯君子受之，敢问何说也？'（孟子）曰：'子以为有王者作，将比今之诸侯而诛之乎？其教之不改而后诛之乎？夫谓非其有而取之者盗也，充类至义之尽也。'"

② 《汪穰卿遗著》将此文归入"杂说"，现恢复《刍言报》发表时的标题。

不电告在某国之驻使，异矣。逮事后，亦不以全案始末报告，甚至与某国新订条约，亦不之告。尝有某驻使欲致函某国外部，其条约反假诸他国，其可怪至此。又凡与订条约时，彼此全权，必宣誓不泄漏，盖恐他国生心，或致旁挠，不得不然也。顾于各省有直接之关系，而竟不以密电与商，可乎？又如商约与商人有关，岂可绝不设法咨询乎？总之，吾国办事之人，求了事之心多，求善全之心少，何怪吾国条约，皆一面条约耶！

（载《刍言报》宣统三年二月十六日，《汪穰卿遗著》收录）

箴时（一）[①]

时局转变未定，儿童趋向未准，是所赖于人之掖导者甚众。所谓掖导者，则奖是而惩违，实两负其任。而近来风气但尚新颖，不重伦理，加以向来之俗，工谀而忘规，好异而弃旧。客言某名流声誉故震铄海内，或诣其宾馆，适其子从师于馆中，年十三年耳。闻客言及其父，遽云：吾父惟英文佳耳，其余科学皆无门径，不足与今日学子竞也。客惊其言，以语余，且誉之。余曰：异哉，是子敢于作如是言乎？君之誉之也，得无谓其能不私其亲，且以十三之童，而能作是语，为可怪乎？不知此等语，必时有人言之，此子特拾人牙后慧耳，夫何足贵。且不私其亲而得人誉，谁则不能！充是言之，必有卖其亲以求誉者矣，甚有卖其亲以求富贵者矣。近人于学西人之美德，吾未之见也，独此等处，初亦非西人所有，而妄自为之，而又得誉于人，无怪风俗之一落千丈矣。

有某贵人子列人表，而置其父于下列，于是无识之徒皆拍手大赞，甚至呼为犁牛之子，数年后视之，乃常儿也，智识亦无大进，吾甚为赞

[①] 《汪穰卿遗著》收入此文时，改题为《论时俗之诞妄》，现恢复《刍言报》发表时的标题。

之者愧也。近来至有洋行买办之子，直对人谓其父为三等奴隶者。呜呼，上无厉行之教化，下无矜式之师儒，而群靡于狂言浓誉之中，无怪举国后进被其毒矣。

按：前闻日本某君言，其家当革新时代，其父与叔皆党于新，而祖父则守旧，怒二子异趣，令依破腹法自裁。某君又曰，彼时常有是事，此固偏宕太甚。然而返之吾国，能有是乎？阿徇而已矣，势利而已矣。

（载《刍言报》宣统三年二月二十一日，
《汪穰卿遗著》、《汪穰卿先生遗文》均收录）

杂说（十四）①

　　留学生初归，政界、学界、商界，无不欢迎，而数年以来，多不尽如人意。有自美归者，海上某君，以吾国采办外洋物件，多托洋行，至侵耗滋多，乃特立一行，属其人为之。不意镇江电灯公司，属其定电灯机器，期既延迟，货亦与定样不符，致烦口舌，年余始了，咸叹留学生办事之不能如意也。余谓此非留学生之咎，社会之咎也。夫留学生亦人耳，非有飞行绝迹之能也，纵其最佳，不过能尽其所学，知其本末。至其居外国，以入校故，无暇考究政治风俗，其资格名望，亦不能多所接识。至其办事无经验，本国事无阅历，则尤不待言。而吾国上下，乃视如天上人，几若无不知，无不能者。上则荣宠之太骤，下者责望之过深。责望深，则副之难；荣宠骤，则招忌多。以无具之身，受多忌之口，鲜不覆矣。况乎人自知为难，又以平常之资，骤入以醸誉奇荣，尚能镇定者，鲜矣。彼见人之谀己也，以为己果万能也；彼见他人百求不

---

　　① 《汪穰卿遗著》收入此文时，改题为《说留学生》，并删去了最后一节，现恢复《刍言报》发表时的标题和章节。

得者，己则不求而得，不劳而获也，以为己之才果足以致之也。而抑知所蹈者为至难立足之境，未几而跋前疐后者有之，万矢俱集者有之，要其初，则实政府与社会过于重视之误之也。犹病者之于医然，病者已有病，而不自审也。又不知医，以为医号能知病情者也，其于吾之病，必洞若观火，一药而愈，再药而全愈，意中事耳。不知医者但本其所学，以望闻问切，测得病状，姑以药试之，不效，则改药复试之，非竟能洞知病源也。

或谓余曰：阅试卷欲无谤有术焉，佳者酿誉之至，恶劣者亦不斥也，平常之句密圈，疵者犹与平圈，如此则终年无相诋者，而吾之事亦安。余曰：此如生意之放盘也，顾改盘之害不过同业而已，则为害极深，若一切如此，则大患中于国家，而几至不可救药。呜呼！此言今日验矣。

（载《刍言报》宣统三年二月二十六日，《汪穰卿遗著》收录）

杂说（十五）[①]

吾国钱业，大率此中号称老手者，见有殷实之家，辄怂使开钱庄、银号，而己主其事。既受任，辄挥霍干没，无所不至。逮至亏倒，则一诿于店主，而官亦注重于店主，以店主尚有资财可追，而店伙无可追也。故向来亏倒之案，但闻追款，未见惩办，以致此辈胆愈大，心愈纵。今如源丰润之陈某、厚德之王某、义善源之丁某。王某，其奸猾已达极点，实宜按律重惩，使以后为经理者，有所儆而不敢肆，此实整顿商务之惟一要政也。

吾国钱庄、银号章程，既极不规则，现在各省公私似是而非之银

[①] 《汪穰卿遗著》谓本文发表于宣统三年三月初一日，查当日该报无此文，录此存疑。

行、官银号，内容尤不可问，即其开销之大，挥霍之豪，已足知其虚耗。一旦铜山东崩，洛钟西应，其危险有百倍于今日者。谓宜乘现在变动之时，详细查核，或勒令停闭，或酌改章程。至所出钞票，查明号数，以后悉令停出。此事殊属冒险，然须知早发祸小，迟发祸大，乘此划其根株，别订新章，实整理财政第一着手处也。

（载《刍言报》宣统三年三月初一日，《汪穰卿遗著》收录）

敬告（十一）[①]

都城自庚子以来，奢侈日甚，逾闲荡检之事，日新月异而未有已。近更有奇突之事，则报载齐化门外，有范、王二人，竟敢于设立男女澡堂也。天津虽有男女澡堂，然仅在毗连租界之处，犹可云警察未及也。以上海租界之淫佚无法度，然向不准设男女澡堂，甚至并用女堂官而禁之。今辇毂之下，礼法从出之地，乃公然有此，而司警政者乃不过问，是都城反不如租界矣。窃谓民政部于此，宜严行取缔也。

淫书淫画之禁，无论五洲万国，皆厉行之。上海租界，禁之亦严。乃近年以来，竟敢巧立名目，托名惩戒，实以诲淫，居然登广告，发各书肆发售，而竟无人干涉，抑亦可怪。至都城各报所登《杏花春雨》，直是借此讹诈。后未见其出售，意已如愿以偿欤？

近见上海各报告白，有以《推背图说》及《烧饼歌》印集者。此等煽乱之书应在禁例，不知售此者果属何意？而官不之问，实为无法。

（载《刍言报》宣统三年三月十六日，《汪穰卿遗著》收录）

---

① 《汪穰卿遗著》将此文归入"杂说"，现恢复《刍言报》发表时的标题。

杂辩（八）^①

《论语》曰："以直报怨。"圣人之言，准情酌理，使人之情皆得宣达。抑情矫情，皆所不许，故许其以直报怨，惟假公济私，则在所不许耳。匿怨者反以为耻，盖风俗之不振，此亦一端也。朱注言于其所怨者，爱憎取舍，一以至公而无私，似才说得一半。今人乃于人之有仇隙者，反不许其以一语评量所怨，即语极公正，而出诸有仇隙之口，即斥为不厚，甚谓其乘机报怨。或谓其意存倾陷，护彼而苛此，不可解也。

（载《刍言报》宣统三年三月二十一日，《汪穰卿遗著》收录）

醒呓（六）^②

今欲作吾国尚武之风，力矫向来文弱之习，而假一题焉，使全国人

---

① 《汪穰卿遗著》将此文归入"杂说"，现恢复《刍言报》发表时的标题。
② 《汪穰卿遗著》收入此文时，改题为《驳某报提倡备战》，现恢复《刍言报》发表时的标题。

皆习于武，此说是也；顾谓吾国人即可与各国战，且可随意与他国启衅，此则梦呓矣。启衅之说，虽强国亦不敢轻言，而况其他乎？乃某某报大言滇人忿激，急欲练国民军，以滇民之强，众心之齐，且有新枪五万枝，旧枪二三十万枝。假使与数国战边界，胜负之数，尚不可知。呜呼，发言之狂，盖未有如此者。纵如报言，试问他国之枪械何如乎？他国之行阵何如乎？且现在从无以一部与各国开衅者，如此，则全国受兵祸矣。幸此等语，人皆视同狂吠，否则拳匪之祸，不难复见于今日。吾不知各报载此何意？其无乃导民于狂，陷国于亡。

余自少以来，常闻人言：外国人不多，吾国人以一对一尽歼之，不能复来矣。又曰：仿造外洋器械，必落人后，须别辟蹊径，突出其前不可。又曰：外人如此凶横，吾国但得《封神传》之姜太公，《西游记》之孙行者，灭之易易耳。此等语，前后数十年，所闻皆如是。且有欣然自谓独得之秘者，而于外事，绝不研究，并吾国极无聊之报纸，亦不寓目。至于西人谋人国之深，兵备之日新，武力之扩张，茫然无闻也，而但求逸获，欲以瞬息即雪前耻，而除后患。此等心理，久而久之，竟酿成拳匪之祸，国几以亡。然以吾观之，则今人之心理，其距此殆亦非远，其不肯悉心研究而求逸获，亦与前人无异。吾国之祸，其未有艾欤？

（载《刍言报》宣统三年三月二十六日，《汪穰卿遗著》收录）

宜知（五）[①]

《字林西报》责日本北里博士，不应禁止中国医士发言之权，且怪中国何无辨正之条文。按：此语实切中吾国之病。盖吾国人以受辱不报

---

① 《汪穰卿遗著》将此文归入"杂说"，现恢复《刍言报》发表时的标题。

为有道德，而不知大不适用于今日也。盖今日普通风俗，凡受谤而不避，必以为果有其事，故无可辩也。受辱而不反，必以为心有所愧，不敢有言也。受强横而不争，必以为已默许也。若此者，外人以为可耻之甚，而吾国人乃惘然不知，此事所关不细，吾愿吾国人宁为北方之强，无为南方之强。

（载《刍言报》宣统三年三月二十六日，《汪穰卿遗著》收录）

小　辩①

　　去年某报谓苏之官绅，不宜仍为琵琶会、兰花会，宜移妓饮之费，以赈饥民。按：此不知世务之言也。盖世间人之销耗，出之此者输入彼，俨相待焉。倘一旦而使出者以金注之他所，则彼向之受输者，有立槁之患矣。况一出一入，其关系非仅在彼此之间已也。譬如饮者，以金与食肆，非食肆遂藏此金也，必以与卖肉者、卖鱼虾者、卖菜果者，而此诸人，或以买米，或以买布，转注不已。倘一旦涸绝，则全局将停，患亦不浅。又人之有金，而欲其出之也。与其使之出于悲悯之途，不如使之处于快乐之途。乐而出之，数且不觉矣；悲而出之，必屡计焉始出也。且前者将欲求乐，而被人劝使为赈，则后者惩此，乃不出焉。是饥民不得惠，而流通之路又绝也。此事他姑勿论，盍检《周官·大司徒》十二"荒政"，亦可恍然矣。

（载《刍言报》宣统三年三月二十六日，《汪穰卿遗著》收录）

---

　　① 《汪穰卿遗著》将此文归入"杂说"，现恢复《刍言报》发表时的标题。

质疑（八）^①

　　近见交通银行告白，谓股东多用堂号，而不书名姓，则所有权未为正确。现第二届股东会，请各补填姓名云云。按：此自是正当办法，然吾国人于此等事，往往不肯用真姓名，正非独官场也。若吾国银行，皆欲注真姓名，则人将以入股中国银行为戒，此所关非细也。今以诸大银号之倒闭，一时改存汇丰、正金等银行者已不少（传闻有五千万之多），今又有此为丛驱雀之举，则更可虑矣，愿当事者思之。

　　近来忽有人发起禁烟会，其不可解，吾已论之矣。且事之必须集合团体以研究之，请求之者，谓夫事之未办耳。今我国已于三年前与英使订定十年禁绝，则已办矣，今复此扰扰，岂不可怪之甚乎！而其举以为名者，若曰请废烟约，请复我禁烟主权，皆足令人迷眩。至云某国领事赞成，及署名寄照片者有若干人，此何足道。他国领事，无利害关系，而事又极正大，自乐得赞成。至吾国见此等有名誉无关碍之事，仅使预名，亦无所难，然创此者何意，吾百思不得其故。惟吾国各报馆，不究事之内容，见人以一纸属其登报，即一律登录。欲其赞美，即赞美之；欲其诘责，即诘责之，若应声虫，若傀儡，亦可怪也。

　　美国人丁义华君，热心吾国禁烟事，此自可感。顾即以发起之名归之，则似稍过。盖禁烟以十年为断，前三年已与英国订定矣。今即欲请废约，亦但得谓之求缩短年限而已，不能谓之禁烟发起人也。即各处忽有新设禁烟会，其误亦与此同。

　　近人动以谚语"君要臣死不得不死，父要子亡不得不亡"为诟病，

---

　　① 《汪穰卿遗著》将此文归入"杂说"，现恢复《刍言报》发表时的标题。末后一节为当日《刍言报》原文所无，录此存疑。

且欲因此破坏一切。然独不忆孔子曰"小杖则受，大杖则走"① 乎？夫大杖尚可走避，而况甚于大杖乎！须知圣贤之言，无有不准情酌理者，今举偏畸不正之言，而于折衷至当之语，则隐没不提，何欤？

今以吾国与各国强弱相悬太甚，不特人之藐视我也，而吾国人且自藐。苟有说焉，不合于时流之意，则群起以外国之说相抵，而其实不尽然也，盖彼辈之理想然耳。丁未，余为《京报》论某星使用私人事，或谓西人无此等见解，但问其用人之当否，不必问其私否也。余曰：此说近是，然假其当欤，固无说矣；若不当，则非私人，不过不知人而已；倘使为私人，则为罪乃加一层。人未谓然也。他日，西报载德亲王以用私人为人攻击，余举问人曰：如何？西人亦有此欤！又，余论某亲贵受人赠妾事，人又尤余曰：此私德，何喋喋为！余曰：事无关于公，不论可也；今则显有他故焉，岂得以平常论？人亦未谓然也。已而，西报又载德报讦某权要事，余又举以问人曰：如何？西人亦有此欤！合前二者观之，则今所谓西人之是非，未必果然也。且必西人是非之，而吾辈乃得依傍之以为是非，此何理欤？意者吾国自古茫昧混沌，并此是非之公理，亦须求诸外人欤？

（载《刍言报》宣统三年四月初一日，《汪穰卿遗著》收录）

敬告（十四）②

今日吾国之地位，吾辈所应尽之义务，一曰迫望政府之改良，一曰遏止乱事之萌生。斯二者，皆今之要务也。乃有一种不稔时势、好乱乐

---

① 语出《孔子家语·六本第十五》，孔子原话为："小棰则待过，大杖则逃走。"

② 《汪穰卿遗著》收入此文时，改题为《儆告报界及社会》，现恢复《刍言报》发表时的标题。

祸之人，或捏造种种惊人之谣言，或代人传播此等谣言。如巴黎集议瓜分之事，已屡经人辨正，而各报犹举以为说，以资为煽乱之导线。吾不知伊等之居心何等，顾其害于事，则甚矣。

国民军一事，发之于留日学生，于是内地应之，全国之报鼓吹之，顾吾不知纷纷者将实行乎？抑徒资为热闹乎？吾国十年以来，此等名目，殆以十数，若义勇队，若前后两次国民捐，若抵制美货，其余尚未及偻数，然无不嚣张于前，而蓄缩于后。此其意，大为西人所窥，兹载《时事报》所译《文汇报》一段如下：

近来中国各处，发现一最新之举动，如所谓国民军者是也。考其组织之原由，无非为中国时受他人之凌夷侮辱，故全国民心有所激发。似与英皇亨利第八时代英人组织之团练军毫不相异，足征今日中国民心之一致也。惟此等举动，果能行之久远，而无所衰败乎？窃观近数年来，中国之民时有爱国之举动，均未见获有效果。例如国民捐一项，其成效为何如乎？今者国民军之组织，试问器械问题、经济问题，均取之于何地耶？是未免易于衰败之一证也。且中国国民所最缺乏者，系服从、训练之性质。近观署广州将军孚琦，当被暗杀党开枪轰击时，该将军之护兵即四散奔逃，无有敢出而抵拒者。进观中国之教育，各学堂学生待遇教员，亦多傲慢自若，不受约束，实由国民之性质使然。今国民军成立后，倘亦不服训令，庞然自大，则其患更甚于敌兵。因旅居中国之西人，以为万一酿成事变，则各西人必当请本国政府为之保护，至此而瓜分之说，恐不激而自动矣。故西人对于中国国民军之心理，未尝不有所欣羡，然亦深劝国民军实行之始，当一以谨慎出之，而不漫焉，忽焉，则幸甚矣。

报中之语，非独言吾国人办事有始无终，足令吾人愧也；而其言吾国人缺乏服从之性质，尤足令吾人心悸。以如是习惯，而欲其有所作为，得乎？

至瓜分之说，近人时引为虑，然须知吾国所虑，在外患，尤在内忧。假使内乱不作，则外交犹可设法支持；倘内乱四起，外人无商业可恋，则瓜分之祸果成矣。上海《泰晤士报》辨此颇详，特录如左：

近来华字各报屡有载及瓜分中国之说，业已至再至三，民心因而惶惑，全国为之震骇。此等谣传，究竟有无根据，殊为难测。按：某华字报称，确由巴黎访员来电，然巴黎来电，亦难保无误也。凡深悉列强行政之态度者，必知各国决无在巴黎招集人众，开议瓜分之理。盖如此喏大之中国，而能彼此匀分，满意议决，诚事实上之所必无。巴黎访员之发此电，华报信而登之，实为可奇之至。即使某国果有瓜分中国之谋划，亦不过一国之私计，决非由于各国之会议，如当时共分非洲之举也。夫非洲被分时，各国皆未有商业利益遍布其间，故分之甚易。今中国各处，各国事业多已成立，早已利益均沾，如再欲划界分址，势必难行。窃谓中国今日所当预防者，不在大局之瓜分，而在边界之侵占。盖各国各处租借之地，必思日渐扩张。此等问题甚难着手，按现在时局，中国亦无法抵制。况近来中央政府意在揽权，各省督抚更觉难以处置乎！深望中国少年有鉴于此，能注意蒙古之俄人，满洲之日人，山东之德人，广东、西藏之英人，云南、贵州之法人，为将来中国最大之交涉，时相防范，是为幸甚。

此报所言，实必然之理，故吾人舍迫望政府，实无第二法。若轻于发难，以挑拨祸乱为宗旨，致贻全国之祸机，吾不知是何居心矣！

（载《刍言报》宣统三年四月初六日，《汪穰卿遗著》收录）①

辨马相伯与信义银行有无不关涉事②

信义银行存户与马相伯之交涉，数年未已，近经存户将马君扭送上海县，而学界及复旦学生，至县迫令释出。在马君一面之人，谓马君不

---

① 《汪穰卿遗著》在此文后所署日期为宣统三年三月二十六日，实误。
② 在《汪穰卿遗著》中，本文的马相伯、马良均以"马□□"、"马□"替代。马相伯（1840—1939），名马良，字相伯。1906年镇江人内阁中书尹克昌联合马相伯等发起创办信义银行，实际掌权人是尹克昌。1909年因经营失败倒闭，马相伯成了被牵连的对象。1911年4月16日马相伯在南市商团演讲结束出门时，被守候在那里的信义银行存户扭送县署。20日，复旦公学师生集队到县署抗议，知县释放马相伯。

过为信义之发起人，并未预闻行中之事；而存户则谓马君确系银行创办人及总董，指证确凿。余以事关法律及商务，不得不详论之，以儆醒社会。且使吾辈中勿再为此不规则之行为，或有万一之裨益云尔。兹录信义存户公启如下：

启者：银行为交通机关，存资为吾人血本。信义银行总董马相伯，以当代闻人，于世情天理当无不熟稔，而乃悍然为此倒骗之举，致使各户存资分文无着，殊属可怪。今有人以马非总董，藉词文饰，不知马平日于该银行中一切均有确据，彰彰在人耳目，毋容稍事欺掩。今将马相伯确为该银行总董，暨有意倒骗众人存资之铁证摘录如左：

一、信义银行所印招股章程及所登告白、所发之传单，俱有创办人马良、尹克昌同启字样。

一、该银行所发存蓄户之簿据，均系总董马良出名，且于总董马良四字下，又盖有图章为凭。

一、该银行发行之钞票上，亦俱有马良之图章。

一、存户曾查得马良介绍朱青斋常驻该银行办事，而为伊代表之亲笔名片一纸。

一、该银行倒骗后，经端前督及瑞升抚奏牍中，载有马良不得置身事外之语，有案可查。

按：公司律第十一条，创办人自己先须认定股款若干，然后可以立案招股。查该银行章程第七节，亦有能入股至千股，合十万元以上者，方得充总董。则是马于创办该银行时，至少必有股银十万元，明矣。存户等前同商董在上海县署，轧查信义银行各种账簿，竟未得创办人马良股款之数。然观其于该银行将近倒闭时，不特不出场维持，反代人将本行股票向本行抵押现银，足证其于验资后，先将自己股款提出，然后徐图倒骗也。特此述明原委。信义众存户公启。

如公启所云，则马君有代表常驻行中，不得云不与闻矣。既自居总董，依该行章程所云，不得云无款在内矣。循名责实，马断不能置身事外。或谓马虽有种种实据，然并未实行，不能与尹君相提并论，不知就法律言，论形不论情。今有杀人于市者，谓人曰：杀人者，吾之手，非吾之意，然裁判官卒不能不定以杀人之罪者，以情可饰，形不可遁也。且马果无股分，果未预闻，而妄居总董之名，以其平日之信用，诱致人财，科以冒名诓骗之罪，其又奚辞？是为之辩者，适为马君添一罪名也。须知尹君在上海商界，绝无信用，非马君极力助之，安能得此巨款？今为马君辩者，但知为马一人计，不知股东、存户等，千百家之家破人亡，尤为可惨。或谓银行事尹为主，尹既力言与马无涉，则马应在不问之列，此语亦非吾所解。今使二人同犯一罪，并有证据，而甲犯谓事与乙犯无涉，则裁判官亦应释之欤？如谓马为贤者，为志士，为新学之先进，应从优待，则吾又未闻中西律例，于此等破产之案，有何等特优之律也。此事于大局极有关系，倘含糊过去，则商务益加堕落，而凡诳骗之事，皆可影射此事以逭其罪，必致正经资本家、实业家，并蓄缩不出，而奸宄乃益以滋彰，为患实非浅鲜。

尤有一事，将有大影响于将来者，则近数年来，动以学界中人，强预商界之事也。今使果以马君为冤，则自有正当之办法，乃恃众逞蛮，辄轰至县署，迫释马君，此为何等法律所许乎？且此端一开，则事事效尤，且将变本加厉，人人皆可藐视官长，而以强力劫夺，后患伊于何底？愿吾国各社会有以慎于此也。

（载《刍言报》宣统三年四月初六日，《汪穰卿遗著》收录）

醒呓（七）[①]

社会之崇奉人与诋毁人，此事关系至重，若行之不慎，不特大贻笑柄，且有影响于将来。吾国社会对于公众之事，一向漠然，自七八年来，乃以三五人之尽力挑煽，于是有绝无资格之人，而忽为海内崇奉，甚至愿为之役，愿为之死。然不逾年月，底里毕露。追溯前事，不可复说。譬如前年天津筹国民捐之首事，非即今日擅借洋债之王竹林欤？他如仆人也，无赖也，偶以到会演说不规则之激烈语数句，则即以同志之名归之。此等人，大则得一二利权之事，而为害地方；小则以其名誉之

---

① 《汪穰卿遗著》将此文归入"杂说"，现恢复《刍言报》发表时的标题。

突起，而易谋生活。然而受其害者，则社会也。此等事，新旧过渡时必有之。然而忧世之士，其有以慎乎此矣。

（载《刍言报》宣统三年四月十一日，《汪穰卿遗著》收录）

权　说①

借款而有债权者，必以人监视其用途，此稍有知识者，必以为羞矣。即改其法，而人由我请，然语其实，则一也。顾余有一说焉，天下之事，有面子，有实际，以其名之不美，此面子之说也；以于事之有益，此实际之说也。二者不可得兼，则无宁舍面子而取实际，以吾国人理财之无经验，操守之难尽信，苟有人焉，随时察其出入，稽其款项之存在，使在事之人，知所儆惕，则可大减耗损之害，故以权言，则吾犹愿其有顾问员也。

报有谓华侨何不知练团自卫云云。按：此语误矣，伊等万里外寄人宇下，能以练团之力，抗彼政府及社会欤？不惟无幸，将纳祸焉。处置华侨之法，言其远者大者，则招回办实业，此莫大之事。言其近且小者，则华侨应讲自治，清洁衢屋，禁止陵斗，而勿为非法事，庶少召侮矣。若如报言，是教之抵抗，此适使人藉为口实，将陷之使绝衣食而已。

（载《刍言报》宣统三年四月十六日，《汪穰卿遗著》收录）

---

① 《汪穰卿遗著》将此文归入"杂说"，现恢复《刍言报》发表时的标题。

悲言（二）^①

观近日交通银行股东之斤斤于分红利，而知吾国人于商业知识之短浅也。夫交通既被义善源亏倒巨款，自以维持大局为正经办法，乃各争小利，而置全局于不顾，岂不可怪乎？推原其意，必谓交通之前途不可知，不如乘此收回若干，庶少亏耗。大约此辈之见解，不过如此。试观向来有人招股，凡挟资者，往往不查事业之是否可办，办事人之是否可恃，但得一二有虚声之人出名，又加以耸扇之告白，即随意入资。尤可笑者，在事之人，专顾招徕，官息乃至八厘，而收股以后，即行付息。于是股东莫不欢欣鼓舞。殊不知凡大事业，其利息必不能至八厘，而事尚未办，即得息金，此息金者，非事业所发生之息金，即由各人股金中拨付也，何欢欣鼓舞之有？至于各种事业，未见进行，而辄大分红利，则尤为股东所喜。最昭昭者，如前数年大清银行红利之优，可谓空前绝后。然使股东苟一推求，则知其中必别有隐情，而惟相顾欣然，不为之意。至于查账要事，虽大股东亦未留意，惟至大破败时，乃始失色。如此，而欲商业之进，难矣。

（载《刍言报》宣统三年四月二十一日，《汪穰卿遗著》收录）

---

① 《汪穰卿遗著》收入此文时，改题为《论交通银行股东争分红利》，现恢复《刍言报》发表时的标题。

宜知（八）^①

近人动谓内地若有事，吾辈惟有避居租界，一若租界为一切灾祸所不及，又若租界绝大，无所不容也者。乃近者广州有事，居民纷纷避至香港，逮事稍靖，往者犹络绎不绝。近港督行文粤督云，港中地窄人多，万难再容多人，请饬知人民勿再前往，否则只有为之限制，不许登岸之一法，现粤官已一体知照矣。然则吾人动欲以租界为桃源，其有所不及欤。

西国商律破产之法，善矣。然必注册、簿计、报告，事事均遵法律，而公司中查账，尤格外谨严，如是，而倒闭时用破产法可也。今商界中鬼蜮百出，从前之尚有畏惧者，以押追拖累之可畏耳。今若许以文明之破产办法，则奸人愈肆矣。今所在倒闭之店，多有请用破产法者，近汉口商会询之农工商部，经部覆谓现在一切商法均未定，故破产法亦不能行用，现暂照旧章办理云。此事吾商界应知之。

近信成银行遍登广告于各日报，略谓经手各种股票，不过司收发而已，其他皆不相涉云云。按：此广告极紧要，盖有一种人以招股为利者，恐人之不信，则托银行经手，或银行中某人经手，并大书之广告，使人见之，以为银行肯经手，此其为可靠无疑。殊不知银行不过经理其出入耳，非担保其事业也。今信成直将此事揭穿，庶使向之贸贸然入股者，当益知所慎重。

（载《刍言报》宣统三年四月二十一日，《汪穰卿遗著》收录）

---

① 《汪穰卿遗著》将此文归入"杂说"，现恢复《刍言报》发表时的标题。

杂说（十九）

前时余闻人言及某店之夥发财若干，某署之账房发财若干。余大异，以为伊等受俸既廉，分红亦无几，何得有此？其人作色曰：此乃彼等自以才力得之，不与东人涉也。余颇惊异其言，后乃知此为搪塞人之言耳。试思此辈以只身入店，安得钱营利？即谓其资本不取之店，而别贷诸钱庄，然所以能如此者，皆本店之面子及信用，亦即东人之面子、信用也。且此辈奸黠，私自营业，获利则自与，失利则归诸店，故若辈有利无害，害则全归诸东人，而犹诳人曰：此吾以己之才力得之。天下欺人之语，有过于此者乎？

（载《刍言报》宣统三年四月二十一日，《汪穰卿遗著》收录）

发 奸①

去年春间，忽有积聚兴业公司之广告，发现于各报，局面广阔，一

---

① 《汪穰卿遗著》收入此文时，改题为《论积聚兴业公司》，现恢复《刍言报》发表时的标题。

时殆无伦比。据其大概，则月筹银二十万元，年四期，六年为满，都计其数，至四百八十万之多，并谓将以其金开银行，办实业，备极铺张扬厉之致。惟最可异者，以如此绝大事业，而出名者，乃一绝无商人资格之上海牙医生徐□□①也。徐以牙医居上海，以滑头名，不知如何得商部派查南洋商务，徐思借此营大利，后无所成。今乃为此，仍以曾奉派查商务为自炫之资，不敢露徐□□字样，恐人知其底里，而改为徐□□。其间动人疑者，所登告白，忽称兴业公司，忽称兴业银行，忽称银公司，而北京经手，乃适为公益银行。且营此大事业，主其事者，究竟有无大资本家，有何可靠之担保，则章程、广告，概未之及。今一年余，事之若何，渺焉无闻，而忽又有一惊人之告白，现于上海各报，则云已在广州西关开辟商场，局面恢宏。至此，尤令人震骇不已。兹特将广告原文，录出如左：

中国积聚兴业公司在广州西关开辟商场广告②

本公司仿西人集会代股成法，组合内外绅商兴办，以联同胞，议积聚，兴实业，挽利权为宗旨。总公司设于广州西关，总分公司设于上海，内地各埠、南洋各岛亦已设立分公司。经禀奉两广、两江督部堂批准立案，出示保护，并咨请沿江各督抚宪一体饬属保护。甲乙两会之款拟办银行，俟办理就绪，再行登报。丙会由华侨蔡君天和担认，在南洋全数招足，以为在南洋开办银行，以便中外汇划，交通便利。西关为粤省精华所汇，外滨大海，内通运河，陆地为粤汉、九广、粤桂铁路车站总汇之区，水道又为大小轮船帆樯下椗之所，富家巨室，衡宇相望。且欧美华侨久被外人虐待，多有不忘祖国，幡然内渡，欲谋栖止，舍西关多不愿居，辟作商场，定获巨利。本公司为共谋公益起见，因在该处购定大地六千方井，价值八十四万两，以备建筑商场之用。然资本愈厚，实业愈宏，故续开丁会，仍以二十万份为一会，每期每份供洋一元，年开四期，六年为满，共二十四期，每期开得会有三千份之多。如开得会，即将前所供银如数给还，并给西关商场十元股票一张，供至期满。而不得会者，统以念四期所供之银给还，亦并给西关商场十元股票一张，与已得会者，一律均益。且本公司为酬购股诸君雅意，每期在得会

① 本文中的徐□□，据宣统三年八月十六日《刍言报》上的《纠谬》（一）所揭，即为徐景明。下同。
② 《汪穰卿遗著》中略去了本段引文的标题，现根据《刍言报》原文补录。

三千份内复抽一号，凡得此号者，另给十元红股一千份，值洋一万元，长年付息六厘。倘既得会后，又抽三千份内之一号，获利益巨。况此期不得，下期亦有可得之希望。是买本公司股份，既得股票，又可得红股，期满复得还会本，而享公司利益。丁会股份为各埠经理承认业已不少，现剩股无多，欲购者请到四川路四十号洋楼本公司，取阅章程及地图可也。

试观如此大事业，而除华侨蔡君外，无一人名；除上海四川路四十号洋楼外，无一实在地名，岂不绝可怪乎？愿留意时事者共参之。

（载《刍言报》宣统三年四月二十六日，《汪穰卿遗著》收录）

杂说（二一）①

近年广译日本书籍，遇有日人所用名词，即一律承用，而新名词流入文字者，指不胜屈，甚至公牍用之，甚至诏旨亦用之。而稍涉新学者，尤满口皆是，至"文明"、"运动"、"改良"、"特别"等字面，闾巷妇竖，亦动辄齿及。论者大以为病，窃谓此须分别言之，有向本无是名词，而不得不沿用之者；有向来所定名词，不如彼之名词，而改用之者，但求其精确可矣，不必辨其为彼为此也。且名词一事，日出不穷，汉唐以后，必多于三代；宋明以来，又多于汉唐。事理推拓日多，岂能设法禁限。即六朝佛教，"大人"、"慈悲"、"善"、"知识"等语，亦流行于中国，初何足怪！惟有一事，虽极细致，实足为诟病，则近来称中国动称为"支那"是也。天下之兴，不能自名，而转用他人之名，或"戎狄"则有然耳，外此，则无不用己之名称者。况"支那"者，亦非

① 此文在《汪穰卿先生遗文》中是作为《正名说》的一部分，在《汪穰卿遗著》中则改题为《论新名词》，现恢复《刍言报》发表时的标题。

彼人特以名我，实缘辗转传讹，乃有此号，而我转以他人传讹之称而以自名。准此言之，则"葡萄牙"当自称为"大西洋"，"美利坚"当自称为"花旗"矣。

又近序史事者，亦徇西人之说，而目三代以前为酋长时代，其弊亦与此类。

（载《刍言报》宣统三年四月二十六日，
《汪穰卿遗著》、《汪穰卿先生遗文》均收录）

箴时（二）①

近有某君得佳矿于宁国，已集股数十万为扩张计。宁国人起争，谓此宁矿，宜宁国开之，夺以去，并欲得所集股。股东咸不乐，事遂解。此事真大足异。夫国中之矿，国中人得办之，犹之北人经商于南而获利，岂亦能不许之乎？若见人获利，而即怀忌嫉之心，气度之小如此，则吾国民永无发达时矣。若以法理言之，则凡地下之物，皆国家之产，开之者，国家得以法分其利，非本地人所得私也。至若见他人之得利而思分之，此从前土豪劣绅类如此，不意今犹若此也。余之恨之，谓其器局小，心志狭，无大国气象。若谓由此足壅阏实业，又谓分省界，犹第二义也。

（载《刍言报》宣统三年四月二十六日，《汪穰卿遗著》收录）

---

① 《汪穰卿遗著》将此文归入"杂说"，现恢复《刍言报》发表时的标题。

针　俗^①

　　变法时代，要须有开创气象，则凡文字、诗歌、乐曲，皆当以此为标准。而今乃不然，专好为国家点缀，作衰亡气象。尤异者，好刊亡明诗文及记事之书，事迹则散涣颓败，诗文则悲怆凄恻，于今日最为不宜。尤可异者，乃表章及钱谦益，钱进退失据，为顾亭林所深斥，此等人，岂尚有足师法之处？纵谓其诗文佳，然有文无行，益可丑鄙。近来风教衰息，气节不振，崇奖刚正，犹惧不及，乃为此等败类镌刻遗集，亦何为欤？

　　亡国之人耻事新朝，寄情骚雅，此其情意亦良可悲。顾此等非第一流人也，大丈夫睹机会所在，不能急起而为之，至事已转变，徒以吟咏自写其情，果何益于事欤？

　　（载《刍言报》宣统三年四月二十六日，《汪穰卿遗著》收录）

----

　　① 《汪穰卿遗著》和《汪穰卿先生遗文》将此文归入"杂说"，并删去第二节，现恢复《刍言报》发表时的标题和章节。

记怪（十二）^①

近年吾国人憬然于时机之危迫，不敢自画，而争取则于各国，此在势应然也。顾无识之徒，或舍精华而取糟粕，弃嘉禾而得稂莠。其尤可恨者，则本其奇邪诞妄之性习，而取西说之相合者，崇拜演说，以煽动后生。或且嫌其说之尚不足动人，则更缘饰附会之，俾知识初开之童幼，悉中其毒而莫能自返。计此等人，南北不过数十，而风俗之为所害，则甚矣。前数年腾跃于北京社会之江□□，亦其一也。后虽不振，而遗毒已甚。近复至杭，以演说女学，大被巡抚增公斥责，此等公文，盖以近年仅见也。兹特录出，以供众览。

满营惠兴女学，近有成绩展览会之举，先期订邀江□□演说社会主义，并将其稿刊入《惠兴女学报》，又印就十万份到处分送。事为增中丞所闻，昨特严札提学司移会巡警道，立将江驱逐，并委员监视申禁。讵初四日开会，江仍登台演述，卒以来宾裹足，尚未畅所欲言，改于初八日接续演说。兹将抚札节录如下：

查代论一篇，乖谬诞妄之词，指不胜屈。尤甚者，为破坏家庭主义，而以造就淑女、贤母、良妻诋为社会附属品；又以夫死不嫁为悖中道，以婚姻为非刑之别种；谓女子必广交游，不必为名节计；于未嫁一条，主张恋爱自由，以绝家庭之羁勒；于依赖一条，斥三从为妖说，自称虽蹈非圣无法之诛而不惜；职工一条，谓政府、家庭皆无久存之理。

---

① 《汪穰卿遗著》收入此文时，改题为《说江某》，现恢复《刍言报》发表时的标题。此文中的江某、江□□，即江亢虎。江亢虎（1883—1954）是江西弋阳人，曾是清廷京官。1901年后先到日本和欧洲留学、游历，回国后提出无宗教、无国家、无家庭的三无主义。1911年夏在上海组织社会主义研究会，到杭州惠兴女学发表题为《社会主义与女学之关系》的演讲，被浙江巡抚增韫驱逐出浙江。

种种鼓吹，莫非淫辞邪说，阅之令人发指。至于社会主义，为东西各国所禁，日人幸德秋水已伏上刑。江□□辄复为之倡导，试问居心何等？为此札饬该司，即速派员查明所印演说十万纸，送院销毁，并移会巡警道，立将江□□驱逐出境。其初五、六两日惠兴女学开会，并由该司委员临视，江□□倘敢潜往演说，即饬巡警入校拘拿，一面由司查明江□□是否职官，立即申复，以凭咨请学部核办。

按：江□□向在京城，本无所表见，新机萌动之时，乃务以邪说耸动社会，而社会中人不察，亦多为所动。尝以劝女学生至赈济会，至有不妨牺牲面目之语。后为学部所禁，其焰稍戢。吾甚叹吾国敢与若辈为敌者，颇少其人，致使敢于恣肆也。

留学生廷试求官，犹曰不得已也，拜老师胡为者？团拜会又胡为者？既团拜矣，值今者国穷民穷，饥民遍地，大厦岌岌，必不惜重资罗致名伶，又胡为者？而卖女座则奇之又奇，各报诟之是也，吾以为必愧而改矣，而不意犹肆然为之也。

（载《刍言报》宣统三年五月十六日，《汪穰卿遗著》收录）

杂说（二三）①

江某之媟慢女学，为增中丞所斥，前报固言之矣。近都中某报载此事，忽为之题曰：《社会主义不容于社会》。呜呼，所谓社会主义者，乃如是乎？江某者，岂深知社会主义如此，乃从而演说之欤？不过以欲骇人、诳诱人，非此不足以动人耳。近来吾国人最可怪，但知崇尚西说，而不严考其派别。每得一语，辄奉若神明，其说之果可用与否，不问也。又其说果为各国社会公认否，亦不问也。至与吾国合宜否，则尤不

---

① 查本文未见于该日的《刍言报》，录此存疑。

屑问。甚至取欧人两歧之说，而并为一谈，如此等者，已属可怪，至若藉此营私，不顾利害，则犹可诛矣。

（载《刍言报》宣统三年五月二十一日，《汪穰卿遗著》收录）

杂说（二四）^①

人之才，要以深知事理，熟悉情形，有条理，有次序，而又济之以断决坚忍，如此，其庶几矣。而世人举人才者，动言奇计，动言气魄，实则所谓奇计者，行险侥倖而已；所谓气魄者，鲁莽灭裂而已。顾其惊愚饰智，言之足令人眉飞色舞，故为人乐道，于是举世皆以此为标则，而反为害于社会矣。

淮安刘某，其后以福公司矿事，身败名裂。然其先，固以豪侠自标者也。尝解饷过河南某县，县有大博场，刘入场博，俄顷，即尽其行囊。刘慨然竟破鞘出饷金下孤注，座中知者，咸为咋舌。然竟得隽，所得过当，昂然遂出。知其事者，皆佩服其气概不凡。然观其后来行事，则所谓气概者，虚矫而已。

又如湖州人徐某，好用奇计，善乘人之短。初官于闽，后失官。夤缘复起，官粤，又被劾。辗转得开复，为江南候补道，得轮船支应局差，被劾，来往申湖间，甚窘迫。李文忠督粤，徐得为入幕宾。庚子拳乱起，徐建奇策，合肥一笑置之。后在苏带盐捕营，以不理苏抚，后大为所窘。今死已数年，生平行事，无足记者。

大约官场中所谓才者，大率类此。

人有恒言曰：治事难。又曰：知人难。其意盖谓此二事本难。自圣贤以降，无不以为难，何能责我？余谓二者本难，顾如彼等，尚未足与

---

① 《汪穰卿遗著》将此文的前三段以《论人才》为题收录，现恢复《刍言报》发表时的标题和章节。

言难也。盖古之人于此二者，深研熟究，既已殚心竭虑，而犹有所失。如此，始许其言治事难，知人难也。若夫平时漫然，临事茫然，始终无所用心，夫何足云！

（载《刍言报》宣统三年六月二十一日，《汪穰卿遗著》收录）

质疑（十三）①

　　近来凡大公司行厂之招股，辄任意邀人为名誉员、赞成员，甚至强为董事，竟有不告而辄书之，而受之者亦欣然听之，且以为荣。不知此等事，大小皆负责任，非可苟焉已也。日前见上海《申报》载宁波商人虞洽卿之告白，声明图长航业公司、务本垦牧公司，虽列名董事，诸事未甚预闻云云。虞君此举，殆有鉴于厕名董事之不易副责，且将受累欤？虽然，两公司之开办，为时已久，入股之人，或以虞君为董事，坦然投资而不之顾虑。今虞乃抽身，无乃负此入股之人欤？万一虞君窥破公司之内容，而以及早除名为得计，则尤为取巧。且推此言之，则尽可以有虚名之数人，觅一平常之人，使出面办公司，而若辈为四出劝股，股集，而各人先后声明告退，于是公司即声言闭歇，暗中则各人均分其利，出面之人，极多不过监禁数年，惟入股者独受苦累，而以后遇招股之事，人人裹足，吾国实业遂因此愈无发达之期。关怀时事者，固不可不及此也。

（载《刍言报》宣统三年闰六月初六日，《汪穰卿遗著》收录）

---

① 《汪穰卿遗著》将此文归入"杂说"，现恢复《刍言报》发表时的标题。

献疑（四）[①]

近人竞言烟草专卖，吾不知果如何为之？若仅收购本国人之货，则物必滞销。倘欲外人之货，亦就我范围，恐未必能也。倘外人之货，悉由我国家收买，然后再售诸各省，则何来如许资本？然则烟草专卖一说，亦付诸空言而已。

（载《刍言报》宣统三年闰六月初六日，《汪穰卿遗著》收录）

醒呓（八）[②]

日前某报载，香港巡捕请惩革命党演说，港官非特不办革命党，反以扰乱治安罪巡捕。报载此，若甚得意。呜呼，吾国人之易与，乃若此乎！夫岂以港官如此，果有扶我民党之意乎？夫亦一时政策如此而已。试思法，民主国也，然忽助革党，忽逐革党，他国何不如是。昔英之御印度诸国，恒两助之，畀以军火，使相斗以两毙之，英则起而收其烬。然则无论如何，吾国乱党，终为他国利用而已，吾愿吾国好男儿一再思之。

（载《刍言报》宣统三年闰六月初六日，《汪穰卿遗著》收录）

---

① 《汪穰卿遗著》将此文归入"杂说"，现恢复《刍言报》发表时的标题。
② 《汪穰卿遗著》将此文归入"杂说"，现恢复《刍言报》发表时的标题。

敬告（二三）^①

今者钟声败矣，各报之盛赞彼者，亦不能不改而历指其隐矣，而向来视若贤圣之汤君，《政报》且敢著论以直发其覆矣。余因有感而言曰：呜呼，世事愈繁，则赖于人才愈甚。人才之见赖愈甚，则诡幻其状以欺社会者愈多。万一无人觉察，无人揭示，则将群受其欺蒙。或至轻授以事任，逮至事已到手，则奸弊百出，即使发露，而事已败坏。况乎此等人掩饰之道最工，既有事任，则能广树徒党，其奸状人固不能知，即知之，人亦不敢发。况此等人既得事权，必多结有势力之人以自固。而此有势力之人，其宗旨手段，亦必与己伯仲。是不啻以全社会之力，而活无数奸忒也。且又有病焉，则真人才不能出是也。盖人果有才，必不肯自炫，则当举世趋重伪才之时，此真才必为所掩，真才为伪才所害，一矣；及伪才既败，则社会均有惩羹吹齑之意，而真才且因伪才而见疑，是真才而为伪才所害，二矣；是时伪才既不复振，真才亦摈不用，而承乏其间者，必为庸才，则事将何赖？夫钟声者，非各报称为志士者乎，非以改良戏曲之名归之者乎，非称为牺牲一己而救社会者乎？汤君则人人目中视为大贤大德之人，其有举动，皆有是而无否，然今皆发露无余，不可复讳。钟声人微，关系少，为害尚浅；汤君之事，影响极大。呜呼，往事已矣，继自今，吾甚愿有心斯世者，各出其手眼，以观察当世自命为人物者，庶不至失之刻酷，亦不至流于昏愦哉！

（载《刍言报》宣统三年闰六月十一日，《汪穰卿遗著》收录）

---

① 《汪穰卿遗著》收入此文时，改题为《论评论人才之宜慎》，现恢复《刍言报》发表时的标题。

杂说（二六）①

吾国人之言语，有他国人万不能出诸口，而吾国人乃坦然言之，若不知其事之已罹于法者，已可怪矣。

尝有私挪公款为投机事而大失败，致亏巨万，多方设法，始得弥补，或走慰之，某曰：吾何尝有意亏蚀公款，不过欲暂假之为殖财计，初颇获利，逮增加资本，乃大失败，其亦命也。据彼所言，则大似挪借公款为极应然之事，呜呼！

或诬某言官鬻章奏得巨万，其友不信，走问之，彼曰：噫，人岂以我见此区区，即肯卖我之操守乎？未免轻视我矣。如彼所言，则彼之操守，固可买而去之也。夫见金钱而丧操守，此为人类最卑劣之事，而某且以金多始卖自诩，宁不绝可笑！然一时闻之者，亦不为异，且谓其加人一等，盖风俗颓靡，至斯而极。

我国人人汩于禄，故以不作官为最高。近来官界之略知时事，而又接识新学界中人者，辄能作一种新语，则曰：今日事亦无可为，吾辈即尽力，亦何所裨，惟有不作官之一法。好在吾虽薄宦，已略足糊口，趁此抽身，最为得计。此语之果实践否不可知，然在彼亦算在千百语中，拣选而出之者。然为外国人所闻，则大足供指笑，以为见本国危急而思抽身，是逃难也，是求逸乐也。与闻国政之人，而辄谓国事不可为，思避而去之，是畏怯也，是自表无能也。必有业，然后去，是仍为私计也。是无此，则必暂留取盈而后去也。此等语，自西人论之，则去贪污殆不能以寸，而我国人尚以此为清高，异哉！

---

① 《汪穰卿遗著》收入此文时，改题为《论国人语言之无规则》，现恢复《刍言报》发表时的标题。

余少时闻官场中人与人言及私计，辄曰不过混混。余耳中积此语，盖不啻千万，其意盖以为作官，固应以若干资力，积资若干以归，买田宅，长子孙；若无此希望，则只得以混字了之。盖吾国人以官为生业，以官为发财之望，牢著脑中，不可更改。顾亦有上中下三等：上焉者，则但取不犯法之钱，如冰炭敬，如节寿，如平余，啬用而苦积，以活子孙，若遇佳运而得美缺，则称幸矣；次焉者，则所得虽不洁，而不能指为赃款，或为人谋事而得其酬报，或私以公款放利之类；若其下，则鬻狱干没，无所不至，虽在今日，亦为人指目。然三者虽异，而以官为生计则一，芸窗辛苦，将取偿于官也。河漕等宣力之人，将谋异常保举也。纳粟于国家，求千百倍之利于官也。至其对于职分，则所谓能顾面子，不出乱子者，已为上驷，憧憧百辈，除此乃无异军特起，别立一帜，何怪国之不振欤！

或谓吾国人读书为求官，外国皆为求学计，此说亦未必尽然。谓吾国人为求官，固也；谓外国皆为求学计，绝无生计之见存，则恐非是。盖人不能不为谋食计，此情理中事，故彼学堂毕业之人，亦相率应文官考试。惟政治修明之国，大率规则定，检查严，无倖门，无躐等，不能滥进，而亦不致偏枯。糈以年进，官以劳升，成家则俸有增，丏老则身有养。故在位者，无意外之希冀，而却不依例之待遇。吾国人牢骚之语曰：吾辈譬如趁工度日，饿不死，吃不饱。然苟吾国官吏能驯伏于趁工度日四字之中，则政事其庶几乎！

（载《刍言报》宣统三年闰六月十九日，《汪穰卿遗著》收录）

杂说（二七）

庚子之祸，为吾国羞，至矣。而以当日所谓义民劲卒，围攻使馆及西什库教堂，数十日而不能克，反受痛伤，不尤可耻之甚乎！然尚有可解嘲者，则戊戌上海宁波人力护四明公所，法人亦未能得志。足见吾国民情，苟能因而用之，无不如志。所恨者，用之之人，辄挟偏私，或以骄慢临之，往往团而即散，此非民之咎也。

民情之可用，非特于其能抵抗见之也。即管理财政，能丝忽不爽者，亦所在有之。凡各业咸有所谓堆金者，每人岁出资若干，举一人管其事，为恤老病死亡之用。或一处同业之人为一会，或与他处相通，其规则严，其监督密，故无敢私行挪用者，上中流人，视之有愧矣。

观教育会情状，而发明一新现象。前数十年，余问出洋诸人曰：君辈在外洋，凡饮食起居等，皆用西法乎？抑用中法乎？其人曰：此须视其与己便利否。依西法便利，则必曰：现来此地，应即依此间风俗，所谓礼从宜，事从俗也；若依中国法便利，即曰：我等中国人，即当依中国之法，何必学外人！凡为此者，固为便利起见也。今之议变法者亦如此。或曰：此各国皆然，根据法理，我国不能独异。或曰：各国各有其风俗，各有其习惯，我国何必尽与他人同！按此二说，亦各有理，但观用之者何如耳。

（载《刍言报》宣统三年闰六月二十九日，《汪穰卿遗著》收录）

献疑（六）①

近来言男女平权矣，结婚自由矣。发之者徒见外人之说新奇可喜，从而宣畅其说，而于风俗习惯之可否移换，利害祸福之关系如何，未之审也。即于西国风俗之实际，其男女所受之影响，亦未察也。但取己则快然言之，人则快然听之而已。顾吾有所疑者，今日自公使以至学生，与外人结婚者，往往室有糟糠，置诸不问，妻家势力悬绝，莫起与抗。即在内地者亦多如是，而所谓持公道主新说者，亦缄默不言。岂略通新

---

① 《汪穰卿遗著》、《汪穰卿先生遗文》均将此文归入"杂说"，现恢复《刍言报》发表时的标题。

学之男子，即当享自由之幸福，而穷居家中之妇人，并不得受平等之旧例欤？或曰：是别有故焉。一则有势力者也，一则无势力者也；一则有交谊者也，一则无交谊者也。呜呼，所谓公道者，存乎势力与交谊乎？

近来日报渐行，而告白之风以开，为益固巨，而借以售奸者亦不少。尝见肆人有揭告白者曰：某某款限期来取，过期不候。此习惯不为怪矣。而前者某银行催取国民捐，亦限若干日。己酉春，天津造币局令人以本局银圆至局取钱，当照市价，亦复限期，此不可解也。吾国之报，销行绝鲜，且往往有只行一方，不至远地者，而告白所告之人，固非限于一地也。况其人未必看报，或看报而不看告白，或告白登于报之僻处，人不易见。又其人或在绝远之地，不能期内来取，岂非令人之受亏损乎！假有奸人集资设肆，托辞倒闭，即登报告诸股东，限于若干日内，来肆取所分金，逾期不候，而诸股东不及至者，大半遂为此奸人席卷而去，则将何以待之？

（载《刍言报》宣统三年七月初一日，
《汪穰卿遗著》、《汪穰卿先生遗文》均收录）

做闻（二）[①]

近事稍可喜者，则上海提倡不吸纸烟，居然有成效也。据云每日已减销一万，或云一万五千（前者张园开慈善会，有人详细调查，惟第二日有三人吸纸烟，一为妓女，二为滑头），则吾国出口之银钱，年可减至四五百万，收回利益不为少矣。且此只计上海一处也。闻旁近府县中人亦多入会，则必不止此。此真会中提倡之功，倘各省能闻风兴起，则为益非浅矣。顾同时又有大憬然于吾心者焉，则法人在汉口蒸造吾国烧

酒、汾酒及各种酒是也。据报所言，则谓与华人自造之酒无异，而气味
更香郁，价亦较廉，购者若鹜。果其然也，则吾国人生计绝无算矣。且
纸烟吾可立会禁之，以其有害卫生也；若酒，虽亦为有害卫生，而固非
可与纸烟一律论也。又纸烟之业，大半为英美商人，而吾得以禁之者，
以兼本国之货言也。然虽以是而得托以拒外货，顾吾国之恃售烟为生活
者，数尚不多，并去之亦无妨也。若酒，则吾民餬口于此者多矣。若并
禁之，是吾民绝生计者，势殆不下数千百万。倘但禁外货而不禁本国之
货，则又无以抵塞外人。此事思之，至令人头痛也。

　　吾国号称以礼为国，顾虽有制度，而行用乃无人监督，婚丧之礼，
舆台动僭王侯，是固然矣。若夫犯失律之罪，为待决之囚，得逭显诛，
已为至幸，而死后之荣，直与有功者无异。国家既莫之问，舆论亦不之
诃，则传示远近，劝惩何在？甲午之役，叶志超负罪甚重，朝廷大怒，
下诸大狱，后幸得改监候，遂以病出狱，死后在津，虞宾仪导之盛，与
无罪同。时举国漠然，竟无论者，亦可怪。

　　　　　　　（载《刍言报》宣统三年七月初六日，《汪穰卿遗著》收录）

敬告（二七）[①]

　　近日可喜之事，若上海一带戒吸纸烟，大有成绩，天津、烟台等
处，且接踵而起也；山西富人张观察庆麟之以家资三十万，尽报销国家
也。此在吾国前途，皆为大可盼望之事。虽然，吾又进一解焉，其禁烟
也，在能持之久而推之广，尤要者，须知此以卫生为第一义，万不可阑
入他语也。彼业此者，将来必用种种之方法，要在一切忍之。小连则勿
与校，须知人必不能以有碍卫生之物强我吸也。至张君能毁家纾国难，

────────────

　　① 《汪穰卿遗著》收入此文时，改题为《论上海戒吸纸烟及张庆麟以家资助国》，现恢
复《刍言报》发表时的标题。

伟矣！顾吾甚虑此三十万者，国家将作何用也。无论官场，无论绅学界，假使涎是三十万，而假名焉以吸收之，俄顷之间，而已不知何往，则不特令捐款者寒心，且后之人鉴此，必不敢复出矣。此事所关，固非细也。

或曰：戒纸烟既有效矣，然则一切洋货，皆以此法行之，则我国可一反前此之大患，使出口货十倍于进口矣。余矍然曰：此则不可。夫万国既已交通，必不能禁其不往来。既往来矣，又不能无所取求。于是彼以有所求而来，此亦以有所求而往，夫是之谓交也。若必使人无所冀于我，则人将望望然去之，而我立处于孤立之地，此期期不可也。况吾国势未振，方以商务供求之大，足以羁縻各国之心，而不遽生他念。倘闭绝太甚，人无商务可恋，而力征经营之事起矣。此事我国上下宜深念之，不能偏注一面也。

按：此特言抵制洋货，不可如纸烟之办法耳。若夫维持土货，精造新物，推广销路，此自所应为，不必中止也。

从前有人谓吾国但知出原料，而不讲制造，坐使外人以我之原料，制物以售之我，而得利且倍。我乃坐视人之获利，而不急起图之。若羊毛出口，而成毡毯以进口；棉花出口，而成布以进口。按：此说亦未尽是，盖出口棉花，所成之布，未必悉以进口。吾国现在制造之物，尚在幼稚时代，万无能销外洋之理，苟能加意原料，出多而物美，复禁市侩之作弊，是即整顿商业之一大条件。若必欲截留本国，以夺回外人制造之利，恐利未获，且大受害也。

（载《刍言报》宣统三年七月十六日，《汪穰卿遗著》收录）

杂说（三十）[①]

孟子曰："志士不忘在沟壑，勇者不忘丧其元。"[②] 杭谚亦有："除

---

① 《汪穰卿遗著》收入此文时，改题为《说论事》，现恢复《刍言报》发表时的标题。

② 语出《孟子·滕文公下》。

死无大罪，讨饭不再穷"之语。然孟子为激后士气节之言，谚语乃穷极无赖之语，其言同，其意则迥异。须知志士必皆有舍弃一切之概，然后能无所不为，斯固有相反而适相同者欤！

凡论事大须慎，人未周历世事，上下古今，偶有所见，辄发为论说，鲜不误者。如吾国俸禄之薄，前人久已论及，近人则诋笑尤甚。不知我朝俸禄虽薄，然国初物价之廉，殆非今人意想所及。闻康熙初，北京肉价每斤仅三十文，余亦称是。其时风气俭朴，应酬稀简。今则物价五六倍往时，而酬应之多，亦日增月盛。然则以彼时京官用度言之，亦略可敷衍。惟后来物价渐贵，俸禄亦当渐增耳。今不详考事实，而辄为诋笑，亦稍过矣。又法人开衅时，或献书浙抚崧中丞，请俟法兵艘至海口时，立倾洋油数千万箱，纵火焚之。闻其说者，无不大笑。然近来所译俄国小说《秘密使者》一书中，亦有以洋油焚船之说，然则彼说虽不可行，而过加嗤笑，则不可也。又如缠足一事，固为弱种之原，然其原因，实由妇女之好修饰，与泰西缠腰之俗相类，故设法改正则可，过于诋毁则不可。盖于理既多不顺，且恐激之过甚，反受阻力也。世之操论者，其深鉴焉。

（载《刍言报》宣统三年七月二十一日，《汪穰卿遗著》收录）

悲言（四）[①]

《政报》言，农工商部派员调查，得我国开矿公司计分三类：已开办者五百余家，未开办者三百余家，停办者二百余家。集股公司三百余家，自出资本者仅九十家。噫，以我国幅员如此之广，地藏如此之富，物产如此之蕃，人口如此之众，而开矿公司仅仅千家，实已开办者不过其半。况此五百家之中，其资本充足，实事求是者，殆亦不过其半耳。

---

① 《汪穰卿遗著》收入此文时，改题为《论吾国实业》，现恢复《刍言报》发表时的标题。

且此数中，未识是否悉系本国之资本，而无外款羼入也，抑并外资之公司而计之耶？至集股公司三百余家，则必大而商办之铁路公司，小而印刷公司、毛巾公司，悉在其中矣。果如是，则萃全国大小之公司而仅三百余家，其实业前途，尚可问耶！况三百余家之中，自出资本者仅九十家，其亦微乎其微矣。吾不禁为吾国实业前途悲。夫吾国提倡实业，朝廷设立专部以董率之，将十年矣，而其效不过如是。上之不行欤？抑下之不应欤？今者新内阁成立，首以振兴实业，定为政策，吾知有提倡之责者，必有宏猷硕划，以导诱吾民，而四海之人，当亦能闻风兴起矣。苟来年此日，调查其数，有倍蓰于今日，则吾国实业前途，其庶几乎！

（载《刍言报》宣统三年七月二十六日，《汪穰卿遗著》收录）

论天津商人定货不出事

甲辰、乙巳以来，津商人以定货无度，致货不能出者，几千数百万，因是交涉久矣。吾国卒以商债不能问官拒之，逮其末，则由西人设策，令中外商人，各出若干，设一银行，以二十五年之周转，应得利若干，即为还此款之用。惟华尚无款可筹，仍出之官，此系无法之法。各报颇有诋其不应盘剥平人之息，为若辈还债者。顾吾尤有所闻焉，盖此千数百万款中，欠主约百数十户，西商划分四类：其一，店本殷实，但以一时滞蚀之故，不能应付，此西商所欲保全者也；其二，店业已衰，而店主犹思支拄，竭力维持，此西商亦欲缓之使勿败也；其三，资本有限，来源已涸，舍倒塌外，无可为计，此西商所无可如何。然亦不能不谅其心也；其四，则场面阔绰，交结中外官商，方居大富家之名，其势力大，其联络广，而为所负者，乃瞠视而未如之何。今之议成合开银行办法，及假官款为商本，皆此辈为之也。论者乃不一及，何欤？

（未刊稿，《汪穰卿遗著》收录）

论吾国人之心理（其一）

逮暮而饥，人欲延之食，曰：稍顷，将晚餐矣，稍忍可也。是则以晚餐有定时也，可言也。老人衣破，不复作，曰：恐即死，无用此也。此则可笑矣，以人死无定期，虽迟至十年，可也。虽然，人者必死者也，虽犹可言也。今使众人议举一事则不欲，曰：恐吾国将亡，徒费心力。此则可笑极矣。以国者不必亡者也，奈何国中之人，乃预算以为必亡，此不令他国之人大怪笑乎！然而吾国缙绅者流，动曰国事不可为，吾将觅桃源避祸。有曰：将脱离政界，而以治实业为职志。此不可异乎？或笑谓余曰：此犹高等人之言也。此犹表面之言也，其人人心中一语，则曰：趁火打劫而已，噫！

或问余曰：今日言厌世者何如？余曰：譬如人家失火，子弟大者持桶，小者持瓶，将以救火。忽一人掷所持而逍遥于外，曰：火难治，吾将入厌世派。此亦可乎！

（未刊稿，《汪穰卿遗著》收录，
《汪穰卿先生遗文》中被收入"杂说"）

论吾国人之心理（其二）

吾国人常谈辄曰随便，曰不拘，曰彼此，没讲究。寻其意，盖导源于老庄，而加入以释氏平等之义，其结果则蹈入于无规则，无界限，风俗之受害甚矣。近西人又有自由之说，于是闻者不考西人自由之语，何自而来；自由之界限，以何为起讫，而人人皆有自由二字，存乎胸中，一如得臻此境，则吾人之幸福，乃至不可思议。至或者又以此扩充其随便、不拘之见解，则视一切闲范人之事，皆在应破除之列，自男女长幼以及尊卑上下，皆可无有，而祸之及于事者多矣。

又，彼等之意见，不过及国内而止；若夫国界，则当各国帝国主义勃发，固无从废除也。虽然，内之一切既废除矣，而欲其独尊视国内国外之界，可乎？则其潜消于内也久矣。如此则终日口之所言，手之所书，虽亦从众言爱国，言保国权，而一旦事势大变，则尽改其前说，有如风之扫箨矣。盖数千年根著于人之心中者，今不拔去之而又附益之，其不大受其毒也，鲜矣。

（未刊稿，《汪穰卿遗著》、《汪穰卿先生遗文》均收录）

论吾国人之不重操守

吾国人于财政出入，鲜有能来去分明者。公家之事，不得已，一切定为限额，于是一切皆成呆相；若非可为限额者，则弊乃百出。至地方之事，及公家之事，主其事者，率无确实之报销，其沾润多者，甚至久占不肯让人。如义塾、养济、育婴，及一切善举，北方则有车马局。又如同乡、同业诸会馆，莫不如是。从前上海某君，管善举十余年，凡各处赈灾，无不应时集款，于事大有济。然收款登报，而支款乃绝无闻，亦无过问者。甲辰办红十字会，余谓此事宜严立章程，凡采购之物在何店，价若何，散放分派何人，付车船者又若干，必详其时日，而收付之单据，店家之发票，存庄之息折，均须存储，不得散失。如此，则弊端虽不能全杜，亦稍有所惮乎。或曰：凡经手此等事者，但存庄取息，已复不资，而善举向可邀奖，已不需者，可转与人而得其资，亦一利源也。

（未刊稿，《汪穰卿遗著》收录）

论不信史书之贻害

廉耻道丧，风节扫地，至今日而极矣。其致此不一故，而有一故焉，种毒最深且烈，则谓史书不足信，一语尽之矣。谓古史特善于渲染，若举今之某某，稍加附会，即亦何让古人；又有谓古史全属虚伪，但可信其事之年月耳；又有谓吾辈观历史，觉某时治安，某时浊乱，某时人物多，某时人物少，实则全在作史者之意匠耳。作史者肯为装点，则虽乱政亟行，而后人但知善状，无由知其昏浊。否则反是。此等词说，创之者一二人，流传及于全国，于是引古为鉴之说，悉去于胸中，而人人怀一不妨恣肆之心。盖世之所以道人于善，而绝人于恶者，名也，史实为名之标准。今一力划除，使贪恶之徒，皆有所恃而无恐，毒民之甚，固无过于此者。

（未刊稿，《汪穰卿遗著》、《汪穰卿先生遗文》均收录）

论正名之宜急

名之关系綦重，而吾国乃不注意于此，而通商后尤甚。呼海关为洋关，于是人疑税为洋人所抽，又如至今内地之人，尚呼学生为洋学生，又谓入洋学堂，必入洋教，未始非名称不正害之也。又前数年有橡皮公司之股票，盛行于上海，人但闻股票之涨也，则竞买之，几不知为何种事业。今年大涨，而近则骤落。夫研究商业之衰落，非必购之者自研究之也，有时亦藉旁人之夙有研究，而赖其提撕警觉。假使初至上海之时，即正其名曰橡皮公司股票，则有知橡皮之制造法者，有知橡皮实业之衰旺者，咸耳闻而研究其价格，骤涨之是否可恃，茶余酒后，随时可以论列。今但曰某某人闻之者，方茫然不知何指，事非属己，谁暇深求？而歆于利者，但闻有利，而群然趋之，逮至一蹶俱倒，则无可挽回矣。

（未刊稿，《汪穰卿遗著》收录）

论新书之滞销

近来新书滞销，无论何种学问之书，及足供检阅之书，甚至最合时用，若财政，若海军，又如极新奇之小说，皆无人过问。学风不振，士气散漫至此，识者忧之。顾其故不一，盖今日书之滞销，实缘数年之畅销为之也。又由前时恶劣之书，一并销售为之也。盖寒士买书之资有限，用于前必竭于后。从前各坊售书，尝有既不精选，又不详译，甚至随意删节，且多错误。而既求广销，力自夸衒，物既恶劣，价乃奇昂，远僻之人士，摒挡所得，购此废料，倾资于此。即有佳帙，亦无力再买。况告白所称，能否可信，亦难预卜。又近以折价不定之故，远处尤难悬购。又，各种学问之书，各局各目大略相同，而孰善孰否，实不能定，因是而迟疑者亦有之。何怪书业之不振，而学之不讲乎。

（未刊稿，《汪穰卿遗著》收录）

论演戏

　　近人动谓西人演戏者，皆文人学士为之；又谓西人演戏，必有演说；又谓西人演戏，并不视为游戏之事。此说不知何来？余惟知西人极善游戏，极讲究游戏，并扩充游戏之范围，至于极地。戏中排当情节，既极讲求，至外场之装饰，尤十百于我国，安得谓不视为游戏之事？至文人学士所演者，乃别一种，最为高等，而观者却少。若夫演说，则或因事而为之，尤为罕见。我国耳食之徒，偶闻一二，辄以为皆然。顾既云西人重视优伶，而向来曹部伺应之人，且骎骎将与士夫争席。而留学外洋之人，觊此为取利之径，乃以演戏劝世为说，而诱人为之徒，到处演唱，藉致大利。人亦以其名目之新鲜，争往寓目。此事所关，亦非细也。

（未刊稿，《汪穰卿遗著》收录）

论离婚之不易

　　向来夫妇失和致讼者，官必劝之和，其以被姑及夫凌虐具控者，亦必责令勿再凌虐，而善言遣妇夫家。若夫控妇逃及他罪，亦责而使夫领回管束，绝少断令离异。余曩因怪吾国何苦妇女，若是失和，不使之离，被虐而仍归夫，是趣之入樊笼；至背夫者何不纵之去。余自谓此意甚合于情。近更思之，乃知余乃仅思一面也。盖女之嫁男子也，其原理乃有二：一以为好合，长养子孙；一则使终身有倚恃。此二义并重，非可偏畸也。试思此等皆下族贫户，讼时未必有家矣。即有家，能皆归乎？小家增一人食，则举室目之。妇人居夫家，分也；居母家，乃如客。不慊于夫家，可归母家；若更不慊于母家，则将如何？或曰：无所归者，社会宜养之，则今日所在有清节堂，而皆不足于用，若使嫁，乃复大难，出之烦恼，趋之饿乡，是官适害之矣，乃叹习惯法难改也。

（未刊稿，《汪穰卿遗著》收录）

论吾国之不重廉耻

养成廉耻，为国家至要之事。廉耻者，气节之基础也。无廉耻则安有气节？欧洲各国极注意于此。军中人出与人斗而伤，无咎也；若忍而归，则众唾之矣。或告余，有俄人与亲贵博，亲贵谓其换牌，此人怒，即起请比剑。此等事，各国皆如是，不以为异。民俗如是，何至躬为无耻！吾国乃不然，父兄于子弟，师之于徒，动以忍辱为教，晚近尤甚，而官场乃愈甚。尝有一人，平素语言侃侃，气势甚盛，后为留学生监督。一学生因争事，遽批其颊，而其事在学生亦至无理，人以为彼必尽力治之，不意彼托故至他处，旋即回国，此事辄隐不言。噫，侃侃者如此，则庸庸者可知。无怪庚子之役，顺民之条乃遍于京城也。

廉耻丧尽之可怪固矣，尤可怪者，则顽恶无耻之人，吾国乃容其生活于社会，则更异矣。例如张佩纶、吴大澂、唐景崧此三人者，观其前后历史，实可谓古今最无廉耻之人。除失官外，处社会中尊荣尤昔，俾得顽然终其天年。且张犹赘权门，吴犹得之湘抚，唐则家居起洋楼，居然大乡绅体统。某党人以其小相伙助，犹推戴之。呜呼！是诚吾国之大羞也。

按：古人有不齿之法，西人亦有之。译者呼为罚去体面，斯实惩恶之善法也。然吾国虽朝命不齿，但使其人有资财势要可联络，则社会待之乃不减于常，亦足异焉。①

（未刊稿，《汪穰卿遗著》、《汪穰卿先生遗文》均收录）

记股票投机之害

以各种大公司股票之涨落，吸收人财，使人以千百万倒入其中。此事欧洲人时有之，虽无赌博之名，然实与赌博无异。各国常思禁之，而未得策。盖彼弄机至巧，虽明知其奸慝，竟无法以制之。逮至今年，橡皮公司价格之涨落，吾国商人受累数千万，市面为之震动。兹将逐年所闻，略述如下。

前有耶松船厂股票，骤然加价，甚至厂中常用之律师某君，亦以为信然。其文案蔡君，方以卖空法卖去若干，某大怪责，谓其为此颠倒事。蔡则速更买之。已而得英伦消息，言此项股票已大跌，经理亦无报告书，在上海之华洋商人受愚无算。

公和祥股票者，为上海怡和洋行及其各种产业股份，每股一百两。时华人所购者，稍知商务之人，咸谓苟能得其股过半，则权即入于华人手中，不特租界中重要产业可以收回，且产地多扼要，若建筑物业，大可获利，因劝人广购。是时，忽有印传单分送商界者（似出西人手笔），大略谓主此议者，实有意愚人，宜加审察。华人见者，以为必西人忌此事，故为此。后乃查知，该洋行原订之合同内有一条谓，公司中但占一

---

① 《汪穰卿先生遗文》中此文后有汪诒年按语，曰："先生平时与人言论煦煦然，惟恐伤人意，故人咸乐就之；独至意有所不可，则直斥其非，有不稍逊顺。其于欺世盗名之流，则更抉摘其隐微，以为当世戒。虽见嫉于友好，结怨于贵要，皆不顾也。《刍言报》中所载各篇，所指摘者若张佩伦，若吴大澂，若唐景崧，虽已去官而余焰犹存，己固不以为耻，人亦无耻之者，已如上言矣。此外则若马□□，若汤蛰仙，则固负赫赫名，无人敢讼言其非。若德清俞氏，则人虽已逝，而门弟子犹遍布各省，群推为一代大儒，而先生独尽力抨击，不发其覆不已。先生耿直之性情，亦于此可见一斑矣。以篇幅过繁，不具录。"

股，其权利仍与前无异（按：此语甚奇，不知确否）。于是华人乃知前此计画之误，而存股票者，以银行限期到，无款筹还，则跌价售之。各人一闻此信，于是卖者纷纷，遂自每股一百四十两跌至五、六十两，大商家因此倒者纷纷。

蓝格纸者，近数年颇盛行于上海。凡有体面之商人，鲜不买蓝格纸股票，盖美国某处煤油公司之股票也。自一百两涨至四五百两，至今年（原校者按：盖谓宣统三年）则直至一千四五百两。传言煤油矿中忽得金刚钻矿，闻者皆动心。五月间忽闻矿渐枯竭，遂跌至一千一百余两。

最受害者，莫如今年之各种橡皮公司。公司约七八家，有谓怡和洋行所办者，有谓某某洋行所办者，大率皆指上海著名之洋行为旗号，故销路甚易。至各公司有虽种树而未出货者，有仅有旷地并树未种者。而售股票时，摇煽之法甚多，有每股十两，遣人在外扬言股已售罄，遂增至二十余两。又如□□人寿保险公司，以五两之股先卖二千股，并须先定。故朱出票之时，已逐渐增其价，即令人在外收股。人见股份价加而销速，谓必大佳，即将股存留不肯售。殊不知公司实遣人乘众人相信之时，陆续售去八千股，每股卖二十余两，已而渐跌至十余两。又有公司当卖股时，声明只卖十二点钟，果皆信之，争往购买，未届时股已罄矣。

此等狂妄举动，华人亦有渐觉之者，遂亦步武其法，若吴□□、关□□等。其中亦有以己受于人者，复以取偿于人。此等心术，在本人藏之甚固，然旁人已如见肺肝矣。

据闻华商受橡皮公司之累者，殆二三千万，而欠银行者二百余万。顾其如此牵动者，则以从前业此者，或未结账而倒，则但其同业而已。果已破产无款，人亦何策能逼其出，极其至不过以命殉之而已。此次则在股份公司结账以后，洋人为此者已席卷而去，而所欠者各钱庄也，华商受亏损至二三千万，宜其大现虚耗之象矣。顾华商之力有限，安能购如许股票，则又有人以全力为之，不意已受其祸而害及全市也。

有陈逸卿者，闽人。父居宁波，遂入宁帮。陈任二三处洋行买办，而正元复有大股份，故在华洋商界皆颇有名。陈见橡皮公司大有起色，遂思以术博取巨资，则诱正元、元康、谦余之挡手、跑街人等入股，故有时应付款时，则十万、二十万不难一呼而至。银行见其如此，以为陈某多金也，甚信之。陈夸股份之利于□□二班之前曰："如此大利，君何不为之？今吾与君共为之，利害同之，可也。"逾日，走告二班曰：

"大幸，此次所为者，结账可得二万，当以一万归君。"二班大惊，既以陈为殷实商人，且谓其老实必不欺人，故彼挪□□款至数十万，他人不能也。及股票跌，陈之数最多，陈乃思得最奸诈之法，以远期票易他人之现银及即期票，又与某洋行买办串通，以三十天期票出货（向皆五天期票），即以所出之票，向银行押款，计两家约一百数十万之多。既到手，即逃去。于是正元遂倒，而庄中大股东南浔富人邱某遂大受其累，欠银行及内行、外行共数百万。市面亏倒既如此之甚，于是商会创维持市面之说，由上海道向汇丰等银行借三百五十万与各钱庄，以维持市面。后汇丰以三钱庄欠彼一百三十余万，遂扣起不付。此事人多归咎于蔡道，谓私家所垫之款，断无由公家代还之理。

至汇丰扣款之故，据闻因自倒账后，汇丰忽将某钱庄之庄票退回，计有十万之谱。其措词则谓，现在庄票一律不收，故只得一例看待云云。然此庄乃宁波方家所开，闻言，乃立筹现款十万给与汇丰，以保信用。然各钱庄皆怒，谓向来庄票断无退回之理，乃于六月底归赔款时，相约不解现银，将市上汇丰钱票搜尽解去，致汇丰亦小受挤轧。汇丰颇以为恨，故扣留一百三十余万，实有意为难也。（按：以上但杂据所闻书之，未能首尾考订翔实，聊备研究可也。）

（录自《汪穰卿笔记》，1926 年商务印书馆铅印本）

记银号倒账事

去年（原校者按：盖谓宣统二年）以来，源丰润、厚德、义善源迭次倒闭，市面震恐。然推原其故，则皆经理人恣意挥霍挪移所致。兹姑举所闻列如下：

源丰润用事之人为陈子琴，前以欲私为投机生意，而以源丰润号中多旧人，恐有阻碍，乃怂店东严子钧与叶姓别开一钱店，其资本则严七而叶三。陈遂恣意挪用，挪之橡皮公司股几三四百万。橡皮股票既大跌，影响遂及源丰润。亏倒之机，已伏于此。

上海义善源之经手人丁价侯，亦亏空至百万。此次之亏倒，闻实京号与丁串通为之，故一切皆已预备。尤奇者，京号被封之日，号东李氏竟不之知。盖去年义善源全仗交通接济，后李以邮传部查问，乃即停止。是日，王以他处汇款八千金不能应付，请诸李，李仍命王自筹。王固言不能，李怒曰："汝为经理，何并此区区之款不能筹出。"王遽谓："如此则惟有请封之一法。"李一时忿激，乃曰："任汝为之。"顾未知王已有预计也。王走出，即赴警厅请封云。

又闻两号之失败，别有一原因焉，则两主人翁官气太重所致也。源丰润为甬人严小舫氏所开。严起家于商，后入官界，沾染官气甚重。旧时伙友参差不相入，而便辟之徒乘机而人，日相亲接，于是各号重要位置多为此辈所据，稍朴愿者悉致疏远，而生业遂日即空虚。至李氏则以门第之煊赫，直视伙友如奴隶，颐指气使，无所不至。李偶宿店中，深夜由外归，须全号人皆出迎，故伙友颇恨之，遂致一败涂地。

厚德银号为前江海关道蔡和甫之资本所开。京号早经停歇，惟上海一号犹经营如故。蔡殁后，其第三子见机，即递呈南洋大臣，言己所应得厚德之一股，情愿让于两兄，不再过问。以后如大发达，或遭失败，均与己不涉云。时端午帅为南洋大臣，颇嘉其让产。然闻现在经理人王锡五被顺天府拘捕后，且曰："若果急我，我必设法累及三公子，不能使彼独逍遥事外也。"此辈存心之奸恶，于此可见一斑云。

近年倒账之事，最早者为晋益升，其经手人为熊某。先是，江西人刘君为宁波某县知县，以县中汇钱粮至省，每苦钱庄之迟兑及减平压色，因惠曰："与其受若辈气，我不如自为之，犹冀得十一之利。"遂出数万金俾其婿熊，设晋益升于上海。偶刘之子江行，遇同舟一人甚相款曲，后乃言将营商业于上海，尚少一来往之钱庄。刘子少阅历，深信其语，遂作函与熊，属许其通挪，以五千为限。后其人业败遁，仅晋益升一处已欠万余。熊函刘子，言此由君函属，责任应归君。刘子以函属言五千为限，故五千以外不能认。二人乃大争，而翁婿感情亦大伤。刘惠曰："既若是，吾亦不愿为此，即停闭可也。"顷之，熊致书于刘，言现查号中放款欠款若干，若停闭，则放款不能收，而欠款则须付。故除资本不能收回外，尚须付银数万，始可无事。刘大怒。后经人调停，乃使刘以晋益升付熊，不出分文，亦不收分文，以后盈虚与刘无涉。于是熊不费一文，坐得一已有成绩之事业，可谓大幸。而晋益升乃为无主人翁银号，亦足怪矣。熊性无赖，不事其事，专恃狡狯为生活，又时思运动他业以博大利。在申日事博饮，不数年遂失败。然犹牵及刘姓，刘以早顶与熊为辞。时蔡乃煌为上海道，批禀谓：出顶一事，既未存案，又不登报，碍难作准。幸刘为官场中人，尚不致受累云。

以近日人心之险，钱业办法之架空，故有资本者万不可轻于尝试。建德胡二梅君，老于上海，见人辄以此为戒。有宦成归者，告胡言在镇江设钱庄事。胡曰："此祸水也。破家之惨，在此一举。"某爽然曰："今已布置，奈何？"胡曰。"宜速停，损失尚小，然已恐失去数千金。"某以招牌尚未悬，尚未与人往来，何至是。及令停止，经手人来言，果已失耗数千。诘其故，曰："设肆必于某闹市，其地适无空屋，吾百计营谋，以数千金与某店使他迁，吾乃租其屋。又肆中不可无妥实之人司账，今适无其人，乃潜约某肆中人出，又费若干。加以修屋招人杂费等，所用巨矣。某默然，乃服胡君之言云。

章程之善，莫如山西某票号，故二三百年来鲜有败事，宁绍且不如之。若津帮，若汉帮，若镇江帮，更自桧以下矣。西帮之制，凡各处号中掌柜，既极精选，大率自幼即在本家中服役者。派出时，其人举家费用咸东翁管理，及招回，则其人与其物装均先至主人家，听主人检验毕，方得回家。各号之掌柜，咸三年一调，不使久任，故有弊亦不能甚大。又号中每晚十二下钟必上锁，若有一人不归，必须报告。又来往信札，不得及时事及官场人物，其严密如此。故虽不能大扩张，然亦不致倾倒。其他章程尚多，惜未能窥全豹云。

（录自《汪穰卿笔记》，1926 年商务印书馆铅印本）

记上海信昌珠号被骗巨款事

上海信昌珠号，为苏人所开，其挡手则陈姓也。庚子夏间，我驻美使馆参赞寿金甫太守回国过上海，以向与信昌往来，故与陈盘桓颇洽。寿因言与上海美国所开益生洋行之总管佛裴克谂，佛裴克将回国，颇愿与信昌作一大交易。陈因于西五月六号，偕寿至益生见佛及其弟二人，亦言及此事。已而，佛及行中华账房关子平同至信昌，议定代售珠宝一节，言明如能销去，照价付银，如不能销，原货交还，所有关税、水脚、保险等费，信昌不管，货价亦不起利。订定照限，售多之款，均归该行所得，或付银，或退还，言明七个月清楚。旋于十八号，该总管派一洋人偕关账房至信昌，选取珠十粒、宝石二十二颖，共计价银二万七千八百二十九两。取去后，当日掣回该总管签名之收单。嗣至七月初，陈至该行询问，据云外国收货电已到，俟销去即可如数付银。以后月去数次，均据云已交该行总董看过，不合用场，拟转寄英国销售。陈告以不必转寄他处，如美国不能销去，即寄还可也。该总管云，如不吝惜水脚等费，稍缓时日，必可售脱云云。他日又去，该总管之弟适于是日回国，云迟至回申日，或货或银定可了结。不意回申后竟不至信昌，陈于他处查悉，即往催问。据云初返申事繁，稍缓当至。数日寂然，又住催问，云近因行中迁屋，兄又为议和事北上，回申后定可了结。三月十一号，陈又作函去问，无复信。随后亲自去问，又约次日回信，信上写明一礼拜内清楚，不意又失约。二十五号又函催，仍无复信，又至彼行，则佛之弟亦已动身北上。迨至四月一号，陈始接伊在烟台所发之信，约十日内到申清理。后悉其已至，又往理论，不意惟佛一人回申，又云俟弟回申料理，故延宕至今。陈乃延担文律师向美领事署控告，旋讯问两次，据美领事批，该行与总管所立合同，仅有经理权，并无经理总权，所有请由该行赔偿之说，作为罢论。担文律师代为禀控驻京美公使，仍不见理。余亦与陈君谂，陈以是告余，余为计云，宜另请一律师作函与美领事，谓奉断云云，虽无权能自伸其屈，然吾华商人同抱不平，拟登告白于欧美各大报，详叙此事。且云凡以后华商与美商往来，须调查行东与总管所订合同，该总管是否有经理总权，再定交易之办法。如果登此广告，则于美之商业必大损害，该领事不能不思转圜之策。万一仍置不理，则更函告于美之商会，必不能不理矣。如竟不理，乃依言行事。惟有一最要之语，则告白宜详，宜多登，宜登大报，切不可惜费。顾后陈复余曰："商之同人，咸谓此事损失已大，若再为之，倘有意外，不更受亏乎？"余曰："此事除登告白须费外，徐何受亏之有？"且余以询友人谙律师事者，亦谓除此更无别法。然陈等卒以畏事惜费，隐忍而罢。此足见吾国商人之无远识，为可慨也。余按：吾国与外人交易，往往有信之过甚，太不谨慎者。如明明为此种贸易之洋行，忽与作他种贸易，而又不明立契约，万一遇奸人，资货无着，则行东不肯赔偿，亦固其所。至收条之签字，亦大宜审慎，万一事须涉讼，而问官谓此非行中之据，则讼不得直矣。至信昌事，于理除请赔款外，亦须请治佛裴克诓骗之罪，此领事不能护庇也，而竟不及此。盖吾国商人，仅知追回资本为一大事，殊不知退回资本，此有形者也，其益有限也，若严惩奸恶之外人，此其益乃绝大绝远。盖不加惩创，则此等奸恶之人，方谓吾国人但顾资本，不知惩治罪人，则益无忌惮，后此且屡为之矣。又余闻人言，佛裴克以此术诓取人财，自汉口至上海不知凡几，倘一处由行中代偿，则各处援例，行中损失甚大，故美之使领尽力驳斥如此。盖美人保护本国人权利，向来如此，不足怪也。

附：担文律师代信昌珠号投驻京美钦使上控美商益生总会禀

原告上拉各款如左：

一、此案应请复审，所有一千九百一年九月三十号美总领事古堂谕，并请驳不作数。

二、原告系华商，在上海作珠宝生意。

三、被告系美商总会，在上海开设益生洋行。

四、此次控法，两造律师，彼此商定，经原告律师于开辩时声明。

五、一千八百九十九年八月十二号，益生总会与佛裴克签订合同，由被告在上海租屋开设益生洋行，租价由总会照付。

六、总会于合同内与佛裴克订明，作为益生行之总办及经理人，月给薪水金洋二百元。

七、总会会长曾准佛裴克布告大众，谓益生行系该总会所设，由该会主持办理。该行经费及赁屋所需，由总会照付，行中赛货房所需，亦准支梢。

八、凡寄沪转运至总会或益生行各货，佛裴克有权代行提收。

九、总会所设益生行，佛裴克既有前项办理之权，复有伊弟爱裴克帮理，而行中生意亦有伊弟兄会同出面办理之处。如此会同办理，系会长及会中所准，美领事亦云有会同之权。

十、一千九百年五月十八号，原告有珠十粒、宝石三十二块，定价银二万七千二百八十七两，交被告所设之益生行代售，其所议办法，已于禀中第三、四两款中叙明。其交珠宝时，以佛裴克为该行总办及经理人。

十一、前项珠宝交去之后，既不付价，亦未将原货交还。

十二、查交珠宝时，曾取有收条，书有"益生总会所设益生行赛货房"字样，并由该行经理佛裴克签字。

十三、查前项珠宝，系寄至美国之爵那司南勒行，该行曾入总会。

十四、原告曾在上海美领事处禀控，向被告追偿。于一千九百一年七月二十三、二十四等日，由美总领事讯讯。

十五、一千九百一年九月三十号，美总领事判断，以原告所指佛裴克为被告经理之证据不足，不能准追。

十六、原告以美总领事所断与律不合，与供不符，前项堂断应请驳不作数，或请复讯。其所以不服之故：

一、美总领事断称，原告必须将佛裴克有经理总权及所作所为，应可责成该总会之据指出一层，该领事实误会律意。

二、美总领事所断原告供中，并未将裴克有经理总权证实一层，该领事实未将供词详细核明。

三、此禀第六、八、九三款内，指出裴克弟兄经理总权之证据，美总领事以为不足，由于美总领事未谙律意。

四、美总领事以被告另有密嘱与佛裴克，原告不能向其控追，又以裴克仅有办赛货之职，而无经理该行之权各层，均于律未谙。

五、美总领事谓裴克即使系益生经理，亦无收卖珠宝之权一层，于律不合。

六、前项收条，美总领事以为非总会所出一层，与供不符。

七、被告既系总会，凡会中之人所为，即系总会所为。

八、查会中之人曾有与裴克订立合同，托其经理买卖，今美总领事谓总会并未给予裴克买卖之权一说，与律不合。

九、原告所以敢将珠宝交与裴克，实因被告信托裴克作为经理。令因此受骗，惟有向被告追偿。

此禀去后，美钦使复称，所有原告律师辩词，暨两造供词，以及美总领事堂谕，均已详加复核，本大臣以为不必复审，前项堂谕自应作数。

（录自《汪穰卿笔记》，1926 年商务印书馆铅印本）

汪康年年谱简编

咸丰十年（1860）

正月初三日，汪康年出生于杭州三角荡外祖家。初名灏年，字梁卿，小字初官。十九岁时更名康年，字穰卿。中年自号毅伯，晚又自号恢伯。时正逢太平军李秀成部奔袭杭州，康年父汪曾本为躲避战火，携妻子关氏及二女一子避居于三角荡外祖家中。

按：汪氏家族祖上为安徽黟县人，明万历年间，汪康年的十二世祖汪元台以经营盐业率全家迁移至杭州，遂定居于杭城普宁里（今谢麻子巷）。至十世祖汪时英，弃盐业而改营典当业，历经百年而成杭城巨富。乾隆十年（1745），康年的本生六世祖汪宪成乙丑科进士，汪氏家族开始以科名著称。同时，汪宪还创建振绮堂藏书楼。汪氏振绮堂广事搜罗典籍，使振绮堂在乾隆年间即已成为闻名江南的著名藏书楼。至康年的祖父一代，汪氏家族又以学术名于世，尤其是大伯祖汪远孙，是嘉庆间闻名海内的经学家。汪氏遂成为集富商、官宦、学者为一体的杭城大家族。

但也正是从康年祖父一代以后，家道日渐败落。至康年的父辈析产时，其父亲汪曾本仅与大、五两房合分得当业两处。而且这两处当业，不久便因被管事者所骗而破产，家境更一落千丈。

是年秋，汪曾本奉檄署景宁教谕，康年及全家随父迁居景宁。

同治元年（1862），汪康年3岁。

是年，康年由父亲启蒙，初读《尔雅》，日习数十字。

因景宁为浙闽赣间之要道，太平军常过兵此地，汪曾本以景宁非可安居，遂请友人护送家眷至江西余干县之社洪镇避居。

同治二年（1863），汪康年4岁。

汪曾本入都会试再次报罢，不得不以下层官吏为生，乃纳资为盐大使,指分广东候补。康年随全家移居广东。

同治三年（1864），汪康年 5 岁。

康年全家到广州后始居三多坊,屋圮,乃移居净慧街,已而又将圮,全家再迁居于白薇巷。其父亲则闲居候差,全家依靠借贷质当维持生计。

同治四年（1865），汪康年 6 岁。

汪曾本以迟迟不得差,乃斥卖家产数千金,加捐花样（即遇缺尽先）,期望能早补一缺。不料所有钱财均被经手之人拐去,康年家更陷入困境。康年后来回忆说,当年"常闻长者忧叹,时复泪盈于睫"。

同治五年（1866），汪康年 7 岁。

是年二弟诒年生,父得委缉私差六个月,所谓"涸辙之鱼,稍有生机矣"。

同治六年（1867），汪康年 8 岁。

是年汪曾本得委芦苞缉私差半年。康年少时皆在家中读书,由父亲亲自督课。后相继请吴姓、沈姓先生教学。未几两位先生先后辞去,便随父亲至任职地芦苞读书。

同治七年（1868），汪康年 9 岁。

是年,康年与堂兄汪玉年从八叔汪曾学读。

同治八年（1869），汪康年 10 岁。

仍从八叔父读书。秋,八叔回杭州,奉父命与堂兄汪玉年同至客居广州的杭州人周麟趾先生的学馆中就读。

同治九年（1870），汪康年 11 岁。

仍从周师读。三弟汪洛年出生。十月,大姐出嫁。

同治十年（1871），汪康年 12 岁。

亦在广州任职的堂伯汪清冕聘秀水人汪熙莼为其二子汪大燮、汪大钧昆弟课读,康年、诒年兄弟亦从之学。

同治十一年（1872），汪康年 13 岁。

仍从汪熙莼先生读。

同治十二年（1873），汪康年 14 岁。

仍从汪先生读。

同治十三年（1874），汪康年 15 岁。

是年,父以劳绩得小淡水盘查厅缺,年所入可得四五千金,偿宿债之余,稍有余资购买书籍,并改延吴锡侯先生来家专课康年、诒年兄弟二人。

光绪元年（1875），汪康年 16 岁。

吴锡侯先生辞去，改请萧山韩亦潮为师。不久韩师因年事已高，不复能尽心馆事而辞去。

光绪二年，（1876），汪康年 17 岁。

从堂伯汪清冕家的新聘教师秦颂丹先生习作八股文。

光绪三年（1877），汪康年 18 岁。

为专心学业，奉父命寄宿于堂伯汪清冕家，从秦师习举业。

光绪四年（1878），汪康年 19 岁。

奉父命，康年偕堂兄汪大燮、表弟王子良等人回杭州应童试。作为商籍子弟，汪康年参加了分司、运司两试和院试，终以第十名的成绩得取入钱塘县学，成为生员，自此得以晋身士林。汪康年此次回杭考试父亲只给了 20 银元，除去应付来杭路途及到杭州应试所用，已所剩无几，只得求助于丁丙，卖掉《通志堂经解》，得墨银九十元，才得以对付入学后的各项用度。秋间回广州，还向亲戚借得数银元，始得成行。

光绪五年（1879），汪康年 20 岁。

是年夏，祖母关氏去世，康年随父亲扶柩回籍，并回杭应乡试。榜发，未中，随父亲返粤。

光绪六年（1880），汪康年 21 岁。

在家中课二弟、三弟及外甥读。

光绪七年（1881），汪康年 22 岁。

在家课二弟一甥读，同时从广东名孝廉石炳枢先生习举业。

堂伯汪守正因治愈慈禧太后疾而得宠。因汪守正的疏通，康年父因此谋得海关事，月可得八十金。时广东官场中遍传汪曾本将可得志云。

光绪八年（1882），汪康年 23 岁。

汪康年偕堂兄汪大燮回杭参加乡试。时汪曾本已重病在床，仍竭力为康年筹川资。乡试仍不售。十一月十一日，父病逝，临终仍谆谆训诫康年兄弟"不可废书不读"。

父亲病故后，全家顿失依靠，家中不仅毫无蓄积，且遗债至五千金，二弟诒年、三弟洛年均在读书，一妹尚未出嫁，已出嫁的长姊仍挈子长居家中，举家顿时皇皇无可为计。作为长子的汪康年，只得担当起一家之长的责任。

光绪九年（1883），汪康年 24 岁。

在本家多位叔伯及时任两广总督曾国荃的帮助下，是年春，康年与母亲、大姊及外甥、两位弟弟、妹妹，以及亲丁、仆妇等十余人扶柩乘舟回杭。因祖屋已被典出，只得暂租住在延定巷一处简陋的房屋中。父亲之柩，则奉厝于桃源岭相近之攒基。不久，因延定巷租屋环境不佳，遂迁居于宿舟河下之胡宅。为筹葬资，母亲以残余之饰物质得百余元，安葬了父亲。

回到杭州后，生活略为安定，但诸亲友资助之金已垂尽，为了养家，康年觅得书局分校事，月得薪水十六元。同时又谋得为吴氏（王文韶三姐）的两个儿子教读之职，月得修金八元。每月共二十四元的收入，全家人的衣食全仰赖于此，但米盐凌杂时虞不给，生活仍然拮据。康年除应付教馆与编校职之外，又须料理家务，督促诸弟读书等家务。

光绪十年（1884），汪康年 25 岁。

母亲为康年与金坛王希曾长女订婚。

光绪十一年（1885），汪康年 26 岁。

康年与王氏成婚。是年应浙江乡试，仍未售。

光绪十二年（1886），汪康年 27 岁。

新任浙江学政瞿鸿禨按试杭州，赏识汪康年的才能，擢为岁试第一名。

光绪十三年丁（1887），汪康年 28 岁。

是年康年应科试，仍列第一，得补县学廪膳生。

光绪十四年（1888），汪康年 29 岁。

是年乡试再报罢，学政瞿鸿禨考试浙江优行生员，汪康年列第二名。馆驿后祖产房屋历时两年的纠纷是年得以解决，所得屋价除了归还欠债外，以余款典得金洞桥施氏屋一进，全家便从宿舟河下迁入。

光绪十五年（1889），汪康年 30 岁。

是春入京应优贡朝考，列第三等，旋考取八旗官学教习。当年秋再应浙江己丑恩科乡试，终于中式。是科首题："君子之道，孰先传焉，孰后倦焉，譬诸草木，区以别矣。"次题："日月星辰系焉。"三题："由孔子而来"一节。诗题："赋得与君约略说杭州，得州字，五言八韵。"主试顺德人李文田对汪康年在答次题时运用最新天文家言，用"吸力"解"系"字，大加赞赏，称汪康年于新旧学均有根柢，欲拔置前列，终因格于众议，乃改列第六名。汪康年乡试告捷，打破了本家族三十九年无人继起中举的记录。

光绪十六年（1890），汪康年 31 岁

首次入京参加会试，报罢。会试期间，结识了同届参加会试的梁启超，自此两人书信往还，成为好友。

因李文田的推荐，两湖总督张之洞聘请汪康年到武昌为其两位孙子教读，继而又充任两湖书院的史学斋分教，在湖北志局参与省志的编校工作。

在武昌的五年，对汪康年来说是非常重要的时期，不仅得以拜在权臣张之洞门下，得到张之洞的扶持，并且得以结纳张之洞幕中的时贤名流，如武进人屠寄书、无锡人华世芳、徐建寅，丹徒人姚锡光，江阴人缪荃孙，归安人钱恂，瑞安人黄绍箕，石埭人杨文会，义宁人陈三立，宜都人杨守敬，新化人邹代钧，达县人吴德潇及其子铁樵，厦门人蔡锡勇，番禺人梁鼎芬，归善人江逢辰，厦门人辜鸿铭等。初步建立起了自己的社交网络，为他以后的变法活动和开拓新闻事业打下了基础。

光绪十七年（1891），汪康年 32 岁。

仍在湖北。康年对西学越来越扩大而深入的了解，坚定了他弃旧学求西学的决心。是年在给汪大燮的信中明确表示，他将"屏无用求有用之学"，打算编辑一套"古今中外交涉事"的丛书。

光绪十八年（1892），汪康年 33 岁。

汪康年入京应会试，中式第二十七名，总裁为户部尚书翁同龢、工部尚书祁世长、宗室霍穆欢、内阁学士李端棻。首题为："君子矜而不争，群而不党。子曰：君子不以言举人，不以人废言。"次题为："斯礼也，达乎诸侯大夫及士庶人。"三题为："方里而井，井九百亩，其中为公田，八家皆私百亩，同养公田。"诗题为："赋得柳拂旌旗露未干，得旗字。五言八韵。"榜后汪康年因足疾骤发，所以没有应殿试，仍回湖北。是科同榜中式的，有许多近代名人，如：李希圣、叶德辉、汤寿潜、吴士鉴、张元济、熊希龄、叶尔恺、张鹤龄等人。

光绪十九年（1893），汪康年 34 岁。

是年，湖北自强学堂成立，汪康年受命入自强学堂编纂《洋务辑要》。

光绪二十年（1894），汪康年 35 岁。

春，汪康年入京补应殿试，列三甲第五十九名，又因临场患病而未能应朝考，出京回湖北。本年同应殿试者有张謇、汪述祖、俞省三、王照等人。

7月，甲午战争爆发，汪康年极为关注这场战争，频频与京外诸同志书札往还，探访战事的发展。随着清军的连连败北，汪康年开始与同在湖北的邹代钧、陈三立、谭嗣同、吴德潚、吴铁樵、夏曾佑、叶瀚等诸同志讨论"变法图新"以救国的问题。

目睹上海等地的报纸或附会神怪，妄诞不经，或迎合时趣，讳败为胜，淆惑听闻，汪康年深受刺激，萌生了办报的意愿。

汪康年经多年寻访搜集，编成《振绮堂丛书》初集和二集。是年先付印二集十二种：《中兴政要》（文廷式辑）、《克复谅山大略》（抄本）、《烈女传》（汪宪辑）、《明史分稿残编》（方象瑛著）、《己庚编》（祁韵士编）、《西藏纪述》（张海撰）、《章谷屯志略》（吴德煦子和甫辑）、《万象一原》（夏鸾翔演）、《埃及碑释》（陈其镛录）、《木剌夷补传稿》（著人未详）、《转徙余生记》（方濬颐撰）、《奉使英伦记》（黎庶昌撰）。以"泉塘汪氏"名义在湖北刊行。

光绪二十一年（1895），汪康年 36 岁。

甲午战争中国败于日本，继而又签订了《马关条约》，汪康年更坚定了变法以图存的思想，并且认为，非将一切经国家、治人民之大经大法改弦易辙，不足以言变法。以此，汪康年倡议组织"中国公会"，经与在湖北、上海的同志商议后，拟定了《中国公会章程》。"章程"开宗明义地说明："公会者，所以保吾华之圣教，使不至日渐澌灭也；所以保吾华之种族，使不至日渐沦胥也。……兹立此会，务欲使天下人之心联为一心，天下人之气联为一气，将拯衰弱，俾臻富强。"公会后来没能成立，但其中的设立报馆，"以为声应气求、集合同人之枢纽"的想法则步步推进。经与友人商议，决定先创办一份译报，以报续会。

康年把创办新式学堂看做是变法的重要内容。夏间，汪康年回杭州，闻知某僧寺的主持因犯事而寺产将没入官，乃游说官府和地方士绅，就某寺创办学堂，校名定为崇实学堂，并草拟章程。但由于某些士绅的阻挠，此事终未成。

11月，康有为在上海发起成立上海强学会，汪康年列名会籍并与闻会务。

是年，康年还为实现变法图新的理想做了两件事：一是为自己取新号"毅伯"，表达自己坚毅实行变法图存事业的意向；二是为了实现办报的理想，在上海静安寺路味莼园前购地筑屋三间，次年1月即旧历年前举家迁往维新风气最浓的上海。

光绪二十二年（1896），汪康年 37 岁。

3 月，张之洞离开南京回湖广总督本任，希望汪康年随他回鄂，康年不从，坚持要在上海办报。张之洞请人转告汪康年："开报馆，则无馆；不开报馆，则有馆"。汪康年不得不辞去两湖书院兼任的教职，以专心办报。

恰逢朝廷下令查禁北京和上海的强学会，张之洞授意汪康年接收强学会余款，移作办报经费。经与黄遵宪等人商议，决定办一份以启民智、开风气、助变法为宗旨，以广译西报、注重论说以及五洲近事、各省新政、交涉要案等为主要内容的旬报。报刊取名为《时务报》。从年初开始，康年以强学会停办之后的余银 1200 两为基础，紧锣密鼓地开展了办报筹备工作。他去函北京，邀梁启超南下参加创办报刊的工作。经费除了强学会余款外，还采用募捐方式，得到当时各省官绅的大力支持。

8 月，《时务报》在上海创刊。报社以汪康年担任总理，梁启超担任主笔，聘请日人古城贞吉任日文翻译，张坤德任英文翻译，郭家骥任法文翻译。

汪康年主政《时务报》，担任管理报社的行政、财务、经营以及对外应酬等方面的工作。为扩大报纸的发行量，康年运动各处官府官购报纸，或明令各属阅报；利用各种关系，在十八省七十余城镇以及南洋、日本设立了二百余派报处，使《时务报》的销量在创办次年即达到12 000余份。

汪康年不仅担负报社的管理工作，而且还亲自撰写论说文，宣传变法。在《时务报》存在的三年间，共发表论说文 14 篇，当年发表的文章有 9 篇：

《中国自强策》上、中、下，载《时务报》第 4 册

《论中国参用民权之利益》，载《时务报》第 9 册

《论今日中国当以知惧知耻为本》，载《时务报》第 11 册

《为人为己不分为二事说》，载《时务报》第 11 册

《以爱力转国运说》，载《时务报》第 12 册

《惩讹言说》，载《时务报》第 12 册

《论中国求富强宜筹易行之法》，载《时务报》第 13 册

《复友人论变法书》，载《时务报》第 13 册

《商战论》，载《时务报》第 14 册

这些文章在当时的思想界影响很大，尤其是其中的《中国自强策》，指出了中国当时所面临的民族危机，抨击了清朝的专制政体，全面阐发了政治改革的必要性；《论中国参用民权之利益》中大肆宣扬了当时还比较忌讳的民权思想，把设议院、定官制、改政法作为变法运动之本源。维新阵营对此表示赞扬，而洋务派阵营则大为忌恨，张之洞以发行、财力等手段对汪康年及《时务报》施加压力，干涉报纸言论。因此自以上两文后不得不有所收敛，言论趋于平和。

光绪二十三年（1897），汪康年 38 岁。

本年，康年除了主政时务报馆外，还积极参加各项变法活动，他参与发起创办了多个维新团体，除了上年与邹代钧等人发起成立译印西文地图公会、与罗振玉等人发起创办务农会（农学会）、创刊《农会报》外，是年参与创办的维新团体还有：与梁启超、谭嗣同、康广仁等人创办戒缠足会，6 月设于时务报馆内；10 月，与叶瀚等人创立蒙学公会，发行《蒙学报》，并协助叶瀚筹设专门培养师资的教习学堂和教育幼童的蒙学堂（均为次年开学）；与吴仲韬等创办医学善会；11 月，与经元善等人发起创办中国女学会及女学会书塾，次年开学；与陈季同等倡设戒烟公会；并拟议设立维新总会等。

光绪二十四年（1898），汪康年 39 岁。

1 月，汪康年与曾广铨游日本，遍历东京、横滨、大阪、神户、长崎等处，匝月而归。重要的是，期间康年曾与孙中山有过两次秘密接触。

2 月，与罗振玉等人创设东文学社于上海之新闸路梅福里。

康年因《时务报》为旬刊，内容只以宣传变法为主，不能顾及时政新闻，因而经与诸同志商议后，联合堂弟汪大钧以及曾广铨等，集资万余元，与本年 5 月创办《时务日报》，以报道中外大事，评论时政得失为主。日报创刊后，康年日则出外咨访，夕则篝灯握管，辛勤经营日报。由于《时务日报》报道及时，纪事详核，议论平正，渐为各界重视和欢迎，报纸销行日广。而且，《时务日报》对中国报纸旧的版式做了改革：仿照西方新闻报刊的格式，采用两面印字，每面划分四版，每版分作二栏的格式，比旧式报纸行短字少，更方便阅读。在报纸栏目上将新闻分为电报、各国新闻、外埠新闻、本埠新闻四类，再按国别及区域分别排列，使读者更为便利。这一开创性的版面和编辑方面改革，后来渐为各报纸所沿用。

7月，上海法租界当局以修建学校和医院为由，欲抢夺四明公所公墓，旅沪宁波人以罢工、罢市等形式与之抗争。汪康年给以坚决的支持，《时务日报》不仅刊登文章揭露法人阴谋，还印发了大量的号外予以声援，并对民众的抗争给以指导。事后又上书清朝上海当局，建议仿照香港等处做法，在租界公董局中增设华人董事，有事和衷商榷，可避免或减少冲突。

是年，汪康年继续在《时务报》上刊文，宣传变法，其文有：

《论华民宜速筹自相保护之法》，载《时务报》第47册、52册

《论胶州被占事》，载《时务报》第52册

《论将来必至之势》，载《时务报》第65册

《论西人处置东亚之意》，载《时务报》第69册

《论宜令全国讲求武事》，载《时务报》第69册

《时务报》自创办以来的两年时间里，为开风气，汪康年延聘英、法文译员，择译有用之书，次第付印。其中印成之书九种（李希圣编《光绪会计录》，日本南溟（绪方）撰《中国工商业考》，古城贞吉译《日本学校章程》三种，吴挹清等撰《随轺游记》，英人兰斯德所著、杨枢等人译《俄属游记》，方恺撰《代数通艺录》，傅兰雅、华衡芳译述《气学丛谈》）。待印之书七种（《升恭勤公藏印边务录》、《英国印花税则》、《英伦巡捕章程》、《华盛顿传》、《宝星考略》、《中国在欧开办商务节略》、《时务会课文编》）。在编译中之书有九种（《美国政书》、《英国律义》、《法国律例》、《泰西新政史》、《日本新政史》、《万国通商史》、《陆战新法》、《西国陆军制考略》、《几何快读》）。

在时务报馆中，汪康年掌行政，梁启超掌笔政，相得益彰，使《时务报》驰名中外。但由于汪、梁二人政见、学术观点等方面的不同，更有背后各有不同政治势力的操控，使工作上的矛盾逐渐演变成报馆的管理权之争，而且越来越激烈。梁启超赴湖南后，《时务报》完全为汪康年所控制，梁愤而辞职。汪、梁矛盾激化，甚至在报纸上开打笔墨官司。为挤走汪康年，由康有为策动，7月，清廷下令改上海《时务报》为官报，派康有为督办其事。为维护对报社的控制权，经张之洞授意，汪康年另办《昌言报》，而将《时务报》空名留给康有为。

8月17日，《昌言报》创刊，刊期、形式和内容，全都延续《时务报》。戊戌政变后，为躲避清廷的镇压，聘日本人安藤虎雄任总监。末

后各册，对政变多有影射和非议。第十册出刊后，终因亏空太多，经费难以为继而停刊。

同月，《时务日报》也更名为《中外日报》，编号另起，版面与《时务日报》相同，内容以报道中外大事，评论时政得失为主，有论说、外埠新闻、本埠新闻、译报、专件、时事要闻、电传上谕等。戊戌政变后，为避免清廷追究与康、梁的关系，托蔽于英商公茂洋行名下。

10月，元配王氏以肺疾卒。

光绪二十五年（1899），汪康年40岁。

是年，康年从英商手中赎回《中外日报》，由其弟汪诒年任总理，而实际上仍由汪康年主持。

政变后，汪康年开始多方探讨中国的变革道路，除了继续与主张变法的叶瀚、夏曾佑等江浙士绅、康、梁等流亡海外的维新派保持联系外，还秘密地与革命派、民间秘密会党联络，也与日本东亚同文会的成员密切交往。12月，正气会成立，汪康年是该会的主要发起人、领导人之一，不仅参与制订《正气会章程》，规定该会以"务合海内仁人志士，共讲爱国忠君之实，以济时艰"为宗旨，也以正气会领导人的身份联络各方，进行推进中国政治改革的各项活动。

12月，母关宜人卒。

光绪二十六年（1900），汪康年41岁。

仍在上海主持《中外日报》。

是年，义和团运动爆发，北方局势陷入混乱之中。汪康年主持下的《中外日报》一再吁请朝廷"剿拳"戡乱，同时也多有批评外国传教士欺压平民的"持平之论"发表。

6月，义和团运动已蔓延至京师，慈禧为首的清王朝对义和团采取放纵政策，列强的八国联军即将举兵入侵，北方糜烂不堪，南方亦岌岌可危，江浙士绅亟谋自保东南。是月中旬，汪康年受正气会委派前往湖北劝说张之洞"剿拳匡劾政府"，迎接光绪南下，受到张之洞的冷遇。继而又到南京，请人将此建议转达刘坤一，未被刘接受。李鸿章北上道经上海，康年复联合同志向李上书，请即率兵入都，以"剿团"作为与列强媾和之根本，也未被采用。不久，康年得闻英国等西方各国将以"保护侨民"的名义派遣兵轮入长江，深恐南方各省也遭蹂躏，认为当时首要之图应是保护南方，而后方能靖北方，而欲保南方，非先与各国切实订约，使中外相安不可。遂奔走于督办商约大臣盛宣怀等一群江浙官绅中，发起并密谋东南互保之策。6月26日，上海道余联元与各国驻沪领事商定了"保护东南章程九款"。

汪康年主持的《中外日报》，这一时期也连篇刊发《论保东南宜创立国会》、《固南援北策》、《筹南十策》等论说，呼吁"七省督抚立公共政府，布设国宪"，"乘此画分南北而图自立。各省应订立公共章程，就"如何联络外交，如何平治内乱，如何分议防守，如何互通饷械"形成条款，"必令划一而能通融大要，合诸省为一联邦"。同时还应北上剿匪，迎鉴南下。

7月26日，中国议会在上海愚园宣告成立，汪康年等数十名知名人士出席。在议会举行的会议上，容闳、严复被选举为正、副议长，汪康年等十人为干事。中国议会公开提出的宗旨是："保全中国疆土与一切自主之权；二、力图更新，日进文明；三、保全中外交涉和平之局；四、入会者专以联邦交、靖匪乱为责任，不承认现在通匪矫传之伪命。"

中国议会成立后，汪康年等人仍然寄希望于东南督抚率兵北上，同时也将联络民间会党力量武力变政作为一种选择。所以议会成立不久，汪康年就先后派人到扬州、湖北等地联络民间武装，并且私下里也与革命派保持接触。

8月底，唐才常的自立军起义失败，清政府开始搜捕自立会及中国议会的成员。不久，一位曾加入自立军的会党成员李某向两江总督告发，指汪康年实为自立会首领。此时汪康年恰在南京，刘坤一即派人前往抓捕。在朋友的帮助下，汪康年逃出了南京。

光绪二十七年（1901），汪康年42岁。

仍在上海主持《中外日报》。

2月，汪康年请日人井手三郎向犬养毅、大隈重信、山县有朋、近卫笃麿、伊藤博文、佐佐友房和柴四郎等七人转交信函，及《整理政法纲要》一文。信中希望日本与西方国家帮助光绪重掌政权，将煽惑宫廷之奸邪如荣禄、李莲英等乘便除去，然后将用人行政诸大端全行更革。《整理政法纲要》则阐述了汪康年设计的以君主立宪制为中心，政治、经济、军事、社会、文化教育等各领域全面改革的蓝图。

2月16日，沙俄向清政府提出约款12条，企图独占东北三省。汪康年得悉后，即由《中外日报》刊印传单，通告民众；刊发论说，号召拒俄。3月15日下午，上海各界二百余人在张园集会，共商拒俄。汪康年是这次集会的发起人之一，并在会上发表演说，揭露沙俄自道光、咸丰以来割我土地，杀戮我民的罪行，认为如果政府应允了沙俄的 12 条约款，"则我国东三省之地，将永沦为异域矣。""今我等若犹袖手旁观，是甘心为奴隶、为马牛矣！"号召国民"必须竭我等心力，始足尽国民责任。窃愿诸君共拟电文，呈达政府及北京议和王大臣，及各省督抚，求其力拒俄约，庶我国犹有亡而复存、死而复生之望，不胜大愿！"激昂慷慨，闻者动容。不久，风传沙俄将胁迫中国谈判代表在 3 月 25 日正式签订约款，汪康年与蒋智由等向上海各界发出倡议，再次举行拒俄集会。24 日，各界近千人再次聚集张园开会，汪康年担任集会的会长。会上群情激昂，谴责沙俄的侵略，在全国产生了很大的影响。继而又上书两江总督刘坤一、两湖总督张之洞、两广总督陶模，请向朝廷力争抗俄。

光绪二十八年（1902），汪康年 42 岁。

仍在上海主持《中外日报》。

康年向当局递"说帖"，陈述中国所面临的列强"明露布置瓜分之意"，内政则商务败坏、财政支绌、民生困穷、流为盗贼、民权自由之说盛行等"局势愈迫之状"，指出宫廷用度糜费、督抚贪劣、用人失当、利权外失、大失商情等"措置失宜之事"，提出了定政本、定切实办法、速定外交政策、速聚人才于京师、别筹赔款之法等五项"今日极宜办理之事"。另附"要事杂陈"，包括"扶助华人自行传教"、"处置赫德"、"整饬税务"、"慎重诸权"、"招华商办理国内商务"、"招求海外人才"、"宜慎用外人"、"宜防外人侵占内地商务"、"慎重商约"、"用人宜慎"等各项具体建议。

光绪二十九年（1903），汪康年 44 岁。

仍在上海主持《中外日报》。

4 月，续娶溧阳陈翰先生女，随后便偕陈氏往日本游历。

4 月 27 日，康年参与发起拒俄集会，上海各界千余人再次聚集张园，数十人发表演说，抗议沙俄企图侵占东北，表示政府即允此约，我国民亦决不承认。

7 月，上海发生《苏报》案，清廷勾结租界当局拘捕章太炎、邹容诸人，并在英租界会审衙门设特别法庭，章、邹诸人与受清廷委派来上海的中国政府代表某道员同受审于英国领事及会审委员之前。汪康年认为丧权辱国莫此为甚，遂致电政府，言：此事先误颟顸，继误操切，竟闹成公堂对质，失权受侮，流弊无穷。且恐被告状师必将百端指斥，不久且腾播全球，为辱已甚。建议此事宜由朝廷托辞宽大，诏予轻减，不复根讯，仅命暂禁租界，庶稍冠冕云云。复上书外务部尚书吕海寰，批评朝廷对此事"处之无策，化之无术，制之无权，横溃决裂"。建议速电致朝廷，请速下诏，不许株连。

光绪三十年（1904），汪康年 45 岁。

年初，汪康年入京补应朝考，一面为在北京办报探路。朝考结束，康年授职内阁中书。

4 月，德商荣华洋行私下推一些浙江巨绅子弟出面，以中德"合办"为名，向清政府申办乍浦至杭州湖墅的铁路。汪康年得知此消息后，即运动各在京浙籍官员向商部申告：出面申办铁路的人并非从事实业之人；湖墅至浦东一水可达，又无大宗出产需铁路为之转输，德商欲造此无利可牟之铁路，居心叵测，恐另有所图，使德商的申办被否决。

是年，杭州水陆寺住持僧人因故弃寺远飏，杭州士绅讨论将该寺改为两浙寻常师范学校，该寺的僧人闻讯后，暗地勾结日本本原寺的僧人，将寺外匾额改名为"日本释氏学堂"。汪康年得知此事后，认为水陆寺为地方公产，今以可废之寺院改为有用之学堂应属地方公益之事，如听任僧人将该寺托庇于日本寺庙，在日本既可借教以伸权，将来杭城内外六百余寺屋、寺产，必渐为日本所有，而各寺僧徒亦必渐为日本人之教徒，主权既失，交涉更繁，不能不防其渐。因而联络浙籍京官，向政府呈文，请为照会浙江巡抚，咨明日本领事：杭州的寺院系地方公费建设，不得为日僧占有，藉遏刁风，兼弭祸萌。

自是年起，汪康年为在北京筹办报纸，往来于北京上海之间。

光绪三十一年（1905），汪康年 46 岁。

是年春，美国协丰公司代表倍次向清政府提出了承办全浙铁路的要求。在日本的浙籍留学生以及在京、在沪的浙籍官绅全力抵拒，美国人的图谋未能得逞。受此事件的刺激，浙江的爱国人士均认为，无论是从浙江工商经济发展的角度，还是从保利权的角度看，自筑浙江铁路，已是非常必要，也非常迫切。在京浙籍官员公同商议后，推举汪康年，以及沈卫、张元济、孙问清四人，以浙籍京官代表的身份持公函到上海，邀集上海的浙籍绅商聚议，成立浙江铁路公司，公同推举汤寿潜为公司总理，刘锦藻为副总理，并由浙籍京官具呈商部，请旨允行。是为浙江铁路及商办浙路公司成立之始。

光绪三十二年（1906），汪康年 47 岁。

八月，学部奏派汪康年为二等谘议官。同时被奏派谘议官的有：陈宝琛、张謇、郑孝胥、汤寿潜、梁鼎芬、严复、赵启霖、王同愈、缪荃孙、谭延闿、陶葆廉、陈三立、孙诒让、罗振玉、钱恂、熊希龄、夏曾佑、张一麐等三十三人。

光绪三十三年（1907），汪康年 48 岁。

经过两年的筹备，3 月 28 日，汪康年在京创办《京报》。汪康年到北京创办此报的目的，是为了能及时得到与政府有关的信息，并及时向政府提出建议。所以他在是日刊发的《京报发刊献言》中，阐明该报将"力纠政府之过失，以弭目前之祸……以昭昭白日之心，发慷慨激昂之气，言之急无邻于诡，言之平无近于阿，通上下之意，平彼此之情，理所与者，必以言助之，虽百訾不馁；理所否者，必以言阻之。虽强御不避，固将奉以始终，勿致失坠"。在形式上，《京报》采用了不同于其他报纸的小页张，方便读者阅报。

《京报》创刊后，汪康年即发表了多篇有关新闻独立与自由的论说文，如《论报馆挂洋牌之不可》，认为将报刊托于外人名下，是"不独自示畏缩，且适表明政府必无容直言、奖气节之美德"。又如《论朝廷宜激厉国民多设报馆于京师》，主张政府应鼓励国民在京师办报，"使四方之有怀欲陈者，悉趋而麇聚于京师，而上之于朝廷，使全国人心，皆以京师为依归，而朝廷亦得听采之益"。《通报停闭感言》则批评政府对待新闻报刊"摧折之，剿绝之，使吾国人噤缩"的政策。

汪康年还在《京报》上刊出了多篇指陈危亡局势的论说，向政府及国民指出中国所面临的严重民族危机，大声疾呼救亡图存，如《论吾国为无政府之国》、《偷安为贫弱之原因》、《论吾国今日人心之大病》、《书越南人巢南子海外血书后》、《日法协约之深意警告政府》、《论西报之言警告政府与国民》、《论高丽告中国》、《再论高丽告中国》、《三论高丽告中国》等，无论是对政府还是对民众，都起了警示作用。

《京报》对当时朝廷内外的贪渎腐败也大胆揭露和抨击。他认为"害马不去，则良政治不得而建立"，"巨憝既去，而依之以为奥援者将无所恃以藏身，庶几朝列清明，时局犹有可为也"。所以对于奕劻的搏击最力。他所撰写的《庆亲王七十生辰特别赐寿记》，以讥讽的语言，揭露了当国枢臣奕劻的贪腐和无能。尤其是在轰动朝野的"杨翠喜案"（袁世凯的亲信段芝贵献歌妓杨翠喜于奕劻之子载振，奕劻又藉生辰之机收受段芝贵寿礼十万两，段遂因此得以道员躐迁黑龙江巡抚）披露后，汪康年连续发表了《读连日罢斥朱宝奎段芝贵谕旨谨书》、《读初五日谕旨谨注》、《读初六日上谕谨注》、《读开复赵启霖革职处分上谕谨注》等文，对奕劻、袁世凯之流的"鬼蜮行为"做了直截了当的揭露和抨击。文章被正直之士称颂，也引起了奕劻、袁世凯之流的忌恨。

6月，瞿鸿禨入值时，慈禧太后微露对奕劻的不满，有拟令其退出军机之意。不久英《泰晤士报》刊出此消息，英使乃向外部询问，慈禧认为是瞿鸿禨走漏了消息，对瞿甚为不满。奕劻一派趁机奏劾瞿鸿禨"暗通报馆，授意言官，阴结外援，分布党羽"之罪，瞿鸿禨遂被下令开缺回籍。瞿氏罪状中的"暗通报馆"，即指《京报》言。此即轰动中外的"丁未政潮"。8月25日，京师外城巡警总厅向京报馆出示一纸公文："奉民政部谕，《京报》馆着于本月十八日起停止出版"，勒令《京报》停闭。

光绪三十四年（1908），汪康年49岁。

回上海主持《中外日报》。

是年夏，发生了江苏新军在昆山夏驾桥以捉赌为名，枪杀无辜平民的事件，引起公愤。事后，出现了一份有二三十名当地绅士署名的呈文为新军辩护，其中有前山东沂州知府丁立钧。但汪康年与丁氏熟识，知其逝世已久，便于《中外日报》上予以揭发。且认为，丁立钧之名既出于假托，则他人之名能否免于假托，殆不言可知。而新军之枪杀平民，应否予以辩护，亦不言可知。由此激怒了江苏省军政当局。至7月，有某君以论稿投报馆，题为《金陵十日记》，极言南京军政、警政之腐败。汪康年本着"言者无罪，闻者足戒"原则，在《中外日报》上全文刊登。于是南京的两江总督端方以及军界、警界均大怒。在端方的指使下，苏松太道蔡乃煌以股东和行政长官的双重身份诘责汪康年，并要求康年承认前所刊登之论说实系错误，保证此后报中不得有讥评南北洋之论说，遭到汪康年的拒绝。蔡氏乃以查封报馆相威胁，迫使汪于8月中将报馆出让给他。汪康年不得不离开他辛苦支持几及十年的报馆。蔡乃煌自攫得《中外日报》后，成为一家非官非商、亦官亦商之报，读者大减，勉强维持了三年，至辛亥年宣告停刊。

宣统元年（1909），汪康年50岁。

春，汪康年协助湖北人、时在清朝驻比利时使馆任职的王慕陶创设远东通信社。这是中国人创办的第一家海外通信社。通信社总部设于比利时的布鲁塞尔，王慕陶任总理，汪康年负责国内北京的事务。凡朝中政治、国际交涉等方面应向国外宣布及申说者，均由汪康年具稿，寄给王慕陶，重要者则发电报相告。王慕陶得讯后，即转达各国报社。

宣统二年（1910），汪康年 51 岁。

11 月 2 日，《刍言报》于北京创刊。该报为五日刊，每月六期，分谕告、评论、研究、调查、事案、掌故等栏目，以评论时政为主，也摘登前数日各报登载的重要新闻作为研究资料。《刍言报》在中国新闻史上，或汪康年办报生涯中均有不少值得一书的亮点：一是报纸不仅完全由汪康年独立创办，独资经营，而且撰著、编辑、校对、发行皆他一人担任。二是不对外筹款，不招揽广告。三是汪康年在创刊号上"小引"明确表示，该报"以评论及记载旧闻，供人研究为主，不以登载新闻为职志"。不仅说明汪康年作为著名报人的新闻思想的成熟，也说明在政治上汪康年是以一个监督者、批评者的身份发言的。所以，《刍言报》创刊的当年，就密集地刊发评论。既有对朝廷上下政以贿成、以官为市之黑幕的揭露，对政府坐视本国之利权为外人攘取而不过问之行为的谴责，对中央和地方财政之积弊重重及清厘之无效问题等的批评；也有对社会上要求剪发易服呼声的批驳，对于民间动辄主张对外人采用强硬政策的异议，对学生不受管束、军队不服从纪律现象的指责，以及对改革派大范围修改旧律法的不满等。这些言论在当时的温和派中博得了喝彩，严复称："读其议论如渴得水，如痒得搔。果社会尚有一隙之明，得贤者苦口药言，略以挽颓波、制狂吠，则真四万万黄人之福耳。"

是年，汪康年所编辑的《振绮堂丛书》初集，于北京用活版排印，其中包括：《圣祖五幸江南全录》一卷（不著撰人，傅抄本）、《客舍新闻》一卷（彭孙贻撰，傅抄本）、《克复谅山大略》一卷（抄本）、《拳匪闻见录》一卷（管鹤著，稿本）、《韩南溪四种》（稿本，内计《独山平匪日记》一卷，《遵义平匪日记》一卷，均空六居士著，《平苗纪略》一卷，韩超著，《韩南溪年谱》一卷，陈昌运著）、《汉官答问》五卷（陈树镛著，原刻本）、《澳门公牍录存》一卷（抄本）、《蒙古西域诸国钱谱》四卷（英文原本，陈其镰笔述，张美翊勘定，稿本）、《经典释文补续偶存》一卷（汪远孙撰，家藏稿本）、《借闲随笔》一卷（同上）等珍本。

宣统三年（1911），汪康年 52 岁。

是年春，清廷有改革官制、设立责任内阁之举，汪康年极为关注其事，视为救国家于危亡之中的要事，因而接连在《刍言报》上发表了《忠告》、《敬告》、《献疑》、《敬问》、《记怪》、《论新内阁》、《论改官制》等论说文，指出："吾国最重要之事，其在改定官制"，劝告清政府，"凡变法必须具决撒手段，方可有成，若敷衍此，又周旋彼，虽万年不能变矣。"并对清政府的官制改革提出了一些具体的建议。当清政府的"皇族内阁"发布后，对新内阁制的"内阁仍是不负责任，亲贵仍干预政务"之弊深感不满。但汪康年对清政府并没有完全失望，他在多篇《杂说》中认为，中国尚没有产生能主持国会之政党，也缺乏有声望、众所推戴的党魁之人，所以他对立宪仍持缓进主义，对谕旨不许再请短缩国会年限，持赞成态度，并极力为清廷的举措开脱。

7 月，学部召集京外教育家及学部官员，在北京召开中央教育会，会员共二百余人，会长为张謇，副会长为张元济、傅增湘。汪康年得列名会员，但因病后体孱，起初并未到会。得知有会员向教育会提出了一份提倡军国民教育之议案，汪康年不赞成这份议案，遂拟了一份修正案送交会长，对提倡军国民教育表达了他的担忧："今吾国之学堂，已甚嫌其喧嚣哗噪，如更令其从事于打靶、拳棒等事，则神散而不聚，气泄而不敛，驯至妄动于家庭，哗噪于市府，甚恐利未得而害先见。"但会长并未将此修正案在会上宣布，因此数日以后，汪康年扶病到会，以会前所书之发言稿请人代为宣读。发言稿指责提案之人"但见外侮之可惧，而未见内地人家子弟之一切情形"。并且说："我国学生何曾专病文弱？他们的气是浮嚣的，他们的心是骄纵的，总之是庞然自大，不服管束。试问如此性质，若再教以武勇之事，岂非火上加油？"因此反对实行军国民教育，"依本会员之意，则靖内乱尤急于御外侮"。

8 月，四川铁路风潮愈演愈烈，全省各地商人罢市、学堂停课，民众集会抗议。不久成都有数千群众聚集督署前请愿，川督悍然枪杀民众，演成成都惨案，全国震动，有乱局迅速向全国蔓延之势。汪康年对局势的演变关注有加，《刍言报》对事变多有评论。

实际上自 1907 年浙路风潮兴起后，汪康年对民众要求收回路权、坚持集股自办铁路的斗争，越来越显得消极，以致抵制，从一位自筑铁路的倡议者、支持者，逐渐转变为民众集股自办铁路斗争的反对者、批评者。因而在 5 月份清政府宣布铁路干线国有政策，激起粤、鄂、湘、川四省的保路运动后，汪康年便在《刍言报》上发表了多篇"不附和众议以博浮誉，不淹没事实以期补救"的"持平之论"，如《悲言》、《敬告》、《诘问》、《记怪》、《忠告》等，认为与外国的"草约久订，不能撤废"，"干路国有，本为应然之事"，而且赞成借洋款造路，"以路事之要，财政之困，借款造路，孰曰非宜？"当四川的保路运动高涨，民众的反抗走向激烈，清政府派兵前往镇压时，他再以连篇累牍的《敬告》、《忠告》、《砭论》、《痛言》等，为清政府镇压四川保路运动辩护，指责四川民众"对于国家，显然呈抗拒、挟制之象"。谓"民争地方之事而至暴动，若不以强力制之，则将任其撤衙署、劫仓库，致酿大乱乎？"

10月10日武昌起义，其他各地也先后响应，清政府大势将去，汪康年在10月17日（八月二十六日）的《刍言报》头版发表《敬告政府》一文，为清王朝尽最后的忠告，告诫朝廷最重要的是要"镇定"，"欲以镇定人也，必先镇定己也"。所要做的"惟有以收拾人心为第一要务而已"，而收拾人心之法，在于立即"下罪己之诏"。

《敬告政府》不仅是汪康年献给清王朝的最后忠告，也是汪康年在报刊上发表的最后一篇论说文。《刍言报》在刊出1911年10月17日这一期后，因汪康年病危而停刊。病危期间，汪康年这位忧国忧民的爱国者，仍然密切关注着国家政治局势的发展和变化。十七天后的11月3日（九月十三日）未时，汪康年在天津病逝。汪诒年记载了其兄去世时的情形：

先生自甲辰始即得膈疾，时觉心胸间有气横梗，哕噫作声。是年八月，革命军事既起，九月京师骚然，先生遂避居天津。初无他疾，十二日方晚餐，得京中友人密书，言政府将起用袁世凯，先生太息言，今方主张共和，然是人可为拿破仑，不能为华盛顿也。语毕，遂起就枕。至夜半，家人闻有呻吟声，亟起视，则已昏迷不能言。进以参汁，啜少许，仅能下咽，翌日未时遂卒。

中国近代思想家文库

方东树、唐鉴卷	黄爱平、吴杰　编
包世臣卷	刘平、郑大华　主编
林则徐卷	杨国桢　编
姚莹卷	施立业　编
龚自珍卷	樊克政　编
魏源卷	夏剑钦　编
冯桂芬卷	熊月之　编
曾国藩卷	董丛林　编
左宗棠卷	杨东梁　编
洪秀全、洪仁玕卷	夏春涛　编
郭嵩焘卷	熊月之　编
王韬卷	海青　编
张之洞卷	吴剑杰　编
薛福成卷	马忠文、任青　编
经元善卷	朱浒　编
沈家本卷	李欣荣　编
马相伯卷	李天纲　编
王先谦、叶德辉卷	王维江、李骛哲、黄田　编
郑观应卷	任智勇、戴圆　编
马建忠、邵作舟、陈虬卷	薛玉琴、徐子超、陆烨　编
黄遵宪卷	陈铮　编
皮锡瑞卷	吴仰湘　编
廖平卷	蒙默、蒙怀敬　编
严复卷	黄克武　编
夏震武卷	王波　编
陈炽卷	张登德　编
汤寿潜卷	汪林茂　编
辜鸿铭卷	黄兴涛　编

钱玄同卷	张荣华	编
张君劢卷	翁贺凯	编
赵紫宸卷	赵晓阳	编
李大钊卷	杨琥	编
李达卷	宋俭、宋镜明	编
张慰慈卷	李源	编
晏阳初卷	宋恩荣	编
陶行知卷	余子侠	编
戴季陶卷	桑兵、朱凤林	编
胡适卷	耿云志	编
郭沫若卷	谢保成、魏红珊、潘素龙	编
卢作孚卷	王果	编
汤用彤卷	汤一介、赵建永	编
吴耀宗卷	赵晓阳	编
顾颉刚卷	顾潮	编
张申府卷	雷颐	编
梁漱溟卷	梁培宽、王宗昱	编
恽代英卷	刘辉	编
金岳霖卷	王中江	编
冯友兰卷	李中华	编
傅斯年卷	欧阳哲生	编
罗家伦卷	张晓京	编
萧公权卷	张允起	编
常乃惪卷	查晓英	编
余家菊卷	余子侠、郑刚	编
瞿秋白卷	陈铁健	编
潘光旦卷	吕文浩	编
朱谦之卷	黄夏年	编
陶希圣卷	陈峰	编
钱端升卷	孙宏云	编
王亚南卷	夏明方、杨双利	编
黄文山卷	赵立彬	编
雷海宗、林同济卷	江沛、刘忠良	编

图书在版编目（CIP）数据

中国近代思想家文库·汪康年卷/汪林茂编. —北京：中国人民大学出版
社，2013.12
ISBN 978-7-300-18555-2

Ⅰ.①中…　Ⅱ.①汪…　Ⅲ.①思想史-研究-中国-近代 ②汪康年（1860～
1911)-思想评论　Ⅳ.①B250.5

中国版本图书馆 CIP 数据核字（2013）第 319607 号

中国近代思想家文库

汪康年卷

汪林茂　编

Wangkangnian Juan

出版发行	中国人民大学出版社				
社　　址	北京中关村大街 31 号		**邮政编码**	100080	
电　　话	010 - 62511242（总编室）		010 - 62511770（质管部）		
	010 - 82501766（邮购部）		010 - 62514148（门市部）		
	010 - 62515195（发行公司）		010 - 62515275（盗版举报）		
网　　址	http://www.crup.com.cn				
经　　销	新华书店				
印　　刷	涿州市星河印刷有限公司				
开　　本	720 mm×1000 mm　1/16		**版　　次**	2014 年 2 月第 1 版	
印　　张	36.25　插页 1		**印　　次**	2025 年 4 月第 3 次印刷	
字　　数	570 000		**定　　价**	126.00 元